WULFDIETHER ZIPPE

Gegenstand und Analyse der Pl
Neugestaltung der internationalen Geldverfassung

Untersuchungen über das
Spar-, Giro- und Kreditwesen
Abteilung A: Wirtschaftswissenschaft

Schriften des Instituts für das Spar-, Giro- und Kreditwesen
an der Universität Bonn

Herausgegeben von Fritz Voigt

Band 98

Gegenstand und Analyse der Pläne zur Neugestaltung der internationalen Geldverfassung

Von

Dr. Wulfdiether Zippel

DUNCKER & HUMBLOT / BERLIN

Als Habilitationsschrift auf Empfehlung des Fachbereichs Wirtschafts- und Sozialwissenschaften der Technischen Universität München gedruckt mit Unterstützung der Deutschen Forschungsgemeinschaft.

Redaktion: Dr. Stefan Jokl

Gedruckt 1978 bei Fotokop W. Weihert, Darmstadt 1
Printed in Germany

ISBN 3 428 04125 9

Vorwort

An der erfolgreichen Durchführung und Fertigstellung einer wissenschaftlichen Arbeit haben stets vielfältige Gegebenheiten Anteil. Es ist mir daher ein aufrichtiges Bedürfnis, an dieser Stelle allen denjenigen meinen Dank abzustatten, welche die vorliegende Untersuchung ermöglicht und gefördert haben. Insbesondere bin ich meinem verehrten Lehrer, Herrn Prof. Dr. Dr. W. Meinhold, München, für seine unzähligen wertvollen Anregungen und für seine Unterstützung, welche ich durch seine immerwährende Bereitschaft zu Stellungnahme, Rat und Kritik erfahren habe, in höchstem Maße dankbar. Ebenso danke ich Herrn Prof. Dr. K. F. Bussmann, München, für seine Unterstützung und das große Interesse, das er dieser Arbeit entgegengebracht hat. Außerdem bin ich Herrn Prof. Drs. Fritz Voigt, Bonn, nicht nur für viele wertvolle Anregungen und Hinweise sowie für seine jederzeite Diskussionsbereitschaft, sondern auch für die Herausgabe dieser Arbeit zu besonderem Dank verbunden. Der Deutschen Forschungsgemeinschaft danke ich für die Übernahme eines erheblichen Teils der Druckkosten. Ausdrücklicher Dank gebührt ferner Frau E. Schwarz für das oft mühsame und das vorbildliche Schreiben der verschiedenen Fassungen des Manuskripts. Meine Dankbarkeit bezieht sich nicht zuletzt auch auf die vielseitige Hilfestellung und Unterstützung direkter und indirekter Art, die mir während der Anfertigung dieser Arbeit aus dem Kollegen-, Bekannten- und Familienkreis zuteil geworden ist.

München, im September 1977

Wulfdiether Zippel

Inhaltsverzeichnis

Abkürzungsverzeichnis

AER	=	American Economic Review
BIZ	=	Bank für Internationalen Zahlungsausgleich
EJ	=	Economic Journal
Enz. Lex. GBB	=	Enzyklopädisches Lexikon für das Geld-, Bank- und Börsenwesen
EZU	=	Europäische Zahlungsunion
Fin. u. Entw.	=	Finanzierung und Entwicklung
Hamb. Jb.	=	Hamburger Jahrbuch für Wirtschafts- und Gesellschaftspolitik
HdSW	=	Handwörterbuch der Sozialwissenschaften
IMF	=	International Monetary Fund
IWF	=	Internationaler Währungsfonds
Jb. Soz. wiss.	=	Jahrbuch für Sozialwissenschaften
JG	=	Jahresgutachten
JNSt	=	Jahrbücher für Nationalökonomie und Statistik
JofPE	=	Journal of Political Economy
Kjpol	=	Konjunkturpolitik
Kreditwesen	=	Zeitschrift für das gesamte Kreditwesen
KuK	=	Kredit und Kapital
PaP	=	Papers and Proceedings
SchmJb	=	Schmollers Jahrbuch
Schr. d. V. f. Socpol	=	Schriften des Vereins für Socialpolitik
SchwZfVuS	=	Schweizerische Zeitschrift für Volkswirtschaft und Statistik
StJb	=	Statistisches Jahrbuch
SVR	=	Sachverständigenrat zur Begutachtung der gesamtwirtschaftlichen Entwicklung
WiSt	=	Wirtschaftswissenschaftliches Studium
wisu	=	das wirtschaftsstudium
WWA	=	Weltwirtschaftliches Archiv
ZfN	=	Zeitschrift für Nationalökonomie
ZgesStw	=	Zeitschrift für die gesamte Staatswissenschaft
ZWiSo	=	Zeitschrift für Wirtschafts- und Sozialwissenschaften

A. Gegenstand und Ziele der Untersuchung

Der Austausch güterwirtschaftlicher Leistungen vollzieht sich in einer durch arbeitsteilige Produktionsweise gekennzeichneten Wirtschaft im Wege einer Mitwirkung des Geldes. Die ohnehin schon in hohem Maße verwickelten wechselseitigen Zusammenhänge zwischen dem Güter- und Geldkreislauf gewinnen noch an zusätzlicher Komplexität, wenn der ökonomische Leistungsaustausch zwischen Wirtschaftssubjekten erfolgt, die in verschiedenen Währungsgebieten residieren. Die Bedeutung der Fragestellungen, welche mit zwischenstaatlichen Geldströmen verbunden sind, und die Anforderungen, die an die Funktionstüchtigkeit der Ordnungsprinzipien für den internationalen Zahlungsverkehr gestellt werden, nehmen in dem Maße zu, wie sich die weltwirtschaftliche Arbeitsteilung intensiviert. Umgekehrt übt die bestehende internationale Geldverfassung und deren Weiterentwicklung einen maßgeblichen Einfluß auf den weiteren Ausbau der internationalen Wirtschaftsbeziehungen und auf die globale Entfaltung des ökonomischen Wohlstands aus.

Die Verwirklichung der Absicht, dem wirtschaftlichen und sozialen Fortschritt in allen Ländern den Weg zu ebnen, verlangt, daß dem internationalen Geldwesen ein hohes Maß an Widerstandsfähigkeit gegen Gleichgewichtsstörungen zu eigen ist. Im Gegensatz hierzu ist die in der Wissenschaft schon frühzeitig bemängelte Krisenanfälligkeit der nach dem zweiten Weltkrieg in der westlichen Welt praktizierten Ordnung des zwischenstaatlichen Zahlungsverkehrs, welche üblicherweise als Bretton-Woods-System bezeichnet wird, mittlerweile in aller Deutlichkeit unter Beweis gestellt worden. Symptomatisch hierfür waren vor allem die seit Ende 1967 immer häufiger und immer heftiger auftretenden weltweiten Währungskrisen. Diese führten dazu, daß schließlich unter dem Druck der faktischen Entwicklung im Zeitraum von Mitte 1971 bis Anfang 1973 eine allgemeine Abkehr von den im ursprünglichen IWF-Abkommen normierten wechselkurspolitischen Grundsätzen erfolgte.

Die Gefahren, die durch eine zu Störungen neigende Weltwährungsordnung heraufbeschworen werden, sind vielfältiger Art. Unter ihnen wiegt die Gefahr eines um sich greifenden währungs- und handelspolitischen Protektionismus besonders schwer. Eine solche Entwicklung würde nämlich eine wohlfahrtsmindernde Demontage des erreichten Ausmaßes an weltwirtschaftlicher Integration bedeuten. Außerdem müßten sich unvermeidlich weitreichende ordnungspolitische Nebenwirkungen im nationalwirtschaftlichen Bereich ergeben. Die Ereignisse im Zuge der Weltwirtschaftskrise von 1930/31 und der darauffolgenden Jahre bieten ein reichhaltiges Anschauungsmaterial hierfür. Nicht zuletzt die Erinnerungen an jene Periode, aber auch die seit geraumer Zeit zu beobachtenden, beschleunigt eintretenden weltwirtschaftlichen Veränderungen, lassen keinen Zweifel daran, daß eine tiefgreifende Neuordnung der internationalen Währungsbeziehungen als die vorrangige wirtschaftspolitische Aufgabe der Gegenwart zu gelten hat.

Das Erfordernis einer Anpassung der Rahmenbedingungen für den internationalen Zahlungsverkehr an die sich ändernde weltwirtschaftliche Datenkonstellation wurde in der Wirtschaftswissenschaft vereinzelt schon in den 1950er Jahren und in verstärktem Maße ab etwa 1960 diskutiert. Demgegenüber stand die ganz überwiegende Anzahl der Währungspraktiker in den verschiedenen nationalen und internationalen Währungsbehörden lange Zeit dem Gedanken einer Umgestaltung der Ordnung des internationalen Geldwesens ablehnend, zumindest aber ziemlich reserviert gegenüber. Die Gründe für diese Haltung sind zweifellos sehr vielschichtiger Natur. Die sich im Laufe der Zeit mehrenden Störungen in den Weltwährungsbeziehungen und die mit ihnen verbundenen einzel-, volks- und weltwirtschaftlich negativen Auswirkungen haben schließlich auch in amtlichen Kreisen eine ausgedehnte Reformdiskussion in Gang gebracht.

Der Internationale Währungsfonds läßt die mit einer Neuordnung des internationalen Zahlungsverkehrs zusammenhängenden Fragen seit 1963 untersuchen. Weil der IWF einer Entscheidung über die fundamentalen Prinzipien der zukünftigen Weltwährungsbeziehungen von Anfang an[1] ausgewichen ist, war die internationale Währungspolitik seit etwa 1960 durch die Ergreifung immer neuer ad-hoc-Notbehelfe gekennzeichnet, welche in der Regel nur unter dem zwingenden Einfluß immer neuer Währungskrisen zustande kamen. Der endgültige Zusammenbruch des Bretton-Woods-Systems konnte auf diese Weise zwar bis 1971 immer wieder kurzfristig hinausgeschoben werden. Eine grundlegende Verbesserung der internationalen Geldverfassung war so jedoch nicht erzielbar.

Im Sommer 1972 wurde dann beim IWF der sogenannte Zwanziger-Ausschuß[2] eingesetzt. Seine Aufgabe bestand darin, einen Reforment-

[1] Vgl. *Hahn*, L. A.: Bemerkungen zum Ossola-Bericht, in: Außenwirtschaft, 20. Jg. (1965), Zürich und St. Gallen, S. 210.

[2] Hierbei handelt es sich um ein Gremium auf Minister- und Stellvertreterebene der 20 wichtigsten Welthandelsländer. Im einzelnen vgl. IMF (Hg.): Annual Report of the Executive Directors for the Fiscal Year ended April 30, 1974, Washington 1974, S. 49 f.

wurf vorzubereiten, welcher den unterschiedlichen Interessen aller Mitgliedsländer in ausgewogener Weise Rechnung trägt. Unter dem Eindruck der starken internationalen Zahlungsbilanzstörungen, welche vorrangig von der schlagartigen Vervierfachung des Rohölpreises ausgingen, gab der Ausschuß Mitte 1974 den Versuch auf, eine Einigung über die künftige Gestalt der internationalen Geldverfassung zustande zu bringen. Dem daraufhin im Herbst 1974 ins Leben gerufenen sogenannten Interims-Ausschuß des Gouverneursrats des IWF oblag es, die Vorarbeiten für eine Anpassung der Fondssatzungen an die währungspolitische Wirklichkeit zu leisten. Dementsprechend kann die Anfang 1976 auf Jamaika beschlossene Statutenrevision, welche voraussichtlich Anfang 1978, nach Ratifizierung durch die Regierungen einer genügend großen Anzahl von Mitgliedsländern, Rechtsgültigkeit erlangen wird, als eine nachträgliche Legalisierung derjenigen Praktiken charakterisiert werden, welche seit den Jahren 1972/73 im Widerspruch zur bisherigen Fassung des IWF-Abkommens Gang und Gäbe geworden sind.

Die gegenwärtige Lage im internationalen Zahlungsverkehr ist durch Ungleichgewichte bisher unbekannten Ausmaßes gekennzeichnet. Ihnen liegen vielfältige, auf komplexe Weise miteinander verknüpfte Ursachen zugrunde. Hierzu zählen vor allem die beträchtliche Spanne zwischen den nationalen Inflationsraten, die sukzessive Verlangsamung des langfristigen Wirtschaftswachstums in den Industrieländern, die stärkste wirtschaftliche Rezession seit dem zweiten Weltkrieg samt ihres international nahezu synchronen Verlaufs sowie die bei weitem noch nicht bewältigten Folgen der sprunghaften Rohölverteuerung. Alle Anzeichen sprechen dafür, daß diese Phänomene auf noch nicht absehbare Zeit fortbestehen werden. Außerdem muß wohl davon ausgegangen werden, daß die Rohstoffpreise in zunehmendem Maße die Rolle eines zentralen Instruments der globalen Einkommensumverteilung übernehmen werden. Für die kommenden Jahre sind somit bereits gravierende Gleichgewichtsstörungen und Interessengegensätze vorgezeichnet. Eine über die jetzt beschlossene Statutenanpassung hinausgehende grundlegende Neuordnung der internationalen Geldverfassung kann daher auf noch unbestimmte Zeit als so gut wie ausgeschlossen gelten.

Trotz der voraussichtlich Anfang 1978 in Kraft tretenden Teilreform des IWF-Statuts ist es aufgrund der bereits abzusehenden künftigen Belastungen der Weltwährungsbeziehungen keineswegs überflüssig geworden, sich auch weiterhin mit den Möglichkeiten einer grundlegenden Neugestaltung der langfristigen Ordnungsprinzipien der internationalen Geldverfassung auseinanderzusetzen. Denn die vom IWF im Zusammenhang mit der Neuformulierung von Artikel IV seiner Satzung festgelegten „Grundsätze für die Orientierung der Wechselkurspolitik der Mitglieder"[3] geben Anlaß zu der Befürchtung, daß die angestrebte Praxis einer manipulierten Wechselkursflexibilität erneut zu einer ausgedehnten Konservierung gleichgewichtswidriger Paritäten führen wird. Dieser Mangel, der bereits dem ursprünglichen Bretton-Woods-System zum Verhängnis geworden ist, unterstreicht auf nachdrückliche Weise, daß der Aktualitätsbezug der im Laufe der Jahre vorgeschlagenen Neugestaltungsmöglichkeiten für das internationale Geldwesen keineswegs von vornherein zu verneinen ist. Gewiß können manche Konzepte wegen der mittlerweile in der Wirklichkeit eingetretenen Veränderungen nicht mehr als eine maßgerechte Lösung derjenigen Aufgaben gelten, vor die man heutzutage gestellt ist. Das währungspolitisch Grundsätzliche, das die einzelnen Anregungen beinhalten, ist in zeitgemäßer Ausgestaltung jedoch zweifellos auch für die gegenwärtige und künftige Reformdiskussion von erheblichem Belang.

Die zahlreichen Schwierigkeiten, welche einer grundlegenden Neuordnung der internationalen Geldverfassung in den Weg gelegt sind, spiegeln sich in der Tatsache, daß im Zuge der weltweiten Währungsdiskussion mittlerweile eine verwirrende Vielfalt von Währungsplänen unterschiedlichster Art hervorgebracht worden ist. Hinzu kommt, daß die Ansichten darüber, wie die verschiedenen Mängel im internationalen Geldwesen am besten überwunden werden könnten, sowohl in der Wissenschaft, vor allem aber auch in der Praxis in mehrfacher Weise gespalten sind. Weiterhin bezieht sich eine große Anzahl der im Laufe der Zeit unterbreiteten Therapievorschläge im wesentlichen nur auf Teilaspekte des Reformproblems. Demgegenüber wurde der Formulierung eines konsistenten Gesamtkonzepts zumeist nur relativ wenig Beachtung geschenkt. Dies ist nicht nur eine Folge der Verschiedenartigkeit der zu behebenden Fehlentwicklungen, sondern außerdem auch eine Konsequenz der in der Realität zu beobachtenden Ausweitung des Spektrums ordnungspolitischer Zielvorstellungen.

Die nahezu unzähligen Einzelbeiträge zum Fragenkreis künftiger internationaler Währungspolitik lassen wegen ihres oftmals sehr stark spezialisierten Untersuchungsgegenstandes es als besonders wichtig und der Mühe wert erscheinen, eine kritische Bestandsaufnahme und Gegenüberstellung der vielfältigen, im Laufe der Zeit unterbreiteten Neugestaltungsvorschläge für die internationale Geldverfassung vorzunehmen. Bei einem solchen Unterfangen muß natur-notwendig die Möglichkeit in den Hintergrund treten, die einzelnen Währungspläne und die zahlreichen Verzweigungen der Diskussion ausführlicher erörtern zu können, als es im folgenden geschehen ist.

---

[3] o. V.: Überwachung der Wechselkurspolitik (Abdruck des Textes des diesbezüglichen IWF-Dokuments), in: Fin. u. Entw. 14. Jg. (1977), H. 2, Hamburg, S. 4 f.

Das Zusammenfügen der Mosaiksteinen vergleichbaren Einzelerkenntnisse zu einem Gesamtbild würde es zunächst erleichtern, einen unverzerrten Vergleich der spezifischen Stärken und Schwächen der jeweiligen Reformvorschläge zu gewinnen. Außerdem vermag eine ganzheitliche Analyse der verschiedenartigen Reformansätze wertvolle Orientierungshilfe für weitergehende wissenschaftliche Untersuchungen zu leisten. Eine an den Grundlagen der internationalen Währungsbeziehungen ausgerichtete Einordnung der Vorschläge zur Überwindung der im internationalen Geldwesen herrschenden Schwierigkeiten ist ferner geeignet, die Aufmerksamkeit auf die unterschiedlichen Prämissen zu lenken, welche — zumeist stillschweigend — den einzelnen Währungsplänen im Hinblick auf die äußere Datenkonstellation zugrunde liegen. Dies ist deshalb wichtig, weil sich heutzutage maßgebliche Determinanten der zwischenstaatlichen Zahlungsströme dank der zunehmenden Variationsneigung ökonomischer und außerökonomischer Daten äußerst kurzfristig zu ändern vermögen. Die Folgen dieses Faktums werden durch nichts deutlicher dokumentiert als dadurch, daß die Reformvorstellungen des sogenannten Zwanzigerausschusses des IWF bereits „durch die neuen Verhältnisse ... überholt"[4] waren, bevor über sie auch nur ein Einvernehmen erzielt werden konnte. Schließlich spricht für eine an fundamentalen Gesichtspunkten orientierte Betrachtung der im einzelnen vorgeschlagenen Lösungsansätze, daß bei der geläufigen Prozedur einer schrittweisen Verwirklichung von Einzelverbesserungen der internationalen Geldverfassung eine besondere Aufmerksamkeit der Vermeidung von solchen Teillösungen gewidmet werden muß, welche sich später nicht zu einem in sich geschlossenen, harmonischen Ganzen zusammenfügen lassen.

Diese Einsichten sowie der Umstand, daß das Bedürfnis besteht, die Vielfalt vorgeschlagener Reformpläne im Lichte der zwischenzeitlich gesammelten währungspolitischen Erfahrungen zu überprüfen, gaben den Anlaß zur Anfertigung der vorliegenden Arbeit. Dazu kommt, daß die Vorschläge für eine Neuordnung des internationalen Geldwesens eine im einzelnen oftmals sehr unterschiedliche Bewertung erfahren haben. Um eine systematische Beurteilung der verschiedenen Währungspläne und der Stichhaltigkeit der ihnen zuteil gewordenen Stellungnahmen frei von den divergierenden nationalen Interessenlagen zu ermöglichen, sollen die Gesichtspunkte, die für einen Vorschlag ins Feld geführt werden können, mit den möglichen Einwänden konfrontiert werden. Im Zusammenhang damit soll dann jeweils der Versuch

[4] BIZ (Hg.): 44. Jahresbericht, Basel 1974, S. 36.
Vgl. hierzu auch SVR (Hg.): Vollbeschäftigung für Morgen (JG 1974/75), Stuttgart und Mainz 1974, Ziff. 21. — *Boeck*, K.: Reformentwurf contra Sofortprogramm, in: Wirtschaftsdienst 54. Jg. (1974), Hamburg, S. 344.

einer kritischen Würdigung unternommen werden, wobei, soweit es vertretbar erscheint, empirisches Material miteinbezogen werden soll. Diese Vorgehensweise erscheint am ehesten geeignet, den in starkem Maße durch unterschiedliche normative Standpunkte geprägten Auffassungsunterschieden über die anzustrebende internationale Geldverfassung gerecht zu werden. Zu diesem Zweck sollen zunächst die in der Literatur weitgestreuten Einzelerkenntnisse bezüglich der verschiedenen Kategorien von Plänen für eine Weltwährungsreform zusammengetragen und ausgewertet werden. Dabei soll allein[5] auf die sich ergebenden prinzipiellen Folgerungen für die notwendige Neuordnung des internationalen Zahlungsverkehrs abgestellt werden. Deshalb wird auch auf die Behandlung von bloßen Tagesfragen bewußt verzichtet werden.

Mit der Beschränkung auf die wirtschaftswissenschaftlichen Aspekte wird keineswegs verkannt, daß jede realisierte Form des internationalen Geldwesens niemals mit dem identisch sein wird, was — unterstellt, daß es darüber jemals weitgehende Einigkeit gäbe — nach Maßgabe ökonomischer Ratio als Bestlösung gelten könnte. Dies rührt daher, daß jedwede internationale währungspolitische Entscheidung ihr Zustandekommen stets einem politischen Kompromiß zwischen den verschiedenartigen ökonomischen und außerökonomischen Interessen aller am weltwirtschaftlichen Leistungsaustausch teilnehmenden Länder verdankt. Denn aufgrund der starken gesellschaftspolitisch gestaltenden Kraft, welche dem Wirtschaftsprozeß innewohnt, ist die Neuordnung des internationalen Geldwesens neben der spezifisch ökonomischen Problematik auch eine aufs engste mit politischen Gegensätzen verschlungene Angelegenheit.

Gleichwohl ist eine auf die rein ökonomischen Zusammenhänge beschränkte Analyse für die angewandte internationale Währungspolitik keineswegs irrelevant. Denn die Funktionsfähigkeit des internationalen Zahlungsverkehrs, welche stets zugleich auch Ziel der politischen Erwägungen ist, basiert in ganz entscheidendem Maße auf ökonomischen Sachverhalten und deren ökonomisch-funktionalem Zusammenwirken. Gerade deshalb dürfte es sich sogar als durchaus nützlich erweisen, die verschiedenartigen Umgestaltungspläne für den interna-

---

[5] *Issing* weist darauf hin, daß es bei der wissenschaftlichen Beurteilung von Plänen zur Neuordnung der internationalen Geldverfassung „weniger auf die Details als vielmehr auf den Grundgedanken, das zugrunde liegende « Ordnungsprinzip »“ ankomme. Ebenso könnten „... nur hierin ...“ sich die „Pläne aus dem « akademischen » Bereich als allgemeine Orientierungshilfe für die praktische Währungspolitik erweisen ...“. Siehe *Issing*, O.: Reform des internationalen Währungssystems — das Ende einer Illusion?, in: Außenwirtschaft 29. Jg. (1974), Zürich und St. Gallen, S. 316.

tionalen Zahlungsverkehr losgelöst von den politischen Zielen, die sie verfolgen, zu untersuchen.

Aufgrund der beschriebenen Zielsetzung wird diese Arbeit bei den gesicherten Grundlagen der Theorie und Politik des internationalen Zahlungsverkehrs ansetzen. Weil nicht ausgeschlossen werden kann, daß das gegenwärtig praktizierte Floating eines Tages durch eine Wechselkurspolitik abgelöst wird, welche sich von den in der Vergangenheit gültigen Prinzipien lediglich graduell unterscheidet, soll ferner auch auf die Mängel des Bretton-Woods-Systems kurz eingegangen werden.

Die Hauptaufgabe, welcher die vorliegende Arbeit gewidmet ist, besteht jedoch darin, die grundsätzlichen Typen von Umgestaltungsplänen im Lichte der primär als lösungsbedürftig geltenden währungspolitischen Schwierigkeiten der Gegenwart zu überprüfen und zu beurteilen. Dabei kann es sich jedoch nicht um eine vollständige Nachzeichnung aller Verästelungen der in rund zwei Jahrzehnten ausgesprochenen Reformempfehlungen handeln. Dieser unvermeidliche Mangel dürfte allerdings tolerierbar sein. Denn zahlreiche der im Laufe der Zeit empfohlenen Pläne sind oft nur geringfügige Abwandlungen anderer Vorschläge. Entsprechend der oben umrissenen Aufgabenstellung soll es im folgenden somit darum gehen, einen am währungspolitisch Grundlegenden orientierten Versuch zu unternehmen, die Licht- und Schattenseiten der verschiedenen Hauptkategorien bekannt gewordener Reformvorschläge herauszuarbeiten und systematisch analysierend einander gegenüberzustellen sowie die mit ihnen jeweils verbundenen Konsequenzen einem durch die Fakten erhärteten Urteil zu unterziehen.

B. Die monetäre Seite der internationalen Wirtschaftsbeziehungen

I. Die Bedeutung der Währungsordnung für die Weltwirtschaft

Arbeitsteilige Wirtschaftsbeziehungen sind sowohl im nationalen als auch im internationalen Rahmen von Zahlungsmittelübertragungen begleitet. Im Unterschied zu einer Volkswirtschaft und ihren Teilräumen setzt sich die Weltwirtschaft jedoch aus Gebieten mit verschiedenen Währungen[1] zusammen. Während sich die Geldbewegungen innerhalb einer Volkswirtschaft auf der Basis eines einheitlichen gesetzlichen Zahlungsmittels und im Rahmen einer gemeinsamen Geldverfassung vollziehen, unterliegt die Abwicklung des internationalen Zahlungsverkehrs infolge eines Nebeneinanders verschiedener nationaler Zahlungsmittel und Geldverfassungen weitaus schwierigeren Bedingungen. Die bestimmenden Grundsätze des internationalen Zahlungsverkehrs sind daher eine entscheidende Determinante der Weltwirtschaftsbeziehungen. Die Gesamtheit der faktischen und institutionellen Gegebenheiten sowie der nationalen und internationalen Rechtsnormen, welche den Rahmen für die Abwicklung des zwischenstaatlichen Zahlungsverkehrs abstecken, sollen in dieser Arbeit in dem Terminus „internationale Währungsordnung“[2] eine begriffliche Verdich-

---

[1] Die Verwendung des Währungsbegriffes wird sowohl im wissenschaftlichen als auch im allgemeinen Sprachgebrauch nicht nur auf einen einzigen Sachverhalt beschränkt. In dieser Arbeit soll „Währung“ allein als Synonym für das gesetzliche Zahlungsmittel eines Landes (= Valuta; vgl. hierzu unten S. 22, Fn. 7) benutzt werden. Außerdem wird der Währungsbegriff im Schrifttum auch mit der Geldverfassung eines Landes bzw. mit der Konkretisierung des Geldwesens schlechthin gleichgesetzt. In der vorliegenden Arbeit soll jedoch von dieser Übung Abstand genommen werden und stattdessen einer direkten Verwendung der Wörter „Geldverfassung“ oder „Geldwesen“ der Vorzug gegeben werden.

Einzelheiten zum Inhalt des Währungsbegriffes bei *Moeller,* Hero: Währung, in: HdSW Bd. 11, Stuttgart, Tübingen, Göttingen 1961, S. 431. — *Veit,* O.: Grundriß der Währungspolitik, 3. Aufl., Frankfurt/M. 1969, S. 26. — *Forstmann,* A.: Geld und Kredit, 2. Teil, Göttingen 1952, S. 593 f. — *Kraus,* O.: Währungssysteme und Währungspolitik, in: *Meinhold,* W. (Hg.): Internationale Währungs- und Finanzpolitik, Berlin 1961, S. 53. — *Lipfert,* H.: Einführung in die Währungspolitik, 7. Aufl., München 1973, S. 1. — *Pfleiderer,* O.: Währungen, in: Staatslexikon 8. Bd., 6. Aufl., Freiburg i. Br. 1963, Sp. 406, 410.

[2] Neben dem Ausdruck (nationale bzw. internationale) „Währungsordnung“ ist in der Literatur häufig auch die Bezeichnung „Währungssystem“

tung finden. Als Folge davon, daß die internationale Währungsordnung die Modalitäten des Verbunds der verschiedenen staatlichen Währungsordnungen bestimmt[3], folgt zugleich eine enge wechselseitige Abhängigkeit der inneren und äußeren Geldpolitik eines Landes.

Je nach ihrer konkreten Gestalt können von der internationalen Währungsordnung Wirkungen ausgehen, welche die Ausweitung des internationalen Güteraustausches und Kapitaltransfers fördern oder hemmen. Infolge der für den arbeitsteiligen Wirtschaftsprozeß typischen monetären Abwicklung des Güteraustausches bedingten zwischenstaatlicher Freihandel und ein von Beschränkungen freier internationaler Zahlungsverkehr einander gegenseitig. Daher kommt es, daß die Option für eine bestimmte internationale Währungsordnung stets zugleich auch eine ordnungspolitische Entscheidung ist[4]. Gleichzeitig ist ein störungsfreier Ablauf der Weltwährungsbeziehungen unabdingbare Voraussetzung jeder liberalen Außenwirtschaftspolitik[5]. Die Rahmenbedingungen für das internationale Geldwesen und den zwischenstaatlichen Zahlungsverkehr sind also kein bloßer Selbstzweck. Der Wert der Weltwährungsordnung ermißt sich an den Diensten, welche sie für die

---

anzutreffen. Hinsichtlich des inhaltlichen Gehalts und der Schärfe dieser beiden Begriffe besteht eine ähnliche Situation, wie sie im Schrifttum bezüglich der Termini „Wirtschaftsordnung“ und „Wirtschaftssystem“ kennzeichnend ist. Siehe hierzu z. B. *Meinhold,* W.: Volkswirtschaftspolitik, Teil 1 (Theoretische Grundlagen der Allgemeinen Volkswirtschaftspolitik), 2. Aufl., München 1970, S. 92 ff. — *Lampert,* H.: Die Wirtschaftsordnung — Begriff, Funktionen und typologische Merkmale, in: WiSt 2. Jg. (1973), München und Frankfurt/M., S. 394.

Es würde zu weit führen, hier in eine Analyse aller zu beobachtenden Anwendungsvarianten der Begriffe „Währungsordnung“ und „Währungssystem“ einzutreten und zu den damit verbundenen Streitfragen im einzelnen Stellung zu nehmen. In dieser Arbeit soll der Sachverhalt eines auf abstrakten modelltheoretischen Annahmen beruhenden denkmöglichen (idealtypischen) Konzepts für den internationalen Zahlungsverkehr durch die Verwendung des Wortes „Währungssystem“ umschrieben werden. In Analogie zu der von W. *Eucken* (vgl. ders.: Grundsätze der Wirtschaftspolitik, 4. Aufl., Tübingen und Zürich 1968, S. 372) gebrauchten Terminologie wird im folgenden der Begriff einer „Währungsordnung“ zur Kennzeichnung von realisierten (konkreten) oder zur Realisierung vorgeschlagenen Formen des Geldwesens dienen, welche stets eine Mischform der polaren Währungssysteme sind.

[3] Vgl. *Schneider,* E.: Zahlungsbilanz und Wechselkurs, Tübingen 1968, S. 107. — *Sohmen,* E.: Kapitalbewegungen und Währungsordnung, in: *Bruns,* G. und *Häuser,* K. (Hg.): Internationale Währungsordnung und Kapitalmarkt, Frankfurt/M. 1972, S. 68. — o. V.: Stichwort „Währung“, in: Brockhaus Enzyklopädie, 17. Aufl., Bd. 19, Wiesbaden 1974, S. 793.

[4] Näheres hierzu: *Meyer,* F. W.: Wechselkurse, in: HdSW Bd. 11, Stuttgart, Tübingen, Göttingen 1961, S. 579. — *Veit,* O.: Grundriß ..., a.a.O., S. 91.

[5] Vgl. *Blessing,* K.: Ansprache vor dem Verband der Automobilindustrie in Baden-Baden am 27. 9. 1968, in: Deutsche Bundesbank (Hg.): Auszüge aus Presseartikeln Nr. 65, Frankfurt/M. 1968, S. 1.

Intensivierung der internationalen Arbeitsteilung, die Förderung des Weltwirtschaftswachstums und damit für die Ausweitung des weltweiten wirtschaftlichen Wohlstands leistet.

II. Prinzipielle Anforderungen an eine funktionsfähige internationale Währungsordnung

Weil das Ausmaß des weltweiten ökonomischen und sozialen Fortschritts in hohem Maße von den konstitutiven Merkmalen der Rahmenbedingungen für den internationalen Zahlungsverkehr abhängt, verdienen diese noch nähere Aufmerksamkeit. Daß als Ordnungsform multilaterale Weltwährungsbeziehungen dem währungspolitischen Bilateralismus überlegen sind, ist eine zu bekannte ökonomische Wahrheit, als daß dies hier näher belegt[6] werden müßte. Im Einklang damit sollen die im weiteren Verlauf der Arbeit behandelten Problemstellungen stets unter dem Aspekt des Multilateralismus im internationalen Zahlungsverkehr gesehen werden. Das gleiche gilt damit stillschweigend auch für die in dieser Untersuchung verwendeten Begriffe. Die Bedingungen für ein im Sinne des Multilateralismus funktionsfähiges internationales Geldwesen sollen im folgenden umrissen werden.

1. Uneingeschränkte Konvertierbarkeit der nationalen Zahlungsmittel

Mit Konvertierbarkeit oder Konvertibilität wird die Umtauschbarkeit einer nationalen Valuta[7] in die eines anderen Landes oder in ein solches neutrales Medium bezeichnet, das seinerseits unmittelbar in jede Währung eintauschbar ist und daher die Funktion eines internationalen Zahlungsmittels erfüllt. Als Folge der internationalen Wirtschaftsbeziehungen besteht zwischen den verschiedenen Währungsgebieten der Weltwirtschaft ein Konglomerat monetärer Forderungen und Verbindlichkeiten. Diese sind gewöhnlich in irgendeiner nationalen Währung definiert. Kann sich der zwischenstaatliche Leistungsverkehr frei entfalten, so wird sich bei einer Aufrechnung der zu einem

---

[6] Näheres z. B. bei *Kruse,* A.: Außenwirtschaft, 2. Aufl., Berlin 1965, S. 260 ff. — *Möller,* Hans: Handelspolitik zwischen Bilateralismus und Multilateralismus, in: WWA Bd. 68 (1952 I), Hamburg, S. 203 ff. — *Pütz,* T.: Multilateralismus, in: HdSW Bd. 7, Stuttgart, Tübingen, Göttingen 1961, S. 467 ff. — *Krasensky,* H.: Internationaler Zahlungsverkehr, in: Staatslexikon, 6. Aufl., Bd. 4, Freiburg i. Br. 1959, Sp. 416.

[7] Der im allgemeinen Sprachgebrauch in mehrfacher Bedeutung verwendete Ausdruck „Valuta" soll in dieser Arbeit allein auf den Sachverhalt eines nationalen Zahlungsmittels beschränkt bleiben. Vgl. hierzu das Stichwort „Valuta", in: *Recktenwald,* H. C.: Wörterbuch der Wirtschaft, 7. Aufl., Stuttgart 1975, S. 492. — o. V.: „Valuta", in: Enz. Lex. GBB, 3. Aufl., Bd. 2, Frankfurt/M. 1967/68, S. 1647 f.

Zeitpunkt fälligen, auf eine bestimmte fremde Währung lautenden Guthaben und Verpflichtungen der Wirtschaftssubjekte eines Währungsgebietes in aller Regel ein Saldo ergeben. Bestünde keine allseitige freie Konvertibilität, müßte es nämlich schon bald zu restriktiven Eingriffen in den Außenwirtschaftsverkehr zwischen all denjenigen Währungsräumen kommen, zwischen denen sich die beiderseitigen (bilateralen) Zahlungsein- und -ausgänge kurzfristig nicht von alleine auszugleichen vermögen. Diese Gefahr wird offensichtlich dann stark vermindert, wenn alle ausländischen Zahlungsmittel jederzeit uneingeschränkt gegenseitig umgetauscht werden können. Denn der Ausgleich des nationalen Fremdwährungszahlungsverkehrs ist dann nicht mehr in jeder einzelnen Valuta, sondern nur noch gegenüber der Gesamtheit des Währungsauslandes erforderlich.

Die wohlfahrtsökonomisch positiven Auswirkungen der freien Konvertierbarkeit[8] hängen jedoch nicht allein damit zusammen, daß durch das Bestehen monetärer Freizügigkeit die Verwirklichung des internationalen Freihandelsprinzips ermöglicht und gefördert wird. Denn der Ausbau der internationalen Arbeitsteilung wird außerdem um so mehr begünstigt, je größer das herrschende Maß an Faktormobilität ist. Angesichts der Unbeweglichkeit des Bodens und der im weltweiten Rahmen nur ziemlich geringen Arbeitsmobilität kommt daher der Intensität des langfristigen internationalen Kapitalverkehrs eine erhebliche Bedeutung zu. Herrscht freie Konvertierbarkeit und kann diese von den Wirtschaftssubjekten auch auf längere Sicht zuverlässig erwartet werden, so bestehen die Voraussetzungen für ein Höchstmaß an internationaler Kapitalmobilität. Die Risiken, daß Beschränkungen des Retransfers der Erträge oder des seinerzeit übertragenen Geldkapitals ergriffen werden, sind unter diesen Bedingungen minimal. Der Grundsatz des Multilateralismus im Außenwirtschaftsverkehr verlangt somit nicht nur eine allseitige Gültigkeit des Prinzips der freien Konvertibilität, sondern zugleich auch deren langfristig gesichertes Fortbestehen.

---

[8] Die Praktizierung der freien Konvertierbarkeit setzt einen weitgehenden wirtschaftspolitischen Liberalismus in allen wirtschaftspolitischen Teilbereichen voraus. Daher wurde und wird von Ländern mit Devisenbewirtschaftung bisweilen der Weg beschritten, durch Schaffung einer gemeinsamen überstaatlichen Clearinginstanz die hemmenden Auswirkungen des währungspolitischen Bilateralismus zu vermindern. Ihre Aufgabe besteht in der Aufrechnung der Fremdwährungs-Forderungen und -Verbindlichkeiten sowie der Vornahme eines Spitzenausgleichs (Clearing) im gegenseitigen Zahlungsverkehr der Mitglieder. Zur spezifischen Problematik dieser Technik zur Substituierung oder zum allmählichen Übergang zur Vollkonvertibilität vgl. *Krasensky*, H.: a.a.O., Sp. 414. — *Kruse*, A.: Außenwirtschaft, a.a.O., S. 260 ff., 591. — *Delorme*, H.: Clearing, in: Enz. Lex. GBB, 3. Aufl., Bd. I, Frankfurt/M., S. 301. — *Küng*, E.: Die neuen „Sonderziehungsrechte" des Internationalen Währungsfonds, in: WWA Bd. 101 (1968 II); Hamburg, S. 165.

2. Regelung der Austauschrelationen zwischen den einzelnen Zahlungsmitteleinheiten

Der in Zahlungsmitteleinheiten einer bestimmten Währung ausgedrückte Preis für die Zahlungsmitteleinheit einer anderen Währung wird als Wechselkurs, Parität, Außenwert des Geldes oder intervalutarischer Geldwert bezeichnet. Die Wechselkurse sind damit Umrechnungsgröße oder Bindeglied zwischen den einzelnen nationalen Preisstrukturen. Soll das Prinzip des Multilateralismus auch langfristig realisiert werden, so ist es Aufgabe der internationalen Währungsordnung, den sogenannten Gleichgewichtskurs zwischen den verschiedenen Währungen zu gewährleisten. Denn nur dieser gestattet die bestmögliche Eingliederung eines Landes in die internationale Arbeitsteilung. Beim Gleichgewichtskurs handelt es sich um dasjenige Übersetzungsverhältnis zwischen dem Preisniveau im In- und Ausland, bei dem sich die allfälligen Schwankungen im internationalen Zahlungsverkehr eines Landes immer wieder kurzfristig von selbst ausgleichen.

Unter jeweils bestimmten Voraussetzungen ist die jederzeitige Gewährleistung von Gleichgewichtswechselkursen sowohl bei Gültigkeit eines unverbrüchlich konstanten intervalutarischen Tauschverhältnisses als auch im Falle frei beweglicher Paritäten realisierbar. Demzufolge können beide dieser polaren Wechselkursformen mit marktwirtschaftlichen Prinzipien vereinbar sein. Das gleiche gilt auch für die zahlreichen denkbaren Mischformen für die praktische Wechselkursgestaltung.

Um das Wechselkursrisiko für die Wirtschaftssubjekte auszuschalten und dadurch die einzelwirtschaftlichen Planungen zu erleichtern, werden häufig unwiderruflich feste Paritäten, die stets zugleich den Gleichgewichtskursen entsprechen, als besonders vorteilhaft angesehen[9]. Daß diese für die außenwirtschaftlich aktiven Wirtschaftssubjekte als besonders günstig anzusehenden monetären Grundlagen der internationalen Wirtschaftsbeziehungen auch in der Realität wirksam werden, setzt jedoch mehr voraus, als daß allseitig der unverbrüchliche Wille vorhanden ist, niemals die Kursrelationen ändern zu wollen. Vielmehr ist es für den Fortbestand fester Wechselkurse primär wichtig, daß die fixierten Paritäten auch langfristig den Gleichgewichtskursen entsprechen. Daß ein starrer Kurs in einer dynamischen Weltwirtschaft dieser

---

[9] Näheres hierzu bei *Giersch*, H.: Marktintegration, Wechselkurs und Standortstruktur, in: *Bochud*, F. (Hg.): Fundamentale Fragen künftiger Währungspolitik; Basel und Tübingen 1965, S. 48. — *Dürr*, E.: Innere und äußere Währungspolitik, in: *Dürr*, E. und *Neuhauser*, G.: Währungspolitik; Konjunktur- und Beschäftigungspolitik, Stuttgart 1975, S. 5. — *Halm*, G. N.: Feste oder flexible Wechselkurse?, in: Kyklos Bd. 16 (1963), Basel, S. 28 f.

Bedingung auf die Dauer genügen kann, ist jedoch keineswegs selbstverständlich.

Eine von Land zu Land voneinander abweichende Geldwertentwicklung ist allein schon deshalb unvermeidlich, weil in den verschiedenen Währungsräumen die Wirtschaftspolitik von eigenen wirtschaftspolitischen Subjekten nach deren jeweiligen Wertvorstellungen gestaltet wird. Die zwischenstaatlichen Kaufkraftdivergenzen werden um so größer ausfallen, je weniger den außenwirtschaftlichen Entwicklungen bei der wirtschaftspolitischen Einflußnahme auf das interne Geldwesen eines Landes Rechnung getragen wird. Außerdem muß gesehen werden, daß sich sowohl im einzelstaatlichen als auch im internationalen Rahmen permanent Verschiebungen in der wirtschaftlichen und in der außerökonomischen Datenkonstellation vollziehen, welche von unmittelbarem Einfluß auf die zwischenstaatlichen Zahlungsmittelströme sind. Führen diese Tatsachen dazu, daß sich in den einzelnen Ländern das Preisniveau in abweichendem Ausmaß oder sogar in unterschiedlicher Richtung verschiebt, so können bei freier Konvertierbarkeit feste Wechselkurse auf die Dauer nicht mit den Gleichgewichtsparitäten identisch sein. Zwangsläufige Konsequenz einer solchen Entwicklung wäre zunächst einmal eine globale Fehlallokation von Produktionsfaktoren. Dies müßte dann früher oder später entweder zu wohlfahrtsmindernden restriktiven Eingriffen in den außenwirtschaftlichen Verkehr oder aber zu einer Aufgabe der Fixierung der Wechselkurse führen.

Die vorstehend angedeuteten Zusammenhänge lassen bereits erkennen, von welch großer Bedeutung das faktische Wechselkursregime für die Funktionsfähigkeit der internationalen Währungsordnung und das erreichbare Ausmaß an internationaler Arbeitsteilung ist. Ebenfalls ist es offensichtlich, daß derjenige Flexibilitätsgrad des Paritätengefüges, welcher einen störungsfreien Ablauf der Weltwährungsbeziehungen dauerhaft gewährleistet, a priori nicht genau feststeht.

3. Funktionsfähiger Ausgleichsmechanismus für die internationalen Zahlungen

Im internationalen Zahlungsverkehr eines Währungsgebietes schlagen sich sowohl wirtschaftliche Strukturverschiebungen als auch zyklische und saisonale Erscheinungen nieder. Dazu kommt der Einfluß, den Änderungen im außerökonomischen Datenkranz auf die zwischenstaatlichen Zahlungsströme ausüben. Wegen der Verschiedenartigkeit dieser Determinanten und der mangelhaften Vorhersagbarkeit ihrer Entwicklung stellt ein sich fortlaufend ändernder außenwirtschaftlicher Zahlungssaldo der einzelnen Länder den Regelfall dar. Daraus leitet sich die Forderung ab, daß eine vertrauenswürdige internationale Währungsordnung eines ordnungspolitisch konsistenten immanenten Zwanges bedarf, welcher einen raschen Ausgleich der außenwirtschaftlichen Forderungen und Verbindlichkeiten eines jeden Landes auch auf lange Sicht bewerkstelligen kann. Um die Gefahr zu bannen, daß die Länder zu Restriktionen des internationalen Handels- und Zahlungsverkehrs oder zu abrupten Paritätsanpassungen Zuflucht nehmen, sollte sich der Anpassungsmechanismus zusätzlich dadurch auszeichnen, daß er die unvermeidlichen Ungleichgewichte in den außenwirtschaftlichen Beziehungen von vornherein zuverlässig in engen Grenzen[10] zu halten vermag. Das setzt unter anderem auch voraus, daß jedem internationalen Geldstrom der Realtransfer weitgehend unbehindert folgen kann, was am besten bei Freihandelsbedingungen gewährleistet ist.

Da jede Anpassung an veränderte ökonomische Bedingungen mit Friktionen verbunden ist, sollte der Ausgleichsmechanismus einer funktionsfähigen Weltwährungsordnung außerdem durch die Hervorbringung solcher Anpassungsimpulse gekennzeichnet sein, welche auftretende außenwirtschaftliche Zahlungsüberschüsse und -defizite mit gleicher Intensität rückgängig zu machen trachten[11] (sog. Symmetriepostulat). Denn der Abbau eines Zahlungsbilanzüberschusses bedeutet zugleich eine Minderung der Defizite anderer Währungsgebiete und umgekehrt.

4. Zuverlässige Versorgung mit internationalen Zahlungsmitteln

Die im Zusammenhang mit den autonomen Außenwirtschaftstransaktionen angebotenen oder nachgefragten Devisenbeträge sind hinsichtlich ihrer Größe ständigen Fluktuationen unterworfen. Sollen übermäßige kurzfristige Schwankungen des Wechselkurses unterbunden werden, so ist dies dadurch erreichbar, daß die Zentralnotenbanken am Devisenmarkt je nach Bedarf als Anbieter oder Nachfrager agieren. Damit sie dazu in der Lage sind, benötigen sie einen gewissen Vorrat an international verwendbaren Zahlungsmitteln. Diejenigen Notenbank-Aktiva, welche unverzüglich in jede gewünschte Valuta konvertierbar sind, werden üblicherweise als internationale Liquidität bezeichnet[12]. Der Fundus an internationaler Liquidität, welcher von den Zentralnotenbanken unterhalten wird, findet im Ausdruck Währungsreserven seinen begrifflichen Niederschlag.

---

[10] Vgl. *Röpke,* W.: Frontlinien der Währungsdiskussion, in: Außenwirtschaft 20. Jg. (1965); Zürich und St. Gallen, S. 270.

[11] Vgl. *Küng,* E.: Zahlungsbilanzpolitik, Zürich und Tübingen 1959, S. 852.

[12] Eine nähere Auseinandersetzung mit dem Gegenstand der „internationalen Liquidität" erfolgt unten auf S. 40 ff.

Das Ausmaß der offiziellen[13] Reservenbestände erlangt besondere Bedeutung, wenn das Ziel langfristig gleichbleibender Kursrelationen verfolgt wird. In diesem Fall sind die Zentralnotenbanken täglich gezwungen, zwischen Fremdwährungsangebot und -nachfrage einen Spitzenausgleich vorzunehmen. Dagegen ist es in einer auf freier Konvertierbarkeit beruhenden internationalen Währungsordnung nicht Aufgabe der offiziellen Reservenbestände an internationalen Zahlungsmitteln, Instrument der Finanzierung des außenwirtschaftlichen Leistungsaustausches zu sein. Seine monetäre Abwicklung erfolgt im Falle eines multilateralen internationalen Zahlungsverkehrs prinzipiell durch das Geschäftsbankensystem auf der Grundlage von nationalem Geld[14]. Die von den nationalen Zentralnotenbanken zur Aufrechterhaltung fester Wechselkursrelationen vorgenommenen Devisenmarktinterventionen haben jedoch den Charakter einer Zwischenfinanzierung der kurzfristig auftretenden *Salden* im außenwirtschaftlichen Güter- und Kapitalverkehr. Die Höhe dieser Salden hängt ceteris paribus vom jeweiligen Ausgleichsmechanismus ab, welcher der praktizierten Weltwährungsordnung eigentümlich ist. Außerdem ist an eine funktionsfähige Weltwährungsordnung die Aufgabe gestellt, im Falle eines wachsenden internationalen Leistungsaustausches eine angemessene Bereitstellung von zusätzlicher internationaler Liquidität zu gewährleisten, da es sonst zu einer Störung des weltwirtschaftlichen Gleichgewichts kommt. Damit allseitig das Prinzip der freien Konvertibilität aufrechterhalten bleiben kann, darf die internationale Währungsordnung außerdem einer Verteilung[15] des globalen Bestandes an internationaler Liquidität auf die verschiedenen Länder gemäß ihrem Anteil am Weltwirtschaftsverkehr nicht im Wege stehen. Von einer funktionsfähigen internationalen Währungsordnung muß daher sowohl eine quantitativ angemessene Erzeugung als auch die Gewährleistung einer

---

[13] Die Währungsreserven der einzelnen Zentralnotenbanken oder der für die Reservenhaltung sonst zuständigen Währungsbehörden werden bisweilen mit dem Zusatz „offiziell“ oder „amtlich“ versehen. Damit wird eine Abgrenzung zu den sog. „privaten“ Valutaguthaben angestrebt, welche die Einzelwirtschaften zur Abwicklung ihrer außenwirtschaftlichen Transaktionen unterhalten. Wird ausdrücklich nichts anderes gesagt, so ist unter „Währungsreserven“ stets der „offizielle“ Vorrat an internationaler Liquidität zu verstehen.

[14] Näheres hierzu *Schneider*, E.: a.a.O., S. 17, 19, 144, 172. — BIZ (Hg.): 34. Jahresbericht, Basel 1964, S. 33 f. — *Hahn*, L. A.: Bemerkungen zum Ossola-Bericht, a.a.O., S. 200. — *Küng*, E.: Die Versorgung der Weltwirtschaft mit Währungsreserven, Tübingen 1974, S. 5. — *Posthuma*, S.: Wandlungen im internationalen Währungssystem, Kiel 1963, S. 9. — *Bachmann*, H.: Internationaler Zahlungsverkehr, in: HdSW Bd. 12, Stuttgart, Tübingen, Göttingen 1965, S. 395.

[15] Vgl. *Lutz*, F. A.: Das Problem der internationalen Währungsordnung, in: Ordo Bd. 10 (1958), Düsseldorf und München, S. 133. — *Küng*, E.: Zahlungsbilanzpolitik, a.a.O., S. 847.

strukturell ausgewogenen Verteilung der Währungsreserven auf die Welthandelsländer verlangt werden.

5. Verfolgung der binnenwirtschaftlichen Zielsetzung der Länder

Die übergeordneten sozial- und wirtschaftspolitischen Absichten, denen alles Wirtschaften dienen soll, bilden den Gegenstand des sogenannten magischen Vierecks der Wirtschaftspolitik, das bekanntlich ein außenwirtschaftlich und drei binnenwirtschaftlich orientierte Einzelziele umfaßt. Die durch das magische Viereck verkörperte Zielkombination ist nicht nur in nationalen Gesetzeswerken normiert, sondern sie stellt zugleich auch die bestimmende wirtschaftspolitische Leitidee wichtiger internationaler Abmachungen dar[16].

Als Folge der allgemeinen Verbindlichkeit der durch das magische Viereck beschriebenen wirtschaftspolitischen Kardinalziele hat die internationale Währungsordnung heutzutage nicht allein der Wahrung eines außenwirtschaftlichen Gleichgewichts zu dienen. Vielmehr muß sie jedem Land auch die Verfolgung seiner nationalen stabilitäts-, beschäftigungs- und wachstumspolitischen Zielsetzung in gewissem Ausmaß gestatten, ohne daß es deshalb zu dauernden Gleichgewichtskrisen im Hinblick auf die internationalen Zahlungsbeziehungen kommt. Diese erweiterten Anforderungen an die internationale monetäre Ordnung stehen in markantem Gegensatz zu den vor 1914 herrschenden wirtschaftspolitischen Anschauungen. Denn seinerzeit war die Handlungsfreiheit der nationalen Währungsbehörden bezüglich der binnenwirtschaftspolitischen Ziele stark beschränkt. Dies war eine Folge davon, daß damals das Postulat des Gleichgewichts im internationalen Zahlungsverkehr unter Wahrung eines prinzipiell starren Wechselkursgefüges als der bestimmende Grundsatz aller nationalen Wirtschaftspolitik galt.

Für eine stärkere Berücksichtigungsmöglichkeit der internen wirtschaftspolitischen Zielvorstellungen eines jeden Landes ist schon nach Ende des ersten Weltkrieges vor allem von *Keynes*[17] plädiert worden. Durch die Ereignisse im Gefolge der weltweiten wirtschaftlichen Schwierigkeiten zwischen den beiden Weltkriegen ist diese Anschauung schließlich zur dominierenden Leitidee der praktischen Wirtschafts-

---

[16] z. B. Art. I des Abkommens über den Internationalen Währungsfonds. — Art. I des GATT-Statuts. — Art. 104 des EWG-Vertrages. — § 1 des deutschen „Gesetz zur Förderung der Stabilität und des Wachstums" vom 8. 6. 1967.

[17] Vgl. *Keynes*, J. M.: Ein Traktat über Währungsreform (Titel der englischen Originalausgabe: „A Tract on Monetary Reform", Cambridge 1923), München und Leipzig 1924, S. 144 f. — *Ders.:* Vom Gelde (Titel der englischen Originalausgabe: „A Treatise on Money", London 1930), Berlin 1955, S. 543.

politik geworden. Dieser für das Funktionieren der Weltwährungsbeziehungen fundamentale Wandel in der Rangfolge der wirtschaftspolitischen Einzelziele gilt heute mehr denn je und kann auch im Hinblick auf die gegenwärtigen Bemühungen um eine Neuordnung des internationalen Geldwesens als ein unverrückbares Faktum gelten. Daraus folgt, daß heutzutage eine Regelung gesucht wird, die sich nicht allein durch einen zuverlässig wirkenden Anpassungsmechanismus zur jederzeitigen Beherrschung von internationalen monetären Ungleichgewichten auszeichnet. Vielmehr wird außerdem gefordert, daß die Funktionsweise des Anpassungsprozesses die einzelnen Volkswirtschaften nicht der Möglichkeit beraubt, sich bezüglich der binnenwirtschaftspolitischen Hauptziele für diejenige Prioritätenfolge entscheiden zu können, welche den jeweiligen nationalen Gegebenheiten bestmöglich entspricht[18].

6. Der Vertrauensaspekt der internationalen Währungsordnung

Eine weltweite Einigung über die konkrete Ausgestaltung der Rahmenbedingungen für den internationalen Zahlungsverkehr reicht jedoch allein nicht aus, um die langfristige Funktionsfähigkeit einer multilateralen Weltwährungsordnung herzustellen und aufrechtzuerhalten. Soll der Ausbau der internationalen Arbeitsteilung bestmöglich durch das internationale Geldwesen gefördert und die damit verbundenen positiven wohlfahrtsökonomischen Auswirkungen auch tatsächlich hervorgerufen werden, so ist es analog den Verhältnissen im nationalen[19] Geldwesen erforderlich, daß der Fähigkeit der international verwendbaren Zahlungsmittel, die verschiedenen Geldfunktionen auch auf lange Sicht verläßlich ausüben können, uneingeschränktes Vertrauen entgegengebracht wird. Im Hinblick auf das Ziel der Vermeidung einer weltwirtschaftlich ineffizienten Faktorallokation bedeutet dies zunächst, daß international kein Zweifel an der jederzeitigen Konvertierbarkeit der verschiedenen Währungen herrscht. Ebenso müssen die Wirtschaftssubjekte darauf vertrauen können, daß die Anpassungsfähigkeit der Weltwährungsordnung keine größeren und länger anhaltenden Abweichungen des Wechselkurses von der Gleichgewichtsparität

---

[18] Näheres hierzu bei *Johnson,* H. G.: Beiträge zur Geldtheorie und Geldpolitik, Berlin 1969, S. 304. — *Gutowski,* A.: Stabilisierungschancen bei unterschiedlichen Währungssystemen, in: Wirtschaftsdienst 54. Jg. (1974), Hamburg, S. 428. — *Hirsch,* F.: Entwicklung und Wirkungsweise des internationalen Währungssystems seit dem zweiten Weltkrieg, in: Fin. u. Entw. 9. Jg. (1972) H. 2, Hamburg, S. 52. — *Hiss,* D.: Zur Reform des internationalen Währungssystems, in: *Bruns,* G. u. *Häuser,* K. (Hg.): Internationale Währungsordnung, europäische Währungspläne und Kapitalmarkt, Frankfurt/M., S. 117.

[19] Vgl. *Meinhold,* W.: Grundzüge der Allgemeinen Volkswirtschaftslehre, 4. Aufl., München 1972, S. 225.

zuläßt. Ferner darf es keinem Zweifel unterliegen, daß allezeit eine quantitativ und strukturell angemessene Versorgung der Zentralnotenbanken mit internationaler Liquidität gewährleistet sein wird. Außerdem kann es die Stabilität der internationalen Währungsbeziehungen nur fördern, wenn stets Gewißheit darüber herrscht, daß etwaig im Inland auftretende konjunkturelle Schwierigkeiten nicht aus Rücksichtnahme auf den internationalen Zahlungsverkehr total passiv hingenommen werden müssen und daß dennoch keine schwerwiegenden internationalen Komplikationen zu befürchten sind.

Es ist offensichtlich, daß die im Vorstehenden erörterten Voraussetzungen für eine im Sinne des Multilateralismus funktionsfähige Weltwährungsordnung sich wechselseitig bedingen. Hieraus ergibt sich eine weitere Forderung. Und zwar handelt es sich darum, daß jede konkrete internationale Währungsordnung durch ein Höchstmaß an ordnungspolitischer Konsistenz bezüglich all ihrer konstituierenden Elemente gekennzeichnet sein muß, wenn Vertrauenskrisen weitgehend ausgeschlossen werden sollen. Das Vertrauen in die langfristige Stabilität der internationalen Währungsordnung ist seinerseits wiederum Voraussetzung dafür, daß marktkonforme Verfahren zur Rückkehr zum internationalen Gleichgewicht ihre volle Wirksamkeit erlangen können[20]. Ebenso ist durch die Gewißheit, daß auftretende monetäre Ungleichgewichte stets binnen kurzem wieder ausgeglichen sein werden, dem Auftreten ungleichgewichtsverstärkender Spekulationserscheinungen weitgehend der Boden entzogen. Schließlich wird die Bereitschaft der Einzelwirtschaften, im Wege von langfristigen Auslandskrediten zur Verwirklichung einer weltwirtschaftlich optimalen Produktionsstruktur beizutragen, in entscheidender Weise vom Grad ihres Vertrauens in die künftige Störungsfreiheit des internationalen Geldwesens beeinflußt.

---

[20] Vgl. *Küng*, E.: Zahlungsbilanzpolitik, a.a.O., S. 845, 854.

C. Wirtschaftstheoretische Grundlagen der internationalen Währungsbeziehungen

Im vorangegangenen Kapitel ist dargelegt worden, warum das langfristige Gewährleistetsein eines multilateralen Gleichgewichts im internationalen Zahlungsverkehr als das Hauptanliegen der nationalen und der internationalen Währungspolitik zu gelten hat. Diese Aufgabe kann auch in Gestalt der Forderung nach Ausgeglichenheit sämtlicher nationaler Zahlungsbilanzen umschrieben werden. Denn in der Zahlungsbilanz[1] spiegelt sich der gesamte internationale Zahlungsverkehr eines Landes wider. Das Ziel der Wahrung des Zahlungsbilanzgleichgewichts ist jedoch nicht im Sinne einer in jedem Augenblick bestehenden Ausgeglichenheit zu deuten. Denn kurzfristige Diskrepanzen zwischen den internationalen Zahlungsein- und -ausgängen eines Währungsgebietes sind unvermeidlich. Sie können zwecks Glättung der Wechselkursentwicklung mit Hilfe von Devisenmarktinterventionen der Zentralnotenbanken ausgeglichen werden, was zugleich mit entsprechenden Veränderungen der Höhe der nationalen Währungsreserven einhergeht.

Im Unterschied zu den täglichen Zufallsschwankungen müssen Zahlungsbilanzungleichgewichte, welche sich nicht schon nach kurzer Dauer wieder von selbst kompensieren, durch eine entsprechende Verschiebung der Preisrelation zwischen In- und Ausland rückgängig gemacht werden. Unterbleibt eine solche Anpassung, so sind alsbald zunehmende Störungen der internationalen Wirtschaftsbeziehungen zu gewärtigen. Im Hinblick hierauf ist der Vermeidung anhaltender Defizite grundsätzlich die gleiche Aufmerksamkeit zu widmen wie der Unterbindung fortgesetzter Zahlungsbilanzüberschüsse. Denn beide Fälle eines internationalen monetären Ungleichgewichts bergen die Gefahr in sich, nach einiger Zeit unausweichlich zu einer protektionistischen Reglementierung des zwischenstaatlichen Handels- und Zahlungsverkehrs und/oder zu sprunghaften Wechselkursverschiebungen Anlaß zu geben. Abgesehen davon bewirken längerfristig bestehende

---

[1] Der Aufbau der Zahlungsbilanz wird für das Weitere als bekannt vorausgesetzt. Einzelheiten zum Aufbau der Zahlungsbilanz finden sich z. B. bei *Rose*, K.: Theorie der Außenwirtschaft, 2. Aufl., Berlin und Frankfurt/M. 1968, S. 3 ff. — *Stucken*, R.: Geld und Kredit, 2. Aufl., Tübingen 1957, S. 155 ff. — *Kruse*, A.: Außenwirtschaft, a.a.O., S. 171 ff. — *Zottmann*, A.: Theorie und Politik der Außenwirtschaft, Stuttgart und Düsseldorf 1967, S. 35 ff.

Zahlungsbilanzungleichgewichte eine ökonomisch widersinnige Verzerrung der weltweiten Faktorkombination.

I. Das Zahlungsbilanzgleichgewicht

Ob eine Zahlungsbilanz sich in wirtschaftlicher Hinsicht im Gleichgewicht befindet oder nicht, ergibt sich aus einer Analyse ihrer Bestandteile. Zusätzlich bedarf es jedoch der gleichzeitigen Hinzuziehung von Fakten außerhalb der Zahlungsbilanz. Dies ist schon deshalb geboten, weil zwischen den Teilpositionen einer Zahlungsbilanz Interdependenzen bestehen und kausale Zusammenhänge infolge der Anwendung der doppelten Buchführung verborgen bleiben. Infolgedessen kann auch anhand einer isolierten Betrachtung der Zahlungsbilanz nicht beurteilt werden, was als Ursache und was als Wirkung einer bestimmten Zahlungsbilanzentwicklung anzusehen ist. Welche Bestandteile der Zahlungsbilanz und welche sonstigen Fakten bei der Diagnose eines Gleichgewichts oder Ungleichgewichts im Zahlungsverkehr mit dem Ausland zugrunde gelegt werden sollen, hängt im Detail von der speziellen Fragestellung ab, auf die man eine Antwort sucht[2]. Daher kommt es, daß der Tatbestand einer im ökonomischen Sinn ausgeglichenen oder unausgeglichenen Zahlungsbilanz auf uneinheitliche Weise definiert wird. Als Folge davon existieren verschiedene Konzepte[3], die zur Entscheidung darüber dienen, ob ein Zahlungsbilanzgleichgewicht[4] im wirtschaftlichen Sinne vorliegt oder nicht.

Als Richtschnur zur Beurteilung der außenwirtschaftlichen Situation einer Volkswirtschaft hat lange Zeit das sogenannte Gesamtbilanzkonzept dominiert. Dieses ist dadurch gekennzeichnet, daß das Vorliegen eines Zahlungsbilanzgleichgewichts dann angenommen wird, wenn der Saldo der Veränderung der Währungsreserven in einer Periode den

---

[2] Vgl. *Schneider,* E.: a.a.O., S. 53.

[3] Näheres z. B. bei *Bochud,* F. R.: Zur Problematik des Zahlungsbilanzgleichgewichts, in: WiSt 2. Jg. (1973), München, S. 2 ff. — *Funck,* R.: Zahlungsbilanz, in: HdSW Bd. 12, Stuttgart, Tübingen, Göttingen 1965, S. 377. — *Tiedtke,* J.: Alternative Interpretationen des Zahlungsbilanzausgleichs — Darstellung und wirtschaftspolitische Implikationen der einzelnen Konzepte, in: Außenwirtschaft 29. Jg. (1974), Zürich und St. Gallen, S. 58 f., 62 ff. — *Schneider,* E.: a.a.O., S. 49 ff.

[4] E. *Schneider* hält die Bezeichnung Zahlungsbilanz-„Gleichgewicht“ bzw. -„Ungleichgewicht“ für unglücklich. Denn eine Zahlungsbilanz sei in Anbetracht ihrer statistischen Erstellungsgrundsätze stets eine ex-post-Aufstellung, während der Gleichgewichtsbegriff einen ex-ante-Charakter trage, weil er im Zusammenhang mit den Antizipationen der Wirtschaftssubjekte gesehen werden müsse. Deshalb und mit Rücksicht darauf, daß eine Interpretation der Zahlungsbilanz nur vor dem Hintergrund der übrigen Wirtschaftsentwicklung sinnvoll ist, solle man besser von einem Defizit, Überschuß oder Nullsaldo der betrachteten Zahlungsbilanzpositionen sprechen. Im einzelnen vgl. *Schneider,* E.: a.a.O., S. 53, 56 f.

Wert Null ergibt[5]. Die starke Zunahme von außenwirtschaftlichen Transaktionen staatlicher Instanzen in den letzten Jahrzehnten hat jedoch dazu geführt, daß der Aussagewert einer allein auf den Veränderungen der Reservenhaltung fußenden Diagnose heute weitgehend in Frage gestellt werden muß. Denn der Konstanz des Bestands an internationaler Liquidität ist es nur schwer anzusehen, ob sie „autonomer" Natur in dem Sinne ist, daß hierfür beispielsweise die zwischen dem In- und Ausland bestehenden Preis- und Zinsunterschiede ursächlich waren, oder ob die Reservenbestandsgleichheit durch zahlungsbilanzorientierte (sog. induzierte) Maßnahmen der Träger der nationalen Währungspolitik herbeigeführt worden ist.

Die gedankliche Unterscheidung der außenwirtschaftlichen Aktivitäten in autonome und induzierte Transaktionen[6] führt zum sogenannten Grundbilanzkonzept des Zahlungsbilanzausgleichs. Hierbei wird ein außenwirtschaftliches Gleichgewicht dann als gegeben unterstellt, wenn die Zusammenfassung der Leistungsbilanz und der Bilanz des langfristigen Kapitalverkehrs sich in einer Periode zu Null saldiert. Allerdings können auch gegen dieses Gleichgewichtskonzept zahlreiche Einwände erhoben werden. Der Haupteinwand[7] besteht darin, daß die theoretisch befriedigende Trennung in autonome und induzierte Transaktionen bei der statistischen Erstellung der Zahlungsbilanz nicht annähernd präzise nachvollzogen werden kann.

Eine weitere verbale Fixierung, welche die Gleichgewichtsproblematik im internationalen Zahlungsverkehr in ihren komplexen Zusammenhängen zu sehen versucht und deshalb mit dem Terminus eines außenwirtschaftlichen Gleichgewichts belegt worden ist, ergibt sich in Anlehnung an den deutschen „Sachverständigenrat zur Begutachtung der gesamtwirtschaftlichen Entwicklung"[8]. Dieser sieht das Vorliegen eines außenwirtschaftlichen Gleichgewichts dann als gegeben an, wenn sich bei gleichbleibendem Wechselkurs im internationalen Leistungsaustausch die außenwirtschaftlichen Zahlungsein- und -ausgänge die Waage halten, ohne daß hierzu induzierte Transaktionen stattgefunden

[5] Diesem Konzept liegt die quantitätstheoretische Einsicht zugrunde, daß im Falle unveränderter Währungsreserven das inländische Gleichgewicht zwischen Güter- und Geldkreislauf nicht durch außenwirtschaftliche Einflüsse gestört worden ist.

[6] Vgl. *Rose*, K.: Theorie ..., a.a.O., S. 16. — *Bochud*, F. R.: a.a.O., S. 1. — *Funck*, R.: Zahlungsbilanz, a.a.O., S. 377. — *Tiedtke*, J.: a.a.O., S. 67.

[7] Weitere Einwände finden sich bei *Hasse*, R., *Werner*, H., *Willgerodt*, H.: Außenwirtschaftliche Absicherung zwischen Markt und Interventionismus, Frankfurt/M. 1975, S. 28 f. — *Haberler*, G.: Die internationale Währungsordnung, in: Ordo Bd. 15/16 (1965), Düsseldorf und München, S. 56.

[8] Vgl. SVR (Hg.): Alternativen außenwirtschaftlicher Anpassung (JG 1968/69), Stuttgart und Mainz 1969, Ziff. 193 f.

haben, während gleichzeitig im Inland diejenige Konjunkturpolitik betrieben wurde, welche den drei binnenwirtschaftlichen Zielen des magischen Vierecks bestmöglich gerecht wird. Es bedarf keiner näheren Begründung, daß dieses gedanklich attraktive Konzept wohl schwerlich in eine befriedigende quantitative Fassung übersetzt werden kann.

II. Die Ursachen von Zahlungsbilanz-Ungleichgewichten

Für Verschiebungen bei Angebot und Nachfrage am Devisenmarkt gibt es zahlreiche Ursachen. Treten solche Verschiebungen auf, so finden sie in den Teilpositionen der Zahlungsbilanz ihren statistischen Niederschlag. Die Zahlungsbilanz eines Landes kann deshalb auch als eine Aufzeichnung der verschiedenen Komponenten von Angebot und Nachfrage an den Devisenmärkten hinsichtlich der heimischen Währung aufgefaßt[9] werden. Infolgedessen ist die Theorie der Ursachen von Zahlungsbilanzungleichgewichten im Grunde genommen nichts anderes als eine Theorie der Bestimmungsgründe für die Abweichungen vom Gleichgewichtswechselkurs. Die ökonomischen Determinanten der Höhe von Devisenangebot und -nachfrage und damit auch der Entwicklung der Zahlungsbilanzsalden können in monetäre und realwirtschaftliche Ursachen unterteilt werden. Beide sind jedoch zwangsläufig eng miteinander verschlungen und können ihrerseits eine Folge selbständiger ökonomischer Vorgänge und/oder wirtschaftspolitischer Maßnahmen sein.

Dauert eine Zahlungsbilanzstörung längere Zeit an, so kann der Fall eintreten, daß dieser Umstand zum Anlaß für eine Verschärfung der bestehenden Ungleichgewichtssituation wird. Dies wird immer dann der Fall sein, wenn sich in der Öffentlichkeit der Eindruck breit macht, daß die Rückkehr zum Zahlungsbilanzgleichgewicht nur noch im Wege außenwirtschaftlicher Restriktionen oder größerer Wechselkursänderungen erreicht werden kann. Eine solche Zukunftseinschätzung zieht dann nämlich unweigerlich ungleichgewichtsverstärkende zwischenstaatliche Geldbewegungen nach sich, denen spekulative Gewinnerzielungs- oder Verlustvermeidungsmotive der Einzelwirtschaften zugrunde liegen.

Schließlich ist darauf hinzuweisen, daß die Angebots-Nachfrage-Verhältnisse an den Devisenmärkten in starkem Maße auch durch außerökonomische Vorgänge verschoben werden können. Dies wird nicht nur im Falle politisch bedingter Kapitalfluchterscheinungen be-

[9] Vgl. *Sohmen*, E.: Wechselkurs und Währungsordnung, Tübingen 1973, S. 4. — *Veit*, O.: Grundriß . . ., a.a.O., S. 77 ff.

sonders augenfällig, sondern wird außerdem durch die monetären Auswirkungen der starken Preiserhöhungen beim Öl und bei anderen Rohstoffen auf anschauliche Weise belegt.

III. Der Prozeß des Zahlungsbilanzausgleichs

Beim Prozeß des Zahlungsbilanzausgleichs wirken zahlreiche interdependente monetäre und realwirtschaftliche Vorgänge zusammen. Entsprechend komplex sind auch die Wirkungszusammenhänge, die im Falle eines wie auch immer definierten Ungleichgewichts zum Ausgleich der Zahlungsbilanz führen. Die Auslösung des Ausgleichsprozesses kann durch die ökonomischen Auswirkungen einer Zahlungsbilanzstörung selbst oder durch wirtschaftspolitische Interventionen hervorgerufen werden.

1. Selbsttätiger Zahlungsbilanzausgleich und die währungspolitische Wirklichkeit

Kommt es zu einem Ungleichgewicht der Zahlungsbilanz des Inlandes, so treten unter marktwirtschaftlichen Bedingungen verschiedene Selbstregelungsvorgänge in Aktion, die tendenziell auf das Zustandekommen eines neuen Zahlungsbilanzgleichgewichts hinwirken. Hierbei handelt es sich um den Geldmengen-Preis-Mechanismus, den Geldmengen-Einkommens-Mechanismus, den Zins-Kredit-Mechanismus und den Wechselkurs-Mechanismus[10].

Beim Zahlungsbilanzausgleich in der Realität arbeiten die vier vorgenannten, automatisch wirkenden Mechanismen niemals isoliert, sondern stets nur gemeinsam, dies allerdings mit unterschiedlicher Intensität. Aufgrund der Interdependenz der einzelnen Zahlungsbilanzpositionen bleiben die Auswirkungen der selbsttätigen Zahlungsbilanzausgleichsprozesse niemals auf einzelne Posten beschränkt.

Die bei festen Wechselkursen grundsätzlich mögliche Wirksamkeit des Geldmengen-Preis-Mechanismus und des Geldmengen-Einkommens-Mechanismus setzt einen strikten Zusammenhang zwischen den Zahlungsbilanzsalden und dem inländischen Geldumlauf voraus. Für die Träger der nationalen Wirtschaftspolitik bedeutet dies den Zwang zu einer vorrangig an den Bewegungen der Zahlungsbilanz orientierten Verhaltensweise, was zur Folge hat, daß für eine der inländischen Konjunkturlage Rechnung tragende Wirtschaftspolitik so gut wie keinerlei Handlungsspielraum mehr besteht. Weil seit der Weltwirt-

---

10 Vgl. z. B. *Küng,* E.: Die Selbstregulierung der Zahlungsbilanz, St. Gallen 1948, S. 13 ff., 47 ff., 98 ff., 116 ff. — *Kruse,* A.: Außenwirtschaft, a.a.O., S. 181 ff. — *Funck,* R.: Zahlungsbilanz, a.a.O., S. 379 ff.

schaftskrise 1930/31 das jeweilige nationale Beschäftigungs- und Wachstumsziel generell wirtschaftspolitische Priorität genießt, ist heutzutage ein befriedigender Zahlungsbilanzausgleich auf der Basis von Preis- und Einkommenseffekten nicht mehr gewährleistet. Dazu kommt, daß der Geldmengen-Preis-Mechanismus vor allem in Defizitländern kaum noch zur Entfaltung kommen kann. Dies liegt daran, daß die Behebung eines außenwirtschaftlichen Defizits wegen der heute geringen Preisflexibilität nach unten zu einem unerwünscht starken Beschäftigungsrückgang führen würde. Ferner kann davon ausgegangen werden, daß die Funktionsfähigkeit der für feste Paritäten charakteristischen Anpassungsmechanismen in Zukunft aufgrund währungsexterner Gegebenheiten weiter eingeengt werden dürfte.

Während die außenwirtschaftlich verursachten Preis- und Einkommenseffekte erst nach einer gewissen Zeitspanne ihre Zahlungsbilanzausgleichswirkungen entfalten können, ziehen außenwirtschaftlich hervorgerufene Verschiebungen des inländischen Zinsniveaus unverzüglich Reaktionen der Kapitalverkehrsbilanz nach sich. Das Funktionieren des Zins-Kredit-Mechanismus ist gleichermaßen bei festen und beweglichen Wechselkursen sowie bei starren als auch bei flexiblen Güterpreisen gewährleistet.

Die von Wechselkursveränderungen[11] ausgehenden Ausgleichswirkungen auf die Zahlungsbilanz sind um so größer, je unbehinderter die freie Beweglichkeit der Paritäten ist. Im Falle völlig frei beweglicher Paritäten arbeitet der Wechselkurs-Mechanismus vollautomatisch im Wege einer gleichzeitigen Beeinflussung der außenwirtschaftlichen Güter- und Kapitaltransaktionen. Flexible Güterpreise sind dazu nicht erforderlich. Dagegen hängt die Effizienz des Wechselkurs-Mechanismus maßgeblich von den im In- und Ausland herrschenden Preiselastizitäten ab.

Es kann heute davon ausgegangen werden, daß der lange Zeit in der Wissenschaft verbreitete sogenannte „Elastizitätspessimismus" weitgehend unbegründet ist. Hierbei handelt es sich um die Befürchtung, daß Wechselkursänderungen infolge der in der Realität herrschenden Preiselastizitäten zu einer „anomalen" (d. h. zu einer ungleichgewichtsverschärfenden) Reaktion der Zahlungsbilanz führen könnten. Eine pessimistische Beurteilung der Elastizitätsfrage ist vor allem dann fehl am Platze, wenn bei intaktem Marktmechanismus eine Paritätsverschiebung durch adäquate Maßnahmen der Binnenwirtschaftspolitik

---

[11] F. W. *Meyer* ist der Ansicht, daß der Wechselkurs-Mechanismus selbst innerhalb der sehr geringen Bandbreite der Goldwährung noch unmittelbare Wirksamkeit auf den internationalen Güteraustausch zu entfalten vermag. Vgl. *Meyer,* F. W.: Der Ausgleich der Zahlungsbilanz, Jena 1938, S. 88 ff.

ergänzt wird[12]. Ebenso kann bei der Beurteilung der Vorschläge zur Neuordnung der Weltwährungsbeziehungen davon ausgegangen werden, daß aufgrund der in der Praxis gesammelten Erfahrungen heute akzeptiert sein dürfte, daß im Zeitablauf[13] die in Frage kommenden Elastizitätskoeffizienten zuzunehmen pflegen und zumindest langfristig die für den Zahlungsbilanzausgleich erforderliche Höhe erreichen werden.

2. Zahlungsbilanzausgleich mit Hilfe wirtschaftspolitischer Maßnahmen

Neben dem selbsttätigen Zahlungsbilanzausgleich, der sich durch das Wirksamwerden marktwirtschaftlicher Anpassungsautomatismen vollzieht, kann Zahlungsbilanzstörungen auch mit Hilfe wirtschaftspolitischer Interventionen entgegengewirkt werden. Die Möglichkeiten des Zahlungsbilanzausgleichs mit wirtschaftspolitischen Mitteln stützen sich auf dieselben ökonomischen Grundzusammenhänge, welche für den selbsttätigen Zahlungsbilanzausgleich kennzeichnend sind. Ihre Anwendung ist immer dann geboten, wenn die automatisch wirkenden Anpassungsmechanismen aus irgendeinem Grund nur abgeschwächt zur Entfaltung kommen können und daher ein Zahlungsbilanzungleichgewicht alleine nicht zu beseitigen vermögen. Weil die Effizienz der selbsttätigen Zahlungsbilanzausgleichsprozesse heutzutage infolge verschiedener Gegebenheiten[14] teilweise stark eingeschränkt ist, haben

[12] Vgl. *Meyer,* F. W.: Wechselkurse, a.a.O., S. 575 ff. — *Küng,* E.: Zahlungsbilanzpolitik, a.a.O., S. 479 ff. — *Schneider,* E.: a.a.O., S. 126 f. — *Sohmen,* E.: Wechselkurs und Währungsordnung, a.a.O., S. 22 ff. — *Preeg,* E. H.: Elasticity Optimism in International Trade, in: Kyklos Vol. 20 (1967), Basel, S. 464 ff. — *Haberler,* G.: Currency Depreciation and the Terms of Trade, in: *Lagler* u. *Messner* (Hg.): Wirtschaftliche Entwicklung und soziale Ordnung, Wien 1952, S. 157 f. — *Woll,* A.: Wechselkursänderungen, in: Staatslexikon 6. Aufl., Bd. 11; Freiburg i. Br. 1970, Sp. 662 ff.

[13] Näheres bei *Küng,* E.: Die Selbstregulierung der Zahlungsbilanz, a.a.O., S. 124 f. — *Kruse,* A.: Außenwirtschaft, a.a.O., S. 191, 241. — *Meyer,* F. W.: Wechselkurse, a.a.O., S. 577. — *Ders.:* Devisenbewirtschaftung, in: HdSW Bd. 2, Stuttgart, Tübingen, Göttingen 1959, S. 585. — *Machlup,* F.: Der Außenwert des Dollars (Kieler Vorträge Nr. 79 NF), Tübingen 1974, S. 16. — *Keiser,* G.: Erste Erfahrungen mit „Floating Rates“, in: Kreditwesen 28. Jg. (1975), Frankfurt/M., S. 106.

[14] Auf die heute vorherrschende Priorität binnenwirtschaftspolitischer Zielsetzungen wurde bereits hingewiesen. Dies hat zur Folge, daß der Anpassungsprozeß nicht mehr durch eine zahlungsbilanzkonforme nationale Wirtschaftspolitik unterstützt wird. Dazu kommt die erhöhte und zunehmende Rigidität der Preise nach unten. Hierfür gibt es zahlreiche Ursachen: z B. der zunehmende oligopolistische Charakter der Märkte, die immer größere Zahl staatlich beeinflußter Preise sowie die üblich gewordenen lohnpolitischen Verhaltensweisen. Außerdem spielt eine Rolle, daß Preisunterschiede heutzutage oftmals nur noch eines von mehreren Kriterien sind, welches Anlaß zu außenwirtschaftlichen Transaktionen gibt. Insbesondere sind Fragen der Qualität, der Lieferfristen, der Zahlungsbedingungen oder des Service häufig von mindestens ebenso großer Bedeutung; vgl. hierzu

Maßnahmen staatlicher Wirtschaftspolitik gerade dann eine große Bedeutung für die Behebung von Zahlungsbilanzstörungen erlangt, wenn ein auftretendes Ungleichgewicht nicht nur vorübergehender Natur ist. Für die dann gebotenen Interventionen können binnen- und außenwirtschaftspolitische Instrumente in Frage kommen. Ihre Anwendung erfolgt zumeist simultan.

Von der Möglichkeit einer interventionistischen Anpassung der inländischen Preise und Einkommen an die Entwicklung der Zahlungsbilanz ist in den letzten Jahrzehnten immer weniger Gebrauch gemacht worden. Diese Beobachtung bezieht sich gleichermaßen auf den Fall einer aktiven wie einer passiven Zahlungsbilanz. So wird einem zahlungsbilanzorientierten Einsatz der Preis- und Einkommenspolitik zumeist entgegengehalten, daß auf diese Weise nicht nur auf die außenwirtschaftlichen Transaktionen eingewirkt wird, sondern daß auch die gesamte Inlandswirtschaft unmittelbar mitbetroffen wird. Ebenso läßt sich darauf hinweisen, daß praktische Versuche, die Wiederherstellung des Zahlungsbilanzgleichgewichts mit einkommenspolitischen Mitteln herbeizuführen, „nicht erfolgreich“[15] verlaufen sind.

Die faktische Zahlungsbilanzentwicklung ist das Ergebnis des Zusammenwirkens zahlreicher ökonomischer, wirtschaftspolitischer und außerökonomischer Einflußgrößen. Sollen angesichts dessen Zahlungsbilanzstörungen zuverlässig ausgeschlossen werden, so ist man vor das Problem gestellt, daß die drei Ziele einer freien Konvertierbarkeit (einschließlich Freihandel), eines festen Wechselkursgefüges und einer vollen nationalstaatlichen Autonomie bei der Verfolgung der binnenwirtschaftlichen Ziele längerfristig nicht gleichzeitig[16] verwirklicht werden können. Eine internationale Währungsordnung, welche auch langfristig einen störungsfreien internationalen Zahlungsverkehr gewährleisten soll, kann stets nur zwei dieser drei Forderungen simultan erfüllen. Daraus folgt, daß langfristig stabile internationale Währungsbeziehungen stets eine Grundsatzentscheidung darüber verlangen, wel-

---

Körner, H.: Ungelöste Probleme der „außenwirtschaftlichen Absicherung“, in: Jb. Sozwiss. Bd. 20 (1969), Göttingen, S. 241. Das darf allerdings nicht darüber hinwegtäuschen, daß zwischenstaatliche Preisdifferenzen auch unter den heutigen Umständen von großer Wichtigkeit für die Beseitigung von Zahlungsbilanzungleichgewichten sind. Vgl. hierzu *Preeg,* E. H.: a.a.O., S. 464. — *Richebächer,* K.: Überforderte Wechselkurspolitik, Tübingen 1974, S. 19.

[15] *Schneider,* E.: a.a.O., S. 196. — Vgl. auch *Küng,* E.: Zahlungsbilanzpolitik, a.a.O., S. 180, 461 f.

[16] Vgl. auch *Wallich,* H. C.: The International Monetary System in Transition; Chicago 1972, S. 143. — *Kruse,* A.: Internationaler Kredit- und Kapitalverkehr und der Ausgleich der Zahlungsbilanzen, in: *Meinhold,* W. (Hg.): Internationale Währungs- und Finanzpolitik, Berlin 1961, S. 41 f. — *Schüller,* A.: Systeme des Zahlungsbilanzausgleichs, Weltwährungsreform und Stabilität, in: WiSt 5. Jg. (1976), München und Frankfurt, S. 456.

ches der drei genannten Ziele in den Hintergrund treten soll. Legt man sich darauf fest, daß das Prinzip des Multilateralismus auch auf lange Sicht die herrschende Ordnungsform für die internationalen Wirtschaftsbeziehungen sein soll, so stehen bei der Grundsatzentscheidung über die konkrete Gestalt der Weltwährungsordnung lediglich zwei Alternativen zur Wahl. Und zwar läßt sich das Prinzip des außenwirtschaftlichen Liberalismus entweder unter einem Regime verläßlich fester Paritäten bei gleichzeitigem weitestgehenden Verzicht auf eine autonome Konjunkturpolitik verwirklichen, oder man muß dazu bereit sein, auf feste Wechselkurse zu verzichten, um dafür über einen relativ großen Spielraum zu verfügen, innerhalb dessen der Einsatz des wirtschaftspolitischen Instrumentariums nach Maßgabe der inländischen Wirtschaftslage erfolgen kann.

Soll die erste Variante einer marktwirtschaftlich konzipierten Ordnung des internationalen Zahlungsverkehrs verwirklicht werden, so kann dem permanent bestehenden Zwang zur Wiederherstellung des Zahlungsbilanzgleichgewichts nur dadurch Genüge getan werden, daß in allen Volkswirtschaften die Regulierung der inländischen Geldmenge konsequent nach Maßgabe der Entwicklung des Zahlungsbilanzsaldos erfolgt (sog. zahlungsbilanzkonforme Geldpolitik). Muß von einer geringen Flexibilität der Kosten und Preise nach unten und der Vorrangigkeit des Wunsches ausgegangen werden, auf die Beschäftigungslage, das Wachstumstempo oder die Kaufkraftentwicklung im Inland selbständig gestaltend einwirken zu können, so sind bei gleichzeitiger Beibehaltung fester Wechselkurse anhaltende Zahlungsbilanzgleichgewichte unvermeidlich. Der Grund dafür ist darin zu suchen, daß dann die nichtrestriktiven Methoden der Beseitigung von Zahlungsbilanzstörungen stark an Wirksamkeit verlieren. Das wiederum hat zur Folge, daß man sich schließlich für eine Aufgabe der festen Paritäten oder aber der internationalen Freizügigkeit entscheiden muß.

Eine Beschränkung der Freizügigkeit des zwischenstaatlichen Zahlungsverkehrs vermag jedoch die Ursachen eines außenwirtschaftlichen Ungleichgewichts keineswegs zu beheben. Dazu kommt, daß neben den mit einer solchen Maßnahme verbundenen ordnungspolitischen Gefahren jegliche Form von Protektionismus stets mehr oder minder leicht von den Wirtschaftssubjekten umgangen werden kann. Abgesehen davon stehen alle Formen von Kapitalverkehrskontrollen einer bestmöglichen Entfaltung der internationalen Arbeitsteilung entgegen. Ein Rückgriff auf handelspolitische Instrumente ist zusätzlich mit dem speziellen Nachteil verbunden, daß die Anpassungslast einseitig auf den Warenverkehr konzentriert ist.

Entscheidet man sich infolge der heute gegebenen hochgradigen Starrheit von Preisen und Einkommen nach unten sowie wegen des Wunsches nach autonomer konjunkturpolitischer Gestaltungsfreiheit dafür, frei bewegliche Paritäten praktizieren zu wollen, so tauchen neue Schwierigkeiten auf. Diese werden im Zusammenhang mit der Untersuchung des Vorschlags, die währungspolitischen Aufgaben der Gegenwart im Wege einer dauerhaften Anwendung flexibler Wechselkurse zu lösen, zu behandeln sein. Die Kompromißalternative fallweiser Wechselkursänderungen ist seit dem zweiten Weltkrieg zwischen den westlichen Ländern praktiziert worden. Die Schlüsse, die aus den mit dieser Art von Wechselkursordnung gemachten Erfahrungen im Hinblick auf die künftige Gestaltung des internationalen Geldwesens zu ziehen sind, werden im weiteren Verlauf noch einen breiten Raum einnehmen.

IV. Die internationale Liquidität

An jegliche zwischenstaatliche Währungsordnung ist die Aufgabe gestellt, eine „angemessene" Versorgung der Weltwirtschaft mit Mitteln zum Ausgleich vorübergehend auftretender Zahlungsbilanzsalden zu gewährleisten. In diesem Zusammenhang ist es geboten, sich mit dem Begrifflichen sowie mit der Frage der Messung des Bestands und des Bedarfs an „internationaler Liquidität" auseinanderzusetzen.

1. Der Gegenstand der internationalen Liquidität

Der Begriff der internationalen Liquidität findet im wissenschaftlichen Schrifttum auf zwei voneinander abweichende Sachverhalte Anwendung. Und zwar dient dieser Ausdruck im engeren Sinne als Synonym für die Bestände[17] an international verwendbaren Zahlungsmitteln, welche sich in den Händen der Währungsbehörden befinden. Daneben wird die Fähigkeit der Zentralnotenbank eines Landes, reversible Zahlungsbilanzdefizite jederzeit finanzieren zu können[18], als internationale Liquidität im weiteren Sinne bezeichnet.

Weil das Währungsgold das einzige Reservemedium ist, das keine Verbindlichkeit eines anderen Landes darstellt, vertreten einige Autoren[19] die Auffassung, daß die internationale Liquidität allein aus dem

---

[17] Näheres vgl. *Fensch*, U.: Zum Problem der internationalen Liquidität (Kieler Studien Nr. 62 NF), Tübingen 1963, S. 3 f., 9. — *Williamson*, J.: International Liquidity, in: EJ Vol. 83 (1973), London, S. 686 ff.

[18] Näheres vgl. *Fensch*, U.: a.a.O., S. 10 f., 14. — *Jarchow*, H.-J.: Theoretische Studien zum Liquiditätsproblem (Kieler Studien Nr. 75 NF), Tübingen 1966, S. 149. — *Kasten*, H.: Zum Begriff und zur Struktur der Internationalen Liquidität, in: SchmJb 86. Jg. (1966 I), Berlin, S. 293.

[19] z. B. *Hahn*, L. A.: Bemerkungen zum Ossola-Bericht, a.a.O., S. 208 f. — *Busschau*, W. J.: Gold and International Liquidity, Johannesburg 1961, S. 59.

globalen Vorrat an monetärem Gold[20] bestehe. Aufgrund der gleichen Überlegung wird es abgelehnt, die amtlichen Devisenguthaben dem Bestand an internationaler Liquidität hinzuzurechnen. Denn der Welt-Nettobestand an Devisenreserven sei gleich Null, weil jedem auf eine Fremdwährung lautenden Forderungsrecht eine gleichgroße Auslandsverbindlichkeit des jeweiligen Emissionslandes gegenübersteht. Im Hinblick hierauf hat *Kasten*[21] eingewandt, daß der Standpunkt, allein das Währungsgold als internationale Liquidität anzuerkennen, daran kranke, daß die offiziellen Goldbestände nur teilweise zu Zwecken des Zahlungsbilanzausgleichs zur Verfügung stehen, weil in vielen Ländern noch gesetzliche Deckungsvorschriften für den Bargeldumlauf bestehen.

Außerdem scheint die Auffassung, derzufolge allein das Währungsgold internationale Liquidität sei, außer Betracht zu lassen, daß sich der Einsatz von Währungsreserven zum Zwecke des Zahlungsbilanzausgleichs im Wege von Notenbankinterventionen am Devisenmarkt vollzieht. Ein Rückgriff auf die Goldreserven zur Defizitfinanzierung macht es daher erforderlich, sich zuvor durch Veräußerung einer entsprechenden Goldmenge am Goldmarkt die zur Kursstützung benötigten Devisen zu beschaffen. Auch ist es für die Fähigkeit von Devisenreserven, unmittelbar zum Zahlungsbilanzausgleich eingesetzt werden zu können, ohne Belang, daß der Nettobestand der insgesamt auf der Welt existierenden Devisenreserven gleich Null ist. Ebenso muß gesehen werden, daß der Vorzug des Währungsgoldes, nicht mit einer gleichgroßen Auslandsschuld eines anderen Landes einherzugehen, es nicht hat verhindern können, daß die Goldreserven seit etwa 1970 faktisch nicht mehr zum Zahlungsbilanzausgleich verwendet werden.

Erkennt man an, daß sich die internationale Liquidität aus verschiedenen Komponenten zusammensetzt, so erweist sich der Versuch, die Gesamtheit der Weltwährungsreserven oder auch nur den Bestand eines Landes an international verwendbaren Zahlungsmitteln beziffern zu wollen, als schwierig. Denn es stellt sich die Frage, welche Größe ein brauchbares Maß für die Fähigkeit zur Überbrückung von Gleichgewichtsstörungen im internationalen Zahlungsverkehr darstellt. Im Hinblick hierauf schlug *Kane*[22] vor, den Fundus an internationaler Liqui-

---

— *Triffin*, R.: Gold and the Dollar Crisis — The Future of Convertibility, New Haven 1960, S. 5.

[20] Unter Zugrundelegung dieser Argumentation muß das mittlerweile geschaffene Reserve-Instrument der Sonderziehungsrechte, soweit der Bestand dieses internationalen Zahlungsmittels nicht der sog. Rekonstitutionspflicht unterliegt, ebenfalls als internationale Liquidität gelten.

[21] Vgl. *Kasten*, H.: Der Funktionswandel des Goldes, a.a.O., S. 40 f.

[22] Vgl. *Kane*, E. J.: International Liquidity: A Probabilistic Approach, in: Kyklos Bd. 28 (1965), Basel, S. 29 ff.

dität, über den eine Zentralnotenbank verfügt, dadurch zu ermitteln, daß man ihren Bestand an verschiedenen Reservearten mit wahrscheinlichkeitstheoretisch bestimmten Wiegekoeffizienten multipliziert und anschließend die jeweiligen Produkte additiv zusammenfaßt. Die Summe aller auf diese Weise ermittelten nationalen Bestandsgrößen an internationaler Liquidität könne dann als Maß für die vorhandenen globalen Gesamtreserven dienen.

Die Anregung von *Kane* basiert auf der Überlegung, daß niemals der Fall eintreten kann, daß alle Länder ihre gesamten monetären Reserven gleichzeitig einsetzen müssen, sondern daß zu einem bestimmten Zeitpunkt stets nur einige der Welthandelsländer ein außenwirtschaftliches Defizit zu finanzieren haben. So richtig diese Feststellung ist, so erscheint jedoch das von *Kane* vorgeschlagene Verfahren als Richtschnur für die in der theoretischen und in der angewandten Währungspolitik zu fällenden Entscheidungen als wenig geeignet. Denn die Festlegung der das Gesamtergebnis ausschlaggebend bestimmenden Wiegekoeffizienten für die verschiedenen Reservearten basiert in sehr weitreichendem Maße auf groben Schätzungen.

Außerdem muß jedweder Versuch einer hinreichend genauen Bezifferung des nationalen Bestands an internationaler Liquidität daran scheitern, daß die künftige Kreditbereitschaft des Auslandes gegenüber einer bestimmten Volkswirtschaft zahllosen Imponderabilien unterliegt. Ferner spielt eine Rolle, daß keine befriedigenden Statistiken über die Höhe der Devisenreserven in privater Hand existieren. Dies ist deshalb von Bedeutung, weil hiervon die zwischen dem privaten Sektor und den Währungsbehörden sich vollziehenden Zahlungsmittelbewegungen abhängen, welche bei Änderungen der intervalutarischen Zinsrelationen oder im Falle von aufkommender Währungsspekulation ausgelöst werden. All dies bringt es mit sich, daß der Begriff der internationalen Liquidität quantitativ nicht exakt definiert werden kann und sich demzufolge auch einer präzisen statistischen Erfassung entzieht.

Weil eine ökonomisch vollauf befriedigende Messung der internationalen Liquidität eine bisher ungelöste Aufgabe darstellt, ist es in den offiziellen Statistiken üblich, sowohl die globalen als auch die nationalen Währungsreserven mit der Summe der jeweiligen Bestände an Währungsgold[23] und konvertiblen Devisen (ohne Berücksichtigung etwaiger Deckungsbestimmungen), zuzüglich der bedingungslos verfügbaren Reservenposition beim IWF und dem Bestand an Sonderzie-

---

[23] Der Goldbesitz des IWF wird jedoch nicht mitgerechnet. Dies dient dem Zweck, Doppelzählungen auszuschließen.

hungsrechten gleichzusetzen. Auch im wissenschaftlichen Schrifttum ist es seit 1945 ganz überwiegend üblich, die vier vorgenannten Reservearten als Komponenten der internationalen Liquidität im engeren Sinne anzusehen[24].

Betrachtet man die internationale Liquidität als die internationale Zahlungsfähigkeit eines Landes, so können außerdem noch die bedingt verfügbaren internationalen Zahlungsmittel hinzugerechnet werden. Hierbei handelt es sich zunächst um den noch nicht in Anspruch genommenen Spielraum im Rahmen der Kredittranchen beim IWF. Ebenso könnte das in seiner Höhe a priori ungewisse sonstige internationale Verschuldungspotential eines Landes seinen Währungsreserven im weiteren Sinne zugerechnet werden. Das gleiche gilt für die einer Zentralnotenbank offenstehenden Möglichkeiten, ihre langfristig gebundenen Auslandsforderungen in kurzfristig fällige Aktiva umzuwandeln.

2. Der Bedarf an internationaler Liquidität

Um entscheiden zu können, ob ein „Mangel", ein „Überfluß" oder ein „angemessener" Bestand an internationaler Liquidität herrscht, wird ein Maßstab benötigt, welcher es gestattet, den Grad an Reservenversorgung zu quantifizieren. Besteht ferner die Absicht, die Verfügbarkeit an internationaler Liquidität von rational gestaltbaren Einflußgrößen abhängig zu machen, muß man außerdem in der Lage sein, verläßliche Ex-Ante-Aussagen über den künftigen Reservenbedarf tätigen zu können.

a) Die Determinanten des Bedarfs an internationaler Liquidität

Die Kenntnis der Bestimmungsgrößen für den Reservenbedarf der Zentralnotenbanken ist eine wesentliche Voraussetzung für eine ökonomisch sinnvolle[25] Versorgung der Weltwirtschaft mit internationaler Liquidität. Vor allem stellt sich die Frage, ob es bestimmte numerisch erfaßbare Daten gibt, die zuverlässig anzeigen, ob der aktuelle Bestand an Währungsreserven als „angemessen" gelten kann oder ob dieser

---

[24] Vgl. *Lutz,* F. A.: Das Problem des internationalen wirtschaftlichen Gleichgewichts, a.a.O., S. 48 f. — *Emminger,* O.: Reservewährung und Reform des Internationalen Währungssystems, in: ZgesStw 123. Bd. (1967), Tübingen, S. 631. — *Fensch,* U.: a.a.O., S. 7 f. — *Scharrer,* H.-E.: Das internationale Währungssystem zwischen Liquiditätsschöpfung und Wechselkursflexibilität, in: Hamb. Jb. 15. Jg. (1970), S. 273. — *Stobbe,* A.: Neuere Vorschläge zur Reform des internationalen Währungssystems, in: WWA 87. Bd. (1961 II), Tübingen, S. 241.

[25] Hierunter wird diejenige Versorgung mit internationaler Liquidität verstanden, welche keine Störungen des weltwirtschaftlichen Gleichgewichts hervorruft oder auch nur begünstigt.

vergrößert oder vermindert werden sollte. Dabei ist davon auszugehen, daß nur der Bedarf an Interventionsmitteln für den Ausgleich der zyklischen, saisonalen und zufälligen Angebots- und Nachfrageschwankungen am Devisenmarkt Gegenstand des „angemessenen“[26] Bedarfs an internationaler Liquidität sein kann. Herrscht nämlich ein permanentes Ungleichgewicht am Devisenmarkt, so kann es keinen ausreichenden nationalen und globalen Bestand an internationaler Liquidität geben.

Generell hängt die benötigte Menge an international verwendbaren Zahlungsmitteln von der Größe und Dauer der reversiblen Zahlungsbilanzdefizite ab, die in der näheren Zukunft von den Zentralnotenbanken finanziert werden müssen. Eine Ermittlung des Bedarfs an internationaler Liquidität setzt somit voraus, daß die Frage nach dem künftigen Auftreten passiver Zahlungsbilanzsalden sowie nach deren Höhe und zeitlicher Ausdehnung mit großer Genauigkeit beantwortet werden kann.

Die Entwicklung einer Zahlungsbilanz wird von zahlreichen Einflußgrößen bestimmt, die keineswegs alle in der gleichen Richtung wirken und deren quantitative Darstellung kaum in befriedigender Weise gelingen dürfte. Denn die Stärke und Dauer von außenwirtschaftlichen Gleichgewichtsstörungen hängt nicht nur von der Entwicklung der Güterpreise und Zinsen im In- und Ausland oder vom Fortschritt der Liberalisierung der weltwirtschaftlichen Beziehungen ab, sondern in starkem Maße auch von der Selbstregelungsfähigkeit des internationalen Geldwesens. Diese Fähigkeit wird wiederum maßgeblich von der Wirtschaftspolitik des einzelnen Landes und der übrigen Haupthandelsländer sowie von der internationalen Abstimmung der Wirtschaftspolitik beeinflußt, und zwar um so stärker, je mehr die freie Schwankungsweite des Wechselkurses eingeengt ist. Das Ausmaß an zwischenstaatlicher wirtschaftspolitischer Kooperation ist weder statistisch erfaßbar noch zuverlässig vorhersehbar. Von der Anpassungsfähigkeit der Weltwährungsordnung hängt es ebenfalls ab, ob im Zuge einer Zahlungsbilanzstörung mit dem Auftreten ungleichgewichtsverstärkender spekulativer Zahlungsmittelübertragungen zu rechnen ist. Der in einem solchen Fall erforderliche Reservenbedarf ist a priori grundsätzlich unbestimmt.

Bei dem Versuch einer objektiven Quantifizierung des globalen Reservenbedarfs spielt ferner eine Rolle, daß einer als „angemessen“ angesehenen Versorgung mit internationaler Liquidität stets ein wirtschaftspolitisches Werturteil[27] zugrunde liegt. Denn das Ausmaß der

---

[26] Anstelle des Wortes „angemessen“ wird in der Literatur bisweilen auch der Ausdruck „optimal“ verwendet.

zum Zahlungsbilanzausgleich benötigten Zahlungsmittel hängt auch davon ab, ob die Rückkehr zum Zahlungsbilanzgleichgewicht allein mit marktkonformen Maßnahmen angestrebt wird oder ob davon ausgegangen wird, daß auch Methoden der Einschränkung der internationalen Freizügigkeit zur Anwendung gelangen sollen. Ebenso wird die Frage des Reservenbedarfs von den Zentralbankleitern unterschiedlich beurteilt werden, je nachdem, ob sie Anhänger einer straffen oder einer nur lockeren Zahlungsbilanzdisziplin sind[28]. Außerdem hängt der Bedarf eines Landes an international verwendbaren Zahlungsmitteln auch davon ab, wie stark die Bereitschaft oder Abneigung seiner wirtschaftspolitischen Instanzen ausgeprägt ist, im Falle eines Zahlungsbilanzdefizits restriktive binnenwirtschaftspolitische Anpassungsmaßnahmen zu ergreifen oder vom Instrument der Wechselkursänderung Gebrauch zu machen. Schließlich ist es denkbar, bei einer Ermittlung des „optimalen" Bestands an internationaler Liquidität unterschiedliche Optimalitätskriterien[29] zugrunde zu legen. Als Folge davon ergibt sich eine jeweils andere Liquiditätsdosis, welche als „angemessene" Reservenversorgung zu gelten hat.

Vorstehend wurden nur einige der verschiedenen ökonomischen und außerökonomischen Determinanten der Zahlungsbilanzentwicklung und damit des Reservenbedarfs gestreift. Dennoch hat sich auf deutliche Weise gezeigt, daß es von vornherein als völlig aussichtslos gelten muß, im Wege einer Partialanalyse eine verläßliche Prognose des Bedarfs an internationaler Liquidität zu erstellen. Zugleich hat sich gezeigt, daß der sogenannte globale Bedarf an internationaler Liquidität keine selbständige Größe ist. Denn der zu einem Zeitpunkt herrschende Weltbedarf an Währungsreserven ergibt sich aus der Summe der quantitativen Interventionserfordernisse, welchen die einzelnen Länder glauben, in der nächsten Periode ausgesetzt zu sein.

b) Ökonometrische Versuche einer Bestimmung des Bedarfs an internationaler Liquidität

Die Tatsache, daß eine Verwirklichung des Ziels einer ausgewogenen Reservenversorgung eine Frage von großer praktischer Bedeutung ist, hat zu zahlreichen Versuchen Anlaß gegeben, mit Hilfe ökonometrischer Mittel brauchbare quantitative Aussagen über den internationalen Liquiditätsbedarf zu gewinnen. Hinsichtlich ihres methodologischen

---

[27] Vgl. *Küng*, E.: Die Versorgung der Weltwirtschaft mit Währungsreserven, a.a.O., S. 47.

[28] Vgl. *Künzle*, H.: Gold und Sonderziehungsrechte — Ein Vergleich, in: Außenwirtschaft 24. Jg. (1969), Zürich und St. Gallen, S. 382.

[29] Vgl. *Machlup*, F.: Internationale Liquidität, in: *Giersch*, H. (Hg.): Zur Neuordnung des internationalen Währungssystems, Berlin 1973, S. 70 ff.

Ansatzes lassen sich diese Studien drei[30] verschiedenen Kategorien zuordnen. Die dabei gewonnenen Ergebnisse sollen wegen ihrer Bedeutung für das Weitere kurz wiedergegeben werden.

aa) Ein verbreiteter Ansatz zur Bestimmung des nationalen und des globalen Bedarfs an Währungsreserven basiert auf der häufig gehegten Vermutung[31], daß ein strikter Zusammenhang zwischen dem Wert des Außenhandels und der erforderlichen Reservenhaltung bestehen könnte. Gegen den Realitätsbezug einer derartigen Annahme ist jedoch einzuwenden, daß der Zahlungsbilanzsaldo nicht allein von der Entwicklung der Handelsbilanz geprägt wird, sondern sich aus den zusammengefaßten Salden der Leistungs- und der Kapitalverkehrsbilanz ergibt. Gerade zinsinduzierte und spekulativ bedingte zwischenstaatliche Geldbewegungen haben in der Praxis immer wieder zum Einsatz beträchtlicher Mengen an Interventionsmitteln gezwungen. So gesehen vermag es auch nicht zu überraschen, daß sich bei empirischen Untersuchungen[32], die einem etwaigen Zusammenhang zwischen dem Außenhandel und dem Reservenbedarf nachspüren, so große Streuungsmaße ergeben haben, daß das Bestehen einer schlüssigen wechselseitigen Beziehung nicht nachweisbar ist. Die gewonnenen Ergebnisse lassen allenfalls erkennen, daß der globale Reservenbedarf langsamer als der Welthandel zunimmt[33].

bb) Die zweite Kategorie von Ansätzen zur ökonometrischen Bestimmung des „optimalen" Bestands an internationaler Liquidität geht

---

[30] Vgl. *Rohwedder*, J. u. *Schröder*, U.: Der Bedarf an Währungsreserven, in: WWA Bd. 105 (1970 II), Tübingen, S. 433 ff.

[31] So vermutet *Küng* eine „ziemlich hohe(n) Korrelation" zwischen dem Welthandel und dem Ausmaß der Zahlungsbilanzungleichgewichte (siehe *Küng*, E.: Die Versorgung der Weltwirtschaft mit Währungsreserven, a.a.O., S. 32). Vgl. ferner *Küng*, E.: Braucht die Weltwirtschaft zusätzliche Liquidität?, in: Außenwirtschaft 20. Jg. (1965), Zürich und St. Gallen, S. 250. — *Harrod*, R. F.: International Liquidity, in: *Schneider*, E. (Hg.): Internationale Währungsprobleme, Tübingen 1966, S. 23.

Machlup teilt mit, daß „manche(n)" Autoren von einem Zusammenhang zwischen dem Außenhandel und dem Reservenbedarf ausgehen; vgl. *Machlup*, F.: Die Pläne zur Reform des internationalen Geldwesens, a.a.O., S. 11.

[32] Vgl. hierzu *Rohwedder*, J. u. *Schröder*, U.: a.a.O., S. 434 ff. — *Heuss*, E.: Fiktive und wirkliche Probleme der internationalen Währungsordnung, in: Außenwirtschaft 20. Jg. (1965), Zürich und St. Gallen, S. 231 ff. — *Paillard*, G.: Kritik der Golddevisenwährung und Reformvorschläge, in: Außenwirtschaft 20. Jg. (1965), Zürich und St. Gallen, S. 258. — *Kruse*, A.: Außenwirtschaft, a.a.O., S. 313. — *Scharrer*, H.-E.: Das internationale Währungssystem . . ., a.a.O., S. 281.

[33] Vgl. hierzu auch IMF (Hg.): Annual Report of the Executive Directors for the Fiscal Year ended April 30, 1975, Washington 1975, S. 40, Chart 11. — *Olivera*, J. H. G.: A Note on the Optimal Rate of Growth of International Reserves, in: JofPE Vol. 77 (1969), Chicago, S. 245 ff. — *Makin*, J. H.: Exchange Rate Flexibility and the Demand for International Reserves, in: WWA Bd. 110 (1974), Tübingen, S. 238 f.

davon aus, daß dieser dann gegeben ist, wenn sich die sozialen Grenzkosten und die sozialen Grenzerträge der Reservenhaltung gegenseitig kompensieren[34]. Eine empirische Überprüfung dieser in zahlreichen Varianten[35] existierenden Untersuchungsweise hat ebenfalls keine praktisch verwertbaren quantitativen Zusammenhänge aufgedeckt. Dies läßt sich allein schon damit erklären, daß bei der hier erörterten Vorgehensweise die Höhe des optimalen Reservenbestands ausschlaggebend eine Funktion des gerade herrschenden Zinsniveaus ist und sich mit diesem unverzüglich ändert. Ferner liegt allen Verfahren dieser Kategorie eine Reihe restriktiver Modellannahmen zugrunde. Schließlich beruhen die in das Modell eingehenden Parameter weitgehend auf Schätzungen.

cc) Der dritte ökonometrische Ansatz, den Bedarf an internationaler Liquidität zu ermitteln, zielt darauf ab, die künftigen Passivsalden der einzelnen Länder auf der Basis der zurückliegenden Zahlungsbilanzentwicklung zu taxieren. Dabei werden die wahrscheinlichkeitstheoretisch ermittelten Zahlungsbilanzdefizite der verschiedenen Länder zu einer globalen Größe zusammengefaßt[36]. Die auf diesem Wege ermittelten Ergebnisse müssen jedoch ebenfalls als eine unbefriedigende Richtschnur für eine zuverlässige Antwort auf die Frage nach dem nationalen und internationalen Reservenbedarf gelten. Denn bei dieser Analysetechnik finden weder die künftige Kreditaufnahme der Länder noch der Zufluß von international verwendbaren Zahlungsmitteln aus dem privaten Bereich noch die allfälligen Änderungen in der äußeren Datenkonstellation Berücksichtigung. Dieser Einwand kann aber auch gegen die beiden vorgenannten ökonometrischen Ermittlungsverfahren geltend gemacht werden.

c) Folgerungen für die Lösung der Schwierigkeiten im internationalen Geldwesen

Aus den vorangegangenen Darlegungen ergibt sich eine für alle Pläne zur Neuordnung des internationalen Geldwesens wesentliche Tatsache. Diese besteht darin, daß die Ergebnisse sämtlicher bisherigen

[34] Näheres vgl. *Rohwedder,* J. u. *Schröder,* U.: a.a.O., S. 438 ff.

[35] Vgl. beispielsweise *Heller,* H. R.: Optimal International Reserves, in: EJ Vol. 76 (1966), London, S. 296 ff. — *Agarwal,* J. P.: Optimal Monetary Reserves for Developing Countries, in: WWA Bd. 107 (1971 II); Tübingen; S. 76 ff. — *Grubel,* H. G.: The Case for Optimum Exchange Rate Stability, in: WWA Bd. 109 (1973), Tübingen, S. 374. — *Sellekaerts,* W. u. B.: Balance of Payments Deficits, the Adjustment Costs and the Optimum Level of International Reserves, in: WWA Bd. 109 (1973); Tübingen, S. 1 ff., 4 f., 11 ff. — *Tichy,* G.: Neuere Literatur zum Thema internationale Liquidität, in: ZfNÖ Bd. 27 (1967), Wien und New York, S. 192 f.

[36] Vgl. *Rohwedder,* J. u. *Schröder,* U.: a.a.O., S. 441 ff.

Studien zur Bezifferung der „Angemessenheit“ der Reservenausstattung für praktische Zwecke unbefriedigend sind. Die Komplexität der Zusammenhänge, von welchen der Reservenbedarf eines Landes oder der Welt als Ganzes abhängt, lassen es außerdem als fragwürdig erscheinen, ob überhaupt jemals genügend genaue Aussagen über die hier behandelte Fragenstellung möglich sind. Insbesondere dürfte die Herausschälung objektiver Indikatoren für eine Bezifferung des Bedarfs an internationaler Liquidität so lange aussichtslos sein, wie keine zuverlässige Gewähr dafür existiert, daß die einzelnen Länder ihre Zahlungsbilanz wirksam unter Kontrolle halten. Sicherlich hängt es auch mit der bisherigen Unmöglichkeit einer verläßlichen Quantifizierung des Reservenbedarfs zusammen, daß in der praktischen Reformdiskussion hinsichtlich der Angemessenheit der Liquiditätsversorgung erheblich voneinander abweichende Auffassungen vertreten werden.

Solange nicht bekannt ist, welcher Bestand an Währungsreserven global oder national als „angemessen“ einzustufen ist, muß auch die vielfach gehegte Absicht, die Schöpfung der internationalen Liquidität künftig sich allein nach Maßgabe der ökonomischen Rationalität vollziehen zu lassen, jeglicher realistischen Grundlage entbehren. Ebensowenig kann eine lediglich vom menschlichen Willen abhängige Regulierung der internationalen Liquidität einstweilen keinerlei Gewähr dafür bieten, daß künftig solche weltumspannenden Inflations- oder Deflationstendenzen vermieden werden können, die ihre Ursache in der Versorgung mit internationalen Zahlungsmitteln haben.

V. Die Bedeutung des Euro-Dollar-Marktes für die internationale Währungspolitik

Der Euro-Dollar-Markt ist ein übernationaler Kreditmarkt (Geld- und Kapitalmarkt) außerhalb des Emissionslandes der jeweiligen Währung. Die Marktpartner sind in erster Linie Geschäftsbanken und international tätige Unternehmen. Daneben spielen auch öffentliche Institutionen (z. B. Zentralnotenbanken, Regierungen, Gebietskörperschaften) eine größere Rolle. Das am Euro-Dollar-Markt verfügbare Kreditpotential hat sich seit 1957 in raschem Tempo stetig erhöht[37].

Die in Form von Euro-Markt-Guthaben unterhaltenen „privaten“ Devisenreserven haben für die internationale Währungspolitik eine beträchtliche Bedeutung erlangt. Da auf dem Euro-Dollar-Markt kurz-

[37] Während die am Euro-Geldmarkt (d. h. dem Teilmarkt für kurzfristige Ausleihungen) angelegten Mittel für 1958 auf insgesamt rund 1 Mrd. US-Dollar veranschlagt werden, wird deren Summe für Ende 1976 auf etwa $ 310 Mrd. geschätzt. Nähere Angaben hierzu bei BIZ (Hg.): 47. Jahresbericht, Basel 1977, S. 113.

fristige Bindungsfristen bei weitem überwiegen, können den Zentralnotenbanken im Falle des Bestehens einer Interventionspflicht jederzeit beträchtliche Devisenmengen zu- oder auch wieder abfließen. Derartige Vorgänge waren in der Vergangenheit im Zuge von Verschiebungen der internationalen Zinsrelationen oder im Zusammenhang mit einer aufkommenden Wechselkursspekulation regelmäßig zu beobachten. Das Ausmaß solcher intervalutarischen Umtauschoperationen ist parallel zu der fortgesetzten Expansion des Volumens der am Euro-Markt unterhaltenen Zahlungsmittel von Mal zu Mal angewachsen. Entsprechend wurde eine auf die Überwindung einer Zahlungsbilanzstörung gerichtete nationale Wirtschaftspolitik immer schwieriger. Das große Ausmaß und die mangelnde Kontrollierbarkeit des Wachstums des Euro-Dollar-Marktes und der von ihm ausgehenden internationalen Geldbewegungen haben schließlich dazu beigetragen, daß seit Ende der 1960er Jahre in zunehmendem Maße Beschränkungen des internationalen Zahlungsverkehrs erlassen wurden.

Das rapide Wachstum der kurzfristig verfügbaren Guthaben am Eurogeldmarkt ist lange Zeit zu einem beträchtlichen Teil auf das Verhalten der Zentralnotenbanken selbst zurückzuführen gewesen. Auf der Suche nach der rentabelsten Anlagemöglichkeit für ihre Devisenzuflüsse haben nämlich die Überschußländer dem Eurogeldmarkt auf dem Umweg über die BIZ fortlaufend erhebliche Mittel zugeführt[38]. Diese wurden dann dort zu einem großen Teil von den Währungsbehörden der Defizitländer aufgenommen, weil sie auf diese Weise den eigenen Bestand an Währungsreserven schonen konnten. In Zeiten verstärkter Wechselkursspekulation flossen dann den Gläubigerländern unverzüglich die soeben von ihnen ins Ausland transferierten Dollars wieder zu. Da all diese Transaktionen heutzutage innerhalb von Stunden abgewickelt werden können, beraubten sich die Überschußländer infolge der mittelbaren Anlage ihrer Zahlungsbilanzüberschüsse am Euro-Dollar-Markt selber der Durchschlagskraft der von ihnen auf die Inlandswirtschaft gerichteten Geld- und Kreditpolitik. Die Länder mit chronischer Zahlungsbilanzaktivität machten sich auf die Weise die Verfolgung einer restriktiven Wirtschaftspolitik praktisch unmöglich[39]. Gleichzeitig erhöhte sich durch die Anlage von amtlichen Währungs-

---

[38] Vgl. *Aschinger,* F. E.: Der Eurogeldmarkt und die nationale Kreditpolitik, in: Kreditwesen 24. Jg. (1971 I), Frankfurt/M., S. 172 f.

[39] Vgl. *Machlup,* F.: Euro-Dollar-Markt: Die Zauberkünstler und ihre Kaninchen, in: Wirtschaftswoche 25. Jg. (1971), H. 39, Frankfurt/M., S. 33 ff. — Vgl. ferner auch *Aschinger,* F. E.: Der Euro-Geldmarkt und die Währungszusammenarbeit, in: Außenwirtschaft 25. Jg. (1970), Zürich und St. Gallen, S. 50. — *Ders.:* Das Währungssystem des Westens, a.a.O., S. 322 f. — *Küng,* E.: Die Versorgung der Weltwirtschaft mit Währungsreserven, a.a.O., S. 21 f. — *Röper,* B.: Entwicklung und Probleme des Eurodollarmarktes, in: JNSt Bd. 184 (1970), Stuttgart, S. 459.

reserven am Euro-Dollar-Markt der spekulationsbedingte[40] Aufwertungsdruck in den Überschußländern, weil die Defizitländer über die institutionellen Devisenkredithilfen hinaus einen Zugang zu zusätzlichen Zahlungsmitteln zur weiteren Verteidigung ihrer überbewerteten Währungen erhielten.

Für die Lösung der Schwierigkeiten im internationalen Geldwesen ist es von Interesse, ob auf den summarisch als Euro-Dollar-Markt bezeichneten internationalen Kreditmärkten auch ein eigenständiger multipler Giralgeldschöpfungsprozeß stattfindet oder nicht. Diese Frage wird in der Wissenschaft unterschiedlich beurteilt. So herrscht bei einer Reihe von Nationalökonomen die Ansicht vor, daß den Eurokreditmärkten ein selbständiger Kreditschöpfungsprozeß[41] zu eigen ist. In den Veröffentlichungen anderer Autoren wird dies jedoch bestritten und dem die These entgegengestellt, daß auf dem Euro-Dollar-Markt kein Kredit geschöpft, sondern lediglich vermittelt werde, wobei es aufgrund verschiedener Ursachen zu einer erhöhten Umlaufgeschwindigkeit der betreffenden Zahlungsmittel komme[42].

---

[40] Näheres vgl. *Iklé,* M.: Der Eurodollarmarkt, in: Außenwirtschaft 25. Jg. (1970), Zürich und St. Gallen, S. 310. — *Aschinger,* F. E.: Der Euro-Geldmarkt und die Währungszusammenarbeit, a.a.O., S. 51.

[41] Vgl. hierzu die Literaturangaben bei *Brandes,* H.: Der Euro-Dollarmarkt, Wiesbaden 1968, S. 327. — *Schäfer,* W.: Der Euro-Dollarmarkt, Tübingen 1971, S. 54 f.

Der Ablauf eines autonomen Kreditschöpfungsprozesses an den Euromärkten wird ferner bejaht bei *Rittershausen,* H.: Die Zentralnotenbank, Frankfurt/M. 1962, S. 435 f., 440 f. — *Aschinger,* F. E.: Das Währungssystem des Westens, a.a.O., S. 345. — *Küng,* E.: Die Versorgung der Weltwirtschaft mit Währungsreserven, a.a.O., S. 21 f. — *Heubes,* J.: Geldschöpfung auf dem Euro-Dollarmarkt, in: WSI-Mitteilungen 27. Jg. (1974), H. 1, Köln, S. 36. — *Ders.:* Euro-Dollarmarkt und Inflation, in: Kjpol 21. Jg. (1975), Berlin, S. 90 f. — *Rueff,* J.: Die Welt-Inflation ist zu überwinden, in: Kreditwesen 27. Jg. (1974 I), Frankfurt/M., S. 20. — *Svindland,* E.: Internationales Geld — Ein Problem der Währungsreform, in: Kjpol 18. Jg. (1972), Berlin, S. 339. — *Deutsche Bundesbank* (Hg.): Geschäftsbericht ... 1972, a.a.O., S. 41.

[42] Vgl. *Hahn,* L. A.: Ein Traktat über Währungsreform, a.a.O., S. 67. — *Brandes,* H.: a.a.O., S. 332. — *Einzig,* P.: The Euro-Dollar System, 4. Aufl., London 1970, S. 102 ff., 109. — *Grünärml,* F.: Der Euro-Geldmarkt — Ein Überblick, in: WiSt 2. Jg. (1973), München und Frankfurt/M., S. 387. — *Schäfer,* W.: a.a.O., S. 56. — *Somogyi,* J.: Eurodollarmarkt und Kreditexpansion, in: *Bruns,* G. u. *Häuser,* K. (Hg.): Internationale Währungsordnung und Kapitalmarkt, Frankfurt/M. 1972, S. 29 ff., 50. — *Menrad,* S.: Der Eurodollarmarkt als Instrument internationaler Geldschöpfung?, in: KuK 9. Jg. (1976), Berlin, S. 221, 234.

D. Die internationalen Währungsbeziehungen nach 1945

Eine Beurteilung der Vorschläge zur Gestaltung der künftigen Währungsbeziehungen unter den westlichen Ländern macht einen Rückgriff auf die Entwicklung des internationalen Geldwesens seit Ende des Zweiten Weltkrieges unvermeidlich. Denn die verschiedenen Währungspläne, die im Laufe der Zeit unterbreitet worden sind, verdanken ihre Entstehung den in der Vergangenheit aufgetretenen Fehlentwicklungen im monetären Bereich. Außerdem besitzen die währungspolitischen Erfahrungen der zurückliegenden Jahrzehnte einen beträchtlichen Erkenntniswert für die gegenwärtig im Rahmen der internationalen Währungspolitik zu lösenden Aufgaben und der diesbezüglich gemachten Lösungsvorschläge.

I. Die Grundsätze des Bretton-Woods-Systems

Die Lektionen, welche die Erfahrungen erteilt haben, die in der Periode vor und nach der Weltwirtschaftskrise in den frühen 1930er Jahren gemacht wurden, waren von starkem Einfluß auf die internationale Wirtschaftspolitik nach dem Zweiten Weltkrieg. Bekanntlich gerieten die Weltwährungsbeziehungen in dem Jahrzehnt vor dem Zweiten Weltkrieg im Zuge des nach 1931 einsetzenden Abwertungswettlaufes zunehmend in einen chaotischen[1] Zustand. Anstelle eines integrierten Geldwesens zerfiel die Weltwirtschaft in mehrere regionale Währungsblöcke[2]. Gleichzeitig wurden Devisenkontrollen, gespaltene Wechselkurse, handelspolitischer Interventionismus und eine allein in den Dienst der Belebung der Inlandskonjunktur gestellte Binnenwirtschaftspolitik zunehmend gang und gäbe. Die dadurch bedingte Ausbreitung von Autarkie und Bilateralismus schadeten in erheblichem

---

[1] Vgl. *Veit*, O.: Grundriß ..., a.a.O., S. 430 ff. — *Häuser*, K.: Internationale Währungsordnung und internationaler Kapitalmarkt, in: *Bruns*, G. u. *Häuser*, K. (Hg.): Internationale Währungsordnung und Kapitalmarkt, Frankfurt/M. 1972, S. 2. — *Luckenbach*, H. u. a.: Internationale Währungsordnung, in: Staatslexikon, 6. Aufl., Bd. 10, Freiburg i. Br. 1970, Sp. 416. — *Lutz*, F. A.: Das Problem der internationalen Währungsordnung, a.a.O., S. 136.

[2] Näheres *Issing*, O: Leitwährung und internationale Währungsordnung, Berlin 1965, S. 194 ff. — *Bärtschi*, W.: Zur politischen Ökonomie des Währungssystems des Westens, in: Kjpol 16. Jg. (1970), Berlin, S. 17. — *Pfleiderer*, O.: Währungen, a.a.O., Sp. 414.

Ausmaß der internationalen Arbeitsteilung und damit auch dem weltweiten Wohlstand. Ein übriges tat die nach 1933 aus politischen Gründen einsetzende Kapitalflucht aus Europa nach den USA.

Der Zweite Weltkrieg trug zusätzlich dazu bei, allseits das Prinzip des Bilateralismus und der Devisenbewirtschaftung zu verfestigen. Noch während des Krieges wurden jedoch Überlegungen angestellt, wie nach seiner Beendigung die weitgehend daniederliegenden internationalen Wirtschaftsbeziehungen neu belebt werden könnten. In Gestalt der Währungs- und Finanzkonferenz der Vereinten Nationen trafen im Juli 1944 in Bretton Woods (New Hampshire) die Vertreter von 45 Ländern zusammen[3], um die Grundzüge einer neuen internationalen Währungsordnung zu erarbeiten. Diese sollte nicht nur von Freihandelsprinzipien geprägt sein, sondern unter Berücksichtigung der zwischenzeitlichen Veränderungen außerdem weitgehend den Regeln des klassischen Goldstandards entsprechen.

Um die Entwicklung des internationalen Zahlungsverkehrs nicht wieder sich selbst zu überlassen, wurde das internationale Währungswesen erstmals auf der Basis eines völkerrechtlichen Vertragswerkes[4] errichtet. Die Zielsetzung des in Bretton Woods vereinbarten Abkommens ist in ganz offensichtlicher Weise primär von der Furcht vor einer Wiederholung der in den 1930er Jahren herrschenden weltweiten wirtschaftlichen Depression geprägt worden[5].

Um ein Höchstmaß an währungspolitischer Zusammenarbeit der Länder zu gewährleisten, wurde es allgemein als notwendig erachtet, die monetäre Kooperation zwischen den Zentralnotenbanken durch eine ständige internationale Einrichtung zu fördern. Sichtbarer Ausdruck dessen war die Schaffung des Internationalen Währungsfonds (IWF). Dieser hat neben der Verwaltung seiner finanziellen Mittel, welche er den Mitgliedsländern zur Behebung von vorübergehenden

---

[3] Vgl. *Gold*, J.: Mitgliedschaft im Fonds, in: Fin. u. Entw. 12. Jg. (1975) H. 1, Hamburg, S. 42. — *Veit*, O.: Währungspolitik ohne Währungssystem, in: Kreditwesen 28. Jg. (1975 I), Frankfurt/M., S. 416.

[4] Hierbei handelt es sich um die „Articles of Agreement of the International Monetary Fund". Die offizielle deutsche Bezeichnung des Bretton-Woods-Abkommens lautet „Abkommen über den Internationalen Währungsfonds". Daneben wurde ein Abkommen über die Errichtung der sog. Weltbank erzielt, welche die Aufgabe übertragen bekam, Investitionskredite für den wirtschaftlichen Wiederaufbau und die wirtschaftliche Entwicklung der Mitgliedsländer bereitzustellen.

[5] Vgl. Art. I des IWF-Abkommens.

Vgl. auch *Mertens de Wilmars*, J.: Neue Aufgaben für den Internationalen Währungsfonds, in: *Schneider*, E. (Hg.): Internationale Währungsprobleme, Tübingen 1966, S. 45. — *Meyer*, F W.: Von der Herrschaft über die Versorgung mit Währungsreserven zu weltweiter Geldwertstabilität?, in: JNSt 184. Bd. (1970), Stuttgart, S. 443.

Zahlungsbilanzstörungen zur Verfügung stellen kann, auch die Aufgabe, auf eine kontinuierliche Anpassung der internationalen Währungsordnung an die jeweiligen Veränderungen in der weltwirtschaftlichen Datenkonstellation hinzuwirken[6].

Wie Art. I ii des Bretton-Woods-Abkommens deutlich unterstreicht, wurde die Schaffung eines institutionellen Koordinierungsinstrumentes aber auch noch aus einem weiteren Grunde befürwortet. Dieser besteht darin, daß den Ländern im Gegensatz zu den Erfordernissen des echten Goldstandards satzungsmäßig das Recht zugestanden wurde, der Bekämpfung der Arbeitslosigkeit sowie der Förderung des Wirtschaftswachstums und der Geldwertstabilität den Vorrang gegenüber dem Zwang zum Zahlungsbilanzausgleich zu geben. Dennoch sollten gleichzeitig generell feste Wechselkurse gelten, um die Möglichkeit eines aus Wettbewerbsgründen erfolgenden erneuten Abwertungswettlaufs auszuschalten.

Weil die Preise schon damals nach unten nur wenig flexibel waren und den Ländern nicht nur die Pflicht zur Wahrung fester Kursrelationen vorgeschrieben wurde, sondern daneben auch das Recht auf konjunktupolitische Selbständigkeit konzediert wurde, war von vornherein der Keim für das Auftreten stärkerer Zahlungsbilanzungleichgewichte gelegt. Um der hieraus und aus der allgemein herrschenden Reservenknappheit resultierenden Gefahr protektionistischer Eingriffe in den internationalen Zahlungsverkehr entgegenzuwirken, wurden seinerzeit zwei Vorkehrungen getroffen. So wurde einerseits satzungsmäßig festgelegt, daß die Wechselkurse unter bestimmten Voraussetzungen und bei gleichzeitiger Mitwirkung des IWF neu festgesetzt werden können. Außerdem kam man überein, den Mitgliedsländern durch die Schaffung einer institutionell abgesicherten Rückgriffsmöglichkeit auf Devisenkredite eine verläßliche Hilfestellung bei der Beseitigung vorübergehender Zahlungsbilanzungleichgewichte zu gewähren.

Das Bretton-Woods-Abkommen trat zum Jahresende 1945 in Kraft, nachdem es zuvor von 30 Ländern ratifiziert worden war. Mitte 1977 waren 131 Länder[7] dem Abkommen beigetreten, von denen keines dem Ostblock angehört. Der Internationale Währungsfonds nahm seine Tätigkeit im März 1947 in Washington auf[8]. Im Laufe der Zeit erfolgten

---

[6] Vgl. Art. XVII des IWF-Abkommens.

[7] Vgl. *Deutsche Bundesbank* (Hg.): Monatsberichte der Deutschen Bundesbank, 29. Jg. (1977), Nr. 8, Frankfurt/M., S. 22.
Von den Industrieländern fehlt nur die Schweiz. Sie praktiziert jedoch trotzdem die Bretton-Woods-Prinzipien. Vgl. *Möller*, Hans: Goldwährung und Währungskonvertierbarkeit, in: ZgesStw 115. Bd. (1959), Tübingen, S. 521.

[8] Vgl. *Schneider*, E.: a.a.O., S. 179.

wiederholte kleinere Anpassungen der Vertragsbestimmungen an die faktische Entwicklung der internationalen Währungsbeziehungen. Im Jahre 1969 wurde die 1944 beschlossene Satzung durch die Bestimmungen für die sogenannten Sonderziehungsrechte erweitert. Eine zweite weitreichende Änderung des ursprünglichen IWF-Abkommens wurde nach mehrjährigen Vorarbeiten im Frühjahr 1976 verabschiedet. Die herausragenden Neuerungen betreffen die Einführung des nationalen Wahlrechts für die anzuwendende Wechselkursordnung und deren Flexibilitätsgrades, die sukzessive Demonetisierung des Goldes, verschiedene Veränderungen bezüglich der Sonderziehungsrechte sowie eine Erleichterung der Kreditbedingungen des IWF[9]. Diese Statutenrevision soll spätestens Anfang 1978 in Kraft treten[10], was voraussetzt, daß bis dahin die satzungsmäßig vorgesehene Mehrheit von Mitgliedsländern ihre Zustimmung gesetzlich beschlossen hat.

Bei einer gesamtheitlichen Betrachtung der ursprünglich im Bretton-Woods-Abkommen enthaltenen Regelungen zeigt sich, daß die für die Zeit nach 1945 vereinbarte internationale Währungsordnung sich in mehreren Punkten vom klassischen Goldstandard unterscheidet. Diese Feststellung betrifft vor allem das Grundsatzkonzept. Wie weiter oben[11] dargelegt wurde, können in einer langfristig funktionsfähigen internationalen Währungsordnung von den drei Postulaten der Wechselkursstabilität, der freien Konvertierbarkeit und der einzelstaatlichen wirtschaftspolitischen Autonomie stets nur zwei in reiner Form verwirklicht sein. Dieser Tatsache versucht das Bretton-Woods-System durch einen Kompromiß auszuweichen. Und zwar ist man seinerzeit den Weg gegangen, die drei genannten Forderungen zu relativieren. Als Folge davon ist das IWF-Abkommen durch ein Nebeneinander von Elementen der Goldwährung, der Wechselkursflexibilität und der Devisenbewirtschaftung sowie dem nationalen Recht auf eine konjunkturorientierte Wirtschaftspolitik gekennzeichnet.

Wie vor 1914 diente das Gold auch gleich nach 1945 als internationales Zahlungsmittel und Bezugsgröße der Paritäten. Allerdings wurden diese beiden Aufgaben nicht exklusiv vom Golde wahrgenommen. Das für die Goldwährung typische Merkmal, daß der inländische Geldumlauf von der Entwicklung des Zahlungsbilanzsaldos determiniert wird, besteht im Bretton-Woods-System nicht fort. An die Stelle des im

[9] Vgl. *Emminger*, O.: Auf dem Wege zu einem neuen internationalen Währungssystem, in: Kreditwesen 29. Jg. (1976 II), Frankfurt/M., S. 815. — o. V.: Veränderungen im Fonds, in: Fin. u. Entw. 13. Jg. (1976), H. 2, Hamburg, S. 12 f.

[10] Vgl. *Deutsche Bundesbank* (Hg.): Monatsberichte ... 1977, Nr. 8, a.a.O., S. 22.

[11] Siehe oben S. 38 f.

Goldstandard herrschenden faktischen Zwangs zum Zahlungsbilanzausgleich sind vertraglich geregelte Bindungen bezüglich der währungspolitischen Verhaltensweise der Länder getreten. Nach Maßgabe der IWF-Satzungen haben die Länder vorrangig ihre jeweilige nationale beschäftigungs-, wachstums- und stabilitätspolitische Zielsetzung zu verfolgen. Um die damit verbundenen außenwirtschaftlichen Rückwirkungen abzumildern, sind im Bretton-Woods-Abkommen Beistandskredite zur temporären Aufschiebung des Wirksamwerdens eines binnenwirtschaftlichen Anpassungszwangs verankert worden. Aus dem gleichen Grunde besteht eine gegenüber der Goldwährung erweiterte Bandbreite und die im Goldstandard nicht gegebene Möglichkeit zur Wechselkurskorrektur. Schließlich wird im Bretton-Woods-System eine vollkommene Verkehrsfreiheit der Währungen wie in der Zeit vor 1914 angestrebt. Anders als seinerzeit wird jedoch hinsichtlich der Frage der Konvertierbarkeit unterschieden, ob ein Zahlungsvorgang eine realwirtschaftliche oder eine rein monetäre Ursache hat, obwohl eine solche Trennung ökonomisch wenig sinnvoll ist. Außerdem gestattet das Bretton-Woods-Abkommen in bestimmten Fällen[12] die Ergreifung von Devisenbeschränkungen als Mittel des Zahlungsbilanzausgleichs.

II. Die faktische Entwicklung nach Inkrafttreten des Bretton-Woods-Abkommens

Die seit seinem Inkrafttreten erfolgten Modifikationen des Bretton-Woods-Abkommens bilden ebenso wie die monetären Fehlentwicklungen der letzten Jahre die Basis für die Suche nach Lösungen für die dringend notwendige Neugestaltung der Weltwährungsbeziehungen und für die Beurteilung der praktischen Tauglichkeit der unterbreiteten Lösungsvorschläge.

1. Der Wechselkurs

Die vom IWF-Abkommen zumindest für längere Perioden angestrebte Wechselkurs-Konstanz konnte im Laufe der Zeit immer weniger aufrechterhalten werden. So suspendierten[13] einige Länder schon

[12] Aufgrund von Art. VIII, 4 IWF-Abk. bleiben Einschränkungen der Freizügigkeit des internationalen Zahlungsverkehrs während einer nicht näher festgelegten Übergangszeit nach dem Zweiten Weltkrieg zulässig. Kapitalverkehrskontrollen sind ferner statthaft, wenn die betreffende Währung vom Fonds für „knapp" erklärt wurde oder falls permanente spekulative Zahlungsmittelströme das Zahlungsbilanzgleichgewicht erheblich stören.

[13] Der erste bedeutende Fall war die Flexibilität des kanadischen Dollars von 1950 - 1962. In den 1950er Jahren schwankte vorübergehend auch der Kurs der Währung Perus und anderer Länder. Vgl. *Emminger*, O.: Internationaler Währungsfonds, in: Staatslexikon, 6. Aufl., Bd. 4, Freiburg i. Br. 1959, Sp. 410. — *Veit*, O.: Grundriß ..., a.a.O., S. 728.

frühzeitig ihre Interventionspflicht, was zur Folge hatte, daß die Parität ihrer Valuten nach Maßgabe der Marktkräfte fluktuierte. Ferner ist es neben wenigen Aufwertungen in einem immer weiter ansteigenden Ausmaße zu sprunghaften Abwertungen[14] (besonders im Bereich der Entwicklungsländer) gekommen. Trotz seiner Sonderstellung als Reservewährung mußte im Dezember 1971 und im Februar 1973 auch der US-Dollar abgewertet werden. Ab 1972 (Italien, Schweiz, Großbritannien) sahen sich bis Mitte 1973 in rascher Folge immer mehr Staaten genötigt, auf einen festen Außenwert ihrer Währung zu verzichten. Als die im europäischen Währungsverbund vereinigten Länder im März 1973 die Interventionen zur Stützung des Dollar-Kurses unter dem Druck der Ereignisse einstellten[15], ist das Gefüge verschiebbarer Festkurse schließlich total zusammengebrochen. Seitdem überwiegen weltweit schwankende Wechselkurse. Dabei besteht ähnlich den Verhältnissen in den 1930er Jahren die Tendenz zur Bildung von Währungsblöcken. Diese weisen im Innenverhältnis weitgehend feste Kursrelationen auf, während sie nach außen hin durch floatende[16] Paritäten gekennzeichnet sind.

Nicht zuletzt wegen der explosionsartigen Preissteigerungen für Öl und andere Rohstoffe sowie der unvermindert großen zwischenstaatlichen Inflationsraten-Unterschiede dürfte auf noch nicht absehbare Zeit eine Rückkehr zu festen Wechselkursen unrealistisch[17] sein. Der IWF hat daher im Juni 1974[18] vage Regeln für die Praxis des Floating aufgestellt, um künftig wenigstens einen Rest an internationaler mone-

---

Der Kurs der Deutschen Mark wurde im Oktober 1969 und vom 9. Mai 1971 bis zum 18. Dezember 1971 von den Marktkräften bestimmt. Kanada kehrte 1970 zu beweglichen Paritäten zurück.

[14] Seit der Gründung des IWF haben bis Ende 1967 nicht weniger als 226 Wechselkursänderungen stattgefunden. 71 von 109 Mitgliedsländern haben während dieser Zeit den Kurs ihrer Valuta zweimal oder öfter verändert. Dabei ging im Falle von 24 Währungen die gesamte Abwertungsrate über 75 % der Anfangsparität hinaus. Lediglich 12 Länder hatten 1967 einen noch unveränderten Wechselkurs. Vgl. *Machlup,* F.: Wahrheiten über das Währungssystem, in: Frankfurter Allgemeine Zeitung Nr. 37/1969 (14. 2. 1969), S. 12.

Bis Ende 1969 hatte sich die Zahl sprunghafter Paritätsänderungen auf über 300 Fälle erhöht. Vgl. *Hasse,* R., *Werner,* H., *Willgerodt,* H.: a.a.O., S. 21.

[15] Näheres *de Vries,* M. G.: Das Weltwährungssystem im Lichte der veränderten Weltwirtschaft, in: Fin. u. Entw. 11. Jg. (1974) H. 3, Hamburg, S. 10.

[16] Mit dem Begriff „Floating" wird üblicherweise zum Ausdruck gebracht, daß die Absicht besteht, zu einem späteren, jedoch noch ungewissen Zeitpunkt zu festen Kursrelationen zurückzukehren.

[17] Vgl. o. V.: Kompromißlösungen auf der Pariser Währungskonferenz, in: Frankfurter Allgemeine Zeitung, Nr. 132/1975 (11. 6. 1975), S. 11 f. — *Deutsche Bundesbank* (Hg.): Monatsberichte ... 1977, Nr. 8, a.a.O., S. 24.

[18] Vgl. IMF (Hg.): Annual Report ... 1974, a.a.O., S. 51. — BIZ (Hg.): 45. Jahresbericht, Basel 1975, S. 30 f.

tärer Zusammenarbeit zwischen den Mitgliedsländern zu erhalten. Mitte November 1975 einigten sich in Rambouillet die sechs wichtigsten Welthandelsländer darauf, im Wege täglich untereinander abgestimmter Devisenmarktinterventionen die kurzfristigen Wechselkursfluktuationen („erratic fluctuations") zu glätten[19]. Die übrigen Länder wurden aufgefordert, sich dieser Praxis anzuschließen. Anfang 1976 wurde auf der Währungskonferenz von Kingston beschlossen, die Anwendung des Floating als eine zulässige wechselkurspolitische Praktik in den Art. IV des IWF-Abkommens aufzunehmen[20]. Die nachträgliche Anpassung des IWF-Statuts an die währungspolitische Wirklichkeit geht sogar soweit, daß künftig den Mitgliedsländern gestattet wird, die Wechselkursordnung für ihre Währung selbständig festzulegen. Die Option für eine Bindung des Wechselkurses an das Gold oder eine fremde Währung ist jedoch untersagt. Ferner wurden Abwertungen zur Verbesserung der internationalen Wettbewerbsfähigkeit ebenso untersagt, wie die künstliche Unterdrückung solcher Aufwertungen, welche zum Ausgleich einer nachhaltig aktiven Zahlungsbilanz erforderlich sind. Insgesamt kann die nach Inkrafttreten der zweiten Statutenrevision gültige wechselkurspolitische Grundkonzeption des IWF jedoch nur bedingt als das genaue Gegenteil der bisherigen Satzungsbestimmungen charakterisiert werden. Denn der Fonds hat mit den währungspolitisch wichtigsten Ländern einen ständigen Konsultationsmechanismus institutionell vereinbart[21], welcher dem Ziel dient, durch koordinierte Devisenmarktoperationen die Kursentwicklung zu regulieren (sog. managed floating). Die künftige Praxis wird zeigen, wie groß der Rückschritt in Richtung auf das ursprüngliche Wechselkurs-Regime faktisch zu veranschlagen ist.

2. Die Mittel der offiziellen Reservenhaltung

Während im klassischen Goldstandard nur ein Reservemedium existierte, setzen sich seit dem zweiten Weltkrieg die Währungsreserven aus verschiedenen Komponenten zusammen. Ursprünglich war das Bretton-Woods-System durch die satzungsmäßige Gleichrangigkeit[22]

---

[19] o. V.: Declaration of Rambouillet, in: *Deutsche Bundesbank* (Hg.): Auszüge aus Presseartikeln Nr. 79/1975, Frankfurt/M., S. 1.
Bei den sechs Ländern handelt es sich um Frankreich, Großbritannien, Italien, Japan, Deutschland und die USA.

[20] Vgl. o. V.: Übersetzung der Presseverlautbarung des Interimsausschusses des Gouverneursrates des IWF über das internationale Währungssystem (Kingston 8. 1. 1976), in: *Deutsche Bundesbank* (Hg.): Auszüge aus Presseartikeln Nr. 3/1976, Frankfurt/M., S. 4.

[21] Vgl. o. V.: Überwachung der Wechselkurspolitik, in: Fin. u. Entw. 14. Jg. (1977), H. 2, Hamburg, S. 4 f.

[22] Vgl. Art. VIII, 4 und Art. XIX, a des IWF-Statuts.

von Gold und konvertiblen Devisen als Instrument zum Ausgleich von Zahlungsbilanzsalden gekennzeichnet. Seit 1970 existiert in Gestalt der abstrakten Sonderziehungsrechte[23] ein weiteres amtliches Reservemittel.

Der währungspolitische Aufgabenbereich des Goldes ist jedoch mittlerweile erheblich zurückgegangen[24]. So hat die Bedeutung des Goldes als Reservemedium sowohl in quantitativer als auch in qualitativer Hinsicht abgenommen. Ersteres ergibt sich daraus, daß sich die Zusammensetzung der weltweit vorhandenen Währungsreserven seit 1949 stetig zu ungunsten des Goldes verschoben hat[25]. Der qualitative Funktionswandel des Goldes ist durch die im Frühjahr 1968 erfolgte Spaltung des Goldmarktes in einen Teilmarkt für den privaten Goldhandel und einen weiteren für die amtlichen Gold-Transaktionen eingeleitet worden. Durch diese Maßnahmen sind die offiziellen Goldbestände als Mittel des außenwirtschaftlichen Saldenausgleichs faktisch immobilisiert worden.

Im Hinblick auf seine Wertmaßstabsfunktion ist das Gold dadurch zurückgedrängt worden, daß das gelbe Metall im Zuge der Anfang 1976 beschlossenen zweiten großen Änderung des IWF-Abkommens die Rolle als obligatorische Bezugsgrundlage der Paritäten verloren hat. Allgemeine Bezugsgröße der Wechselkurse wird künftig der Wert eines Sonderziehungsrechtes sein. Dieser ist bereits seit Juni 1974 nicht mehr als ein gewisses Feingoldquantum definiert, sondern als ein gewichteter Querschnitt der 16 wichtigsten Handelswährungen[26]. Weiterhin wird der Beschluß der Rückgabe beziehungsweise der Verstei-

---

[23] Die Einzelheiten dieses künstlichen Reservemediums werden erst weiter unten abgehandelt werden. Siehe dazu S. 172 ff.

[24] Bisweilen wird die Ansicht geäußert, daß das Gold bereits „demonetisiert" sei. Vgl. z. B. *Hahn,* L. A.: Ein Traktat über Währungsreform, a.a.O., S. 7. — *Weise,* H.: Gold als gewerblicher Rohstoff, Vermögensanlage und Währungsreserve, in: WWA Bd. 107 (1971 II), Tübingen, S. 365, Fn. 2. — *Machlup,* F.: Internationale Liquidität, in: *Giersch,* H. (Hg.): Zur Neuordnung des internationalen Währungssystems, Berlin 1973, S. 67, 90.

Dieser Standpunkt trägt jedoch nicht genügend dem Umstand Rechnung, daß das Gold im internationalen Geldwesen zahlreiche Rollen gleichzeitig zu übernehmen vermag. Diese können sich im Laufe der Zeit erfahrungsgemäß ändern. Vgl. hierzu *Kasten,* H.: Der Funktionswandel des Goldes, Frankfurt/M. 1970, S. 7 ff., 16. — *Veit,* O.: Grundriß . . ., a.a.O., S. 811 f.

Wenngleich die Breite des Aufgabenbereichs des Goldes in den letzten Jahrzehnten wiederholt und in starkem Maße eingeengt worden ist, so erscheint es erst dann gerechtfertigt, das Gold als demonetisiert zu bezeichnen, wenn es sämtlicher seiner möglichen monetären Funktionen entkleidet worden ist.

[25] Siehe hierzu Bild 1 auf S. 59 dieser Arbeit.

[26] Näheres *Bienert,* K.: Neue Regeln für Sonderziehungsrechte, in: WiSt 4. Jg. (1975), München, S. 201 f. — SVR (Hg.): JG 1974/75, a.a.O., Ziff. 25.

gerung eines Teils des vom IWF unterhaltenen Währungsgoldes[27] amtlicherseits als eine Maßnahme zur endgültigen Eliminierung des gelben Metalls aus den internationalen Währungsbeziehungen bezeichnet. Wegen der großen Goldbestände der Notenbanken wird das Gold allerdings noch für lange Zeit Reservemedium bleiben. Die Verwendung von Gold zur Beschaffung von Devisen erfolgt künftig jedoch nicht mehr auf der Basis eines garantierten Fixkurses.

Bild 1

Bestand und Zusammensetzung der Weltwährungsreserven (in Mrd. US-Dollar)

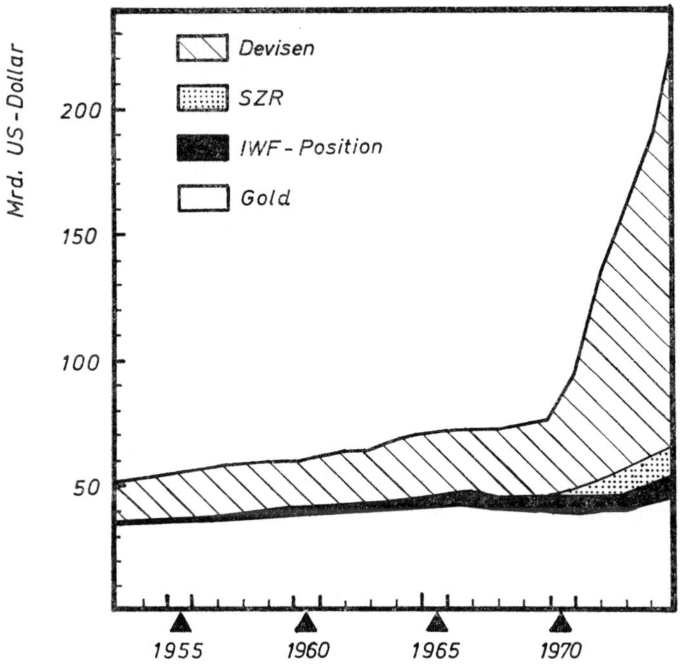

Quelle:

— IMF (Hg.): Annual Report of the Executive Directors for the Fiscal Year Ended April 30, 1972; S. 26, Tab. 6.
— wie vor, 1974; S. 31, Tab. 10.
— BIZ (Hg.): 45. Jahresbericht; Basel 1975; S. 114.
— United Nations (Hg.): Statistical Yearbook 1973; New York 1974; S. 610.

Welche Währungen neben dem Gold bei der nationalen Reservenhaltung Verwendung finden, ist durch das IWF-Abkommen nicht vor-

[27] Vgl. o. V.: Übersetzung der Presseverlautbarung des Interimsausschusses . . ., a.a.O., S. 4.

geschrieben. Dies wäre auch kaum möglich, da in einer marktwirtschaftlich organisierten Weltwirtschaft nur diejenigen Valuten Reservewährung sein können, die von den Zentralnotenbanken als solche akzeptiert werden. Aufgrund hier nicht weiter zu erläuternder Tatbestände ist nach 1945 zwangsläufig der US-Dollar in die Rolle der ganz überwiegend bevorzugten Reservewährung hineingewachsen. Wie begehrt das amerikanische Geld seinerzeit bei den Zentralnotenbanken war, kann daran ermessen werden, daß die internationale Währungsdiskussion der ersten Nachkriegsjahre von der Formel des Bestehens einer globalen Dollarlücke beherrscht wurde.

Die damalige Dollarknappheit hat seit Ende der 1950er Jahre einer weltweiten Dollarschwemme Platz gemacht. Die Goldeinlösbarkeit des Dollars konnte zunächst zumindest noch auf dem Papier fortbestehen, weil die Währungsbehörden der Überschußländer bereit waren, Anfang der 1960er Jahre mit dem Schatzamt der USA ein Konversionsverzicht-Übereinkommen abzuschließen. Erst Mitte August 1971 wurde die Goldkonvertierbarkeit der amerikanischen Währung auch formal-juristisch aufgehoben. Trotz zwei Dollarabwertungen im Dezember 1971 und Februar 1973, die im krassen Widerspruch zum Wesen einer globalen Reservewährung stehen, und der 1972/73 erfolgten Einstellung der Devisenmarktinterventionen gegenüber dem Dollar seitens aller wichtigen Welthandelsländer, ist die amerikanische Währung für die Abwicklung des weltwirtschaftlichen Leistungsaustauschs und im Rahmen internationaler Verträge weiterhin die dominierende[28] Transaktionswährung geblieben. Unabhängig davon ist seit Anfang der 1970er Jahre zu beobachten, daß zahlreiche Zentralnotenbanken damit begonnen haben, ihre Devisenreserven nicht mehr nahezu ausschließlich in Form von Dollarguthaben zu unterhalten. Stattdessen wurde vielfach versucht, im Wege von Umschichtungen eine gewisse Streuung der Anlagewährungen herbeizuführen. Es ist jedoch einstweilen nicht möglich, einigermaßen verläßlich zu überblicken, in welchem Ausmaß derartige Verschiebungen bisher erfolgt sind.

3. Institutionell gesicherte Bereitstellung von Devisenkrediten zum Zahlungsbilanzausgleich

Um trotz der nach Ende des zweiten Weltkriegs herrschenden Reservenknappheit dennoch einen freien internationalen Zahlungsverkehr bei prinzipiell festen Wechselkursen rekonstituieren und aufrecht-

[28] Gewisse Fakten deuten sogar darauf hin, daß die internationale Rolle des US-Dollars heute gefestigter denn je zuvor ist. Näheres bei *Feuerlein*, W. J.: Neue Perspektiven für den Dollar, in: Wirtschaftsdienst 55. Jg. (1975), Hamburg, S. 398, 400. — *Hankel*, W.: OPEC als Mephisto, in: Wirtschaftswoche, 29. Jg. (1975), Düsseldorf, S. 41.

erhalten zu können, wurde in Bretton Woods die Institution der satzungsmäßig gesicherten Bereitstellung von Devisenkrediten durch den IWF beschlossen. Gleichzeitig verfolgen die Beistandskredite den Zweck, den Mitgliedsländern eine verlängerte Frist bis zur Rückkehr zum Zahlungsbilanzgleichgewicht zu verschaffen. Dahinter steht die Absicht, daß kein Land gezwungen sein soll, zur Sanierung seiner Zahlungsbilanz allzu einschneidende binnenwirtschaftspolitische Anpassungsmaßnahmen ergreifen zu müssen. Um nicht dem weltwirtschaftlichen Strukturwandel entgegenzuwirken, wurde ferner vereinbart, daß die kreditären Zahlungsbilanzhilfen nur im Falle temporärer Zahlungsbilanzungleichgewichte in Anspruch genommen werden können. Aus dem gleichen Grunde ist die Inanspruchnahme der Beistandskredite in puncto Ausmaß sowie zeitlicher Zurverfügungstellung satzungsmäßig begrenzt und außerdem an bestimmte Bedingungen gebunden. Die jeweils gestellten Bedingungen richten sich nach Überschreitung der bedingungslos erhältlichen Hilfskredite danach, wie stark ein Land seine Kreditlinien beim IWF bereits in Anspruch genommen hat.

Das Bestehen einer institutionellen Kreditfazilität zum Zwecke der besseren Bewältigung bestimmter Fälle von Zahlungsbilanzstörungen stellt ein Novum gegenüber allen früheren Währungsordnungen dar. Die zwischenstaatlichen Währungsbeziehungen sind nach 1945 ganz entscheidend von dem Bestehen und der Tätigkeit des Internationalen Währungsfonds geprägt worden. Die Mittel, welche der IWF zur temporären Abdeckung von Zahlungsbilanzdefiziten leihweise zur Verfügung stellen kann, werden von den Mitgliedsländern nach Maßgabe ihrer Fonds-Quote[29] bereitgestellt. Die ursprüngliche Pflicht, 25 % des nationalen Beitrags zum IWF in Form von Gold zur Verfügung zu stellen, wird durch die zweite Satzungsänderung von 1976 abgeschafft[30].

Die Bestimmungen für die Inanspruchnahme der Beistandskredite sind bis heute wiederholt gelockert worden[31]. Insbesondere gelten für die Entwicklungsländer seit 1964 mildere Bestimmungen. Und zwar werden diesen Ländern erweiterte Ziehungsmöglichkeiten zugestanden,

---

[29] Vgl. Art. III IWF-Statut.

[30] Vgl. *Deutsche Bundesbank* (Hg.): Monatsberichte ... 1977, Nr. 8, Frankfurt/M., S. 24.

[31] Seit 1961 kann außer im satzungsmäßigen Fall von Leistungsbilanzdefiziten auch dann auf die Mittel des Fonds Rückgriff genommen werden, wenn ein Mitgliedsland aufgrund spekulativer Zahlungsmittelbewegungen Reserveverluste erleidet. Vgl. *Hexner*, E. P.: Das Problem der internationalen Liquidität und die Inanspruchnahme der finanziellen Mittel des Internationalen Währungsfonds durch die Vereinigten Staaten, in: WWA 87. Bd. (1961 II), Hamburg, S. 219. — *Jarchow*, H.-J.: Die gegenwärtige währungspolitische Situation im Lichte der Diskussionen von Bretton Woods, in: KuK 1. Jg. (1968), Berlin, S. 162.

wenn es an den Weltmärkten für ihre Hauptexportgüter zu einem Preiszusammenbruch kommt[32]. Ferner wurden seit 1974 besondere Kreditfazilitäten des IWF zugunsten der ölimportierenden Entwicklungsländer geschaffen[33]. Nach Inkrafttreten der zweiten Änderung des IWF-Abkommens von 1976 wird der IWF über zusätzliche Möglichkeiten[34] verfügen, den besonderen Zahlungsbilanzproblemen der Entwicklungsländer Rechnung zu tragen. Abgesehen vom Sonderfall der Entwicklungsländer wurde das Mittelvolumen des Fonds infolge chronischer Defizite einiger Industriestaaten schon wiederholt als unzureichend empfunden. Das Liquiditätspotential des IWF ist daher schon mehrfach durch Quotenerhöhung[35] kräftig ausgeweitet worden.

Neben der mehrfachen Erweiterung der im Bretton-Woods-Abkommen vorgesehenen Beistandskredit-Fazilitäten wurde bis in die jüngste Zeit ein immer engmaschigeres Netz gegenseitiger Kredithilfen zwischen den Zentralnotenbanken der Mitgliedsländer geknüpft[36]. Diese gegenseitigen Stützungsabkommen sind ebenfalls ein Novum in den internationalen Währungsbeziehungen. Mit der Schaffung immer weiterer Zugriffsmöglichkeiten auf „geborgte" Währungsreserven zwecks Ausgleich von Zahlungsbilanzdefiziten sollte vor allem dem Auftreten einer internationalen Währungskrise vorgebeugt werden. Dem lag die Hoffnung zugrunde, daß die auf eine Wechselkurskorrektur gerichtete

---

[32] Näheres bei *Küng*, E.: Die neuen „Sonderziehungsrechte" ..., a.a.O., S. 164. — *Aschinger*, F. E.: Das Währungssystem des Westens, a.a.O., S. 216.

[33] Hierbei handelt es sich vor allem um die sog. Ölfazilität des Fonds. Vgl. IMF (Hg.): Annual Report ... 1974, a.a.O., S. 52 f. — *McDonald*, I. S.: Maßnahmen zur Erleichterung der gegenwärtigen wirtschaftlichen Schwierigkeiten der Mitgliedsländer, in: Fin. u. Entw. 12. Jg. (1975), H. 1, Hamburg, S. 8 f.

[34] Vgl. BIZ (Hg.): 46. Jahresbericht, Basel 1976, S. 118. — *Deutsche Bundesbank* (Hg.): Monatsberichte ... 1977, Nr. 8, a.a.O., S. 27.

[35] So wurden gemäß Art. III, 2 des IWF-Abkommens die Quoten 1959 um 50 %, 1964 um 25 % und 1970 um weitere 25 % erhöht. Die Fondsbestände belaufen sich gegenwärtig auf etwa 29 Mrd. US-Dollar. Näheres bei *Williams*, D.: Die fünfte allgemeine Quotenrevision, in: Fin. u. Entw. 7. Jg. (1970) H. 3, Hamburg, S. 17.

Seit 1975 wird eine weitere Quotenerhöhung um 32,5 % vorbereitet. Näheres bei *McDonald*, I. S.: Maßnahmen zur Erleichterung ..., a.a.O., S. 8.

[36] Hierbei handelt es sich um die 1952 in Kraft getretenen Standby-Vereinbarungen (Standby Arrangements), das Baseler Abkommen (1961), die Allgemeinen Kreditvereinbarungen von 1962 (General Arrangements to Borrow), die zahlreichen, seit 1961 abgeschlossenen zweiseitigen Swapabkommen und schließlich die 1974 eingerichtete sog. Ölfazilität beim IWF. Vgl. IMF (Hg.): Annual Report of the Executive Directors for the Fiscal Year Ended April 30, 1953, Washington 1953, S. 49 ff., 95. — *McDonald*, I. S.: Fondstätigkeit, in: Fin. u. Entw. 12. Jg. (1975) H. 2, Hamburg, S. 3. — *Deutsche Bundesbank* (Hg.): Geschäftsbericht der Deutschen Bundesbank für das Jahr 1961, Frankfurt/M. 1962, S. 75 f., 77 ff. — *Spanner*, R.: Swap-Abkommen, in: Enz. Lex. GBB 3. Aufl., Bd. 2, Frankfurt/M. 1967/68, S. 1584. — *Deutsche Bundesbank* (Hg.): Geschäftsbericht der Deutschen Bundesbank für das Jahr 1974, Frankfurt/M. 1975, S. 52 f.

Spekulation entmutigt werden müßte, wenn ein großzügig dosiertes Reservoir an vorsorglich vereinbarten Beistandskrediten vorhanden ist, das im Notfall binnen Stunden zum Einsatz gelangen kann und in quantitativer Hinsicht flexibel an den aktuellen Interventionsbedarf anpaßbar ist. Dennoch haben sich bekanntlich weder sprunghafte Paritätsänderungen noch die Ergreifung von Handels- und Kapitalverkehrsrestriktionen vermeiden lassen.

4. Das Ziel der Wiederherstellung der freien Konvertierbarkeit

Das 1944 in Bretton Woods gesetzte Ziel, die beträchtlichen Konvertibilitätsbeschränkungen, welche bei Ende des Zweiten Weltkrieges herrschten, zu überwinden, konnte in weitreichendem Maße verwirklicht werden. Allerdings konnte auf der Basis fester Paritäten die beabsichtigte Liberalisierung des internationalen Zahlungsverkehrs trotz der bestehenden kreditären Zahlungsbilanzhilfen nur schrittweise erreicht werden. Denn in etwa eineinhalb Jahrzehnten der Devisenbewirtschaftung hatten sich die nationalen Produktionsstrukturen erheblich vom zwischenstaatlichen Gefälle bei den komparativen Kosten entfernt. Außerdem war in der Zwischenzeit eine äußerst ungleichmäßige Verteilung der Weltwährungsreserven entstanden.

Der erste große Schritt zur Überwindung des monetären Bilateralismus bestand in der Gründung der Europäischen Zahlungsunion (EZU)[37] im Herbst 1950. Hieran waren 14 westeuropäische Staaten und deren überseeische Währungsgebiete beteiligt. 1954 erfolgte dann die Wiedereröffnung des Londoner Goldmarktes. Ende 1958 waren die in der EZU zusammengeschlossenen westeuropäischen Länder dazu in der Lage, zur Ausländerkonvertibilität[38] ihrer Währungen für Guthaben aus sogenannten Laufenden Transaktionen überzugehen. 1968 waren in bezug auf die Leistungsbilanztransaktionen 31 Mitgliedswährungen[39] des IWF für Ausländer frei konvertierbar. Unter diesen befanden sich die Valuten aller wichtigen Welthandelsländer. Die Ausdehnung der Konvertibilität auf die inländischen Wirtschaftssubjekte und eine zusätzliche Liberalisierung des internationalen Kapitalverkehrs wurden dagegen nur von wenigen Ländern[40] vollzogen. Um die Vornahme von

---

[37] Vgl. *Giersch*, H.: Europäische Zahlungsunion, in: Staatslexikon, 6. Aufl., Bd. 3, Freiburg i. Br. 1959, Sp. 141 ff. — *Weber*, Ad.: Geld — Banken — Börsen, 5. Aufl., München 1955, S. 76 f.

[38] Von sog. Ausländerkonvertierbarkeit wird dann gesprochen, wenn nur Personen mit Sitz im Ausland das Recht eingeräumt wird, die inländische Währung unbeschränkt in andere Valuten umtauschen zu können.

[39] IMF (Hg.): Annual Report of the Executive Directors for the Fiscal Year Ended April 30, 1968, Washington 1968, S. 95.

[40] Die Behinderungen für den internationalen Kapitalverkehr wurden nur von der Bundesrepublik Deutschland, der Schweiz und von Belgien besei-

Wechselkursanpassungen zu umgehen, erfolgte im Zuge der seit Anfang der 1970er Jahre sich häufenden schweren Währungskrisen wieder eine weitreichende weltweite Einschränkung der bereits erreichten internationalen monetären Freizügigkeit. Ein Teil dieser Kapitalverkehrsbeschränkungen konnte allerdings nach dem verbreiteten Übergang zum Floating allmählich wieder zurückgenommen werden.

III. Die Schwächen des Bretton-Woods-Systems

Die 1944 in Bretton Woods gefaßten Beschlüsse für die Gestaltung der zwischenstaatlichen Währungsbeziehungen der Nachkriegszeit sind ganz überwiegend ein Ergebnis der damals herrschenden weltpolitischen Konstellation[41]. Im Zuge der Überwindung der kriegsbedingten Schäden und der allmählichen Verschiebung der globalen ökonomischen und politschen Kräfteverhältnisse sowie der zunehmenden weltwirtschaftlichen Verflechtung entstand jedoch immer mehr das Bedürfnis nach einer Modifikation der Regelungen für das internationale Geldwesen. Die seit den frühen 1960er Jahren erfolgten zahlreichen Bemühungen, das Bretton-Woods-System den veränderten Gegebenheiten anzupassen, haben jedoch nicht zu einer grundsätzlichen Änderung der im IWF-Abkommen vereinbarten Grundsätze geführt.

Es ist an dieser Stelle aus zwei Gründen geboten, sich mit der praktischen Funktionstüchtigkeit des als währungspolitische Kompromißlösung einzustufenden Bretton-Woods-Systems zu befassen. Der erste Grund besteht darin, daß viele der Pläne zur Reform der internationalen Geldverfassung darauf beschränkt sind, lediglich einige — dazu meist noch verschiedene — der im Laufe der Zeit aufgetretenen Mängel zu beheben. Der zweite Grund, der zu einer Auseinandersetzung mit den Unzulänglichkeiten des Bretton-Woods-Systems zwingt, ergibt sich daraus, daß eine größere Anzahl der Vorschläge zur Umgestaltung der internationalen Währungsordnung bloß eine graduelle Veränderung anstreben. Insbesondere ist von den mit der Neuordnung des zwischenstaatlichen Geldwesens befaßten offiziellen Gremien bis in die jüngste Zeit hinein stets bekundet worden, daß die künftige Verfassung für den internationalen Zahlungsverkehr erneut den Charakter einer

---

tigt. Siehe *Veit,* O.: Grundriß ..., a.a.O., S. 782. — Vgl. auch *Möller,* Hans: Goldwährung und Währungskonvertierbarkeit, a.a.O., S. 514. — *Scharrer,* H.-E.: Anreize und Hemmnisse für Direktinvestitionen. Ein internationaler Vergleich, in: Wirtschaftsdienst 52. Jg. (1972), Hamburg, S. 309.

Von den genannten Ländern führten nur Deutschland und Belgien auch die uneingeschränkte Inländerkonvertibilität ein. Vgl. *Aschinger,* F. E.: Das Währungssystem des Westens, a.a.O., S. 77.

[41] Vgl. *Hankel,* W.: Währungspolitik, Stuttgart, Berlin, Köln, Mainz 1971, S. 27.

währungspolitischen Kompromißlösung tragen soll. Diese Absicht kommt in Gestalt der wiederholt bekräftigten Intention, künftig „feste, aber anpassungsfähige“[42] Paritäten verwirklichen zu wollen, besonders deutlich zum Ausdruck. Wenngleich die Ansichten darüber, auf welche Weise diese Absichtserklärung künftig konkretisiert werden soll, bisher noch sehr weit auseinandergehen, so verspricht die Befassung mit den Mängeln, welche im Zuge der Anwendung der Bretton-Woods-Prinzipien aufgetreten sind, wertvolle Hinweise auf die möglichen Gefahrenquellen jeder Kompromiß-Währungsordnung zu vermitteln.

Unternimmt man den Versuch, die praktische Funktionsfähigkeit des Bretton-Woods-Systems zu beurteilen, so kommt man für den Anfangszeitraum[43] seiner Gültigkeit zu einem überwiegend positiven Resultat. Insbesondere muß anerkannt werden, daß das Bretton-Woods-System trotz seiner Unzulänglichkeiten einen maßgeblichen Beitrag zur Re-Integration der seit Ende der 1920er Jahre stark gestörten Weltwirtschaft geleistet hat. Sichtbarer Ausdruck dessen ist die beispiellose Expansion des Welthandels seit dem zweiten Weltkrieg und ein nie zuvor beobachtetes weltweites Wirtschaftswachstum.

Die Fortschritte, die nach 1945 im internationalen Geldwesen erzielt worden sind, müssen angesichts der zu Ende des Zweiten Weltkrieges herrschenden Währungsverhältnisse in vieler Hinsicht als groß angesehen werden. Ebenso kann allerdings nicht geleugnet werden, daß trotz aller zwischenzeitlichen Anpassungsmaßnahmen die mannigfaltigen Funktionsschwächen des Bretton-Woods-Systems nach und nach immer stärker hervorgetreten sind. Dies gilt in besonderem Maße für die Periode im Anschluß an die wirtschaftliche Wiederaufbauphase nach dem Kriege.

Die verschiedenen Unzulänglichkeiten des Bretton-Woods-Systems manifestierten sich zunächst darin, daß einige Volkswirtschaften chronische Zahlungsbilanzüberschüsse aufzuweisen begannen, während andere Länder sich mit fortgesetzten Zahlungsbilanzdefiziten konfron-

---

[42] Vgl. *Deutsche Bundesbank* (Hg.): Geschäftsbericht der Deutschen Bundesbank für das Jahr 1972, Frankfurt/M. 1973, S. 41. — *Emminger*, O.: Die Neuordnung des internationalen Währungssystems, in: Kreditwesen 27. Jg. (1974 I), Frankfurt/M., S. 12.

[43] Die Meinungen darüber, bis zu welchem Zeitpunkt diese Feststellung gerechtfertigt ist, gehen ziemlich auseinander. Einige Autoren vertreten den Standpunkt, daß sich das Bretton-Woods-System nur bis Anfang der 1960er Jahre insgesamt gesehen bewährt habe. So z. B. *Hirsch*, F.: a.a.O., S. 50. — *Walter*, H.: Leitwährungssystem und Dollarstandard, in: wisu 2. Jg. (1973), Tübingen, S. 369.

Haberler verlegt diesen Zeitpunkt auf das Ende der 1960er Jahre und *Aschinger* sogar auf das Jahr 1970. Vgl. *Haberler*, G.: The Future of the International Monetary System, a.a.O., S. 388. — *Aschinger*, F. E.: Das Währungssystem des Westens, a.a.O., S. 320.

tiert sahen. Die Hartnäckigkeit des Fortbestandes der außenwirtschaftlichen Ungleichgewichtssituation vieler Länder gipfelte mehrmals in internationalen Währungskrisen. Diese haben sich seit Ende der 1960er Jahre in immer kürzeren Abständen und mit stetig zunehmender Intensität wiederholt. Dies hat dazu geführt, daß die Grundprinzipien des Bretton-Woods-Systems nach und nach immer mehr ausgehöhlt worden sind. Seit mehr als vier Jahren werden weder die satzungsmäßigen Wechselkursmodalitäten noch die vereinbarten Anpassungsregeln praktiziert. Sowohl die Gold- als auch die Devisenkomponente der internationalen Liquidität haben erhebliche Veränderungen durchgemacht. Ferner fanden Anfang der 1970er Jahre einschneidende Rückschritte im Hinblick auf das Konvertierbarkeitsziel statt.

Zur Frage der Ursachen für die Störungsanfälligkeit des Bretton-Woods-Systems existieren in der Literatur breitgestreute Beiträge. Diese befassen sich bevorzugt mit einzelnen und manchmal auch mit mehreren Unzulänglichkeiten der Nachkriegswährungsordnung der westlichen Welt. Wegen der Bedeutung für den weiteren Fortgang dieser Arbeit sollen hier die praktischen Auswirkungen der Anwendung des Bretton-Woods-Abkommens im Lichte der eingangs dieser Arbeit[44] umrissenen Anforderungen betrachtet werden, welchen eine Weltwährungsordnung genügen muß, damit sie einer bestmöglichen Entfaltung der internationalen Arbeitsteilung nicht entgegensteht.

1. Die erste Kardinalforderung, welche sich auf eine uneingeschränkte Konvertierbarkeit der nationalen Zahlungsmittel bezieht, konnte lange Zeit in einem weitreichenden Ausmaß verwirklicht werden. Wegen der offensichtlich unbefriedigenden Selbstregelungsfähigkeit des Bretton-Woods-Systems und der daraus resultierenden Gefahr spekulativ bedingter monetärer Störungen konnte die Konvertibilität jedoch niemals auch langfristig als gewährleistet gelten. Diese Tatsache ist vor allem für die internationale Investitionstätigkeit von hemmendem Einfluß gewesen, wovon gerade die Entwicklungsländer am stärksten betroffen worden sind.

2. Im Hinblick auf das Postulat, welches die Regelung der Austauschrelationen zwischen den nationalen Währungen zum Gegenstand hat, ist festzustellen, daß sich die Absicht der Wahrung prinzipiell stabiler Paritäten im Laufe der Zeit immer schlechter hat verwirklichen lassen. Denn infolge der unter Bretton-Woods-Bedingungen herrschenden institutionellen Hemmung des Anpassungsmechanismus vollzogen sich notwendig gewordene Wechselkurskorrekturen jedesmal nur in großen Sprüngen und stets unter dem Druck einer vorherigen spekulations-

---

[44] Vgl. oben S. 22 ff.

bedingten[45] Verschärfung der außenwirtschaftlichen Ungleichgewichte. Gleichzeitig hat die für das Bretton-Woods-System typische geringe Anpassungsfähigkeit immer wieder die Weltwirtschaftsbeziehungen empfindlich gestört. Denn den stets schubweise erfolgenden Berichtigungen der Parität ging regelmäßig ein längerer Zeitabschnitt voran, in welchem der internationale Leistungsaustausch mit ungewöhnlich hohen Kurssicherungskosten belastet war.

3. Der dritten Forderung, welche sich auf die Gewährleistung eines zuverlässig wirkenden systemimmanenten Zahlungsbilanz-Ausgleichsmechanismus bezieht, hat das Bretton-Woods-System wohl am allerwenigsten zu entsprechen vermocht. Ursächlich hierfür ist nicht allein die heute hohe Starrheit der Preise und Einkommen nach unten. Der Hauptgrund für die mangelhafte Selbstregelungsfähigkeit des Bretton-Woods-Systems hängt mit der dieser Weltwährungsordnung zugrundeliegenden Absicht zusammen, das Prinzip der freien Konvertierbarkeit und einer überwiegend konjunkturgerechten Wirtschaftspolitik auf der Basis prinzipiell fester Wechselkursrelationen verwirklichen zu wollen. Denn der in einem derart konzipierten zwischenstaatlichen Geldwesen erforderliche Grad an nationaler Rücksichtnahme auf die Entwicklung der Zahlungsbilanz kann im Bretton-Woods-System nicht wirksam erzwungen werden. Abgesehen davon konnte als Folge der Verwendung von nationalem Geld als Mittel der Reservenhaltung der Anpassungsdruck nur in Nicht-Reservewährungsländern zur Entfaltung kommen.

Durch die in ihrem Volumen immer weiter ausgedehnten institutionellen Devisenkreditfazilitäten ist die Bereitschaft der Mitgliedsländer zu einem zahlungsbilanzgerechten währungspolitischen Verhalten ganz erheblich ausgehöhlt worden. Von dem beträchtlichen Potential an Beistandskrediten und seiner stets weitgehend reibungslosen Ausweitung ist in hohem Maße die verführerische Wirkung ausgegangen, die im Falle eines Defizits notwendigen wirtschaftspolitischen Korrekturmaßnahmen angesichts ihrer oftmals schwierigen politischen Durch-

---

[45] Bereits in der vor 1914 herrschenden Weltwährungsordnung fanden grenzüberschreitende Zahlungsmittelübertragungen in spekulativer Absicht statt. Diese Transaktionen setzten stets dann ein, wenn sich der Wechselkurs einem der Goldpunkte näherte. Da aufgrund der in der Goldwährung gegebenen Sachzwänge zweifelsfrei feststand, daß die geltenden Paritäten nur innerhalb der Goldpunkte veränderlich waren, konnte bei Erreichen eines der Goldpunkte nur durch ein Engagement in Richtung des jeweiligen anderen Goldpunktes ein Kursgewinn erzielt werden. Daher trugen im Goldstandard die spekulativen Goldbewegungen stets zur Stabilisierung des bestehenden Gefüges fester Kursrelationen bei. Im Unterschied hierzu können im Bretton-Woods-System zwischenstaatliche Liquiditätstransfers auch von der Aussicht auf eine schubweise Neufestsetzung der Parität induziert werden. In diesem Falle zieht die für die Spekulanten nahezu risikolose Währungsspekulation jedoch eine Verstärkung des außenwirtschaftlichen Ungleichgewichts nach sich.

setzbarkeit immer wieder aufzuschieben oder in nur ungenügendem Ausmaß zu ergreifen. Anstelle der bezweckten Förderung des Zahlungsbilanzausgleichs tendieren die kreditären Zahlungsbilanzhilfen also in der Wirklichkeit dazu, die im Bretton-Woods-System ohnehin schon vermindert wirksamen selbsttätigen Anpassungsvorgänge noch zusätzlich zu lähmen. Außerdem haben großzügig bemessene Rückgriffsmöglichkeiten auf Beistandskredite die Konsequenz, daß der internationale Güteraustausch nicht mehr vorrangig eine Folge zwischenstaatlicher komparativer Kostenunterschiede ist, sondern in starkem Maße von den nationalen Verschuldungsmöglichkeiten bestimmt wird. Abgesehen davon hat sich gezeigt, daß das Instrument der Beistandskredite das Auftreten von Vertrauenskrisen nicht unterbinden kann. Außerdem hatten die Stützungskredite den Effekt, daß die mit der Stützung fester Paritäten verbundenen Anpassungslasten faktisch zur Hauptsache von den Überschußländern in Form der Hinnahme einer Anpassungsinflation getragen werden müssen.

Erforderte schließlich die Rückkehr zum Zahlungsbilanzgleichgewicht eine Neufestsetzung der Parität, so verzögerte sich diese aus verschiedenen Gründen zumeist so lange, bis das bestehende Ungleichgewicht zusätzlich durch spekulative Geldbewegungen verstärkt wurde. Im Gegensatz zu den Intentionen des IWF-Abkommens bestand dann jedesmal die akute Gefahr eines Rückgriffs auf Praktiken des handelspolitischen Protektionismus und der Devisenbewirtschaftung, weil mittlerweile für die Rückkehr zum außenwirtschaftlichen Gleichgewicht einschneidende Anpassungsmaßnahmen erforderlich geworden waren.

4. Ebensowenig kann das Bretton-Woods-System dem vierten Postulat einer quantitativ und strukturell angemessenen Versorgung mit internationaler Liquidität Genüge tun. Dies ist zum einen eine Folge davon, daß weder die Verfügbarkeit von neuem Währungsgold noch die Höhe des Zahlungsbilanzdefizits des Reservewährungslandes vom Zusatzbedarf der einzelnen Währungsgebiete nach international verwendbaren Zahlungsmitteln gesteuert wird. Stattdessen hängt die Bereitstellung sowohl von Währungsgold[46] als auch von Devisenreserven[47]

---

[46] Vgl. *Weise*, H.: Möglichkeiten und Grenzen des Goldes im internationalen Währungssystem, in: WWA Bd. 101 (1968 I), Hamburg, S. 325, 342. — BIZ (Hg.): 45. Jahresbericht, a.a.O., S. 109 ff.

[47] Es ist das Verdienst *Triffins*, erstmals darauf hingewiesen zu haben, daß eine internationale Währungsordnung, die neben dem Gold auch ein nationales Zahlungsmittel zur Grundlage der Reservenversorgung hat, längerfristig unvermeidlich der Gefahr ausgesetzt ist, entweder infolge einer Vertrauenskrise gegenüber der Reservewährung oder aber aufgrund einer globalen Liquiditätsklemme zusammenzubrechen. Vgl. *Triffin*, R.: Gold and the Dollar Crisis . . ., a.a.O., S. 8 f., 87 f. — *Ders.*: Wegweiser vom Währungswirrwarr, Berlin 1967, S. 238.

primär von Gegebenheiten ab, die aus monetärer Perspektive als Zufallserscheinungen angesehen werden müssen. Daneben führt die mangelhafte Selbstregulierungsfähigkeit des Bretton-Woods-Systems zu einer bedarfswidrigen Verteilung der weltweit vorhandenen internationalen Liquidität. Als Folge davon sammelten in den letzten drei Jahrzehnten einige Länder über ihren in absehbarer Zeit erforderlichen Interventionsbedarf hinaus fortwährend immer noch weitere Devisenpolster an. Diese waren dank ihrer Nichtverwendung kontinuierlichen Kaufkraftverlusten ausgesetzt. Parallel hierzu litten jedoch andere Volkswirtschaften aufgrund der Beharrlichkeit ihrer Defizite unter einem drückenden Mangel an Währungsreserven. Dies erklärt zugleich, weshalb in der internationalen Währungsdiskussion immer wieder gleichzeitig die Erzeugung eines „Zuviel" und von anderen Stimmen die eines „Zuwenig" an internationaler Liquidität beklagt wurde.

5. Die fünfte Forderung, welche seit der Zeit zwischen den beiden Weltkriegen unabdingbar an jedwede Weltwährungsordnung gestellt wird, betrifft den einzelstaatlichen Anspruch auf einen vorwiegend konjunkturorientierten Einsatz des wirtschaftspolitischen Instrumentariums. Im Einklang hiermit erkennt das IWF-Abkommen die prinzipielle Vorrangigkeit der drei binnenwirtschaftspolitischen Komponenten des magischen Vierecks an. Es hat sich jedoch gezeigt, daß das Bretton-Woods-System im Hinblick hierauf über eine zu geringe Wechselkursflexibilität verfügt. Aufgrund des dadurch hervorgerufenen Dilemmas zwischen der Stabilität des inneren und des äußeren Geldwertes war es den Mitgliedsländern oftmals entgegen der Absicht des IWF-Abkommens nicht möglich, eine der inländischen Wirtschaftsentwicklung adäquate Wirtschaftspolitik zu betreiben. Insbesondere ist im Bretton-Woods-System die Zinspolitik weitgehend ihrer konjunkturpolitischen Wirksamkeit beraubt (sog. self defeating). Als Folge hiervon und der Hemmung des Anpassungsmechanismus in Defizitländern kam es seit 1945 schließlich in beträchtlicher Weise zu einer fortgesetzten internationalen Inflationsbeschleunigung.

6. Schließlich wird an eine Weltwährungsordnung die Forderung gestellt, daß ein allseits herrschendes Vertrauen in einen dauerhaft störungsfreien Ablauf des internationalen Zahlungsverkehrs gewährleistet ist. Infolge der langfristigen Ungewißheit über den Fortbestand der Konvertierbarkeit und der gerade herrschenden Wechselkursrelationen, aber auch wegen der Störungsanfälligkeit der Liquiditätsversorgung und des Anpassungsmechanismus kann das Bretton-Woods-System diesem Postulat ebenfalls nur eingeschränkt genügen. So waren vor allem aufgrund des erheblich gehemmten Anpassungsprozesses wieder-

holte Vertrauenskrisen ein typisches Kennzeichen des währungspolitischen Alltagsgeschehens. Daneben ist es ein besonderes verhängnisvolles Charakteristikum der seit dem Zweiten Weltkrieg praktizierten internationalen Geldverfassung, daß längerfristig eine Vertrauensstörung auch gegenüber der Reservewährung nicht ausgeschlossen werden kann. Kommt es hierzu, so erfolgt bei gleichzeitigem Gegebensein bestimmter Bedingungen[48] unweigerlich ein Zusammenbruch des Bretton-Woods-Systems.

Insgesamt betrachtet ist also unter Bretton-Woods-Bedingungen keine der sechs Hauptforderungen an eine störungsfrei arbeitende Weltwährungsordnung voll erfüllt. Die für die Wahrung der langfristigen Funktionsfähigkeit erforderliche Übereinstimmung der Wechselkurse mit den Gleichgewichtsparitäten ist im Bretton-Woods-System allenfalls dann erreichbar, wenn in sämtlichen Volkswirtschaften das gleiche Inflationstempo herrscht wie im Reservewährungsland. Weil den Mitgliedsstaaten jedoch eine autonome Verfolgung ihrer wirtschaftspolitischen Ziele zugestanden wird und weil einer weitreichenden Abstimmung der Wirtschaftspolitik zwischen den Haupthandelsländern infolge ihrer unterschiedlichen Interessenlage enge Grenzen gezogen sind, ist eine länderweise unterschiedliche Entwicklung des Geldwertes auf längere Sicht unvermeidlich.

Die Auflösung des bei der Goldwährung bestehenden engen Zusammenhangs zwischen dem inländischen Geldumlauf und dem Zahlungsbilanzsaldo hat es im Verein mit der nahezu kostenlosen Erlangbarkeit von geborgten Währungsreserven mit sich gebracht, daß die bei festen Wechselkursen allein erfolgversprechenden binnenwirtschaftspolitischen Anpassungsmaßnahmen lange Zeit aufgeschoben werden konnten. Dies ging häufig so weit, daß schließlich nur noch eine einschneidende Korrektur der außenwirtschaftlichen Ungleichgewichte übrigblieb. Derartige Anpassungen wurden dann regelmäßig von einer weitgehend risikolosen und sich selbst verstärkenden Währungsspekulation unter krisenartigen Umständen erzwungen.

Das auf längere Sicht zwangsläufige Versagen der nach dem zweiten Weltkrieg praktizierten internationalen Währungsordnung ist ohne Zweifel in erheblicher Weise eine Folge des in Gestalt des IWF-Abkommens verwirklichten währungspolitischen Kompromisses. Denn im

---

[48] Die Erfahrungen des letzten Jahrzehnts haben gezeigt, daß eine das Bretton-Wood-System zerstörende Vertrauenskrise dann nicht mehr abgewendet werden kann, wenn es zu einem längeren und kräftigen Leistungsbilanzdefizit des Leitwährungslandes kommt und gleichzeitig seine jederzeit verfügbaren Reserven nicht mehr ausreichen, um die bestehenden kurzfristig fälligen Auslandsverbindlichkeiten abzudecken. Vgl. *Zippel*, W.: Zur langfristigen Instabilität des Bretton-Woods-System (Diskussionspapier Nr. 30 des Instituts für das Spar-, Giro- und Kreditwesen), Bonn 1977, S. 20 ff.

Gegensatz zur Goldwährung und im Gegensatz zu einem System freier Wechselkurse wird das Bretton-Woods-System nicht von einem automatisch wirkenden Anpassungsmechanismus beherrscht. Stattdessen existiert eine Reihe von freiwillig einzuhaltenden währungspolitischen Verhaltensmaßregeln. Da deren Befolgung nicht erzwingbar ist und weil diese im Laufe der Zeit immer mehr verletzt wurden, ist das Bretton-Woods-System schließlich unvermeidlich zugrunde gegangen. Bei rein währungstheoretischer Betrachtungsweise bestehen die am stärksten ins Gewicht fallenden Schwächen des Bretton-Woods-Systems darin, daß der Zahlungsbilanz-Anpassungsmechanismus nur mangelhafte Wirksamkeit entfaltet und daß der Zuwachs an internationaler Liquidität nach Ausmaß und länderweiser Verteilung nicht bedarfsgerecht ist. Sämtliche im einzelnen zutagegetretenen Unzulänglichkeiten lassen sich auf diese beiden Schwachstellen zurückführen, die ihrerseits ebenfalls eng miteinander verknüpft sind.

E. Schwerpunkte einer Neugestaltung der internationalen Währungsordnung

Aus ökonomischer Sicht besteht das grundsätzliche Anliegen einer Neuordnung der zwischenstaatlichen Währungsbeziehungen darin, das internationale Geldwesen von den Verzerrungen zu befreien, welche das Bretton-Woods-System hinterlassen hat. Mit anderen Worten gilt es eine Weltwährungsordnung zu schaffen, die sich durch vollkonvertible Währungen und einen unverzüglich und zuverlässig wirkenden Anpassungsmechanismus auszeichnet. Weil der zwischenstaatliche Zahlungsverkehr und die Gesamtheit der weltwirtschaftlichen Beziehungen unauflösbar miteinander verbunden sind, kann es bei der Festlegung der Grundsätze einer reformierten internationalen Währungsordnung nicht allein darum gehen, die aus monetärer Sicht zu stellenden Forderungen zu berücksichtigen. Vielmehr ist auch den zentralen Aufgaben der Gegenwart und Zukunft Rechnung zu tragen, vor welche die Weltwirtschaft und die einzelnen Volkswirtschaften gestellt sind.

I. Äußerer Rahmen der Weltwährungsreform

Die zwischenstaatlichen Währungsbeziehungen können längerfristig nur dann störungsfrei bleiben, wenn gewährleistet ist, daß die Verfassung des internationalen Geldwesens den monetären Auswirkungen der absehbaren weltweiten Entwicklungstendenzen gewachsen ist.

1. Weitere Liberalisierung der weltwirtschaftlichen Beziehungen

Trotz der gegenwärtig verbreitet anzutreffenden protektionistischen Neigungen wird der weitere Abbau von administrativen Hemmnissen der internationalen Arbeitsteilung auch künftig weitergehen. Die Liberalisierungsfortschritte werden jedoch aller Voraussicht nach nicht mehr wie in der Vergangenheit vorrangig auf wirtschaftliche Integrationsvorhaben zwischen einer eng begrenzten Zahl von Volkswirtschaften konzentriert sein. So ist damit zu rechnen, daß die von den Industriestaaten gegenüber Fertigprodukten aus den Entwicklungsländern bestehenden außenwirtschaftlichen Hemmnisse künftig stufenweise vermindert werden. Die konkreten Ergebnisse der sogenannten Kennedy-Runde und die jüngste Ausweitung der Assoziierungspräferenzen der EG auf über 40 Länder Afrikas sowie des karibischen und pazifischen Raumes weisen bereits deutlich in diese Richtung.

Änderungen des in der Praxis herrschenden Grades an außenwirtschaftlichem Protektionismus schlagen sich in einem Wandel der internationalen Preisrelationen und als Folge davon[1] in Änderungen der zwischenstaatlich ausgetauschten Gütermengen nieder. Deshalb sind Verschiebungen in den Zahlungsbilanzsalden aller Länder eine zwangsläufige Begleiterscheinung einer Liberalisierung des internationalen Leistungsaustausches. Damit nicht einzelne Länder in die Versuchung geraten, die mühsam abgeschafften Handels- und Zahlungsverkehrsrestriktionen alsbald erneut zum Zwecke des Zahlungsbilanzausgleichs einzuführen, sollte die künftige Weltwährungsordnung von einem zuverlässig wirkenden Zahlungsbilanz-Anpassungsmechanismus beherrscht werden.

2. Dauerhafte Gewährleistung wirtschaftspolitischer Autonomie

Die Neuordnungsbemühungen für den internationalen Zahlungsverkehr müssen heutzutage ferner davon ausgehen, daß die Gesamtheit der Länder Regelungen wünscht, welche eine weitreichende nationale Eigenständigkeit in der Konjunkturpolitik gestatten, ohne daß deshalb unverzüglich ein Auftreten außenwirtschaftlicher Schwierigkeiten zu gewärtigen ist. Insbesondere gilt heute aus mehreren[2] Gründen die Vorrangigkeit des Wachstums- und Vollbeschäftigungsziels als unverzichtbar.

Trotz aller Beschwörungen der „Grenzen des Wachstums“ muß auch künftig von der Priorität des Wachstumsziels in allen Teilräumen der Weltwirtschaft ausgegangen werden. So sind in den Industriestaaten vor allem die Regierungen an einem hohen Maß an Wirtschaftswachstum interessiert, um neben einer baldigen Überwindung der verbreiteten strukturellen Arbeitslosigkeit den an sie gestellten Forderungen im Zusammenhang mit der Umweltproblematik und dem Ausbau des Wohlfahrtsstaates bestmöglich gerecht werden zu können, ohne daß es

---

[1] Obwohl internationale Preisdifferenzen heutzutage oftmals nicht die ausschlaggebende Ursache für eine außenwirtschaftliche Transaktion sind, kann dennoch von einer erheblichen Preisreagibilität des Außenhandels ausgegangen werden. Ein deutlicher Hinweis hierauf ergibt sich aus der Entwicklung des internationalen Güteraustausches im Zuge des Abbaus der Handelshemmnisse innerhalb der EWG und der EFTA. Vgl. hierzu *Zippel*, W.: Eine systematische wirtschaftstheoretische und empirische Analyse der ökonomischen Auswirkungen der regional begrenzten Wirtschaftsintegration, Diss. TU München 1971, S. 170, Abb. 4. — Vgl. ferner *Hettlage*, R.: Die Veränderungstendenzen in den Handelsbilanzen der EWG-Länder zwischen 1958 und 1967, Diss. Freiburg (Schweiz) 1969, S. 360 ff.

[2] Beispielhaft sei auf die Starrheit der Preise und Einkommen nach unten, die national unterschiedlichen Produktivitätsfortschritte, die von Land zu Land abweichende Art der Wachstumsfinanzierung und die in den einzelnen Ländern verschiedenartige Haltung der Gewerkschaften hingewiesen.

gleichzeitig zu stärkeren Einschränkungen des privaten Konsums kommt. Außerdem wird sich in den kommenden Jahrzehnten aufgrund von Änderungen in den herrschenden Wertvorstellungen[3] und infolge der raschen Bevölkerungsvermehrung das wirtschaftliche Wachstumstempo in den Entwicklungsländern spürbar beschleunigen. Da es mit anderen Worten künftig zwischenstaatliche Unterschiede in den Wachstums- und Inflationsraten zu meistern gilt, ist von der künftigen Weltwährungsordnung ein hohes Maß an Anpassungsfähigkeit zu verlangen, wenn es nicht erneut zu permanenten Zahlungsbilanzspannungen kommen soll.

3. Wirtschaftliche Unterstützung der Entwicklungsländer

Eines der heute vorherrschend vertretenen politischen Ziele besteht darin, den wirtschaftlich zurückgebliebenen Ländern beim Ausbau ihrer Wirtschaftsstruktur zu helfen. Diese Absicht führte zu dem in mehreren Varianten[4] angeregten Plan, die finanzielle Förderung der Entwicklungsländer im Zusammenhang mit der Lösung des sogenannten Liquiditätsproblems anzustreben. Der Wunsch der nur wenig industrialisierten Länder nach einer Koppelung der internationalen Währungsreform mit einer Ausweitung der Entwicklungshilfe ist vor allem seit Einführung der Sonderziehungsrechte mit immer mehr Nachdruck vorgetragen worden. Dabei stützen sich diese Länder vor allem auf das Argument, daß bei der Schaffung von Sonderziehungsrechten internationale Kaufkraft entsteht, die der Erstbesitzer weitgehend ohne reale Gegenleistung verwenden kann[5]. Da die Zuteilung neuer Sonderziehungsrechte nach dem bisherigen Quotenschlüssel erfolge, würden die schon industrialisierten Länder den Hauptteil der „aus dem Nichts" geschaffenen internationalen Liquidität erhalten, obwohl deren Reserveausstattung erheblich günstiger als die der Entwicklungsländer sei. Die Frage, ob die gewöhnlich als „link" bezeichnete Verknüpfung der Emission von Sonderziehungsrechten mit der Entwicklungshilfe vom rein monetären Standpunkt aus als sinnvoll gelten kann, ist insgesamt

---

[3] Vgl. *Kneschaurek,* F.: Weltwirtschaftliche Trends und Probleme, in: Außenwirtschaft 28. Jg. (1973), Zürich und St. Gallen, S. 233 f.

[4] Näheres vgl. *Fensch,* U., a.a.O., S. 80 f. — *Issing,* O.: Sonderziehungsrechte als Instrument der Entwicklungshilfe?, in: Wirtschaftsdienst, 51. Jg. (1971), Hamburg, S. 254. — *Görgens,* E.: Umverteilung von Sonderziehungsrechten als Instrument der Entwicklungshilfefinanzierung, in: KuK, 8. Jg. (1975), Berlin, S. 47. — *Kebschull,* D.: Koppelung von Sonderziehungsrechten und Entwicklungshilfe, in: Wirtschaftsdienst 52. Jg. (1972), Hamburg, S. 131 f.

[5] Wegen der sonstigen Argumente der Entwicklungsländer vgl. z. B. *Clapham,* R.: Die Entwicklungsländer und die Reform des internationalen Währungssystems, in: *Giersch,* H. (Hg.): Zur Neuordnung des internationalen Währungssystems, Berlin 1973, S. 168 f.

eher abschlägig[6] zu beantworten. Unbeschadet dessen muß jedoch davon ausgegangen werden, daß in Kreisen der währungspolitischen Willensbildung[7] an einen praktikablen Reformplan überwiegend die Neben-Forderung gestellt wird, die genannten Wünsche der wirtschaftlich unterentwickelten Länder mitzuberücksichtigen. Dieses ist Ausdruck politischer Erwägungen und Zielsetzungen, worüber aus rein wirtschaftswissenschaftlicher Perspektive kein gültiges Urteil abgegeben werden kann.

4. Widerstandsfähigkeit gegen externe Störungen

Eine weitere Liberalisierung der weltwirtschaftlichen Beziehungen und die allgemein bestehende Vorliebe für eine national-autonome Handhabung des wirtschaftspolitischen Instrumentariums sind mit hohen Anforderungen an die Anpassungsfähigkeit des internationalen Geldwesens verbunden. Das gleiche gilt im Hinblick auf die auch künftig international unterschiedlichen Wachstums- und Inflationsraten sowie auf den beschleunigten wirtschaftlichen Aufbau der Entwicklungsländer. Die stets gegebene Möglichkeit plötzlicher außerökonomischer Störungen des internationalen Zahlungsverkehrs nach Art der Ölkrise unterstreicht nur noch zusätzlich, daß die Beherrschung der künftig zu gewärtigenden Anpassungsprobleme von der internationalen Währungsordnung vor allem einen frühzeitig in Gang kommenden und wirksamen Anpassungsmechanismus verlangt.

II. Die zentralen Ansatzstellen der Weltwährungsreform

Hauptaufgabe der internationalen Währungspolitik der Gegenwart ist es, neben einer Beseitigung der Mängel des Bretton-Woods-Systems auch das internationale wirtschaftliche Gleichgewicht wiederherzustellen und sein Fortbestehen für die Zukunft auch auf Dauer zu gewährleisten. Um dies zu erreichen, müssen die Bemühungen um eine Neu-

[6] Vgl. *Hankel*, W.: Zahlungsbilanzhilfen an Entwicklungsländer, in: Wirtschaftsdienst 52. Jg. (1972), Hamburg, S. 305 ff. — *Clapham*, R.: a.a.O., S. 172. — *Issing*, O.: Reform des internationalen Währungssystems ..., a.a.O., S. 316. — *Küng*, E.: Die neuen „Sonderziehungsrechte“ ..., a.a.O., S. 175. — *Brock*, B.: Sonderziehungsrechte — das Ende einer Illusion, in: Wirtschaftsdienst 53. Jg. (1973), Hamburg, S. 255 f. — *Teschner*, M.: Die Rolle der Sonderziehungsrechte in einem reformierten Weltwährungssystem, in: *Giersch*, H. (Hg.): Zur Neuordnung des internationalen Währungssystems, Berlin, S. 62.

[7] Der sog. Zwanzigerausschuß des IWF hat ausdrücklich eine Verstärkung des Realtransfers in die Entwicklungsländer als eines der Hauptanliegen der Neuordnung der internationalen Währungsbeziehungen bezeichnet. Vgl. *Emminger*, O.: Die Neuordnung des internationalen Währungssystems, a.a.O., S. 12. — *Issing*, O.: Sonderziehungsrechte als Instrument der Entwicklungshilfe?, a.a.O., S. 253 f.

gestaltung des internationalen Geldwesens im wesentlichen auf zwei Hauptaufgaben ausgerichtet sein. Diese bestehen darin, die quantitativ und strukturell unangemessene Bereitstellung von internationalen Zahlungsmitteln zu beenden und außerdem das im Falle von Zahlungsbilanzstörungen ungenügende Funktionieren des Anpassungsprozesses zu überwinden.

1. Der Versorgungsmodus mit internationaler Liquidität

Als Folge der Furcht des IWF und der chronischen Defizitländer, daß die Versorgung mit internationalen Zahlungsmitteln sich eines Tages als unzureichend erweisen könnte, steht die Reservenfrage schon seit kurz nach Inkrafttreten des Bretton-Woods-Systems kontinuierlich im Brennpunkt der internationalen währungspolitischen Diskussion. Im Zusammenhang damit ist immer wieder die Forderung erhoben worden, den Zuwachs der Weltwährungsreserven von zufallsabhängigen Ereignissen wie der Veränderung der Währungsgoldbestände und der Entwicklung des Zahlungsbilanzsaldos der USA freizumachen.

a) Die Lösung der Goldfrage

Die währungspolitische Bedeutung des Goldes ist in den letzten Jahren in mehrfacher Hinsicht zurückgegangen. Diese Entwicklung begann mit der Spaltung des Goldpreises im Jahre 1968. Aufgrund der mit dieser Spaltung verbundenen Abmachungen des IWF mit Südafrika[8] und des sich in Schwankungen vollziehenden Anstiegs des freien Goldpreises bis auf das rund Vierfache seiner ursprünglichen Höhe kamen die Goldtransaktionen unter den Währungsbehörden alsbald fast vollständig zum Erliegen. Dank seiner faktischen Illiquidisierung ist die Rolle des Währungsgoldes als Mittel des Zahlungsbilanzausgleichs zu fungieren, seit rund acht Jahren nahezu vollständig blockiert.

Auf Betreiben des IWF ist inzwischen die formelle Golddefinition der Paritäten und der Sonderziehungsrechtseinheit aufgehoben worden. Auf der Washingtoner Währungskonferenz von Anfang September 1975 ist schließlich empfohlen worden, den offiziellen Goldpreis abzuschaffen und es den nationalen Währungsbehörden freizustellen, zu welchem Preis sie ihre Goldreserven künftig bewerten[9]. Auf der Währungskonferenz von Kingston (Januar 1976) wurde beschlossen, das IWF-Abkommen im Sinne dieser Empfehlung abzuändern[10]. Gleich-

[8] Vgl. *Aschinger*, F. E.: Wandlungen des Internationalen Währungssystems, a.a.O., S. 280 ff.

[9] Vgl. o. V.: Gold, Quoten und Wechselkurse — ein Paket, in: Frankfurter Allgemeine Zeitung Nr. 206/1975 (6. 9. 1975), S. 9.

[10] Vgl. o. V.: Übersetzung der Presseverlautbarung . . ., a.a.O., S. 3 f.

zeitig soll den Zentralnotenbanken für die Zukunft der freie Goldhandel und die selbständige Bewertung ihrer Goldbestände gestattet werden. Ferner wurde der IWF ermächtigt, unter Zugrundelegung des freien Goldpreises den Mitgliedsländern ihre seinerzeitige Goldeinzahlung nunmehr gegen Überlassung konvertibler Währungen zurückzugeben. Ein Teil des danach verbleibenden Goldbestands des IWF soll zwecks Unterstützung der Entwicklungsländer am freien Markt veräußert werden[11]. All diese Beschlüsse sind eine Konsequenz der Absicht des IWF, das Gold Zug um Zug vollständig demonetisieren zu wollen. Flankierend hierzu nimmt das Schatzamt der Vereinigten Staaten bereits seit Anfang 1975 in mehrmonatigen Abständen Versteigerungen eines jeweils geringfügigen Teiles seines Währungsgoldes vor, um so kundzutun, daß es die Überzeugung vom Ende der monetären Rolle des Goldes uneingeschränkt teilt.

Die Annahme, daß die Goldfrage infolge der vorbeschriebenen vom IWF beschlossenen Satzungsänderungen als gelöst betrachtet werden könne, erscheint jedoch zumindest als voreilig. Trotz der Verzinslichkeit und der bequemen Handhabung von Devisenreserven sowie trotz der Schaffung der Sonderziehungsrechte wird auch nach den neuesten IWF-Beschlüssen das Gold von vielen Ländern nach wie vor als ein begehrter Bestandteil der offiziellen Reservenhaltung angesehen[12]. Ein wichtiges Motiv für diese Haltung dürfte zweifellos die Ansicht sein, daß nicht nur als Vorsorge für wirtschaftliche Notzeiten, sondern auch im Hinblick auf die einstweilen noch „unsichere(n) internationale Währungslage ... es ... keine auf mittlere oder lange Sicht verläßlichere Reserve als das Gold“[13] gibt. Im übrigen kann nicht ausgeschlossen wer-

---

[11] Vgl. *McDonald,* I. S.: Internationale Währungsreform festgelegt, in: Fin. u. Entw. 13. Jg. (1976), H. 1, Hamburg, S. 2 f.

[12] Als der IWF im September 1975 beschlossen hatte, seinen Goldvorrat teilweise zu verkaufen, sollen verschiedene Notenbanken unverzüglich die Absicht bekundet haben, dieses Gold erwerben zu wollen. Vgl. o. V.: Bald „Richtpreis“ für Währungsgold?, in: Frankfurter Allgemeine Zeitung Nr. 222/1975 (25. 9. 1975), S. 11.

Darüber hinaus gelangen immer wieder Hinweise in die Öffentlichkeit, die belegen, wie sehr verbreitet in Notenbankkreisen die positive Einschätzung einer Unterhaltung von offiziellen Goldreserven nach wie vor ist. Vgl. z. B.: *Brestel,* H.: Vor dem Ende des offiziellen Goldpreises, in: Frankfurter Allgemeine Zeitung, Nr. 199/1975 (29. 8. 1975), S. 10. — o. V.: Zu 61 Prozent durch Gold gedeckt, in: Frankfurter Allgemeine Zeitung Nr. 81/1975 (8. 4. 1975), S. 11. — *Mayr,* A.: Skepsis über die Rolle des Goldes, in: Süddeutsche Zeitung 174/1976 (30. 7. 1976), S. 19.

[13] *Mayrzedt,* H.: Betrachtungen zur Außenwirtschaftspolitik — Währungskommentar, in: Außenwirtschaft 31. Jg. (1976), Zürich und St. Gallen, S. 9.

Ebenso halten weitere Autoren das Gold für ein unverzichtbares Element der künftigen Weltwährungsbeziehungen. So z. B. *Aschinger,* F. E.: Das Währungssystem des Westens, a.a.O., S. 114 f., 342. — BIZ (Hg.): 44. Jahresbericht, a.a.O., S. 35. — *Bosshardt,* A.: Weltwährungspolitik auf falschen Geleisen — Außenhandelsliberalisierung erneut gefährdet, in: Außenwirtschaft, 24. Jg.

den, daß die auch künftig beträchtlichen Zahlungsbilanz-Ungleichgewichte Bemühungen hervorrufen werden, die Währungsgoldvorräte zur Defizitfinanzierung zu reaktivieren. Symptomatisch hierfür ist die Verwendung von italienischem Notenbankgold zur Sicherung eines 1974 der Bank von Italien seitens der Deutschen Bundesbank gewährten Devisenkredits[14]. Unabhängig davon haben *Machlup* und *Williamson* zu bedenken gegeben[15], daß die jüngsten Goldbeschlüsse auf längere Sicht eher das Gegenteil der vom IWF bezweckten Demonetisierung bewirken werden, weil die Notenbanken künftig die Buchwerte ihrer Goldbestände heraufsetzen können und außerdem der Wiederverwendbarkeit des seit knapp zehn Jahren faktisch illiquiden Währungsgoldes für offizielle Transaktionen nun nichts mehr im Wege steht. Ferner ist wegen der durchaus gerechtfertigten Skepsis gegenüber der praktischen Funktionsfähigkeit der Sonderziehungsrechte kaum damit zu rechnen, daß eine vertrauenswürdige internationale Währungsordnung, die auf eine monetäre Verwendung des Goldes verzichtet, sich schon in absehbarer Zeit verwirklichen ließe. Solange in der Realität kein anderes (künstliches) Reservemedium sich eines dem Golde zumindest ebenbürtigen Vertrauens erfreuen kann, mangelt es auch an der entscheidenden Gültigkeitsvoraussetzung jener seit *Keynes* immer wieder vertretenen These, die sich gegen die Notwendigkeit des Goldes für die Funktionsfähigkeit der internationalen Währungsbeziehungen richtet.

b) Nichtverwendung von Devisen als offizielle Währungsreserven

Die mit der Existenz von Devisenreserven verbundenen Nachteile betreffen primär deren inflatorische Auswirkungen in den Überschußländern, die immanenten Mißbrauchsmöglichkeiten der Sonderstellung eines Reservewährungslandes und die Tatsache, daß ein Devisenreserven-Standard auf lange Sicht entweder an einem Mangel an internationaler Liquidität oder aber an einer Vertrauenskrise gegenüber der Reservewährung zerbricht. Diese auch durch die faktische Entwicklung seit Mitte der 1960er Jahre bestätigten Mängel haben zwischenzeitlich in Kreisen der angewandten Währungspolitik die schon 1961 von *Triffin* vertretene Überzeugung heranreifen lassen, daß es künftig kein Reservemedium mehr geben dürfe, welches von einem einzelnen Land[16] selbständig geschaffen werden kann.

(1969), Zürich und St. Gallen, S. 63. — *Kohlhoff*, H.: Goldgeränderte Sonderziehungsrechte, in: Kreditwesen, 26. Jg. (1973 II), Frankfurt/M., S. 792. — *Künzle*, H.: Gold und Sonderziehungsrechte . . ., a.a.O., S. 398.

[14] Vgl. BIZ (Hg.): 45. Jahresbericht, a.a.O., S. 112.

[15] Vgl. o. V.: Jamaica und die Demonetisierung des Goldes, in: *Deutsche Bundesbank* (Hg.): Auszüge aus Presseartikeln Nr. 59/1976, Frankfurt/M., S. 10.

Nach den Vorstellungen des IWF werden auch die künftigen Weltwährungsbeziehungen dadurch gekennzeichnet sein, daß die Zentralnotenbanken nach einer bestimmten Regel an den Devisenmärkten intervenieren. Diese auch in anderer Beziehung zweischneidige Verfahrensweise bewirkt zwangsläufig, daß auch weiterhin ein beträchtlicher Teil der amtlichen Währungsreserven in Devisenform[17] unterhalten werden wird. Wie dann eine Begrenzung der nationalen Devisenhaltung auf den jeweils erforderlichen Bestand an Interventionsmitteln (sog. working balances[18]) in der Praxis wirksam durchgesetzt werden könnte, stellt eine besondere Reformaufgabe dar. Diese dadurch lösen zu wollen, daß die Zentralnotenbanken verpflichtet sein sollen, einen nicht sofort zu Interventionszwecken wieder benötigten Devisenzufluß unverzüglich in ein neutrales Reservemedium umzutauschen, dürfte nur schwer zu verwirklichen sein. Denn ein solches Reservemittel muß nicht nur die Gewähr dafür bieten, gegen Vertrauensstörungen immun zu sein, sondern seine Haltung muß auch als mindestens ebenso vorteilhaft wie diejenige von Devisenreserven angesehen werden.

c) Die Beseitigung des sogenannten Dollarüberhangs

Die Sanierung der Zahlungsbilanz der USA ist eine wichtige Voraussetzung für die Wiederherstellung des internationalen Gleichgewichts. Im Zusammenhang hiermit wird häufig auch der Abbau der hohen kurzfristigen Verbindlichkeiten der USA und die Umschichtung der hohen Dollarguthaben der Überschußländer in ein anderes Reservemedium als vordringliches Reformziel betrachtet. Seitdem der Dollar im Zuge der sprunghaft gestiegenen Zahlungen an die Ölerzeugerländer wieder zu einem international begehrten Zahlungsmittel geworden ist, hat diese Aufgabe einstweilen einen großen Teil ihrer Dringlichkeit eingebüßt. Im übrigen bleibt es abzuwarten, in welchem Ausmaß die beträchtlichen Verschiebungen im Wechselkursgefüge seit Übergang zum Floating eine nachhaltige Verbesserung der amerikanischen Zahlungsbilanz nach sich ziehen werden. Dagegen muß es in jedem Fall

---

16 Der Vorschlag, die Geldpolitik des Reservewährungslandes gesetzlich an die Änderungen seiner Zahlungsbilanz zu binden, kann kein befriedigender Ausweg aus den aktuellen Währungsproblemen sein. Denn es könnte dann trotzdem nicht zuverlässig ausgeschlossen werden, daß diese Bindung bei einer unerwünschten binnenwirtschaftlichen Entwicklung im Reservewährungsland wieder aufgehoben wird. Vgl. *Issing*, O.: Leitwährung und internationale Währungsordnung, a.a.O., S. 323 ff., 326 ff., 332.

17 Dem Emissionsland der dann bevorzugt zu Interventionszwecken benutzten Währung wäre es wie im Bretton-Woods-System möglich, zumindest einen Teil seiner Zahlungsbilanzdefizite mit inländischem Geld zu finanzieren.

18 Vgl. *Emminger*, O.: Eine vollständige und unbegrenzte Flexibilität ist unrealistisch, in: Wirtschaftsdienst, 51. Jg. (1971), Hamburg, S. 588.

vordringliches Ziel der internationalen Währungspolitik sein, die seit August 1971 eingeschränkte Konvertierbarkeit des Dollars wiederherzustellen. Denn die amerikanische Valuta wird auch im Falle des langfristigen Fortbestands weitgehend frei schwankender Wechselkurse die vorherrschende außenwirtschaftliche Transaktionswährung bleiben.

d) Die Gewährleistung einer ausgewogenen internationalen Verteilung der Währungsreserven

Ein weiterer Mangel des Bretton-Woods-Systems, den es im Rahmen einer Neuordnung der internationalen Währungsbeziehungen aus der Welt zu schaffen gilt, ist die Überwindung des zwischenstaatlichen Nebeneinanders von Reservenmangel und -überfluß. Als Folge der seit Anfang 1974 einsetzenden Hausse bei den Rohstoff- und Ölpreisen ist es inzwischen zu einer neuen ungleichgewichtigen Verteilung der internationalen Liquidität gekommen. Eine ausgewogene Verteilung der Währungsreserven auf die Welthandelsländer ist gleichzeitig eine wichtige Voraussetzung dafür, daß längerfristig die freie Konvertierbarkeit aller Währungen gewährleistet ist.

2. Gesicherte Wirksamkeit des Anpassungsmechanismus

Die andere Hauptaufgabe, welche im Zuge der Neugestaltung der Weltwährungsbeziehungen zu lösen ist, besteht darin, daß künftig eine rasche Korrektur internationaler monetärer Ungleichgewichte zuverlässig gewährleistet sein sollte. Denn die seit 1945 zutagegetretenen Unzulänglichkeiten im internationalen Geldwesen sind einschließlich des Zusammenbruchs des Bretton-Woods-Systems im wesentlichen dem mangelhaften Funktionieren des Anpassungsmechanismus anzulasten. Ferner wurde bereits im Zusammenhang mit den heute schon absehbaren weltwirtschaftlichen Entwicklungstendenzen der Schluß gezogen, daß der künftigen internationalen Währungsordnung ein hohes Maß an Anpassungsfähigkeit abverlangt werden wird.

a) Unverzügliches Ingangkommen des Ausgleichsprozesses

Im Bretton-Woods-System liegt die Auslösung von Vorgängen, welche auf eine Rückkehr zum Zahlungsbilanzgleichgewicht hinwirken, weitgehend in den Händen der nationalen Währungsbehörden. Daß bei einer solchen Regelung trotz der im IWF-Abkommen festgelegten Verhaltensvorschriften zumeist eine rasche und ausreichend wirksame wirtschaftspolitische Reaktion auf Zahlungsbilanzungleichgewichte ausbleibt, ist durch die Ereignisse der zurückliegenden drei Jahrzehnte hinlänglich unter Beweis gestellt worden.

Während wirtschaftspolitische Entscheidungsprozesse sich zu verzögern pflegen, haben automatische Reaktionsmechanismen den Vorzug, unverzüglich in Gang zu kommen. Daher sollte ein Hauptaugenmerk der Reformbemühungen darauf gerichtet sein, die institutionellen Voraussetzungen für eine wirkungsvolle und symmetrische Entfaltung automatisch wirkender Anpassungsprozesse zu schaffen. Die immanente Fähigkeit einer internationalen Währungsordnung, die Zahlungsmittelströme zwischen den einzelnen Währungsgebieten immer wieder zuverlässig ausgleichen zu können, bietet zugleich die Gewähr für einen auch langfristig weitgehend freien internationalen Handels- und Zahlungsverkehr.

b) Symmetrische Verteilung der Anpassungslasten

Der zur definitiven Behebung eines internationalen monetären Ungleichgewichts notwendige Realtransfer wird am nachhaltigsten dadurch gefördert, daß in den Überschußländern die analog umgekehrten Anpassungsvorgänge wie in den Defizitländern ablaufen. Infolge der Verwendung von Devisen als Mittel der Reservenhaltung und aufgrund der institutionell gesicherten automatischen Rückgriffsmöglichkeiten auf umfangreiche Stützungskredite gibt es im Bretton-Woods-System keine solche Teilung der Anpassungslasten. Stattdessen sind diese ganz überwiegend den Überschußländern aufgebürdet. Eine solche asymmetrische Wirkung des Anpassungsprozesses konnte naturnotwendig die binnenwirtschaftlichen Ursachen nicht beseitigen, welche in den Defizitländern zur Zahlungsbilanzpassivität geführt haben. Die Forderung, daß die Defizit- und Überschußländer künftig gleichermaßen einem zuverlässig einsetzenden und effizienten Anpassungszwang unterliegen sollten, gewinnt mittlerweile auch auf IWF-Ebene[19] allmählich die Oberhand.

c) Verhinderung ungleichgewichtsverstärkender internationaler Geldbewegungen

Die internationalen Währungsbeziehungen sind schon in den 1930er Jahren[20] und dann erneut seit den 1960er Jahren durch das Auftreten von massiver Währungsspekulation mit ungleichgewichtsverschärfender Wirkung in empfindlicher Weise gestört worden. Es gilt daher, eine

[19] Das Ziel der Herbeiführung eines symmetrisch wirkenden Anpassungsmechanismus hat sich erstmals der sog. Zwanzigerausschuß des IWF zu eigen gemacht. Näheres vgl. *Aschinger*, F.: Die Währungsreform auf Abwegen, in: Kreditwesen, 27. Jg. (1974 I), Frankfurt/M., S. 14. — *Emminger*, O.: Die Neuordnung des internationalen Währungssystems, a.a.O., S. 12.

[20] Vgl. *Emminger*, O.: Internationale Kredite, in: Staatslexikon, 6. Aufl., Bd. 4; Freiburg i. Br. 1959, Sp. 374.

abermalige Wiederholung von vornherein auszuschließen. Die Notwendigkeit von Vorkehrungen gegen solche sogenannten „destabilisierenden" Liquiditätsübertragungen wird auch vom sogenannten Zwanzigerausschuß des IWF bejaht. Obgleich ein zuverlässig wirkender Anpassungsmechanismus die beste Gewähr für die Erreichung dieses Zieles bietet, beschränken sich die Anregungen dieser Reformkommission lediglich auf die Empfehlung[21], Maßnahmen zur Begrenzung und Kontrolle der am Euro-Dollar-Markt angelegten Zahlungsmittelmenge zu ergreifen.

III. Die Reformdiskussion in der Praxis

Während von den USA in ihrer Eigenschaft als Reservewährungsland und von den Staaten mit chronischen Zahlungsbilanzdefiziten die Lösung des sogenannten Liquiditätsproblems als vorrangig angesehen wird, setzen sich die Länder mit permanenten Überschüssen im internationalen Leistungsaustausch vor allem für eine Verbesserung des Anpassungsmechanismus ein. Beide Anliegen sind jedoch auf das engste miteinander verknüpft. Denn der Bedarf an internationalen Zahlungsmitteln richtet sich generell nach dem möglichen Ausmaß auftretender Zahlungsbilanzungleichgewichte. Diese hängen wiederum von der Effizienz des Anpassungsmechanismus ab, welcher der internationalen Währungsordnung zu eigen ist. Daneben ist die politische Absicht einer Unterstützung der Entwicklungsländer mittlerweile zum festen Bestandteil der Reformvorstellungen des IWF geworden, obwohl es als ausgeschlossen gelten kann, daß dieser Vorsatz mit den beiden genannten währungspolitischen Hauptzielen auf ökonomisch sinnvolle Weise in Einklang gebracht werden kann.

Die zahlreichen Reformvorschläge, die bisher unterbreitet wurden, sind nicht nur als eine Folge der verschiedenen Unzulänglichkeiten des Bretton-Woods-Systems aufzufassen. Sie basieren ebenso auf dem Versuch, den neueren weltwirtschaftlichen Entwicklungen durch eine adäquate internationale Währungsordnung Rechnung zu tragen. Daher lassen sich die Pläne für eine Neuregelung der Weltwährungsbeziehungen nicht nur danach einteilen, ob sie in erster Linie eine Lösung der Liquiditäts- oder der Anpassungsfrage anstreben. Denn es läßt sich unabhängig von den nach 1945 eingetretenen Fehlentwicklungen im internationalen Geldwesen auch die Frage aufwerfen, ob das Bretton-Woods-System in bezug auf das mögliche Maß an einzelstaatlicher wirtschaftspolitischer Selbständigkeit ein Zuviel an Freizügigkeit gewährt oder aber ob es diesbezüglich zu starre Bindungen aufweist. Die Antwort hierauf bildet ein weiteres Unterscheidungsmerkmal beim

---

[21] Vgl. *Deutsche Bundesbank* (Hg.): Geschäftsbericht ... 1972, a.a.O., S. 37.

Versuch einer Beurteilung der diversen Vorschläge für die künftige internationale Geldverfassung.

Entsprechend der soeben gemachten Unterscheidung existieren einerseits Konzepte, welche zwecks Verwirklichung einer funktionsfähigen Weltwährungsordnung eine beträchtliche Einschränkung der wirtschaftspolitischen Autonomie befürworten und daher eine Rekonstitution des klassischen Goldmechanismus empfehlen. Andere Autoren raten dagegen zu einem Währungsstandard mit weitgehend frei beweglichen Wechselkursen, um so jedem Land ein Maximum an Selbständigkeit bei der Wahl des wirtschaftspolitischen Mitteleinsatzes zu verschaffen.

Neben den Anhängern der „radikalen" Vorschläge[22], denen entweder eine Weltwährungsordnung in Anlehnung an den klassischen Goldstandard oder aber ein Übergang zu einem Regime weitestgehend interventionsfreier Wechselkursbildung vorschwebt, gibt es auch eine große Anzahl von Plänen, das Bretton-Woods-System durch eine Erhöhung seiner Funktionsfähigkeit[23] zu reformieren. Diesen „evolutionären" Reformvorstellungen sind vor allem die im Laufe der Zeit vom IWF und seinen Reformausschüssen unterbreiteten Vorschläge zuzuordnen. Im Hinblick darauf, ob die Neuordnung des internationalen Geldwesens auf einen Schlag oder durch schrittweise Teilreform angestrebt werden sollte, wird in der Währungspraxis überwiegend der letztgenannte Weg befürwortet.

---

[22] Die strikte Ablehnung einer Neuauflage eines Mittelweges zwischen dem Goldstandard und dem Konzept frei beweglicher Wechselkurse wird — mit unterschiedlichen Empfehlungen — vor allem von *Rueff, Friedman,* L. A. *Hahn* und *Sohmen* vertreten. Vgl. *Rueff,* J.: Die Währungssünden der westlichen Welt (Titel der französischen Originalausgabe: „Le Péché Monétaire de l'Occident", Paris 1971), Frankfurt/M. 1972, S. 32 f. — *Friedman,* M.: The Case for Flexible Exchange Rates, in: *Friedman,* M. (Hg.): Essays in Positive Economics, Chicago 1953, S. 157 ff. — *Hahn,* L. A.: Ein Traktat über Währungsreform, a.a.O., S. 53, 78 f. — *Ders.:* Geld und Kredit, Frankfurt/M. 1960, S. 93 ff. — *Sohmen,* E.: Wechselkurs und Währungsordnung, a.a.O., S. 263.

[23] Die Beschränkung der Reformbemühungen auf einen Ausbau des Bretton-Woods-Systems wird zum Beispiel befürwortet bei: *Haberler,* G.: Die internationale Währungsordnung, a.a.O., S. 67. — *Veit,* O.: Grundriß ..., a.a.O., S. 823. — *Lutz,* F. A.: Das Problem des internationalen wirtschaftlichen Gleichgewichts ..., a.a.O., S. 49 ff., 57 ff. — *Mertens de Wilmars,* J.: a.a.O., S. 49 f. — *Pfleiderer,* O.: Die Zukunft der internationalen Währungsordnung, in: Kyklos Vol. 20 (1967), Basel, S. 62 f.

F. Wiedereinführung der klassischen Goldwährung

In der jüngsten Vergangenheit hat sich als Folge der Aufhebung der Golddefinition der Paritäten, der faktischen Immobilisierung des Notenbankgoldes, der Aufhebung des amtlichen Goldpreises und des Beschlusses einer schrittweisen Auflösung der Goldreserve des IWF sowie aufgrund der Schaffung des Reserveninstruments der Sonderziehungsrechte ein nicht zu leugnender Rückgang der monetären Rolle des Goldes vollzogen. Angesichts dieser Tatsache stellt sich die Frage, ob heutzutage eine Diskussion von Vorschlägen, die auf eine erhebliche Aufwertung der monetären Goldfunktionen hinauslaufen, nicht nur noch rein akademische Bedeutung hat.

Dem ist zunächst entgegenzuhalten, daß nichts dazu zwingt, die Verkündung wissenschaftlicher Erkenntnisse nur auf solche zu beschränken, die gerade Aussicht auf eine praktische Realisierung besitzen. Abgesehen davon schließt die gegenwärtige Goldpolitik des IWF keineswegs zwingend aus, daß die monetäre Rolle des Goldes künftig wieder erheblich zunehmen könnte. Diesbezüglich läßt sich nicht nur auf die unbefriedigende Vertrauenswürdigkeit der Sonderziehungsrechte und auf die Zahlungsbilanzprobleme einiger Ölverbraucherländer mit relativ hohen Goldreserven verweisen. Außerdem ist wegen der sich bereits abzeichnenden künftigen Preispolitik der rohstofferzeugenden Staaten vorläufig nicht damit zu rechnen, daß die Zentralnotenbanken der rohstoffarmen Industrieländer dazu bereit sind, ihre Währungsgoldbestände aufzulösen[1]. In diesem Zusammenhang ist auch daran zu erinnern, daß einige Zentralnotenbanken schon kurz nach dem Beschluß der IWF-Versammlung vom September 1975, den offiziellen Goldpreis und das Goldhandelsverbot für die nationalen Währungsbehörden aufzuheben, zu erkennen gegeben haben, daß sie beabsichtigen, ihre monetären Goldbestände zu vergrößern.

Unabhängig von der künftigen monetären Rolle des Goldes verheißt eine Beschäftigung mit der Frage, ob die klassische Goldwährung auch vor dem Hintergrund der heute bestehenden Datenkonstellation funktionsfähig sein könnte, Einblicke, welche für die Suche nach Gestaltungsmöglichkeiten für das internationale Geldwesen der Zukunft sehr

---

[1] Für *Möller* ist „es kaum vorstellbar ..., daß in absehbarer Zeit eine Demonetisierung des Goldes zustande kommt". *Möller,* Hans: Das Ende einer Weltwährungsordnung?, München 1972, S. 78.

aufschlußreich sein können. Denn am Beispiel der klassischen Goldwährung treten die spezifischen Funktionsvoraussetzungen, Schwierigkeiten und Chancen einer jeden Weltwährungsordnung, welche durch eine enge und unverrückbare Bandbreite gekennzeichnet ist, in besonders deutlicher Weise zum Vorschein.

Wird an die künftige Verfassung des internationalen Geldwesens die Forderung gestellt, daß primär eine grundlegende Verbesserung der Selbstregelungsfähigkeit der Weltwährungsbeziehungen erreicht werden muß, so wird eine Anlehnung an jene währungspolitischen Grundkonzepte unvermeidlich, denen ein vollautomatisch und zuverlässig wirkender Anpassungsmechanismus zu eigen ist. Wird zugleich die Nebenbedingung gestellt, das genannte Hauptziel unter marktwirtschaftlichem Vorzeichen auf der Basis unverrückbar fester Gleichgewichts-Wechselkurse zu verwirklichen, so gelangt man zwangsläufig zu dem Vorschlag, die zeitgenössischen Weltwährungsprobleme durch eine Rückkehr zum traditionellen Goldstandard[2] zu überwinden. Als Anhänger einer solchen Lösung, welche stillschweigend auch eine dem Goldstandard in allen Wesensmerkmalen nachgebildete Weltwährungsordnung einschließt, sind insbesondere *Rueff*[3], *Heilperin*[4] und *Palyi*[5] hervorgetreten. Darüber hinaus ist *Machlup*[6] davon überzeugt, daß — wie er selbst — ein Großteil der Nationalökonomen ebenfalls eine unverfälschte Wiedereinführung des klassischen Goldmechanismus sofort unterstützen würde, wenn zweifelsfrei davon ausgegangen werden könnte, daß deren einwandfreies Funktionieren auch unter den Verhältnissen der Gegenwart jederzeit gewährleistet ist. Zu den diesbezüglichen Zweifeln gesellt sich vielfach noch die Furcht, daß die für eine Wiedereinführung des Goldstandards unumgängliche drastische Erhöhung des Goldpreises nicht ohne schwerwiegende Störungen des inter-

---

[2] Unter heutigen Verhältnissen könnte es sich nicht um eine Gold-Umlaufs-Währung, sondern nur um eine Goldkernwährung handeln.

[3] Vgl. *Rueff*, J.: Die Währungssünden der westlichen Welt, a.a.O., S. 117 ff., 201. — *Ders.:* Die Weltinflation ist zu überwinden, a.a.O., S. 21 f. — *Ders.:* Zurück zum Goldstandard?, in: Der Volkswirt 23. Jg. (1969), H. 52, Frankfurt/M., S. 95 ff. — *Ders.:* Marshall-Plan für den Dollar, in: Wirtschaftswoche 27. Jg. (1973), H. 12, Frankfurt/M., S. 67 ff.

[4] Vgl. *Heilperin,* M. A.: Zurück zum Goldstandard, in: *Hunold,* A. (Hg.): Inflation und Weltwährungsordnung, Zürich und Stuttgart 1963, S. 48, 64 ff. — *Ders.:* The Reasons for Raising Substantially the World Price of Gold, in: *Bochud,* F. (Hg.): Fundamentale Fragen künftiger Währungspolitik, Basel und Tübingen 1965, S. 133 ff., 136, 138. — Vgl. ferner *Machlup,* F.: Die Pläne zur Reform des internationalen Geldwesens, a.a.O., S. 46, Fn. 2.

[5] Vgl. *Palyi,* M.: Währungen am Scheideweg, Frankfurt/M. 1960, S. 289 f.

[6] Vgl. *Machlup,* F.: Die Pläne zur Reform des internationalen Geldwesens, a.a.O., S. 64. — Vgl. auch *Friedman,* M.: Echter und unechter Goldstandard, in: Ordo 13. Bd. (1962), Düsseldorf und München, S. 122. — *Timm,* H.: a.a.O., S. 109.

nationalen Zahlungsverkehrs bewerkstelligt werden kann. Gerade die letztgenannte Frage ist unabhängig davon, ob es zu einer Wiedereinführung der Goldwährung kommen kann oder nicht, gegenwärtig von höchst aktuellem Interesse. Und zwar handelt es sich darum, welche Wirkungen sich ergeben können, wenn die Zentralnotenbanken künftig von der Möglichkeit Gebrauch machen sollten, ihre Goldreserven zum Marktpreis oder zumindest zu einem diesem nahekommenden Betrag zu bewerten.

I. Die Problematik einer gegenwärtigen Rückkehr zur klassischen Goldwährung

Es bedarf wohl kaum einer näheren Begründung, daß eine Wiedereinführung des traditionellen Goldstandards weitaus schwierigere Hürden politischer Natur zu überwinden hätte als ein Ausbau des Bretton-Woods-Systems im Wege einer alleinigen Ausweitung der internationalen Liquidität. Entsprechend der eingangs festgelegten Aufgabenstellung soll es nicht Gegenstand dieser Arbeit sein, in eine Analyse der politischen Realisierungsaussichten der verschiedenen Reformpläne einzutreten. Daher wird hier allein versucht werden, die Grundlagen einer wirtschaftswissenschaftlichen Beurteilung des Plans einer Renaissance des traditionellen Goldmechanismus herauszuschälen.

1. Erwartete Vorzüge einer Wiedereinführung des herkömmlichen Goldstandards

Die Anhänger einer Rückkehr zu den Prinzipien des klassischen Goldstandards erhoffen sich von diesem Schritt eine Reihe von günstigen Auswirkungen für die weitere Entwicklung der internationalen Währungs- und Wirtschaftsbeziehungen. Dazu gehören in erster Linie eine Überwindung der vom Bretton-Woods-System hervorgerufenen Verzerrungen und eine Ausschaltung der zahlreichen bisherigen Störungsursachen für den internationalen Zahlungsverkehr.

a) Überwindung der Unzulänglichkeiten des Bretton-Woods-Systems

Der Hauptvorzug der von ihm propagierten Rückkehr zum Goldstandard ist nach *Rueffs* Auffassung darin zu erblicken, daß auf diese Weise sämtliche Mängel des Bretton-Woods-Systems — insbesondere dessen langfristige Instabilität — aus der Welt geschafft werden könnten. In Übereinstimmung mit den anderen Befürwortern dieses Reformvorschlages stützt sich diese Erwartung primär auf die Überzeugung, daß noch so gute Anpassungsregeln nur wenig nützen, wenn deren faktischer Vollzug von bewußten Maßnahmen wirtschaftspolitischer Entscheidungsinstanzen abhängig ist[7]. Denn die Erfahrungen seit dem zweiten Weltkrieg hätten den Beweis erbracht, daß allein das Vorhandensein eines unentrinnbaren, auf selbsttätige Weise in Gang kommenden Zahlungsbilanz-Ausgleichsprozesses der einzige Garant dafür sei, daß der internationale Zahlungsverkehr auch langfristig störungsfrei abläuft.

Die Absicht, die künftige internationale Währungsordnung mit einem zuverlässig und effizient arbeitenden Anpassungsmechanismus auszustatten, würde anstelle der Empfehlung einer Wiedergeburt des Goldstandards allerdings auch den Vorschlag des Konzepts frei beweglicher Wechselkurse rechtfertigen. Diese zweite Alternative wird den Gegenstand eines besonderen Kapitels dieser Arbeit bilden. Um die Vorteile systematisch erfassen zu können, welche die Goldwährung gegenüber der nach 1945 gültigen internationalen Geldverfassung bieten könnte, soll zunächst geprüft werden, inwieweit eine Wiederholung der verschiedenen Mängel des Bretton-Woods-Systems vermieden werden kann.

Eine kardinale Schwäche des Bretton-Woods-Systems besteht darin, daß die Bereitstellung von internationaler Liquidität sowohl in quantitativer als auch in struktureller Hinsicht auf einer unzuverlässigen und im ökonomischen Sinn irrationalen Grundlage ruht. Was die Gewährleistung einer langfristig angemessenen quantitativen Bereitstellung von internationaler Liquidität betrifft, so kann nicht bestritten werden, daß der klassische Goldstandard dieser Forderung a priori ebenfalls nicht zuverlässig zu entsprechen vermag. Denn die Bestimmungsgründe der künftigen Goldproduktion, des Goldangebots sowie der verschiedenen Komponenten der privaten und gewerblichen Goldnachfrage sind weitgehend vom Reservenbedarf der Zentralnotenbanken und dem Einsatz des notenbankpolitischen Instrumentariums unabhängig. Ebenso kann die Frage, ob der Goldstandard auch[8] unter den gegenwärtigen Verhältnissen eine strukturell ausgewogene Verteilung der internationalen Liquidität auf die Welthandelsländer gewährleisten kann, nicht bedingungslos bejaht werden. Denn eine positive Antwort setzt voraus, daß der dem klassischen Goldstandard eigentümliche Anpassungszwang auch unter den heute herrschenden Rahmenbedingungen wiederholbar ist. Dazu wäre es nötig, daß die gegenwärtig für unverzichtbar geltende Bevorzugung einer autonomen Konjunkturpolitik wieder der allseits akzeptierten Vorrangigkeit einer

[7] Vgl. *Rueff*, J.: Die Währungssünden der westlichen Welt, a.a.O., S. 46, 48, 92, 227 ff. — *Heilperin*, M. A.: The Reasons for Raising ..., a.a.O., S. 133 f. — *Salin*, E.: Diskussionsbeitrag, in: *Bochud*, F. (Hg.): Fundamentale Fragen künftiger Währungspolitik, Basel und Tübingen 1965, S. 10.

[8] *Lutz* ist der Auffassung, daß in den Jahrzehnten vor 1914 eine ökonomisch ausgewogene Verteilung der Weltwährungsreserven bestanden habe. Vgl. *Lutz*, F. A.: Das Problem der internationalen Währungsordnung, a.a.O., S. 135.

zahlungsbilanzkonformen Wirtschaftspolitik Platz macht. Ob das bei realistischer Sicht erwartet werden kann, bedarf im weiteren Verlauf noch einer eingehenden Analyse.

Dagegen wäre eine Rückkehr zur klassischen Goldwährung auf jeden Fall mit dem Vorteil verbunden, daß künftig alle Probleme entfallen würden, die im Bretton-Woods-System aus der Haltung von Devisenreserven herrühren. Stattdessen wäre man in der Lage, das traditionelle Vertrauen der Öffentlichkeit, welches diese dem Gold entgegenbringt, wieder währungspolitisch nutzbar zu machen. Die im Bretton-Woods-System bestehende Gefahr einer Vertrauenskrise gegenüber dem Mittel der internationalen Liquidität wäre also im Goldstandard insoweit verläßlich ausgeschaltet. Die alleinige Verwendung von Gold zu Zwecken des Saldenausgleichs würde außerdem zu einer Beendigung des Zustandes führen, daß die Zahlungsbilanzsituation eines einzigen Landes von maßgeblichem Einfluß auf die Reservenversorgung und die wirtschaftliche Entwicklung der gesamten übrigen Welt ist. Ferner ist es im Goldstandard keinem Land möglich, seine außenwirtschaftlichen Defizite anstelle einer späteren realwirtschaftlichen Gegenleistung mit einem Zahlungsmittel abzugelten, das es selber in nahezu jeder beliebigen Menge schaffen kann. Mit anderen Worten wäre mit einer Einführung des Goldstandards automatisch das Übel behoben, daß es systembedingt zur Begünstigung der Zahlungsbilanzpassivität des Reservewährungslandes kommt. Dieses Ergebnis ist deshalb von größter Wichtigkeit, weil die zwangsläufig permanenten Zahlungsbilanzdefizite desjenigen Landes, das im Bretton-Woods-System die Reservewährung stellt, früher oder später unvermeidbar zu einer Krise des gesamten zwischenstaatlichen Geldwesens führen müssen, an deren Ende ein Zusammenbruch der internationalen Währungsordnung steht.

Eine weitere schwerwiegende Schwäche des Bretton-Woods-Systems besteht in der unzureichenden Durchschlagskraft des Anpassungsprozesses. Diese Tatsache ist zugleich Ursache für die meisten übrigen Unzulänglichkeiten dieser internationalen Währungsordnung. Die Behebung der mangelhaften Selbstregelungsfähigkeit des Bretton-Woods-Systems stellt das Hauptziel der Befürworter einer Wiederbelebung der traditionellen Goldwährung dar. Die Verwirklichung dieser Absicht setzt allerdings voraus, daß alle Länder künftig dazu bereit sind, die im Inland zirkulierende Geldmenge im wesentlichen von den Bestandsveränderungen der heimischen Währungsreserven abhängig zu machen. Vermag diese unumgängliche Vorbedingung geschaffen zu werden, so wäre dadurch gewährleistet, daß die drei geldmengenabhängigen Zahlungsbilanz-Ausgleichsmechanismen künftig wieder zweiseitig arbeiten können. Dennoch würde die Verteilung der Anpassungslasten in gewissem Grade auch weiterhin asymmetrisch bleiben. Im Gegensatz zum Bretton-Woods-System würden nun allerdings die Länder mit einer passiven Zahlungsbilanz einem stärkeren Anpassungszwang als die Überschußländer unterliegen. Denn unter Goldwährungsbedingungen bleibt beim Auftritt von Reservenverlusten der betreffenden Zentralnotenbank keine andere Wahl, als unverzüglich restriktive binnenwirtschaftspolitische Maßnahmen einzuleiten. Dagegen kann ein Land mit aktiver Zahlungsbilanz es unter Goldstandardbedingungen durchaus eine Zeitlang verhindern, daß sich der Zufluß von internationaler Liquidität voll auf seinen inländischen Geldumlauf auswirkt[9].

Eine weitere Schwäche des Bretton-Woods-Systems sind jene lähmenden Störungen der internationalen Wirtschaftsbeziehungen, welche von den in gewissen Abständen unvermeidlichen sprunghaften Wechselkurskorrekturen und von der damit einhergehenden ungleichgewichtsverstärkenden Währungsspekulation hervorgerufen werden. Diesem Mangel könnte durch eine Rückkehr zum traditionellen Goldstandard der Boden entzogen werden, weil diese internationale Währungsordnung unter der Voraussetzung der Vorrangigkeit einer zahlungsbilanzkonformen Wirtschaftspolitik über einen hochwirksamen Zahlungsbilanz-Ausgleichsmechanismus verfügt. Dem Aufkommen von ungleichgewichtsverschärfender Währungsspekulation steht ferner im Wege, daß der Goldstandard infolge der Golddefinition der Zahlungsmitteleinheiten durch unverrückbar feste Wechselkurse gekennzeichnet ist. Als Folge davon wäre im übrigen der internationale Handels- und Zahlungsverkehr der Gefahr unvorhersehbarer Wechselkursrisiken entbunden. Es muß jedoch auch diesbezüglich betont werden, daß der Eintritt all dieser vorteilhaften Wirkungen es unabdingbar verlangt, daß darauf vertraut werden kann, daß in allen Ländern auch langfristig eine vorrangig zahlungsbilanzorientierte Wirtschaftspolitik betrieben werden wird.

Eine dauerhaft zuverlässige Verwirklichung der Voraussetzungen, welche für ein störungsfreies Arbeiten des Anpassungsprozesses einer Goldwährung notwendig sind, würde die Überwindung weiterer Mängel des Bretton-Woods-Systems gestatten. So würde sich beispielsweise die Gefahr, daß es zu einer Ergreifung von Beschränkungen des internationalen Handels- und Zahlungsverkehrs[10] kommt, auf ein Minimum reduzieren. Ferner könnte die Zinspolitik wieder zu einem höchst wirksamen Mittel der Wirtschaftspolitik werden. Die Frage, ob man sich von einer Rückkehr zum Goldstandard auch eine faktische Verlangsamung der globalen Inflationstendenzen versprechen kann, muß jedoch

[9] Dies ist auch schon vor 1914 mit Erfolg praktiziert worden. Vgl. *Möller*, Hans: Goldwährung und Währungskonvertierbarkeit, a.a.O., S. 524.

[10] Vgl. *Rueff*, J.: Die Währungssünden der westlichen Welt, a.a.O., S. 119.

generell offenbleiben. Denn die Funktionsfähigkeit des Goldstandards ist grundsätzlich bei jeder Inflationsrate denkbar, wenn diese sich in allen Ländern mit gleicher Geschwindigkeit und gleicher Tendenz entwickelt[11].

Insgesamt gesehen, ist es deutlich geworden, daß die klassische Goldwährung dem Bretton-Woods-System in nahezu jeder Hinsicht deutlich überlegen ist. Die Gültigkeit dieser Feststellung für die Zukunft steht und fällt jedoch damit, ob die Voraussetzung einer allseits selbstverständlichen Orientierung der nationalen Wirtschaftspolitik an den Bewegungen des Zahlungsbilanzsaldos erneut verwirklicht werden kann oder nicht. Daneben darf nicht übersehen werden, daß es von vornherein nicht feststeht, ob der Vorschlag, die internationale Währungsordnung im Sinne der Prinzipien des Goldstandards umzuwandeln, den Vorzug für sich in Anspruch nehmen kann, allezeit eine Versorgung mit Währungsreserven zu gewährleisten, welche mit dem Ziel der Wahrung des internationalen wirtschaftlichen Gleichgewichts vereinbar ist.

b) Gewährleistung eines ausreichenden Reservenwachstums

Die soeben angeschnittene Frage, ob nach einem Übergang zum klassischen Goldstandard oder zur Goldkernwährung auch langfristig eine angemessene Bereitstellung von internationaler Liquidität gesichert ist, wird auch von den Befürwortern dieses Reformweges gesehen. So wird keineswegs geleugnet, daß im Goldstandard die Versorgung mit Währungsreserven weitgehend unabhängig vom Bedarf an internationaler Liquidität erfolgt und nahezu vollständig von Einflußgrößen bestimmt wird, die sich zum großen Teil einer währungspolitisch rationalen Steuerung entziehen. Die Goldstandard-Anhänger sind jedoch zuversichtlich, daß es nach einer Verwirklichung der von ihnen angestrebten Währungsordnung auch auf lange Sicht kein internationales Liquiditätsproblem mehr geben wird.

Die Erwartung, daß man sich im Falle einer Rückkehr zur klassischen Goldwährung um ein ausreichendes Wachstum der Währungsreserven nicht mehr zu sorgen brauche, stützt sich auf mehrere Argumente. So wird der Standpunkt vertreten, daß man es in der Hand habe, durch eine entsprechende Heraufsetzung des Goldpreises den Bestand an internationaler Liquidität an den künftigen Umfang der Weltwirt-

---

[11] Dieser denkmögliche Fall einer globalen Inflation scheint auch unter realistischen Bedingungen eintreten zu können, ohne daß es deswegen zu störenden Rückwirkungen für das Funktionieren einer Goldwährung kommen muß. *Seeger* vermutet dies zumindest für den Zeitraum 1897 - 1913. Vgl. *Seeger,* M.: Die Politik der Reichsbank von 1876 - 1914 im Lichte der Spielregeln der Goldwährung, Berlin 1968, S. 129.

schaftsbeziehungen anzupassen. Außerdem wird darauf verwiesen, daß aufgrund der unverzüglichen Wirksamkeit und hohen Effizienz des Anpassungsprozesses, welcher der Goldwährung zu eigen ist, davon ausgegangen werden kann, daß ceteris paribus ein erheblich geringerer Bedarf[12] an internationalen Zahlungsmitteln als im Bretton-Woods-System bestehen würde. Weiterhin berufen sich die Goldwährungsanhänger darauf, daß nach einer Goldpreisanhebung der Zufluß einer bestimmten Menge neuen Währungsgoldes einen entsprechend höheren Wert verkörpert[13]. Ferner wird geltend gemacht, daß eine Erhöhung des Goldpreises zugleich eine Steigerung der Goldproduktion anregen werde[14]. Hiervon dürfe man sich zugleich ein verstärktes und ein kontinuierliches Anwachsen der für monetäre Zwecke verfügbaren Goldmengen versprechen. Schließlich erwarten die Goldstandard-Anhänger, daß es nach einer Wiedereinführung dieser internationalen Währungsordnung infolge einer teilweisen Auflösung der privaten Goldhorte[15] zu einer beträchtlichen Erhöhung der offiziellen Goldreserven kommen wird.

Der soeben skizzierte Argumentationskomplex, auf den sich der optimistische Standpunkt stützt, daß eine Rückkehr zur Goldwährung mit einer langfristig dauerhaften Lösung des Liquiditätsproblems verbunden ist, unterliegt einer Reihe von Einwänden und Unsicherheiten. Diese sollen im Zusammenhang mit den Bedenken gegenüber einer Rückkehr zum Goldstandard im einzelnen[16] substantiiert werden.

c) Beseitigung der hohen kurzfristigen Verschuldung der USA und Großbritanniens

Damit dem Dollar wieder allseits das Vertrauen entgegengebracht wird, das für jede Haupttransaktionswährung im internationalen Leistungsaustausch gefordert werden muß, sind im Zuge der notwendigen Weltwährungsreform diejenigen Bedrohungen für den internationalen Zahlungsverkehr abzubauen, welche aus den hohen, jederzeit fälligen Auslandsverbindlichkeiten der USA herrühren. Die Anhänger einer Rückkehr zum traditionellen Goldstandard sind davon überzeugt, diese Aufgabe auf vergleichsweise unkomplizierte Art lösen zu können.

---

[12] Vgl. hierzu *Pfleiderer,* O.: Die Zukunft der internationalen Währungsordnung, a.a.O., S. 40.

[13] Vgl. z. B. *Shannon,* I.: The Challenge of the International Monetary System, in: ZgStw 123. Bd. (1967), Tübingen, S. 629.

[14] Vgl. *Rueff,* J.: Die Währungssünden der westlichen Welt, a.a.O., S. 35. — *Heilperin,* M. A.: The Reasons for Raising ..., a.a.O., S. 134. — *Busschau,* W. J.: Future Trends in Gold Production, in: Kyklos Vol. 20 (1967), Basel, S. 737 f.

[15] Vgl. *Rueff,* J.: Die Währungssünden der westlichen Welt, a.a.O., S. 119 f.

[16] Siehe unten S. 97 ff.

Konkrete Vorstellungen über die einzuschlagende Vorgehensweise sind vor allem von *Rueff*[17] entwickelt worden. Danach sollen — wie auch von anderen Autoren[18] angeregt — die USA den gesamten Wertzuwachs ihrer Goldreserven dazu verwenden, einen Teil ihrer Sichtverbindlichkeiten gegenüber fremden Zentralnotenbanken zu tilgen. Ferner schwebt es *Rueff* vor, daß die westlichen Industrieländer ihren Aufwertungsgewinn primär den USA zur Verfügung stellen. Dies solle analog den Konditionen des Marshall-Plans geschehen, nämlich langfristig und gegen einen niedrigen Zins. Dadurch würden die USA in die Lage versetzt, ihre nominalen Währungsreserven zu erhalten und außerdem etwaigen plötzlichen Konversionsbegehren ihrer Gläubiger jederzeit entsprechen zu können. Derjenige Nominalzuwachs bei den Goldreserven der Industrieländer, welcher nicht den USA leihweise überlassen wird, könne[19] für die Entwicklungsländer verfügbar gemacht werden oder aber dazu dienen, daß sich die einzelnen Regierungen gegenüber der heimischen Zentralnotenbank entschulden. Eine entsprechende Lösung wie diejenige für die Vereinigten Staaten könne auch für Großbritannien[20] Anwendung finden, weil das Pfund Sterling noch einer größeren Zahl von Zentralnotenbanken als Reservemittel dient.

Die von *Rueff* ausgesprochene Empfehlung hätte die weltwirtschaftlich wichtige Folge, daß mit einem Schlage eine Ablösung der kurzfristig fälligen Auslandsschulden der USA und Großbritanniens ohne eine einschneidende binnenwirtschaftliche Deflation[21] in diesen Ländern möglich werden würde. Es erhebt sich jedoch die Frage, ob eine stärkere Anhebung des Goldpreises und die empfohlene Art der Verwendung des Aufwertungsgewinns zu weltweiten inflatorischen Rückwirkungen führt. Soweit der Aufwertungsgewinn dieser beiden Länder voll zur Tilgung bestehender Verbindlichkeiten aufgebraucht wird, kann diese Frage verneint werden, weil der globale Bestand an internationaler Liquidität unverändert bleibt. Anders ist dagegen die Situation hinsichtlich des nominalen Reservenzuwachses der übrigen Staaten. Soweit der Gegenwert einer Höherbewertung ihrer Gold-

---

[17] Vgl. *Rueff*, J.: Die Währungssünden der westlichen Welt, a.a.O., S. 8, 91, 117. — *Ders.:* Die Weltinflation ist zu überwinden, a.a.O., S. 21. — *Ders.:* Marshall-Plan für den Dollar, a.a.O., S. 68 f.

[18] Vgl. *Heilperin*, M. A.: Zurück zum Goldstandard, a.a.O., S. 66. — *Ders.:* The Reasons for Raising ..., a.a.O., S. 134. — *Harrod*, R. F.: World Reserves, a.a.O., S. 127.

[19] Vgl. *Rueff*, J.: Die Währungssünden der westlichen Welt, a.a.O., S. 118 f., 224 f.

[20] Vgl. *Lutz*, F. A.: Goldpreiserhöhung?, in: *Bochud*, F. (Hg.): Fundamentale Fragen künftiger Währungspolitik, Basel und Tübingen 1965, S. 5. — *Rueff*, J.: Die Währungssünden der westlichen Welt, a.a.O., S. 117 f., 224 f.

[21] Vgl. *Rueff*, J.: Die Währungssünden der westlichen Welt, a.a.O., S. 119. — *Harrod*, R. F.: World Reserves, a.a.O., S. 127.

reserven den USA oder auch England leihweise zur Verfügung gestellt wird und es gleichzeitig gesichert ist, daß beide Länder diese Mittel nur zur Ablösung alter Schulden verwenden, ist zumindest eine zeitweilige monetäre Sterilisierung des Aufwertungsgewinns gewährleistet. Im Zuge der Rückzahlung des von *Rueff* empfohlenen Kredits an die Gläubigerländer tritt jedoch eine Vermehrung der globalen Währungsreserven ein. Geschieht dies langsam und kontinuierlich (was durch entsprechende Regelungen im Rahmen der zu treffenden Kreditvereinbarungen erreichbar wäre), so kann das vor dem Hintergrund einer expandierenden Weltwirtschaft durchaus ein Positivum sein.

Es muß jedoch als ausgeschlossen gelten, daß der von *Rueff* vorgeschlagene Weg einer Rückkehr zum Goldstandard die notwendige Mehrheit von 80 Prozent der Stimmen im IWF findet, welche zu einer Änderung des Bretton-Woods-Abkommens vorgeschrieben ist. Denn die Entwicklungsländer werden sich ohne Zweifel dagegen sperren, daß der Aufwertungsgewinn aus einer massiven Anhebung des amtlichen Goldpreises vorrangig dem wohlhabendsten und wirtschaftlich leistungsfähigsten Land der Welt zu Vorzugsbedingungen ausgeliehen wird. Ferner würden diese Staaten gewiß beanstanden, daß eine Rückzahlung des den USA gewährten Beistandskredits an die Gläubigerländer zum Ergebnis hat, daß letztinstanzlich die reichen und ökonomisch schon entwickelten (zumeist europäischen) Länder die nahezu alleinigen[22] Nutznießer des nominalen Wertzuwachses bei den Goldreserven werden, während die Reservenknappheit der Entwicklungsländer nach wie vor weiterbestehen würde. Außerdem ist zu erwarten, daß die Entwicklungsländer ihren Wunsch auf eine Teilhabe am nominalen Wertzuwachs des Währungsgoldes auf das nicht zu widerlegende Argument stützen würden, daß ohne ein reichliches Polster an Währungsreserven kein Land dazu in der Lage ist, zu der für die Funktionsfähigkeit des Goldstandards unabdingbaren freien Konvertierbarkeit überzugehen.

Neben dem von *Rueff* angeregten Weg hat *Cuthbertson*[23] in fünf Varianten Vorschläge unterbreitet, wie eine Goldpreiserhöhung mit einer Neuverteilung der Goldreserven gekoppelt werden könnte. Es muß jedoch als äußerst unwahrscheinlich gelten, daß einer dieser Vorschläge eine ausreichend breite politische Zustimmung finden könnte.

[22] Ende 1974 wurden etwa 90 % der globalen Goldreserven von den Industrieländern gehalten. Vom Rest entfiel knapp die Hälfte auf die erdölproduzierenden Länder. Errechnet nach BIZ (Hg.): 45. Jahresbericht, a.a.O., S. 114.

[23] Vgl. *Cuthbertson,* J. R.: Goldpreiserhöhung ohne Tränen, in: Kjpol 9. Jg. (1963), Berlin, S. 288. Zur Kritik an den Vorschlägen *Cuthbertsons* siehe auch *Issing,* O.: Einige neuere Aspekte ..., a.a.O., S. 197.

d) Lösung der Goldfrage

Die Befürworter einer Rückkehr zur klassischen Goldwährung erblicken einen weiteren Vorzug ihres Vorschlags darin, daß dieser eine ökonomisch sinnvolle Lösung der Goldfrage gestatte. Diesbezüglich wird besonders hervorgehoben, daß es marktwirtschaftlich widersinnig[24] sei, den Goldpreis mit dirigistischen Mitteln auf dem Niveau von 1934 zu fixieren, während sich die Preise aller übrigen Güter seitdem verdoppelt oder vervielfacht hätten. Aus gegenwärtiger Sicht kommt dazu, daß — unbeschadet der sonstigen Auswirkungen — eine beträchtliche Anhebung des amtlichen Goldpreises den einzigen aussichtsreichen Weg darstellt, die seit Spaltung des Goldmarktes erfolgte Inaktivierung des Währungsgoldes wieder rückgängig zu machen.

So einleuchtend das Argument von der Unterbewertung des Währungsgoldes auch zu klingen vermag, so erscheint es dennoch nicht unbedenklich, das Ausmaß der für erforderlich gehaltenen Goldpreiserhöhung damit zu begründen, daß die künstliche Isolierung des Goldpreises von den Preisen der übrigen Güter beendet werden müsse. So kann zu Recht darauf verwiesen werden, daß die Empfehlung, die Entwicklung der Güterpreise oder der Goldproduktionskosten zur Richtschnur zu erheben, unberücksichtigt läßt, daß die Höhe[25] des Goldpreises entscheidend von der Tatsache der Goldhaltung durch die Zentralnotenbanken bestimmt wird. Im übrigen verlangt eine tragfähige Lösung des Liquiditätsproblems denjenigen Goldpreis, bei welchem eine „befriedigende“ Reservenausstattung und ein „angemessenes“ Reservenwachstum gewährleistet ist. Ein nach Maßgabe des gegenwärtigen Bedarfs an Währungsreserven bestimmter Goldpreis hängt jedoch allenfalls nur äußerst locker mit der seit 1934 eingetretenen Entwicklung der Güterpreise zusammen. Ob dieser Goldpreis zugleich in Zukunft denjenigen Zufluß neuen Währungsgoldes auszulösen vermag, der notwendig ist, um den späteren Mehrbedarf an internationaler Liquidität zu decken, mag an dieser Stelle der Arbeit noch dahingestellt bleiben.

Schließlich läßt noch ein weiterer Gesichtspunkt es als nicht ratsam erscheinen, bei der Wahl des künftigen amtlichen Goldpreises schwerpunktmäßig auf die in der Vergangenheit erfolgten Preissteigerungen

---

[24] Vgl. *Rueff,* J.: Die Währungssünden der westlichen Welt, a.a.O., S. 52, 122. — *Ders.:* Zurück zum Goldstandard?, a.a.O., S. 96. — *Ders.:* Marshall-Plan für den Dollar, a.a.O., S. 68. — *Harrod,* R. F.: World Reserves, a.a.O., S. 122. — *Friedman,* M.: Echter und unechter Goldstandard, a.a.O., S. 139 f. — *Bosshardt,* A.: a.a.O., S. 63. — *Salin,* E.: a.a.O., S. 9.

[25] Vgl. *Hahn,* L. A.: Ein Traktat über Währungsreform, a.a.O., S. 10, 72. — *Kasten,* H.: Der Funktionswandel des Goldes, a.a.O., S. 96. — *Weise,* H.: Möglichkeiten und Grenzen des Goldes . . ., a.a.O., S. 241.

bei den international gehandelten Gütern abzustellen. Sollte es nämlich künftig weiterhin (möglicherweise sogar als Folge der starken Goldpreiserhöhung bei der Wiedereinführung der Goldwährung) zu weltweiten Inflationstendenzen kommen, so müßte eine solche Begründung unvermeidlich eine massive Goldpreisspekulation im privaten Bereich entfachen. Denn eine kontinuierliche Geldwertverschlechterung müßte dann zwangsläufig die Vermutung aufkommen lassen, daß die seinerzeitige Goldpreiserhöhung doch keine einmalige Maßnahme gewesen sein kann[26]. Das dann unvermeidliche Wiederaufleben der privaten Goldhortung würde unweigerlich eine Verknappung des monetären Goldes nach sich ziehen, wodurch schließlich eine erneute Goldpreiserhöhung erzwungen werden würde. Dieser „Erfolg“ würde bei weiter anhaltender Inflation einer erneuten Goldspekulation den Weg ebnen. Als Folge von alledem würde das Gold die für das Funktionieren des Goldstandards wichtige Eigenschaft einbüßen, das allseitiges Vertrauen genießende alleinige Rechen- und Wertaufbewahrungsmittel zu sein.

e) *Erwiesene Funktionsfähigkeit des Goldstandards*

Von den Verfechtern[27] einer Rückkehr zum Goldstandard wird ferner hervorgehoben, daß der Goldstandard bereits den praktischen Beweis seiner guten Funktionsfähigkeit erbracht habe. Im Gegensatz zu einer Weltwährungsordnung mit frei schwankenden Wechselkursen, welcher ebenfalls ein automatisch in Gang kommender Anpassungsprozeß innewohnt, könne man sich bei einer Neuauflage des Goldstandards auf bewährte Erfahrungen stützen und sei nicht genötigt, währungspolitisches Neuland zu betreten[28]. Der Frage, ob eine begründete Aussicht darauf besteht, daß die traditionelle Goldwährung auch unter den Verhältnissen der Gegenwart und der absehbaren Zukunft sich ebenso gut bewähren kann wie vor 1914, soll erst im Zusammenhang mit der Behandlung der Bedenken gegen eine Rückkehr zum Goldstandard nachgegangen werden.

---

[26] Vgl. *Hahn,* L. A.: Ein Traktat über Währungsreform, a.a.O., S. 120. — *Issing,* O.: Einige neuere Aspekte . . ., a.a.O., S. 201. — *Posthuma,* S.: Der allgemeine Bedarf an Währungsreserven und die Gleichgewichtsproblematik, in: *Schneider,* E. (Hg.): Internationale Währungsprobleme, Tübingen 1966, S. 28. — *Pfleiderer,* O.: Die Zukunft der internationalen Währungsordnung, a.a.O., S. 45.

[27] Vgl. *Heilperin,* M. A.: Zurück zum Goldstandard, a.a.O., S. 48, 52. 54. — *Ders.:* The Reasons for Raising . . ., a.a.O., S. 136, 138. — *Rueff,* J.: Zurück zum Goldstandard?, a.a.O., S. 99.

[28] Vgl. *Heilperin,* M. A.: Zurück zum Goldstandard, a.a.O., S. 70 f.

f) *Weltumspannende Hebung des wirtschaftlichen Wohlstands*

Die Anhänger einer Renaissance der klassischen Goldwährung verweisen schließlich darauf, daß sich die vorteilhaften Wirkungen einer Verwirklichung ihrer Reformempfehlung erst in einem größeren Zusammenhang vollauf ermessen lassen. So wird geltend gemacht, daß freie Konvertierbarkeit bei verläßlich festen Wechselkursrelationen nicht nur für den internationalen Handel günstig ist, sondern auch den zwischenstaatlichen Kreditverkehr und eine weltwirtschaftlich optimale Verteilung der Produktionsfaktoren fördert. Als Folge der Gewißheit, daß der Goldpreis nach seiner beträchtlichen Anhebung im Zuge der Wiedereinführung des Goldstandards auch langfristig auf seiner neuen Höhe fixiert bleiben wird, sei die Auflösung eines beträchtlichen Teils der privaten Goldhorte zu erwarten. Der davon ausgehende zinssenkende Effekt[29] werden dann die Investitionstätigkeit im privaten und öffentlichen Bereich und damit einen hohen Beschäftigungsstand begünstigen.

Die Befürworter einer Rückkehr zur Goldwährung sind davon überzeugt, daß infolge all dieser Auswirkungen eine Epoche weltweiten[30] Wohlstands hervorgerufen werde. Dadurch verliere auch der Einwand der Goldstandard-Gegner an Gewicht, daß die Schaffung zusätzlicher Währungsreserven anders als im Falle eines synthetischen Reservemediums einen zu Lasten der Güterproduktion gehenden Einsatz von Produktionsfaktoren erfordert. Schließlich wird von den Goldstandard-Anhängern hervorgehoben, daß der von ihnen empfohlene Weg zur Überwindung der gegenwärtigen Schwierigkeiten im internationalen Geldwesen vor allem auch im Interesse der wirtschaftlich zurückgebliebenen Länder liege. Denn die von einer Wiederbelebung der Goldwährung ausgehende Beschleunigung des wirtschaftlichen Wachstums und der Wohlfahrt werde die wirtschaftliche Entwicklung der unterindustrialisierten Länder auf die Dauer wirksamer fördern, als es durch eine noch so reichliche, aber einmalige geschenkweise Zuwendung von Währungsreserven erreicht werden könnte.

2. Die Bedenken gegen eine Wiedereinführung des klassischen Goldstandards

Die vorangegangene Erörterung der verschiedenen Vorteile, welche die Anhänger einer Rückkehr zur Goldwährung für ihren Vorschlag in Anspruch nehmen, hat die Frage aufgeworfen, ob sich diese auch unter den heutzutage in der Realität herrschenden Gegebenheiten er-

---

[29] Vgl. *Rueff*, J.: Zurück zum Goldstandard?, a.a.O., S. 96.

[30] Vgl. im einzelnen *Rueff*, J.: Die Währungssünden der westlichen Welt, a.a.O., S. 119 f. — *Ders.:* Zurück zum Goldstandard?, a.a.O., S. 99. — *Ders.:* Marshall-Plan für den Dollar, a.a.O., S. 70.

schließen lassen. Vor allem mußte wiederholt der Vorbehalt gemacht werden, daß die möglichen vorteilhaften Auswirkungen eines Goldstandards nur dann zur Geltung kommen können, wenn der Grundsatz einer zahlungsbilanzkonformen Wirtschaftspolitik international den uneingeschränkten Vorrang genießt. Die Aussichten für die künftige Durchsetzung einer solchen wirtschaftspolitischen Verhaltensweise sind daher noch näher abzuhandeln. Zusätzlich ist der Frage nachzugehen, inwieweit der Optimismus der Goldwährungsanhänger als realistisch einzustufen ist, daß eine Rückkehr zum Goldstandard eine im großen und ganzen befriedigende Lösung für die Liquiditätsfrage bringen werde. Schließlich verlangt eine ausgewogene Beurteilung, daß die verschiedenen Einwände einer Analyse unterzogen werden, welche im Schrifttum gegen die praktische Zweckmäßigkeit, das Bretton-Woods-System durch den Goldstandard zu ersetzen, im Laufe der Zeit vorgebracht worden sind.

a) Zufallsabhängiges Reservenwachstum

In einer internationalen Währungsordnung, in der allein das Gold als Mittel des Zahlungsbilanzausgleichs existiert, ist die globale Versorgung mit Währungsreserven von Gegebenheiten abhängig, die weitgehend[31] in keinem ökonomisch-rationalen Zusammenhang zum tatsächlichen Liquiditätsbedarf stehen. Die Anhänger einer Rückkehr zum Goldstandard glauben jedoch, Anlaß zu der Annahme zu haben, daß es im Falle einer Verwirklichung ihres währungspolitischen Zukunftskonzepts auch langfristig zu keinen ernsthaften Schwierigkeiten in der Versorgung mit internationalen Zahlungsmitteln kommen wird. Daher wird der nächste Schritt dieser Arbeit darin bestehen, sich mit den Argumenten auseinanderzusetzen, welche von den Goldwährungsanhängern zugunsten einer optimistischen Beurteilung der Lösungsaussichten der Liquiditätsfrage ins Feld geführt zu werden pflegen.

Ein erster Vorbehalt, der sich auf die praktische Meisterung der Aufgabe einer angemessenen Versorgung mit internationaler Liquidität bezieht, ergibt sich daraus, daß das von den Goldstandard-Befürwortern geltend gemachte Argument der Möglichkeit einer Bemessung der Goldpreiserhöhung am Ausmaß der Weltwirtschaftsbeziehungen daran krankt, daß der globale und nationale Bedarf an Währungsreserven nicht annähernd genau bezifferbar ist. Hinzu kommt, daß bei der Entscheidung über das Ausmaß der Goldpreisanhebung das empirische

---

[31] Eine Untersuchung von *Aghevli* deutet darauf hin, daß diese währungstheoretische Aussage auch empirisch fundiert ist. Vgl. *Aghevli,* B. B.: The Balance of Payments and Money Supply under Gold Standard Regime: U. S. 1879 - 1914, in: AER Vol. 65 (1975), Menasha, S. 56.

Datenmaterial der letzten drei Jahrzehnte keinen brauchbaren Maßstab abgeben kann. Denn wegen der unterschiedlichen Effizienz des Anpassungsmechanismus unterscheidet sich ceteris paribus der Reservenbedarf im Bretton-Woods-System in beträchtlichem Ausmaß von demjenigen unter Goldwährungsbedingungen. Der Gedanke, sich an der faktischen Reservenausstattung zu orientieren, welche die Länder vor dem 1. Weltkrieg aufzuweisen hatten, muß ebenfalls zurückgewiesen werden. Denn die heutige Realität ist durch eine gegenüber damals beträchtlich verminderte Preisflexibilität nach unten gekennzeichnet. Deshalb bedürfte es im Vergleich zu der Zeit vor 1914 künftig eines größeren Reserveneinsatzes, um die Zeit bis zum Wirksamwerden der Ausgleichsmechanismen überbrücken zu können. Die Frage danach, wie diesen Tatsachen im konkreten Fall einer Festlegung des künftigen offiziellen Goldpreises Rechnung getragen werden soll, ist von den Goldwährungs-Verfechtern bisher offengelassen worden.

Die Zuversicht der Goldstandard-Befürworter, hinsichtlich der Versorgung mit Währungsreserven vor keine unlösbaren Probleme gestellt zu werden, fußt ferner auf der Erwartung, daß sich nach der Verwirklichung ihres Reformvorschlages die monetären Goldreserven auch deshalb erhöhen werden, weil es zu einer beträchtlichen Auflösung privater Goldhorte kommt. Für die Realitätsnähe dieser Annahme spreche, daß künftig der Notwendigkeit zur privaten Goldhortung deshalb weitgehend der Boden entzogen sein werde, weil von einem dauerhaft stabilen Goldpreis ausgegangen werden müsse[32]. Welches Ausmaß[33] ein derart bedingter Reservenzuwachs in der Praxis haben könnte, ist allerdings wohl kaum einigermaßen zuverlässig abzuschätzen. Sollte den Zentralnotenbanken aus einer Auflösung spekulativer Goldengagements eine größere Metallmenge zufließen, so würde davon neben der von *Rueff* erhofften zinssenkenden Wirkung zugleich auch unvermeidlich ein weltumspannender inflatorischer Impuls ausgehen.

Im Unterschied zu den Auffassungen der Goldwährungs-Befürworter wird es von mehreren Nationalökonomen als äußerst unsicher angesehen, ob die behauptete teilweise Auflösung privater Goldhorte überhaupt eintreten wird[34]. Denn es stehe im voraus nicht fest, daß sich in

---

[32] Vgl. *Heilperin*, M. A.: Zurück zum Goldstandard, a.a.O., S. 54.

[33] Zahlenangaben zum möglichen Ausmaß der von privater Hand in spekulativer Absicht unterhaltenen Goldbestände befinden sich bei *Weise*, H.: Gold als gewerblicher Rohstoff ..., a.a.O., S. 345. — *Kasten*, H.: Der Funktionswandel des Goldes, a.a.O., S. 102.

[34] Vgl. z. B. *Issing*, O.: Einige neuere Aspekte zur Frage der Goldpreiserhöhung, in: SchmJb 88. Jg. (1968 I), S. 201. — *Hahn*, L. A.: Ein Traktat über Währungsreform, a.a.O., S. 120. — *Posthuma*, S.: Der allgemeine Bedarf ..., a.a.O., S. 28. — *Pfleiderer*, O.: Die Zukunft der internationalen Wäh-

der Öffentlichkeit schon schnell die Überzeugung breit macht, daß der zwecks Einführung der Goldwährung vorgenommenen Goldpreiserhöhung keine weiteren mehr folgen werden. Dieser Einwand ist keineswegs bloß rein theoretischer Natur. Denn aufgrund der seit einigen Jahrzehnten entschieden verfochtenen Ablehnung einer primär zahlungsbilanzkonformen Wirtschaftspolitik dürfte in der Bevölkerung wohl kaum so schnell die Überzeugung Fuß fassen können, daß nach einem Übergang zur Goldwährung ab sofort jegliches Mißtrauen in die künftige Stabilität der internationalen Währungsbeziehungen von vornherein absurd sein soll. Damit die private Goldspekulation sogleich zuverlässig zum Erliegen kommt, muß jedoch nicht nur gewährleistet sein, daß in Zukunft von einem störungsfreien Arbeiten des Anpassungsmechanismus ausgegangen werden kann, sondern auch, daß es zusätzlich gelingt, auf Anhieb den „richtigen" Goldpreis zu wählen.

Die Überzeugung, daß auch dauerhaft eine befriedigende Reservenversorgung gewährleistet ist, wird von den Goldstandard-Verfechtern ferner damit begründet, daß nach einer Heraufsetzung des offiziellen Goldpreises eine spürbare Steigerung der Goldproduktion eintreten werde. Der Realitätsbezug dieser Auffassung ist angesichts des nun seit einigen Jahren erreichten, im Vergleich zu den 1960er Jahren rund viermal so hohen, freien Goldpreises mit großer Skepsis zu beurteilen. Sollte es jedoch im Zuge der als einmalige Maßnahme durchzuführenden starken Anhebung des amtlichen Goldpreises zu einer Steigerung der Goldproduktion kommen, so könnte dennoch nicht ausgeschlossen werden, daß im Laufe der Zeit wieder ein Produktionsrückgang eintritt[35]. Unabhängig davon wäre es im Falle einer vermehrten Goldproduktion auch keineswegs sicher, ob die für monetäre Zwecke verfügbaren Goldmengen deshalb ebenfalls anwachsen werden. Denn es herrscht zunächst einmal schon Ungewißheit[36] darüber, wie sich in der ferneren Zukunft die Golderzeugung entwickeln wird. Ebenso können über die künftige Goldverkaufspolitik Südafrikas und der Sowjetunion sowie über die in kommenden Jahren und Jahrzehnten geübte Verhaltensweise der privaten Goldhorter nur vage Vermutungen angestellt werden. Die Entwicklung des gewerblichen Goldbedarfs ist ebenfalls nicht zuverlässig vorhersehbar. Angesichts all dieser Imponderabilien wäre es ein großer Zufall, wenn die verschiedenen Unsicherheitsmomente sich stets so ergänzen würden, daß auch auf lange Sicht ein

rungsordnung, a.a.O., S. 45. — *Bosch,* J.: Die Rolle des Goldes im Weltwährungssystem, in: ZWiSo 92. Jg. (1972), Berlin, S. 691 f.

[35] Vgl. *Spreen,* E.: Die garantierte kontinuierliche Goldpreiserhöhung. (Ein Vorschlag zur Verbesserung der Weltwährungsordnung), in: Jb. Soz. wiss. 19. Bd. (1968), Göttingen, S. 216.

[36] Näheres hierzu bei *Weise,* H.: Gold als gewerblicher Rohstoff ..., a.a.O., S. 329, 333 ff., 339 ff.

Reservenwachstum stattfindet, das mit dem Zusatzbedarf an internationaler Liquidität übereinstimmt[37].

Die nach einer Wiedereinführung des Goldstandards erhoffte Verwirklichung einer dauerhaft adäquaten Reservenversorgung ist also insgesamt mit erheblichen Risiken behaftet. Auch wohnt dem Umstand, daß es in den Jahrzehnten vor 1914 keine schwerwiegenden Schwierigkeiten in der Reservenversorgung gegeben hat, keinerlei zwingende Beweiskraft für künftige Zeiten inne. Ferner ist es grundsätzlich ungewiß, ob der künftige Zufluß von neuem Währungsgold auch mit dem wachstumsbedingten Bedarf auf Ausweitung der inländischen Geldversorgung harmoniert. Schließlich ist die Ungewißheit darüber, ob das künftige Wachstum der Währungsgoldbestände stets ausreichend sein wird, zusammen mit dem Umstand der Unverzinslichkeit des Goldes und der größeren Einfachheit von Devisentransaktionen dazu angetan, ein weiteres Bedenken gegen die künftige Funktionsfähigkeit des Goldstandards hervorzurufen. Und zwar handelt es sich um den Zweifel, ob die Zentralnotenbanken im Falle einer Wiederbelebung der klassischen Goldwährung auf die Dauer wirksam davon abgehalten werden können, eines Tages doch wieder größere Devisenbestände zu unterhalten[38]. Die Folge einer solchen Entwicklung wäre aber eine Rückkehr der Bretton-Woods-Schwierigkeiten durch die Hintertür.

b) Verstärkung der internationalen Inflationstendenzen im Anschluß an eine Wiedereinführung der Goldwährung

Dem Plan einer Umwandlung der internationalen Währungsordnung in einen Goldstandard herkömmlicher Art wird häufig entgegengehalten, daß die dazu notwendige kräftige Erhöhung des Goldpreises die Gefahr in sich berge, eine Verschärfung der internationalen Inflationserscheinungen auszulösen. Im Unterschied hierzu teilen die Anhänger einer Wiedereinführung der Goldwährung die Überzeugung, daß es bei der Verwirklichung ihres Vorschlags keinen größeren und kontinuierlichen Geldwertverfall weltweiten Ausmaßes mehr geben wird. Was den vielfach befürchteten Inflationsschub als Folge der einleitenden Goldpreiserhöhung betreffe, so könne dieser durch einen geeigneten Modus für die Verteilung und Verwendung der nominalen Werterhöhung der Goldreserven unterbunden werden. Die längerfristigen Aussichten für die Verwirklichung eines hohen Ausmaßes an globaler

---

[37] Vgl. *Lutz,* F. A.: Goldpreiserhöhung?, a.a.O., S. 6. — *Lipfert,* H.: Einführung in die Währungspolitik, a.a.O., S. 263. — *Posthuma,* S.: Der allgemeine Bedarf . . ., a.a.O., S. 28.

[38] Vgl. *Haberler,* G.: Einige Bemerkungen zur gegenwärtigen Diskussion über das internationale Währungssystem, in: Ordo 17. Bd. (1966), Düsseldorf und München, S. 59.

Geldwertstabilität seien deshalb als günstig anzusehen, weil die Defizitländer unter Goldstandardbedingungen dem faktischen Zwang zu einer raschen binnenwirtschaftlichen Kontraktion unterliegen.

Eine Antwort darauf, ob die einer Wiederbelebung des Goldstandards vorausgehende beträchtliche Anhebung des monetären Goldpreises ohne inflatorische Rückwirkungen bewerkstelligt werden kann, setzt Klarheit über die Größenordnung voraus, welche im Falle der hier erörterten Maßnahme zu gewärtigen wäre. Dazu soll beispielhaft von den Verhältnissen zu Ende des Jahres 1974 ausgegangen werden. Dabei wird unterstellt werden, daß die USA und Großbritannien ihren gesamten Goldaufwertungsgewinn zu einer entsprechend hohen Vernichtung bestehender Devisenreserven verwenden, was im Wege einer Einlösung eigener Sichtverbindlichkeiten geschieht. Würden im übrigen keine Vorkehrungen zur Stillegung des Nominalzuwachses bei den übrigen Zentralnotenbanken getroffen werden, so könnte bei einer Verdreifachung[39] des offiziellen Goldpreises die internationale Liquidität mit einem Schlage um rund 47 %[40] (entsprechend 106 Mrd. US-Dollar) zunehmen. Nimmt man mit den Befürwortern der Goldwährung an, daß es nach erfolgtem Übergang zum Goldstandard zu einer teilweisen Auflösung privater Goldhorte kommt, so gelangen weitere Zahlungsmittel in Umlauf, welche unvermeidlich nachfragewirksam werden.

Die Gefahr, daß eine kräftige Anhebung des amtlichen Goldpreises zu einer parallelen Aufblähung des Geldumlaufs führt, ist keineswegs nur hypothetischer Natur. Denn durch die nominelle Erhöhung ihrer in Goldform unterhaltenen Aktiva gewinnen die Zentralnotenbanken einen entsprechend vergrößerten Kreditspielraum. Ob in der Praxis die Regierungen der davon ausgehenden Versuchung werden erfolgreich widerstehen können, den unentgeltlichen Buchgewinn zur Finanzierung von Haushaltsdefiziten in Anspruch zu nehmen, wird von einigen Autoren[41] nicht zu Unrecht[42] angezweifelt. Denn angesichts ein-

[39] Dies würde eine Anhebung des amtlichen Unzenpreises von gegenwärtig $ 42,22 auf rund $ 127 bedeuten. Der Preis am freien Goldmarkt hat sich zwischen Anfang 1974 und Mitte 1977 zwischen $ 120 und $ 200 bewegt; vgl. BIZ (Hg.): 45. Jahresbericht, a.a.O., S. 111.

[40] Errechnet nach BIZ (Hg.): 45. Jahresbericht, a.a.O., S. 114, 117. — *Statistisches Bundesamt* (Hg.): Statistisches Jahrbuch für die Bundesrepublik Deutschland 1975, Stuttgart und Mainz, S. 657.

[41] Vgl. z. B. *Hahn,* L. A.: Ein Traktat über Währungsreform, a.a.O., S. 17. — *Machlup,* F.: Die Pläne zur Reform des internationalen Geldwesens, a.a.O., S. 46. — *Lutz,* F. A.: Goldpreiserhöhung?, a.a.O., S. 6. — *Kasten,* H.: Der Funktionswandel des Goldes, a.a.O., S. 103. — *Keiser,* G.: Das unlösbare Golddilemma, in: Kreditwesen 26. Jg. (1973 I), Frankfurt/M., S. 21.

[42] Es verdient in diesem Zusammenhang Beachtung, daß die Bank von Italien per 31. 12. 1976 den Buchwert ihrer Währungsgoldbestände in Anleh-

schlägiger Erfahrungen dürfte der Warnung, daß eine Politik billigen Geldes im Laufe der Zeit zu einer Passivierung der Zahlungsbilanz führt, welcher im Goldstandard unverzüglich mit einer kontraktiven Wirtschaftspolitik entgegengewirkt werden muß, zunächst wenig Durchschlagskraft beschieden sein. Die einer Expansion zugeneigten Kreise könnten nämlich darauf verweisen, daß eine zügige Verausgabung des Goldaufwertungsgewinns nicht einmal mit größeren Zahlungsbilanzproblemen verbunden zu sein braucht, wenn in allen Haupthandelsländern ebenso verfahren wird.

Soll es im Zuge der Wiedereinführung der Goldwährung nicht zu einer inflatorischen Ausweitung des Geldumlaufs kommen, so muß ein institutionell gesicherter Weg gefunden werden, der es gestattet, eine sprunghafte monetäre Expansion als Folge des nominalen Wertzuwachses beim Währungsgold zu vermeiden. Dieser Notwendigkeit wird speziell von *Rueff*[43] große Aufmerksamkeit geschenkt. Im folgenden ist daher ungeachtet der politischen Durchsetzbarkeit der von ihm angeregten einstweiligen Zurverfügungstellung des Nominalzuwachses an die USA und an die Bank von England die Frage zu prüfen, ob auf diese Weise das Risiko eines globalen Inflationsschubes bei Einführung der Goldwährung ausgeschaltet werden kann.

Soweit die Zentralnotenbanken nach einer Rückkehr zum Goldstandard von der Umtauschmöglichkeit ihrer Devisenbestände in Gold Gebrauch machen, ist die einleitende Goldpreiserhöhung mit keinem Netto-Wachstum der Währungsreserven verbunden. Im Zuge einer schrittweisen Zurückzahlung des Kredits, welcher den USA und Großbritannien aus dem Goldaufwertungsgewinn der übrigen Industrieländer gewährt wurde, kommt es jedoch zu einer entsprechenden Ausweitung der internationalen Liquidität. Dies gilt unabhängig davon, ob die Rückzahlung an die Gläubigerländer, an einen Entwicklungshilfefonds oder an irgendeinen anderen Dritten erfolgt. Ob sich die mit der Tilgung einhergehende Ausweitung des Bestands an internationaler Liquidität im Rahmen der Zunahme des Reservenbedarfs der Gesamtheit aller Welthandelsländer vollziehen wird, ist a priori offen. Der Grund hierfür liegt in der weitgehenden Ungewißheit der künftigen Zahlungsbilanzentwicklung der USA und Großbritanniens. Daraus ergibt sich zugleich die bisher offenbar stets übersehene Konsequenz, daß die von *Rueff* angestrebte Auflösung der Abhängigkeit der internationalen Währungsbeziehungen und des globalen Inflationstempos

nung an den Marktpreis in etwa vervierfacht hat. Der Buchgewinn wurde zum großen Teil für „die Rückzahlung einer alten Schuld des Schatzamtes“ verwendet. Siehe o. V.: Italien bewertet seinen Goldschatz neu, in: Frankfurter Allgemeine Zeitung 1/1977 (3. 1. 1977), S. 9.

[43] Vgl. *Rueff*, J.: Die Währungssünden der westlichen Welt, a.a.O., S. 131.

von der amerikanischen Binnenwirtschaftspolitik auch nach einer Rückkehr zum Goldstandard noch für längere Zeit fortbestehen würde.

Schließlich muß auch nach erfolgter Wiedereinführung der Goldwährung mit dem Auftreten von internationalen Inflationsproblemen gerechnet werden. Dies ist allein schon deshalb zu erwarten, weil sich hinter der relativ hohen und langanhaltenden Geldwertbeständigkeit während des vorherigen Jahrhunderts teilweise erhebliche Preisniveauschwankungen verbergen[44]. Ferner muß gesehen werden, daß es heutzutage international durchaus nichts Ungewöhnliches ist, wenn ein bestimmtes Ausmaß an Einkommenserhöhungen notfalls auch gegen die Vorstellungen der Zentralnotenbank durchgesetzt wird. Daran dürfte auch eine künftige Wiedereinführung der Golddeckungspflicht nichts ändern können. Ebenso können diejenigen Inflationswirkungen nicht durch eine Anwendung der Goldwährungsprinzipien ausgeschaltet werden, welche durch eine länderweise abweichende Wachstumsfinanzierung oder durch eine national unterschiedlich schnelle Nutzbarmachung des technischen Fortschritts bedingt sind.

Die auch nach einer etwaigen Wiedereinführung des Goldstandards wirksam bleibenden Inflationsursachen werden in den einzelnen Ländern in unterschiedlicher Intensität zum Tragen kommen. Weil in den letzten Jahrzehnten außerdem die Preisflexibilität nach unten immer weiter abgenommen hat, müssen die Zahlungsbilanzungleichgewichte in einem künftigen Goldstandard erheblich stärker und längeranhaltend ausfallen, als dies vor 1914 der Fall war. Deshalb und wegen der übrigen Unterschiede gegenüber der damaligen Zeit erscheint auch die Befürchtung *Hahns*[45] keineswegs als unrealistisch, daß sich nach einer Rückkehr zum Goldstandard im Laufe der Zeit irgendwelche Länder genötigt sehen könnten, die Goldeinlösungspflicht ihrer Valuten wieder aufzuheben.

c) Ungerechtfertigte Nachteile oder Vorteile für einige Länder

Die Bedenken gegen eine Wiedereinführung der Goldwährung werden auch damit begründet, daß die in diesem Vorschlag mitenthaltene starke Heraufsetzung des offiziellen Goldpreises diejenigen Länder in ungerechtfertigter Weise bestrafe, welche einen hohen Devisenanteil innerhalb ihrer Währungsreserven aufweisen. Diesbezüglich wird zum

---

[44] Vgl. *Triffin*, R.: Die Währungsordnung des XX. Jahrhunderts, in: *Hunold*, A. (Hg.): Inflation und Weltwährungsordnung, Zürich und Stuttgart 1963, S. 128 ff. — *Kasten*, H.: Der Funktionswandel des Goldes, a.a.O., S. 91. — *Weise*, H.: Gold als gewerblicher Rohstoff . . ., a.a.O., S. 352, 354.

[45] Vgl. *Hahn*, L. A.: Ein Traktat über Währungsreform, a.a.O., S. 18, 110, 132.

einen darauf hingewiesen, daß es sich bei den derart Benachteiligten einer Rekonstitution der Goldwährung in erster Linie um Entwicklungsländer[46] handle. Demgegenüber würden die relativ wohlhabenden Industrieländer die Hauptnutznießer einer Rückkehr zum Goldstandard sein, weil deren Zentralnotenbanken den ganz überwiegenden Teil der globalen Goldreserven auf sich vereinen. Dieses Argument negiert jedoch, daß eine Umverteilung des nominalen Zuwachses der Goldreserven integraler Bestandteil der Pläne der Goldwährungsbefürworter ist. Daß die diesbezüglichen Vorschläge verbreitet auf Ablehnung gestoßen sind, ist eine Folge davon, daß eine Lösung, welche der erforderlichen Stimmenmehrheit im IWF gewiß sein könnte, allein im politischen Bereich gefunden zu werden vermag.

Der Einwand, daß die etwaige Wiederkehr der Goldwährung für manche Staaten mit nicht gerechtfertigten Nachteilen verbunden ist, bezieht sich nicht allein auf die Entwicklungsländer. Ebenso wird darauf hingewiesen, daß einige Industriestaaten nur deshalb eine so einseitige Reservenstruktur aufweisen, weil deren Zentralnotenbanken in der Vergangenheit im Vertrauen auf das Versprechen, daß es zu keiner Dollarabwertung kommen werde, von einer Goldkonversion ihrer Devisenüberschüsse abgesehen hätten[47]. Speziell die Länder mit andauernd aktiver Zahlungsbilanz seien allein im Interesse der Aufrechterhaltung des internationalen Geldwesens bereit gewesen, ihre Währungsreserven in erster Linie in Form von Dollarguthaben zu unterhalten. Hätten diese Länder dagegen stets versucht, den Dollarzustrom unverzüglich in Goldreserven zu verwandeln, so wäre das Bretton-Woods-System schon frühzeitig zusammengebrochen. Weiter wird argumentiert, daß die betreffenden Länder seinerzeit für jeden zur Konversion präsentierten Dollar ein erheblich größeres Goldquantum erlöst hätten, als sie nun im Zuge eines Übergangs zur Goldwährung erhalten würden. Es sei daher nicht gerechtfertigt, das im Interesse aller Staaten geübte Entgegenkommen der Überschußländer zu bestrafen. Außerdem würde der Vertrauensbruch, welcher mit einer drastischen Goldpreiserhöhung gegenüber den Zentralnotenbanken der Gläubigerländer verbunden ist, die künftige monetäre Zusammenarbeit enorm erschweren[48]. Dies sei deshalb mißlich, weil man ohne eine enge Kooperation der nationalen Währungsbehörden auch im Goldstandard nicht auskommen könne.

---

[46] Vgl. *Künzle,* H.: a.a.O., S. 389. — *Scharrer,* H.-E.: Die große Krise im internationalen Währungssystem, in: Wirtschaftsdienst 48. Jg. (1968), Hamburg, S. 188.

[47] Vgl. *Scharrer,* H.-E.: Die große Krise im internationalen Währungssystem, a.a.O., S. 188. — *Weise,* H.: Möglichkeiten und Grenzen des Goldes ..., S. 241.

[48] Vgl. *Haberler,* G.: Einige Bemerkungen ..., a.a.O., S. 59.

In diesem Zusammenhang wird häufig auch mit dem Argument operiert, daß die Umwandlung des Bretton-Woods-Systems in einen Goldstandard eine dauerhafte internationale Einkommensverschiebung zugunsten[49] Südafrikas und der Sowjetunion bedeute. Diesem Einwand fehlt heute jedoch weitgehend die Grundlage. Denn beide Länder können dank des hohen freien Goldpreises schon seit längerem eine vielfach höhere Gütermenge für ihre Goldabgaben beziehen, als es ihnen auf der Basis des derzeit noch gültigen niedrigen offiziellen Goldpreises möglich wäre. Darüber hinaus müßte eine ökonomische Bewertung dieses Einwandes zahlreiche weitere[50] Gesichtspunkte mitberücksichtigen. In Wirklichkeit handelt es sich hierbei jedoch um ein primär politisches Argument, das mit der Aufklärung der wirtschaftstheoretischen Zusammenhänge für die künftige Funktionsfähigkeit des Goldstandards nichts zu tun hat.

d) Zweifel an der Funktionsfähigkeit des Goldstandards unter den heutigen Gegebenheiten

Die praktische Erschließung der Vorteile, welche die Goldwährung zu bieten vermag, ist mit der Vorbedingung verknüpft, daß künftig international eine zahlungsbilanzorientierte Wirtschaftspolitik betrieben wird. Das Gegebensein dieser Voraussetzung ist heutzutage wichtiger denn je, weil die für eine befriedigende Selbstregelungsfähigkeit einer internationalen Währungsordnung mit unverrückbar festen Paritäten wichtige beiderseitige Flexibilität der Güterpreise praktisch kaum noch gegeben ist. In der Literatur wird die Frage, ob eine begründete Aussicht darauf besteht, daß das Konzept der Goldkernwährung in der Welt von heute befriedigend arbeiten wird, ganz überwiegend[51] als sehr pessimistisch beurteilt. Die dafür ausschlaggebenden Gründe sollen im folgenden näher untersucht werden.

---

[49] Vgl. *Triffin*, R.: Gold and the Dollar Crisis ..., a.a.O., S. 81.

[50] Vor allem darf nicht übersehen werden, daß es mit beträchtlichen ökonomischen Vorteilen für alle Länder verbunden ist, wenn die für das Bretton-Woods-System typischen internationalen Währungskrisen künftig zuverlässig ausgeschaltet werden könnten. Näheres vgl. *Bosshardt*, A.: a.a.O., S. 64 f. — *Heilperin*, M. A.: The Reasons for Raising ..., a.a.O., S. 137. — *Rueff*, J.: Zurück zum Goldstandard?, a.a.O., S. 96, 99.

[51] Vgl. *Triffin*, R.: Die Währungsordnung ..., a.a.O., S. 151 ff. — *Ders.*: Gold and the Dollar Crisis ..., a.a.O., S. 79 ff. — *Hahn*, L A.: Ein Traktat über Währungsreform, a.a.O., S. 109. — *Haberler*, G.: Einige Bemerkungen ..., a.a.O., S. 58, 60. — *Lutz*, F. A.: Das Problem der internationalen Währungsordnung, a.a.O., S. 138 ff. — *Küng*, E.: Braucht die Weltwirtschaft zusätzlich Liquidität?, a.a.O., S. 245. — *Veit*, O.: Grundriß ..., a.a.O., S. 112.

aa) Mangelnde Kosten- und Preisflexibilität nach unten

Es kann angesichts der in den letzten drei Jahrzehnten in der Realität eingetretenen Entwicklungen kaum ernsthaft in Frage gestellt werden, daß infolge verschiedener[52] Tatsachen die Güterpreise mittlerweile nach unten hin nahezu unbeweglich geworden sind. Das bedeutet im Hinblick auf eine etwaige Wiederanwendung der Goldwährungsprinzipien, daß eine zum Zwecke des Ausgleichs einer passiven Zahlungsbilanz betriebene kontraktive Binnenwirtschaftspolitik künftig zu einer erheblich stärkeren Einkommenssenkung und Zinsanhebung zwingen würde, als es unter sonst gleichen Bedingungen vor 1914 notwendig gewesen wäre. Die Folge davon wären starke Einkommens- und Beschäftigungsschwankungen, deren Duldung jedoch in krassem Widerspruch zur Zielsetzung neuzeitlicher Sozialpolitik stehen würde. Ferner kann darauf verwiesen werden, daß *Küng*[53] gezeigt hat, daß die geldmengenabhängigen Zahlungsbilanz-Ausgleichsmechanismen im Falle der Unterbeschäftigung nur eine verminderte Wirksamkeit zu entfalten vermögen.

bb) Rasche Verschiebungen in den internationalen Zahlungsströmen

Neben der andersartigen Preisflexibilität ist noch ein weiterer wichtiger Unterschied in den allgemeinen Rahmenbedingungen zwischen der Zeit vor dem Ersten Weltkrieg und der Gegenwart zu verzeichnen. Dieser besteht darin, daß heute der technische Fortschritt in Gestalt neuartiger Güter und Produktionsweisen in den Welthandelsländern erheblich schneller[54] als seinerzeit realisiert wird. Die Folge davon ist ein entsprechend beschleunigter Wandel der internationalen Nachfrage und der globalen Komparative-Kosten-Struktur. Dieser Umstand kann als eine weitere Ursache dafür gelten, daß gegenwärtig und künftig mit erheblich stärkeren und vor allem auch länger andauernden Zahlungsbilanzungleichgewichten gerechnet werden muß, als sie vor 1914 die Regel waren.

Ferner kann für die Zukunft nicht ausgeschlossen werden, daß es analog der jüngsten Entwicklung auf dem Ölmarkt auch bei anderen Rohstoffen zur politischen Durchsetzung sprunghafter Preisanhebun-

---

[52] Weil mit zunehmender Kapitalintensität der Produktion der Fixkostenanteil immer mehr anwächst und weil heutzutage die Löhne auch in der Rezession weiter anzusteigen pflegen, bestehen für die Unternehmen nur noch eng begrenzte oder auch gar keine Möglichkeiten, auf einen Nachfragerückgang mit Preissenkungen zu reagieren. Ferner tragen der zunehmende oligopolistische Charakter der Märkte und der wachsende Anteil staatlich beeinflußter Preise in erheblicher Weise zur Preisstarrheit nach unten bei.

[53] Vgl. *Küng*, E.: Die Selbstregulierung der Zahlungsbilanz, a.a.O., S. 199, 234, 242.

[54] Vgl. *Veit*, O.: Grundriß ..., a.a.O., S. 119.

gen kommt. Die immensen Verschiebungen im internationalen Zahlungsverkehr und in den einzelstaatlichen Beständen an Währungsreserven, die mit einem solchen Ereignis verbunden sind, würden jede globale Fixkurs-Währungsordnung vor die Zerreißprobe stellen. Aber auch die allfälligen Konfliktsituationen, welche hinsichtlich des Erfordernisses einer ausgeglichenen Zahlungsbilanz und des Wunsches nach Konservierung der Vollbeschäftigung gewärtigt werden müssen, könnten durchaus das Vertrauen in die langfristige Störungsfreiheit eines künftigen Goldstandards stark beeinträchtigen. Wie schwierig heutzutage in der Praxis eine straffe Wechselkursfixierung selbst schon im Falle von wenigen Ländern mit vergleichsweise homogenen Wirtschaftsstukturen und relativ gleichartigen wirtschaftspolitischen Zielvorstellungen ist, wird durch den Versuch einer europäischen Währungsunion auf anschauliche Weise belegt.

cc) Ablehnung des Zwangs zu einer zahlungsbilanzkonformen wirtschaftspolitischen Verhaltensweise

Wegen der hohen und weiterhin zunehmenden Preisstarrheit nach unten verlangt die Rückkehr zum Zahlungsbilanzgleichgewicht in einem künftigen Festkurs-Standard die Hinnahme wesentlich stärkerer Einkommens- und Beschäftigungsschwankungen als im vorherigen Jahrhundert. In diesem Zusammenhang verdient es Interesse, daß das Erfordernis einer Unterwerfung der nationalen Wirtschaftspolitik unter das Diktat der Zahlungsbilanz schon in der Zeit vor 1914 immer wieder zu herber Kritik am Goldstandard geführt hat. Dabei wurde insbesondere bemängelt, daß es als Folge der Orientierung der Wirtschaftspolitik an den Bewegungen des Zahlungsbilanzsaldos, welche zwecks Aufrechterhaltung der Funktionsfähigkeit des Goldstandards unabdingbar ist, immer wieder zur zyklischen Übertragung von Deflationstendenzen aus dem Ausland kommt. Im Unterschied zu damals wird mittlerweile der Zwang zur passiven Hinnahme einer binnenwirtschaftlichen Rezession jedoch nicht mehr bloß kritisiert, sondern wegen der sozialpolitisch unerwünschten Auswirkungen der Deflation als nicht mehr tragbar angesehen.

Im übrigen kann es als erwiesen gelten, daß der nur in engen Grenzen vermeidbare Zwang zu einer zahlungsbilanzgerechten Wirtschaftspolitik den eigentlichen Anlaß[55] dafür abgegeben hat, sich bereits zwischen den beiden Weltkriegen von der Goldwährung abzuwenden. Ein untrügliches Indiz für die schon damals ausgeprägte Verschiebung der

---

[55] Vgl. *Sohmen,* E.: Wechselkurs und Währungsordnung, a.a.O., S. 262. — *Schneider,* E.: a.a.O., S. 177. — *Lipfert,* H.: Gold im System manipulierter Währungen, in: *Arndt,* H. (Hg.): Sozialwissenschaftliche Untersuchungen, Berlin 1969, S. 230.

wirtschaftspolitischen Wertvorstellungen in Richtung einer deutlichen Bevorzugung der konjunkturpolitischen Autonomie besteht darin, daß die Länder (insbesondere die USA[56]) bereits in den 1920er Jahren im Widerspruch zu den Anpassungsregeln des Goldstandards danach trachteten, mehr Goldreserven an sich zu ziehen, als zur Deckung des heimischen Notenumlaufs erforderlich gewesen wäre. Dieser Verhaltensweise lag nichts anderes als die Absicht zugrunde, im Falle eines Zahlungsbilanzdefizits eine Zeitlang in der Lage zu sein, eine kontraktive Binnenwirtschaftspolitik zu vermeiden[57]. Ebenso begannen zu Ende der 1920er Jahre die Länder mit passiver Zahlungsbilanz (insbesondere Großbritannien) damit, den inländischen Geldumlauf anstelle einer automatischen Anpassung an die Zahlungsbilanzentwicklung mehr und mehr unter dem Gesichtspunkt der Vermeidung unerwünschter Entwicklungen der Binnenkonjunktur zu handhaben. Der endgültige Zusammenbruch des internationalen Geldwesens, welcher sich schließlich 1931 ereignete, war somit die zwangsläufige Folge davon, „daß die Voraussetzungen für das Funktionieren der Goldwährung schon längst aufgehört hatten zu bestehen . . .“[58].

Schließlich belegen die unter Bretton-Woods-Bedingungen gemachten Erfahrungen, daß das Prinzip eines automatischen Zahlungsbilanzausgleichs im Wege einer Duldung starker Einkommens- und Beschäftigungsschwankungen einstweilen keinerlei Realisierungsaussicht besitzt. Auch ist es vorläufig nicht ersichtlich, wodurch die Länder wieder dazu gebracht werden könnten, einem nahezu vollständigen Entzug ihrer konjunkturpolitischen Handlungsfreiheit zuzustimmen.

Einem künftig befriedigenden Arbeiten des Goldwährungsmechanismus steht jedoch nicht nur der Umstand entgegen, daß die Länder aus beschäftigungspolitischen Gründen auch weiterhin ein Höchstmaß an konjunkturpolitischer Gestaltungsfreiheit beanspruchen. Ebenso gilt es seit der Weltwirtschaftskrise als politisch unannehmbar, daß die langfristige Entwicklung des Welthandels, der Beschäftigung und des Wirtschaftswachstums automatisch an den zufallsbedingten Schwankungen der Goldproduktion und an den unvorhersehbaren privaten Goldhortungspräferenzen ausgerichtet werden muß. In bezug hierauf haben die Befürworter des Goldstandards bisher kein Gegenmittel anzubie-

---

[56] Vgl. *Weber,* Adolf: Geld — Banken — Börsen, a.a.O., S. 65. — *Haberler,* G.: Einige Bemerkungen . . ., a.a.O., S. 62. — *Halm,* G. N.: Probleme der Leitwährung, in: SchmJb 82. Jg. (1962 II), Berlin, S. 662. — *Veit,* O.: Grundriß . . ., a.a.O., S. 122.

[57] Vgl. *Meyer,* W.: Wechselkurse, a.a.O., S. 579 f. — *Ders.:* Sonderziehungsrechte für Sonderinteressen, a.a.O., S. 112. — *Kruse,* A.: Internationaler Kredit . . ., a.a.O., S. 45. — *Lipfert,* H.: Gold im System manipulierter Währungen, a.a.O., S. 225. — *Veit,* O.: Grundriß . . ., a.a.O., S. 122.

[58] *Weber,* Adolf: Weltwirtschaft, 4. Aufl., Berlin 1950, S. 265.

ten, um zu vermeiden, daß es bei einer zu „reichlichen“ Vermehrung der Währungsreserven automatisch zu weltweiten Inflationserscheinungen kommt. Ebenso besteht keine systemkonforme Möglichkeit, bei einer „Unterversorgung“ mit Währungsgold einen daraus folgenden globalen Deflationsprozeß zu unterbinden.

dd) Währungspolitische Erfahrungen aus der Zeit vor 1914

Im Zusammenhang mit der Beurteilung der Aussichten, ob der Goldstandard auch künftig einen störungsfreien zwischenstaatlichen Zahlungsverkehr gewährleisten kann, sollen schließlich die währungspolitischen Erfahrungen aus der Blütezeit dieser internationalen Währungsordnung nicht unbeachtet bleiben. Denn die faktische Entwicklung in jener Periode kann dazu beitragen, Rückschlüsse darauf zu ziehen, inwieweit eine Wiederbelebung dieses währungspolitischen Konzepts unter den Bedingungen der Gegenwart ein geeigneter Reformweg sein kann oder nicht.

Die jährliche Zunahme der monetären Goldreserven belief sich in den Jahrzehnten vor dem ersten Weltkrieg im Durchschnitt auf ungefähr drei Prozent und erfolgte in etwa parallel zum realen Wirtschaftswachstum dieser Epoche. Diesem „historischen Zufall“[59] und der gleichzeitigen enormen Giralgeldexpansion[60] sei es zu verdanken, daß es damals zu keinen schwerwiegenden und länger anhaltenden Störungen im internationalen Zahlungsverkehr gekommen ist. Auf den gleichen Sachverhalt laufen diejenigen Untersuchungsergebnisse hinaus, welche das seinerzeit generell befriedigende Funktionieren der klassischen Goldwährung maßgeblich der international dominierenden Stellung des britischen Pfundes und der hohen Leistungsfähigkeit des Londoner Bankwesens zuschreiben[61].

Die Tatsache, daß die Versorgung mit internationaler Liquidität in der Zeit vor 1914 im wesentlichen[62] als befriedigend bezeichnet werden

---

[59] *Kruse,* A.: Außenwirtschaft, a.a.O., S. 210.

[60] Vgl. *Kruse,* A.: Außenwirtschaft, a.a.O., S. 210. — *Triffin,* R.: After the Gold Exchange Standard?, a.a.O., S. 190. — *Ders.:* Gold and the Dollar Crisis ..., a.a.O., S. 65.

[61] So z. B. *Möller,* Hans: Möglichkeiten und Grenzen, in: Kreditwesen 8. Jg. (1955), Frankfurt/M., S. 26. — *Issing,* O.: Reform des internationalen Währungssystems — das Ende einer Illusion?, a.a.O., S. 317. — *Tichy,* G.: a.a.O., S. 184. — *Weise,* H.: Möglichkeiten und Grenzen des Goldes ..., a.a.O., S. 210.

[62] Hinter dem seinerzeit befriedigenden durchschnittlichen Wachstum der Goldreserven verbergen sich jedoch erhebliche mittelfristige Schwankungen. Diese waren regelmäßig mit entsprechenden Störwirkungen auf die wirtschaftliche Aktivität in den einzelnen Ländern verbunden. Vgl. *Küng,* E.: Die Versorgung der Weltwirtschaft mit Währungsreserven, a.a.O., S. 6. — *Triffin,* R.: Die Währungsordnung ..., a.a.O., S. 132. — *Ders.:* After the Gold Exchange Standard?, in: WWA Bd. 87 (1961 II), Hamburg, S. 189 f.

kann, ist auch für die Beurteilung der diesbezüglichen Zukunftsaussichten nicht ohne Interesse. Denn die vom Grundsätzlichen her beanstandete Tatsache, daß der Zufluß neuen Währungsgoldes nahezu vollständig Zufallseinflüssen unterliegt, existierte auch schon zu jener Zeit. Es besteht daher auch keineswegs zwangsläufig Grund zu der Annahme, daß ein ausreichendes Reservenwachstum im Goldstandard von vornherein ausgeschlossen ist. Auf der anderen Seite muß aber konzediert werden, daß diesem Umstand keine zwingende Beweiskraft dafür innewohnt, daß sich der seinerzeit gegebene „historische Zufall" auch künftig wiederholen wird. Ein gewisser Optimismus könnte möglicherweise jedoch daraus abgeleitet werden, daß die Goldproduktion heute[63] um ein Erhebliches über derjenigen im vorherigen Jahrhundert liegt und daß das internationale Bankwesen und der zwischenstaatliche Verbund der nationalen Kreditmärkte gegenüber damals beträchtlich ausgebaut worden sind. Dennoch ist im Falle einer Renaissance des Goldstandards auf längere Sicht eine angemessene Versorgung mit internationalen Zahlungsmitteln nicht zuverlässig gewährleistet.

Im Hinblick auf das wirtschaftspolitische Verhalten verdient es Aufmerksamkeit, daß die Zentralnotenbanken auch in der Glanzzeit der klassischen Goldwährung längst nicht immer automatisch dem Erfordernis einer strikt zahlungsbilanzkonformen Geldmengenregulierung entsprochen haben[64]. Diese Feststellung bezieht sich weniger darauf, daß vor 1914 einige Monokulturländer im Gegensatz zu den Regeln des Goldstandards ihre Parität verändert[65] haben. Beachtlich ist es dagegen, daß damals die Währungsbehörden nur sehr selten die monetären Inlandseffekte von Reservenbestandsänderungen durch zusätzliche Maßnahmen unterstützt haben. Stattdessen ist es die Regel gewesen, die binnenwirtschaftlichen Auswirkungen einer unausgeglichenen Zahlungsbilanz passiv hinzunehmen[66].

---

[63] Nach der endgültigen Abkehr vom Goldstandard Anfang der 1930er Jahre ist bereits mehr Gold gefördert worden als je zuvor im Laufe der Menschheitsgeschichte; vgl. *Weise,* H.: Gold als gewerblicher Rohstoff ..., a.a.O., S. 324, 331.

Vgl. auch *Busschau,* W. J.: Future Trends ..., a.a.O., S. 737 f.

[64] Vgl. *Lipfert,* H.: Gold im System manipulierter Währungen, in: *Arndt,* H. (Hg.): Sozialwissenschaftliche Untersuchungen, Berlin 1969, S. 225, 227. — *Möller,* Hans: Goldwährung und Währungskonvertierbarkeit, a.a.O., S. 524. — *Triffin,* R.: Die Währungsordnung ..., a.a.O., S. 128 ff. — *Veit,* O.: Golddevisenstandard und Weltwährungsreform, in: ZgesStw 118. Bd. (1962), Tübingen, S. 220. — *Stützel,* W.: Über unsere Geldverfassung, Tübingen 1975, S. 7 f.

[65] Vgl. *Küng,* E.: Die Selbstregulierung der Zahlungsbilanz, a.a.O., S. 147.

[66] Vgl. hierzu *Bloomfield,* A. I.: Monetary Policy under the International Gold Standard: 1880 - 1914, New York 1959, S. 47, 49, 60. — *Seeger,* M.: a.a.O., S. 128. — *Lipfert,* H.: Gold im System manipulierter Währungen, a.a.O., S. 227.

Nach übereinstimmender Ansicht sind die häufigen Abweichungen von einer kompromißlos zahlungsbilanzkonformen Verhaltensweise seinerzeit jedoch deshalb weitgehend unschädlich geblieben, weil die „Spielregeln“ des Goldstandards stets nur äußerst zaghaft[67] verletzt wurden. Der Grund für diese Zurückhaltung wird ebenso einhellig darin erblickt, daß damals die Zentralnotenbanken im wesentlichen nur der Aufrechterhaltung der Goldkonvertibilität und damit der Wahrung des Zahlungsbilanzgleichgewichts verpflichtet waren und daher nicht annähernd so vielen wirtschaftspolitischen Aufgaben genügen mußten, wie es inzwischen üblich geworden ist. Dieses Ergebnis verstärkt nur noch zusätzlich die Zweifel daran, daß künftig noch mit einem effizienten Arbeiten des Anpassungsmechanismus einer Goldwährung gerechnet werden kann.

II. Die Beurteilung des Vorschlags einer Wiedereinführung der klassischen Goldwährung

Abschließend sollen die verschiedenen Gesichtspunkte einander gegenübergestellt werden, welche für und wider den Vorschlag geltend gemacht werden können, die künftige internationale Währungsordnung nach Vorbild des klassischen Goldstandards zu gestalten. Dabei ist zunächst herauszustellen, daß sich dieser Plan in einem wesentlichen Punkt von vielen anderen Reformvorschlägen unterscheidet. Denn mit einer Wiederbelebung der Goldwährung wird nicht nur eine Lösung des Liquiditätsproblems, sondern zugleich auch eine fundamentale Verbesserung des Anpassungsmechanismus angestrebt.

Trotzdem ergeben sich ungeachtet der Frage der politischen Durchsetzbarkeit dieses Vorschlages starke Bedenken gegen die praktische Zweckmäßigkeit einer Rückkehr zum Goldstandard. So ist zunächst festzuhalten, daß im Falle einer Wiederbelebung der Goldwährung grundsätzlich keine langfristig befriedigende Lösung des Liquiditätsproblems erzielt werden kann. In diesem Zusammenhang könnte nun der Vorschlag gemacht werden, die Prinzipien der Goldwährung auf der Basis eines solchen abstrakten Reservemediums zu verwirklichen, das aufgrund bestimmter Garantien internationale Anerkennung genießt und das kostenlos sowie nach Maßgabe des weltwirtschaftlichen Bedarfs geschaffen werden kann. Dem ist jedoch entgegenzuhalten, daß es bisher noch weitgehend unklar ist, ob es gelingen kann, ein synthetisches Reservemittel zu schaffen, das sich in der Praxis einer Vertrauenswürdigkeit erfreut, welche derjenigen des Goldes zumindest ebenbürtig ist. Daneben mangelt es aber auch noch an weiteren

---

[67] Vgl. *Bloomfield,* A. I.: a.a.O., S. 60. — *Seeger,* M.: a.a.O., S. 136. — *Lipfert,* H.: Gold im System manipulierter Währungen, a.a.O., S. 227.

Grundvoraussetzungen für eine ökonomisch befriedigende Liquiditätssteuerung durch den menschlichen Willen. So ist daran zu erinnern, daß der künftige globale Reservenbedarf nicht mit hinlänglicher Genauigkeit vorhergesagt werden kann. Außerdem setzt eine Beherrschung des sogenannten Liquiditätsproblems auf der Grundlage eines synthetischen internationalen Zahlungsmittels eine globale Zentralisierung der Reservenschöpfung voraus. Einer Verwirklichung dieser Vorbedingung sind jedoch einstweilen unlösbar erscheinende politische Schwierigkeiten in den Weg gelegt.

Nimmt man dennoch einmal an, daß es gelingt, ein dem Gold in allen Belangen überlegenes künstliches Reservemedium zu schaffen, so verbleibt noch ein weiteres Bedenken gegen eine Umwandlung des Bretton-Woods-Systems in eine durch Goldstandardprinzipien gekennzeichnete Weltwährungsordnung. Und zwar liegen dem unverzüglichen Einsetzen und dem effizienten Arbeiten des Zahlungsbilanz-Ausgleichsmechanismus eines jeden Fixkursstandards Voraussetzungen zugrunde, die, anders als im vorherigen Jahrhundert, gegenwärtig und künftig bestenfalls nur noch in stark abgeschwächter Form gegeben sind. Diese Feststellung bezieht sich zunächst darauf, daß im Gegensatz zur Zeit vor 1914 die Güterpreise heute nach unten hin weitgehend starr sind. Bedeutsamer dürfte es allerdings sein, daß es gegenwärtig nicht mehr gewährleistet ist, daß die für das Funktionieren der klassischen Goldwährung unabdingbaren wirtschaftspolitischen Verhaltensweisen international praktiziert werden. Stattdessen muß mit an Sicherheit grenzender Wahrscheinlichkeit davon ausgegangen werden, daß von den Ländern weiterhin der unverzichtbare Anspruch erhoben werden wird, den inländischen Geldumlauf entsprechend der heimischen Konjunkturlage und nicht nach Maßgabe des Zahlungsbilanzsaldos zu steuern. Das bedeutet, daß die entscheidende Vorbedingung für die praktische Nutzbarmachung der zahlreichen potentiellen Vorzüge eines Goldstandards einstweilen nicht gegeben ist. *Rueff*[68] hält es jedoch für möglich, daß es im Zuge der von ihm als unvermeidbar angesehenen weiteren internationalen Währungskrisen langfristig zu einer Neuorientierung in der Rangordnung der wirtschaftspolitischen Zielpräferenzen im Sinne einer wieder erstarkenden Bereitschaft zu einer zahlungsbilanzkonformen Wirtschaftspolitik kommen könnte. Diese Auffassung muß jedoch vorläufig zumindest als rein spekulativ[69] bezeichnet werden.

---

[68] Vgl. *Rueff*, J.: Marshall-Plan für den Dollar, a.a.O., S. 68, 70.

[69] Demgegenüber gehört der Goldstandard nach Ansicht *Haberlers* unwiederbringbar „der Vergangenheit an". Vgl. *Haberler*, G.: Einige Bemerkungen ..., a.a.O., S. 60.

L. A. *Hahn* hält den Plan *Rueffs* für insgesamt „utopisch". Vgl. *Hahn*, L. A.: Ein Traktat über Währungsreform, a.a.O., S. 109.

Schließlich müßten in der Realität die gleichen Gegebenheiten, welche ein zufriedenstellendes Funktionieren des Goldautomatismus nachhaltig behindern, zugleich eine Quelle ständigen Mißtrauens in die langfristige Beibehaltung der Goldeinlösungspflicht und des bestehenden Wechselkursgefüges sein. Diese Aussicht erhärtet es zusätzlich, daß eine Rückkehr zur Goldwährung trotz ihrer zahlreichen denkbaren Vorzüge und trotz ihres in der Vergangenheit insgesamt befriedigenden Arbeitens kaum als ein aussichtsreicher Ausweg aus den gegenwärtigen internationalen Währungsproblemen gelten kann.

G. Flexible Wechselkurse

Eine internationale Währungsordnung, welche sich durch eine unverzüglich einsetzende und hochwirksame Selbstregelungsfähigkeit auszeichnet, ist nicht nur auf der Basis unverbrüchlich fester Wechselkurse, sondern auch auf der Grundlage frei beweglicher Paritäten denkbar. Unter freien Wechselkursen wird üblicherweise der Fall verstanden, daß der Kursbildungsprozeß allein auf der Basis privater Transaktionen erfolgt. Beschränken sich die Devisenmarktaktivitäten der Währungsbehörden darauf, solche täglichen und saisonalen Kursschwankungen zu glätten, die in stärkerem Maße vom langfristigen Trend abweichen, so pflegt der Ausdruck flexible Wechselkurse Verwendung zu finden. Im Unterschied hierzu wird von Formelflexibilität oder von in ihrer Beweglichkeit beschränkten Paritäten gesprochen, wenn der Einfluß der Zentralnotenbanken auf den Kursbildungsprozeß von einer international vereinbarten Regelung vorgeschrieben wird, wobei jedoch nicht das Ziel besteht, mit Hilfe der Devisenmarktinterventionen auf eine prinzipielle Konstanthaltung der Wechselkurse hinzuwirken.

Wenngleich der Verwirklichung einer uneingeschränkten Kursbeweglichkeit genau wie dem Plan einer Rückkehr zum Goldstandard gegenwärtig unüberwindliche politische Hindernisse im Wege stehen, so verspricht es im Hinblick auf die praktischen Reformbemühungen dennoch nutzbringend zu sein, sich mit dem Konzept flexibler Wechselkurse zu befassen. Denn dabei zeigen sich die möglichen Auswirkungen einer nur graduellen Vergrößerung der Kursbeweglichkeit in besonders deutlicher Weise, weil flexible Wechselkurse der idealtypischen Form freier Paritäten sehr nahekommen. Unabhängig davon kann es als sicher gelten, daß die internationalen Währungsbeziehungen noch des längeren durch die Gültigkeit prinzipiell flexibler Wechselkurse gekennzeichnet sein werden. Hierfür spricht zunächst schon die Tatsache, daß die gegenwärtig ungewöhnlich hohen zwischenstaatlichen Inflationsratenunterschiede eine baldige Wiedereinführung fixierter Wechselkurse völlig ausschließen. Das immense und noch immer weiter zunehmende Volumen an internationaler Liquidität, welches im Falle von Zinsstrukturänderungen oder bei Verschiebungen im Spektrum der Kurserwartungen derzeit mobilisiert werden kann, muß jegliche Absicht nach nationaler konjunktureller Verstetigung im Rahmen eines

Fixkurssystems vorläufig als illusorisch erscheinen lassen. Aufgrund der gleichen Gegebenheiten ist es auch völlig ausgeschlossen, daß die Überschußländer die mit flexiblen Wechselkursen verbundene Herrschaft über die inländische Geldversorgung schon bald wieder aufgeben werden.

I. Die Vorzüge flexibler Wechselkurse

Für die Einführung flexibler Wechselkurse als Therapie gegen die Mängel des Bretton-Woods-Systems ist schon frühzeitig eine Reihe von Nationalökonomen[1] eingetreten. Die wissenschaftliche Diskussion über die vorteilhaften und unerwünschten Konsequenzen flexibler Paritäten wurde bereits im Jahre 1953 von *Friedman*[2] ausgelöst. Mittlerweile existiert ein breites Spektrum von Untersuchungen, welche einen Beitrag zur Beurteilung der Auswirkungen flexibler Wechselkurse leisten. Im folgenden wird eine komprimierte Zusammenfassung des gegenwärtigen Erkenntnisstandes angestrebt, sofern dieser für den weiteren Fortgang der vorliegenden Arbeit von Belang ist.

1. Kontinuierlicher und automatischer Zahlungsbilanzausgleich

Enthalten sich die nationalen Währungsbehörden jeglicher Einmischung in den heimischen Devisenmarkt, so entwickelt sich die Parität allein nach Maßgabe des autonomen Angebots an und der autonomen Nachfrage nach ausländischen Valuten. Die damit einhergehenden Wechselkursverschiebungen bewirken die Anpassung der zwischenstaatlichen Preisrelationen, ohne daß es dazu einer Änderung des Preisniveaus in den einzelnen Ländern bedarf. Als Folge dieses Effekts existiert in einer internationalen Währungsordnung mit freien Wechselkursen keinerlei Notwendigkeit zu einer nationalen Anpassungsdeflation oder -inflation.

Sinkt die Parität einer Währung, weil diese am Devisenmarkt zum herrschenden Kurs mehr angeboten als nachgefragt wird, so wirkt sich dies bei einem Vorliegen bestimmter Elastizitätsbedingungen[3] mit einer gewissen zeitlichen Verzögerung in einer Belebung der Ausfuhr und einer gleichzeitigen Hemmung der Einfuhr des betreffenden Landes aus. Die dadurch hervorgerufenen Verschiebungen bei Devisen-

---

[1] Im einzelnen genannt bei *Machlup*, F.: Die Pläne zur Reform des internationalen Geldwesens, a.a.O., S. 55 f.

[2] Vgl. *Friedman*, M.: The Case for Flexible Exchange Rates, a.a.O., S. 157 ff. Wie *Friedman* befürworten sämtliche Vertreter der sog. monetaristischen Schule schon deshalb flexible Wechselkurse, damit die nationalen Zentralnotenbanken in der Lage sind, die inländische Geldmenge zuverlässig zu kontrollieren.

[3] Vgl. oben S. 36 f.

angebot und -nachfrage führen bei sonst gleichbleibenden Verhältnissen dann zu einer Aufwertungstendenz, bis sich in analoger Weise die Verhältnisse wieder umkehren. Die faktischen Gegebenheiten sind jedoch verwickelter, weil das Angebot und die Nachfrage am Devisenmarkt nicht allein der Abwicklung des internationalen Leistungsaustausches entstammen. So üben zwischenstaatliche Geldbewegungen, welche beispielsweise durch intervalutarische Zinsverschiebungen bedingt sind, einen beträchtlichen Einfluß auf die Wechselkursbildung aus. Dabei führt ein Wandel in der zwischenstaatlichen Zinsstruktur so lange zu einer Verschiebung des Wechselkurses, bis die mit der Zinsarbitrage einhergehende Veränderung der Swapsätze die intervalutarischen Zinsunterschiede wieder kompensiert. Weiterhin beruht ein Teil des Angebots und der Nachfrage am Devisenmarkt auf Kursänderungserwartungen. Die Ursachen für Verschiebungen in der allgemeinen Erwartungshaltung können in der wirtschaftlichen oder in der außerökonomischen Sphäre liegen. Schließlich wird das Devisenmarktgeschehen von der amtlichen Interventionspolitik beeinflußt. Enthält sich die Zentralnotenbank jeglichen Devisenmarkteingriffs, so wird ein Ungleichgewicht der Leistungsbilanz jederzeit automatisch von einem gleichgroßen Saldo mit entgegengesetztem Vorzeichen in der Kapitalverkehrsbilanz ausgeglichen.

Ein besonderer Vorzug des Zahlungsbilanzausgleichs im Wege fluktuierender Paritäten besteht darin, daß sich die außenwirtschaftliche Anpassung an die Änderungen der Preise, Einkommen und der sonstigen Daten kontinuierlich und nicht sprunghaft vollzieht. Durch diese Auswirkung flexibler Wechselkurse ist nicht nur die Problematik verspäteter Ab- oder Aufwertungen aus der Welt geschafft, sondern auch die politischen Komplikationen im Zusammenhang mit der Durchführung einer solchen Maßnahme. Das gleiche gilt für die Lösung der ebenfalls im Bretton-Woods-System bestehenden Dimensionierungsfrage einer Wechselkursänderung. Ferner kann unter der Voraussetzung einer adäquaten inländischen Geldpolitik angenommen werden, daß flexible Wechselkurse stets elastisch der längerfristigen Entwicklungstendenz der Gleichgewichtsparitäten folgen. Dadurch ist die Gefahr, daß es zu stärkeren globalen Fehlleitungen des Faktoreinsatzes kommt, im Vergleich zu den Verhältnissen, welche unter Bretton-Woods-Bedingungen bestehen, ganz erheblich herabgemindert.

2. Starker Rückgang des Bedarfs an offiziellen Währungsreserven

Enthalten sich die Zentralnotenbanken jeglicher Einmischung an den Devisenmärkten, so entfällt für sie insoweit auch die Notwendigkeit zur Unterhaltung international verwendungsfähiger Zahlungsmittel.

Da jedoch das Konzept flexibler Paritäten keine totale interventionspolitische Enthaltsamkeit der nationalen Währungsbehörden beinhaltet, würden auch nach einem Übergang zu diesem Wechselkursregime weiterhin in gewissem Umfang offizielle Währungsreserven unterhalten werden müssen. Der amtliche Bedarf an internationaler Liquidität wäre jedoch ganz erheblich niedriger als im Falle der weiteren Praktizierung der ursprünglichen Bretton-Woods-Regeln. Das bei schwankenden Wechselkursen notwendige Ausmaß der Reservenhaltung würde davon abhängen, unter welchen Voraussetzungen dann noch Devisenmarktinterventionen der Zentralnotenbanken zulässig sind.

Küng[4] ist bereit, den Währungsbehörden in drei Fällen das Recht zum Eingriff in den Kursbildungsprozeß zuzubilligen. Außer der Glättung der täglichen Zufallsschwankungen am Devisenkassamarkt befürwortet er die Tätigung von Interventionen auch zum Ausgleich saisonaler Kursschwankungen sowie als Mittel gegen solche übermäßigen Kursausschläge, welche von der Währungsspekulation verursacht werden. Die Einräumung der letztgenannten Interventionsmöglichkeit ist jedoch insofern als problematisch zu bezeichnen, weil sie beträchtliche Mißbrauchsgefahren[5] in sich birgt. Es muß allerdings davon ausgegangen werden, daß im Falle eines satzungsmäßigen Verbots von Interventionen zur Spekulationsabwehr das Konzept flexibler Wechselkurse von vornherein keinerlei Realisierungsaussicht besitzen würde.

Wie das seit Anfang 1973 praktizierte Floating lehrt, kommen neben den drei von *Küng* definierten Situationen auch noch in einem vierten Fall kursregulierende Interventionen in Betracht. Und zwar handelt es sich um das plötzliche Auftreten solch extremer internationaler Zahlungsbilanzverzerrungen, wie sie von der sprunghaften Verteuerung des Erdöls und dem Emporschnellen zahlreicher Rohstoffpreise hervorgerufen worden sind. Wegen der strukturellen Auswirkungen von Kursverschiebungen kann der kurzfristige Ausgleich derart ungewöhnlich starker, noch dazu außerökonomisch ausgelöster Zahlungsbilanz-Ungleichgewichte nicht allein dem Wechselkurs-Mechanismus anvertraut werden. Denn im Falle schlagartiger Wechselkursanpassungen großen Ausmaßes würde sich die internationale Wettbewerbsfähigkeit des jeweiligen Landes hinsichtlich aller anderen Güter in ebenso abrupter und tiefgreifender Weise verändern. Deshalb können bei einer Gleichgewichtsstörung der beschriebenen Art sich einzelne Länder durchaus gezwungen sehen, durch Devisenmarktinterventionen den Adjustierungsprozeß der Wechselkurse so sehr in die Länge zu

---

[4] Vgl. *Küng*, E.: Die Versorgung der Weltwirtschaft mit Währungsreserven, a.a.O., S. 33, 43.

[5] Vgl. hierzu *Timm*, H.: a.a.O., S. 145.

ziehen, daß sich die anpassungsbedingten Friktionen in einem sozial- und wirtschaftspolitisch erträglichen Ausmaß halten.

Auch dann, wenn man in den vier genannten Fällen den Notenbanken das Recht zur Kursbeeinflussung zugesteht, würde die Praktizierung flexibler Wechselkurse mit einer einschneidenden Entschärfung der Gefahr eines globalen Liquiditätsengpasses einhergehen. Diese Feststellung wird durch die nach Übergang zum Floating unverändert starke Ausweitung der internationalen Liquidität[6] keineswegs widerlegt. Denn hierfür ist zweifellos der Sonderumstand der Öl- und Rohstoffpreisentwicklung verantwortlich[7]. Weil die davon ausgelösten beträchtlichen Defizite vieler Länder nicht allein durch solche Wechselkursanpassungen behoben werden können, deren Ausmaß aus gesamtwirtschaftlicher Sicht noch vertretbar wäre, bestand und besteht weiterhin ein hoher Bedarf an zusätzlichen Interventionsmitteln. Wird über längere Dauer ein anhaltend großer Teil dieses Bedarfs durch Inanspruchnahme der internationalen Kreditmärkte gedeckt, so könnte mit der Zeit allerdings ein bisher unbekanntes Problem der internationalen Liquiditätskontrolle entstehen.

3. Förderung des Abbaus noch bestehender Konvertibilitätsbeschränkungen

Weil sich bei interventionspolitischer Enthaltsamkeit der Notenbanken der Ausgleich von Angebot und Nachfrage am Devisenmarkt im Wege von Kursveränderungen vollzieht, ist der Möglichkeit, daß es infolge eines Reservenmangels zur Aufhebung der Konvertierbarkeit kommt, weitestgehend der Boden entzogen. Die Gefahr von Konvertibilitätsbeschränkungen wird auch insofern beseitigt, als die Anpassungswirkungen des Wechselkurs-Mechanismus keine Preisänderungen und auch keinen Einkommensrückgang mit Rücksicht auf die Zahlungsbilanz verlangen. Aus den gleichen Gründen eröffnet ein Übergang zu flexiblen Wechselkursen die Chance, die zahlreichen noch bestehenden außenwirtschaftlichen Restriktionen zu vermindern. Hierfür spricht ferner der Umstand[8], daß vor dem Hintergrund weitgehend frei beweglicher Paritäten eine Reduzierung der Höhe vorhandener Handels- und Zahlungsverkehrshemmnisse zu Wechselkursreaktionen führt, welche tendenziell den Inlandspreis ausländischer Güter unverändert lassen.

---

[6] Vgl. Bild 1, S. 59.

[7] Die seit 1973 zusätzlich entstandenen amtlichen Währungsreserven entfallen nahezu ausschließlich auf die erdölexportierenden Länder. Vgl. *Konrad,* A.: Entwicklungstendenzen der internationalen Liquidität, in: Wirtschaftsdienst 56. Jg. (1976), Hamburg, S. 310.

[8] Vgl. *Willgerodt,* H.: Flexible Wechselkurse, Europa und die ‚Weltwährungskrise', in: Kreditwesen 25. Jg. (1972 I), Frankfurt/M., S. 15.

Die Begünstigung internationaler Freizügigkeit[9] kann als der ökonomisch wichtigste[10] Vorteil flexibler Paritäten betrachtet werden, weil dadurch eine bestmögliche Annäherung an die Ziele des Gegebenseins von Gleichgewichtswechselkursen und der Ausschöpfung der Vorteile der internationalen Arbeitsteilung gefördert wird. Dieser Vorzug ist allerdings mit der generellen Ungewißheit über die Höhe künftiger Wechselkursschwankungen verbunden. Dem kann jedoch entgegnet werden, daß bei flexiblen Paritäten die Wechselkursentwicklung um so stetiger verlaufen wird, je besser die Haupthandelsländer dem Grundsatz langfristiger Konstanz der Wirtschaftspolitik genügen. Sollte der Idealfall eintreten, daß in allen Ländern das Postulat der Wahrung des inländischen Geldwertes mit Vorrang verfolgt wird, würden sich sogar weitgehend stabile Wechselkursrelationen ergeben. Außerdem ist dem Einwand, daß die Möglichkeit einer Beseitigung der zahlreichen noch bestehenden Konvertibilitätsbeschränkungen mit der Kehrseite schwankender Paritäten erkauft werde, zu Recht entgegengehalten[11] worden, daß die Vorzüge der Freiheit des internationalen Zahlungsverkehrs ungleich schwerer wiegen als die Vorteile solcher festen Wechselkurse, welche unvermeidlich von Zeit zu Zeit sprunghaft korrigiert werden müssen.

4. Verbesserte konjunkturpolitische Wirksamkeit der Zinspolitik

Unter Bretton-Woods-Bedingungen gehen von der Zinspolitik Rückwirkungen aus, welche die Wirksamkeit dieses Instruments schon bald in hohem Maße einschränken (sog. selfdefeating). Die Einführung flexibler Wechselkurse eröffnet die Möglichkeit, diesem Mangel nachhaltig abzuhelfen. Hierfür ist zweierlei ausschlaggebend. Zum einen kann nämlich bei beweglichen Paritäten die Zinspolitik bevorzugt den binnenwirtschaftspolitischen Erfordernissen dienstbar gemacht werden, weil sie nicht mehr primär an der Entwicklung der Zahlungsbilanz ausgerichtet zu werden braucht. Noch bedeutsamer ist jedoch der Umstand, daß die Zinspolitik bei flexiblen Wechselkursen Leistungsbilanzeffekte auslöst, welche die Erreichung der verfolgten binnenwirtschaftspolitischen Zielsetzung noch zusätzlich fördern.

---

[9] Die Tatsache, daß die von der Bundesrepublik Deutschland und anderen Ländern seit 1971 eingeführten und verschärften Kapitalverkehrsbeschränkungen nach Übergang zum sog. Floating binnen Jahresfrist wieder aufgehoben werden konnten, unterstreicht nachdrücklich die konvertibilitätspolitischen Vorzüge flexibler Wechselkurse.

[10] Vgl. *Hahn,* L. A.: Monetäre Integration — Illusion oder Realität?, in: *Meinhold,* W. (Hg.): Internationale Währungs- und Finanzpolitik; Berlin 1961, S. 115. — *Sohmen,* E.: Wechselkurs und Währungsordnung, a.a.O., S. 263.

[11] Vgl. *Hasse,* R., *Werner,* H., *Willgerodt,* H.: a.a.O., S. 18. — Vgl. ferner auch *Küng,* E.: Zahlungsbilanzpolitik, a.a.O., S. 592.

Die Leistungsbilanzwirkungen, die bei flexiblen Wechselkursen von Zinssatzänderungen ausgehen, vermögen die mit der Zinspolitik verfolgten konjunkturpolitischen Absichten sowohl bei einer expansiven als auch bei einer kontraktiven Zielrichtung nachhaltig zu unterstützen[12]. Schlägt ein Land zum Zweck der Rezessionsüberwindung eine Niedrigzinspolitik ein, so wird davon zugleich die Zinsarbitrage zu einem vermehrten Geldexport beziehungsweise zu einem verminderten Geldimport angeregt. Unterläßt es die Notenbank, regulierend in das Devisenmarktgeschehen einzugreifen, so tritt anstelle einer Verringerung des inländischen Geldumlaufs eine Verschlechterung des Wechselkurses der Inlandswährung ein. Dies wiederum zieht eine Aktivierungstendenz der Leistungsbilanz nach sich, wodurch die Herbeiführung des angestrebten Konjunkturaufschwungs zusätzlich gefördert wird. Im Falle gleichbleibender Inlandspreise wird dies durch eine Erhöhung der Ausfuhrmengen bewirkt, während im Falle einer Anpassung der Preisforderungen an die Abwertungsrate die erhöhte Rentabilität der inländischen Exportwirtschaft die Konjunktur belebt[13]. Entsprechend wird die Effizienz von zinspolitischen Stabilitätsbemühungen gesteigert, wenn sich die Notenbank der Tätigung von Devisenmarktinterventionen enthält. Die von einer inländischen Zinsanhebung hervorgerufene Verstärkung des Geldimports zieht dann nämlich keine Ausweitung des inländischen Geldumlaufs nach sich, sondern bewirkt ausschließlich einen Kursanstieg der heimischen Währung. Zwangsläufige Folge davon ist ein Rückgang der Leistungsbilanzüberschüsse im Ausmaß der zinsinduzierten Erhöhung des Netto-Geldimports. Dieser Effekt übt seinerseits einen unterstützenden Einfluß auf die antiinflatorischen Inlandswirkungen der Hochzinspolitik aus. Schließlich wirken sich flexible Wechselkurse noch in einer weiteren Beziehung günstig auf die Durchschlagskraft der Zinspolitik aus. Denn die konjunkturpolitisch förderlichen Wechselkurswirkungen von inländischen Zinsniveauveränderungen kommen unverzüglich zur Entfaltung.

Der bisherige empirische Befund widerspricht in keiner Weise der währungstheoretischen Erkenntnis, daß bei frei beweglichen Wechselkursen eine deutlich verbesserte und rasch in Gang kommende Effizienz der Zinspolitik besteht. Diese Feststellung bezieht sich zunächst auf die Erfahrungen, welche das langjährige kanadische „Experiment" erbracht[14] hat. Allerdings sollte man sich von einer Überbewertung des

---

[12] Im einzelnen vgl. *Sohmen*, E.: Wechselkurs und Währungsordnung, a.a.O., S. 229. — *Küng*, E.: Absicherung gegen importierte Inflation bei flexiblem Wechselkurs, in: Außenwirtschaft 31. Jg. (1976); Zürich und St. Gallen, S. 115 f., 122.

[13] Vgl. *Rose*, K.: Stabilisierungspolitik bei beweglichen Wechselkursen. Die Erfahrungen der Bundesrepublik seit dem März 1973, in: WiSt 5. Jg. (1976), München und Frankfurt/M., S. 262.

von 1950 bis Ende 1959 befriedigenden Funktionierens der kanadischen Zinspolitik hüten, weil seinerzeit eine Reihe von Sondereinflüssen[15] bestanden hat. Die Tatsache, daß die bei flexiblen Wechselkursen hohe Wirksamkeit von Zinssatzänderungen beim Überwindungsversuch der kanadischen Rezession im Jahre 1960/61 nicht zum Tragen gekommen ist, vermag jedoch die Effizienzthese nicht zu widerlegen. Denn diese Fehlentwicklung beruht nach ganz eindeutig vorherrschender Auffassung[16] darauf, daß in Kanada plötzlich eine Geldpolitik betrieben wurde, die im Widerspruch zu den bei flexiblen Wechselkursen angezeigten Verhaltensweisen steht.

Auch die bisher von der Bundesrepublik und anderen Ländern seit dem Übergang zum Floating gemachten Erfahrungen bieten aufschlußreiche Anhaltspunkte, welche die theoretische Einsicht bezüglich einer hohen konjunkturellen Wirksamkeit der Zinspolitik empirisch untermauern. So kann es keinem Zweifel unterliegen, daß die von der konjunkturpolitisch motivierten Zinssenkung der Bundesbank Mitte 1975 hervorgerufene Abwertung der Mark (vgl. Bild 2, S. 204) die Rentabilität der deutschen Exportwirtschaft nachhaltig verbessert und dadurch maßgeblich zur konjunkturellen Wiederbelebung beigetragen hat. Ebenso ist hervorzuheben, daß seit der Praktizierung des Floating allenthalben eine ganz offensichtliche Erhöhung der Zinsabhängigkeit der Wechselkurse zu beobachten ist. Lediglich die Kursentwicklung des Schweizer Franken war zeitweilig durch eine sehr geringe Zinsreagibilität gekennzeichnet. Hierfür existieren jedoch plausible Gründe. Unter ihnen spielt die Tatsache, daß ein Großteil der Zahlungsbilanz-Überschüsse der OPEC-Staaten bei Schweizer Banken angelegt wurde, die Hauptrolle. Hinzu kommt, daß der Kapitalzustrom in die Schweiz[17] traditionell mehr von Sicherheitsmotiven als von Zinsüberlegungen abhängt.

---

[14] Vgl. *Pohlmann,* W.-R.: Der flexible Wechselkurs als Instrument außenwirtschaftlicher Absicherung einer autonomen Wirtschaftspolitik — Dargestellt am Beispiel Kanada —, Berlin 1971, S. 122. — DIW-Arbeitsgruppe: Feste oder flexible Wechselkurse: Thesen und Gegenthesen, in: Kjpol 16. Jg. (1970), Berlin, S. 91.

[15] Vgl. *Lipfert,* H.: Limitierte Stufenflexibilität, in: KuK 3. Jg. (1970), Berlin, S. 266. — *Sohmen,* E.: Wechselkurs und Währungsordnung, a.a.O., S. 253 ff.

[16] Vgl. hierzu *Haberler,* G.: Money in the International Economy, in: *Bochud,* F. (Hrsg.): Fundamentale Fragen künftiger Währungspolitik, Basel und Tübingen 1965, S. 161 f. — *Sohmen,* E.: Wechselkurs und Währungsordnung, a.a.O., S. 255 ff. — DIW-Arbeitsgruppe: a.a.O., S. 93.

[17] Näheres zu den Sondereinflüssen im Falle der Schweiz vgl. *Deutsche Bundesbank* (Hrsg.): Geschäftsbericht ... 1974, a.a.O., S. 62 f. — *Aschinger,* F.: Erfahrungen der Schweiz ..., a.a.O., S. 288.

5. Gleichgewichtsfördernde Wirkung der Währungsspekulation

Die Frage, ob bei frei beweglichen Paritäten die Wechselkursschwankungen durch die Währungsspekulation verstärkt werden oder nicht, ist in der Literatur eingehend erörtert worden. Den Schlüssel zu einer Antwort hierauf bildet die Tatsache, daß die Währungsspekulation bei interventionsfreier Wechselkursbildung mit erheblichen Risiken verbunden ist, während unter Bretton-Woods-Bedingungen der maximal mögliche Spekulationsverlust auf die intervalutarische Zinsdifferenz zuzüglich der geringfügigen Transaktionskosten beschränkt ist. Ein weiterer Unterschied besteht darin, daß sich bei beweglichen Paritäten die einzugehenden Wagnisse mit zunehmender Abweichung vom Gleichgewichtskurs erhöhen. Die Praxis des Bretton-Woods-Systems ist dagegen dadurch gekennzeichnet, daß mit fortschreitender Gleichgewichtsstörung die Erzielung eines Paritätsänderungsgewinns schließlich von der Spekulation erzwungen werden kann.

Solange die Wirtschaftspolitik oder anderweitige Datenänderungen keinen Anlaß für eine einseitige Modifikation der Kurserwartungen des Publikums bieten, kann davon ausgegangen werden, daß bei Gültigkeit flexibler Paritäten kurzfristige Wechselkursfluktuationen durch die Spekulation generell gedämpft werden. Hierfür spricht allein schon die Tatsache, daß die Spekulanten — wie auf anderen unreglementierten Märkten auch — aufgrund des Fehlens einer Interventionspflicht langfristig nur dann Gewinne erzielen können, wenn sie sich mit kursstabilisierender Wirkung engagieren[18]. Unabhängig davon kann darauf verwiesen werden, daß bei flexiblen Wechselkursen nur ein vergleichsweise geringer Anreiz zur Währungsspekulation besteht. Dies ist zum einen darauf zurückzuführen, daß außer den vergrößerten Risiken[19] auch noch beträchtlich verminderte Gewinnchancen existieren, weil es anders als im Bretton-Woods-System nicht mehr zu zurückgestauten außenwirtschaftlichen Ungleichgewichten großen Ausmaßes kommen kann[20]. Hinzu kommt, wie *Sohmen*[21] hervorgehoben hat, daß selbst bei

---

[18] Vgl. *Friedman,* M.: The Case for Flexible Exchange Rates, a.a.O., S. 158, 175, 188. — *Sohmen,* E.: Wechselkurs und Währungsordnung, a.a.O., S. 71. — *Baumol,* W. J.: Speculation, Profitability and Stability, in: Rev. of Economics and Statistics Vol. 39 (1957), Boston, S. 263 ff. — *Telsner,* L. G.: A Theory of Speculation Relating Profitability and Stability, in: Rev. of Economics and Statistic Vol. 41 (1959), Boston, S. 259 ff.

[19] Welch großen Wagnissen die Währungsspekulation bei weitgehend frei beweglichen Paritäten unterliegt, zeigen auf eindringliche Weise die spektakulären Großverluste, welche zahlreiche Geschäftsbanken seit Einführung des Floating im Devisengeschäft erlitten haben.

[20] Vgl. *Hasse,* R., *Werner,* H., *Willgerodt,* H.: a.a.O., S. 25. — *Küng,* E.: Die Versorgung der Weltwirtschaft mit Währungsreserven, a.a.O., S. 35. — *Deutsche Bundesbank* (Hg.): Geschäftsbericht ... 1974, a.a.O., S. 32.

[21] Vgl. *Sohmen,* E.: Kapitalbewegungen und Währungsordnung, a.a.O., S. 74.

richtiger Antizipation einer Kursveränderung nur ein relativ geringer Vorteil aus einem Wechsel in der Anlagewährung gezogen werden kann. Denn in einem Land, dessen Währung in Richtung einer Verteuerung tendiert, würden gewöhnlich als Folge der dort bestehenden größeren Preisniveaustabilität zugleich auch entsprechend niedrigere Zinssätze herrschen.

Daß die Devisenspekulation bei flexiblen Wechselkursen zumindest auf die kurzfristigen Kursbewegungen einen glättenden Einfluß ausübt, kann bereits als ein wesentlicher Vorteil gegenüber dem Bretton-Woods-System gelten. Die Auswertungen der Erfahrungen, welche in Kanada und anderswo in den 1950er Jahren mit beweglichen Paritäten gemacht wurden, ergeben ebenfalls nichts, was auf eine ungleichgewichtsverstärkende Wirkung der Währungsspekulation hindeutet[22]. Dagegen haben im Zeitraum 1974 - 1976 beim fortgesetzten Kursverfall des Pfund und der Lira sowie beim gleichzeitigen kumulativen Kursanstieg des Schweizer Franken eindeutig auch spekulative Kräfte mitgewirkt. Gleichwohl hat die Entwicklung der Parität dieser Währungen deutlich gemacht, daß es sich bei der beobachtenden Verstärkung der Wechselkursschwankungen nicht um eine systemimmanente Eigenschaft des Regimes flexibler Wechselkurse handelt, sondern daß der ungleichgewichtsfördernde Effekt der Spekulation nur unter ganz bestimmten Bedingungen eintreten kann. So wird eine Selbstverstärkung der Kursschwankungen insbesondere dann[23] zu gewärtigen sein, wenn ein Land es fortgesetzt an jenem Mindestmaß an interner monetärer Disziplin ermangeln läßt, das auch bei beweglichen Paritäten unverzichtbar eingehalten werden muß. Denn es kann als Folge einer solchen Verhaltensweise nicht ausbleiben, daß die Erwartungen der Öffentlichkeit notgedrungen immer einseitiger werden, wodurch sich der kursstabilisierende Einfluß der Devisenspekulation nach und nach in sein Gegenteil verkehren muß. Ebenso kann eine politisch motivierte Kapitalflucht auch bei flexiblen Wechselkursen zu einer Selbstverstärkung der Kursbewegungen führen. Gegen diesen Typus einer Vertrauensstörung ist allerdings keine internationale Währungsordnung immun.

---

[22] Vgl. *Sohmen*, E.: Wechselkurs und Währungsordnung, a.a.O., S. 75. — *v. Arx*, U. R.: Zur Frage der spekulativen Geldströme bei flexiblen Wechselkursen: Das Beispiel Kanada 1950 - 1962, in: SchZfVuS 111. Jg. (1975), Bern, S. 376 f. — *Rohwedder*, J.: Untersuchungen über Zahlungsbilanzprobleme bei Stufenflexiblität und bei freier Flexiblität der Wechselkurse (Kieler Studien Bd. 101 NF), Tübingen 1969, S. 105. — DIW-Arbeitsgruppe: a.a.O., S. 96.

[23] Vgl. *Halm*, G. N.: Feste oder flexible Wechselkurse?, a.a.O., S. 36. — *Haberler*, G.: The Future of the International Monetary System, a.a.O., S. 389. — *Timm*, H.: a.a.O., S. 140 ff.

Kommt es bei flexiblen Wechselkursen zu gleichgewichtsstörenden Tendenzen an den Devisenmärkten, so ist es dennoch kaum wahrscheinlich, daß die Kursentwicklung dauerhaft völlig einseitig verläuft. Denn anders als bei stufenflexiblen Kursen, bei denen die Spekulation um so risikoloser wird, je mehr sich der Außenwert von der Kaufkraftparität entfernt, dürften bei beweglichen Wechselkursen stets ab einem gewissen Punkt Gegenkräfte zur Entfaltung gelangen, welche schließlich eine Korrektur übertriebener Kursveränderungen einleiten. Für den Eintritt einer solchen Umkehr sprechen allein schon die Wirkungen, welche jede Kursverzerrung auf den internationalen Leistungsaustausch des betreffenden Landes hat[24]. Dieser Effekt wird eine auf die Rückkehr zum Gleichgewicht ausgerichtete Gegenspekulation um so eher und um so stärker auf den Plan rufen, je weiter sich die Parität von demjenigen Wechselkurs entfernt, welcher aufgrund der zwischenzeitlichen Preis- und Zinsentwicklung im In- und Ausland gerechtfertigt wäre. Abgesehen davon besteht die Möglichkeit, den Beginn einer Tendenzwende am Devisenmarkt mit Hilfe einer situationsgerechten Zinspolitik beschleunigt herbeizuführen, wobei diese durch sachgerechte Notenbankinterventionen zusätzlich flankiert werden kann.

6. Vergrößerter Spielraum für eine autonome Binnenwirtschaftspolitik

Eines der Hauptargumente zugunsten flexibler Paritäten besteht darin, daß diese Wechselkursordnung in relativ weitreichender Weise der Forderung gerecht wird, eine primär konjunkturorientierte Wirtschaftspolitik betreiben zu können, ohne sich sogleich Sorgen um den Ausgleich der Zahlungsbilanz oder die Aufrechterhaltbarkeit der Konvertibilität machen zu müssen. Das bedeutet zugleich, daß die Verschiedenartigkeit der wirtschaftspolitischen Präferenzen der einzelnen Welthandelsländer nicht so rasch[25] die internationale Arbeitsteilung zu stören vermag, wie es im Bretton-Woods-System der Fall ist. Denn es könnte dann keine größeren und längerfristigen Abweichungen vom

---

[24] Vgl. *Kruse,* A.: Internationaler Kredit ..., a.a.O., S. 46. — *Issing,* O.: Leitwährung und internationale Währungsordnung, a.a.O., S. 304. — *Küng,* E.: Zahlungsbilanzpolitik, a.a.O., S. 243 ff.

[25] Die Erfahrungen, welche seit der Anfang 1973 erfolgten Freigabe des Kurses der D-Mark gemacht wurden, scheinen dies zu bestätigen. Jedenfalls führt es die Deutsche Bundesbank auf die Praktizierung prinzipiell flexibler Wechselkurse zurück, daß trotz der im Jahre 1974 ungewohnt hohen Inflationsratenunterschiede in den Industrieländern (die Spannweite belief sich auf 7 - 25 %) und trotz der Verdreifachung der Ölpreise sich keine akuten Zahlungsbilanz- oder Währungskrisen ergeben haben. Vgl. *Deutsche Bundesbank* (Hg.): Geschäftsbericht ... 1974, a.a.O., S. 47, 58. — *Aschinger,* F.: Erfahrungen der Schweiz mit flexiblen Wechselkursen, in: Außenwirtschaft 30. Jg. (1975), Zürich und St. Gallen, S. 285.

Gleichgewichtskurs mehr geben, weil sich der außenwirtschaftliche Ausgleich permanent in Gestalt allmählicher Veränderungen der Wechselkurse vollzieht.

Weil die kontinuierliche Anpassung der Wechselkurse die Träger der Wirtschaftspolitik in die Lage versetzt, in beträchtlich verringertem Maß mißliebige binnenwirtschaftspolitische Zielabweichungen hinnehmen zu müssen, als es bei einer Befolgung der Pflicht zur Stützung fester Paritäten der Fall wäre, können flexible Wechselkurse sowohl für chronische Defizitländer als auch für chronische Überschußländer vorteilhaft sein. So wäre es beispielsweise für ein Land, welches der erstgenannten Kategorie angehört und dessen wirtschaftspolitische Subjekte von der Gültigkeit des Phillipstheorems für die heimische Volkswirtschaft überzeugt sind, erheblich leichter, diejenige monetäre Expansion zu betreiben, von welcher angenommen wird, daß sie zur Erreichung der beschäftigungspolitischen Zielsetzung notwendig ist. Denn anstelle von Reserveverlusten, die alsbald zur Einleitung einer inländischen Deflationspolitik zwingen würden, käme es zu einem exportfördernden Abfall des Außenwertes der Inlandswährung. Auf der anderen Seite können flexible Wechselkurse einem primär an Geldwertstabilität interessierten Land die vorrangige Verfolgung dieses Zieles beträchtlich erleichtern. Denn die Notenbank gewinnt in dem Maße die Herrschaft über den inländischen Geldumlauf, wie sie auf Devisenmarkt-Interventionen verzichtet. Im Extremfall hat sie die Entwicklung der Geldbasis, welche die Grundlage der Geldschöpfung des Geschäftsbankensystems ist, fest im Griff. Unter dieser Voraussetzung entfällt die im Bretton-Woods-System unvermeidliche Folge einer kontraktiven Wirtschaftspolitik, daß alsbald eine unerwünschte importierte Anpassungsinflation[26] hingenommen werden muß, um die von den stabilitätspolitischen Bemühungen hervorgerufene drückende Zahlungsbilanzaktivität wieder zu beseitigen. Stattdessen erfolgt bei flexiblen Wechselkursen im wesentlichen eine gleitende Aufwertung der heimischen Währung. Dadurch wird es möglich, die stabilitätspolitischen Maßnahmen erheblich länger als unter Bretton-Woods-Bedingungen beizubehalten.

Bei alledem darf jedoch nicht übersehen werden, daß flexible Wechselkurse keinen Freibrief gewähren, jedwede gewünschte nationale Wirtschaftspolitik zu betreiben. Denn Wechselkursverschiebungen bedürfen stets einer adäquaten binnenwirtschaftspolitischen Flankie-

---

[26] Wie weiter unten noch des Näheren erörtert werden wird, vermögen flexible Wechselkurse jedoch keine totale Abschirmung gegen die sog. importierte Inflation zu gewähren. Allerdings ist die Inflationsübertragung in einem sehr weitgehenden Maß reduzierbar.

rung[27], wenn es nicht zu einer fortgesetzten Einseitigkeit in der Wechselkursentwicklung der betreffenden Währung kommen soll. Diesem Umstand wird in der Praxis stets Rechnung zu tragen sein. Denn sonst muß es früher oder später unweigerlich zu einer sich selbst verstärkenden spekulativen Vorwegnahme der künftigen Kursentwicklung kommen. Die Folge wären wachsende internationale Gleichgewichtsstörungen, weil der Wechselkurs dann seiner Ausgleichswirkungen zunehmend verlustig gehen würde. Dadurch würde zugleich auch die Gefahr heraufbeschworen, daß es zur Anwendung von Zahlungsverkehrskontrollen kommt.

Wenngleich flexible Wechselkurse keine blinde Verfügungsfreiheit bei der Wahl und Dimensionierung der zur Anwendung gelangenden wirtschaftspolitischen Maßnahmen gewähren, so kann auf der anderen Seite ebenfalls nicht geleugnet werden, daß der dispositive Spielraum für die Berücksichtigung der nationalen Interessen jedoch erheblich größer ist als bei Gültigkeit fester oder stufenflexibler Paritäten. Einige Nationalökonomen erblicken gerade hierin eine erhebliche Gefahr für die internationalen Wirtschaftsbeziehungen. Denn es sei zu befürchten, daß die vergrößerte wirtschaftspolitische Autonomie zu nationalegoistischen Zwecken mißbraucht[28] werde, was unvermeidlich zu einer weltwirtschaftlichen Desintegration führen müsse.

7. Weitgehende außenwirtschaftliche Absicherung der nationalen Konjunkturpolitik

Enthält sich die Währungsbehörde eines Landes jeglicher Aktivitäten am Devisenmarkt, so wird der inländische Geldumlauf durch die außenwirtschaftlichen Transaktionen der heimischen Wirtschaftssubjekte, anders als im Bretton-Woods-System, nicht verändert. Daher verbürgen flexible Wechselkurse eine um so bessere Abschließung der Volkswirtschaft gegenüber unerwünschten ökonomischen Entwicklungen im Ausland, je größer die Zurückhaltung ist, welche die nationale Zentralnotenbank am Devisenmarkt übt. Es läßt sich jedoch zeigen[29], daß selbst bei vollkommener interventionspolitischer Abstinenz der

[27] Vgl. *Stützel,* W.: Währung in weltoffener Wirtschaft, a.a.O., S. 222. — Siehe auch oben S. 36 f.

[28] Vgl. *Halm,* G. N.: Feste oder flexible Wechselkurse?, a.a.O., S. 36. — *Timm,* H.: a.a.O., S. 145. — *Richebächer,* K.: a.a.O., S. 48.

[29] Vgl. *Sohmen,* E.: Wechselkurs und Währungsordnung, a.a.O., S. 134. — *Teschner,* M.: Außenwirtschaftliche Absicherung ..., a.a.O., S. 13. — *Konrad,* A.: Autonomie und Interdependenz bei flexiblen Wechselkursen, in: WiSt 4. Jg. (1975), München und Frankfurt/M., S. 312 ff. — *Timm,* H.: a.a.O., S. 132 ff. — *Gutowski,* A.: Chancen für die Stabilität bei unterschiedlichen Währungssystemen, in: Ordo 25. Bd. (1974), Düsseldorf und München, S. 25. — SVR (Hg.): JG 1974/75, a.a.O., Ziff. 427 f.

Währungsbehörden keine vollkommene Isolierung gegen ausländische Konjunkturschwankungen möglich ist. Denn selbst völlig frei bewegliche Paritäten gewähren nur einen begrenzten Spielraum für eine autonome Binnenwirtschaftspolitik, wenn Störungen des internationalen Zahlungsverkehrs vermieden werden sollen. Ferner ist darauf hinzuweisen, daß auch bei interventionsfreier Wechselkursbildung nicht alle der drei Transmissionsmechanismen der internationalen Inflationsübertragung ihre Wirkung restlos verlieren.

Die soeben gemachten Einschränkungen ändern jedoch nichts daran, daß bei flexiblen Wechselkursen eine entscheidend verbesserte außenwirtschaftliche Absicherung der inländischen Wirtschaftspolitik möglich wird. Denn die internationalen Wirtschaftsbeziehungen haben dann nur noch einen stark abgeschwächten Einfluß auf die im Inland zirkulierende Geldmenge. Gleichzeitig ist in diesem Zusammenhang an die im Vergleich zu stufenflexiblen Paritäten beträchtlich erhöhte Wirksamkeit der Zinspolitik zu erinnern. Hinzu kommt, daß von der Währungsspekulation so lange keine störenden monetären Auslandseinflüsse zu erwarten sind, wie die Zentralnotenbanken der Versuchung widerstehen, völlig unbekümmert über den bei flexiblen Wechselkursen stark vergrößerten, jedoch nicht unbegrenzten Spielraum an wirtschaftspolitischer Autonomie zu verfügen.

II. Die Einwände gegen flexible Wechselkurse

Unabhängig von den verschiedenen positiven Auswirkungen einer Anwendung flexibler Paritäten können auch eine Reihe von Bedenken gegen diese Form von Wechselkursgestaltung vorgebracht werden.

1. Behinderung des internationalen Handels- und Zahlungsverkehrs

Der am häufigsten erhobene Einwand gegen bewegliche Paritäten bezieht sich darauf, daß dieses Wechselkursregime den internationalen Güteraustausch in Gestalt von Kurssicherungskosten verteuere und deshalb beschränke. Ferner müsse gewärtigt werden, daß der langfristige internationale Kapitalverkehr weitgehend zum Erliegen kommen werde, weil mit zunehmender Laufzeit die Kursrisiken immer schlechter abschätzbar würden.

Die Befürchtung, daß flexible Wechselkurse den Welthandel beeinträchtigen, wurde lange Zeit vor allem in der Wirtschaftspraxis gehegt. Sie fußt auf der Ansicht, daß sich das Bedürfnis nach zuverlässigen Kalkulationsgrundlagen mit Kurssicherungskosten konfrontiert sehen werde, welche vor allem bei mehrjährigen Zahlungsfristen untragbar sein müßten. Auf jeden Fall würden die Kurssicherungskosten jedoch die Wirkung haben, daß als Anreiz zum Außenhandel größere Preisdifferenzen erforderlich[30] sind als bei stabilen intervalutarischen Umrechnungsverhältnissen.

Es spricht jedoch einiges dagegen, daß frei bewegliche Paritäten für die Abwicklung des Welthandels weniger günstig sind als stufenflexible Wechselkurse. So kann zunächst darauf hingewiesen werden, daß auch im Bretton-Woods-System auf längere Sicht keine stabilen Kalkulationsgrundlagen existieren. Darüber hinaus verficht *Sohmen* mit plausiblen Argumenten den Standpunkt, daß im Falle flexibler Wechselkurse von den Kurssicherungskosten keine prohibitive Wirkung auf den internationalen Handel ausgeht[31]. Weiterhin darf nicht übersehen werden, daß interimistische Festkurse, die von der Gleichgewichtsparität abweichen, den Außenhandel ganz beträchtlich behindern können. Im Hinblick hierauf kann von einem Übergang zu flexiblen Wechselkursen sogar die Auslösung eines handelsfördernden Effekts erwartet werden. Denn die Einführung beweglicher Paritäten dürfte aller Wahrscheinlichkeit nach einen beträchtlichen Abbau von Handels- und Zahlungsverkehrshemmnissen nach sich ziehen. Diesbezüglich verdient es Aufmerksamkeit, daß seinerzeit in Kanada[32] ebensowenig eine Beeinträchtigung des Außenhandels beobachtet werden konnte wie bislang seit dem Anfang 1973 erfolgten Übergang zum Floating. Denn die im Jahre 1975 eingetretene Schrumpfung des Welthandelsvolumens um rund 4,5 %[33] ist zweifellos der weltweiten Rezession und nicht der Änderung des Wechselkursregimes zuzuschreiben.

Die Ansicht, daß die bei flexiblen Wechselkursen bestehenden Kursrisiken vor allem mit schädlichen Auswirkungen[34] auf den langfristigen internationalen Kapitalverkehr verbunden sind, ist ebenfalls nicht unwidersprochen geblieben. Insbesondere ist zu Recht eingewandt worden, daß nichts für einen Rückgang der internationalen Anleihetätig-

---

[30] Vgl. *Meyer,* F. W.: Wechselkurse, a.a.O., S. 578. — *Kruse,* A.: Außenwirtschaft, a.a.O., S. 287.

[31] *Sohmen* begründet dies u. a. damit, daß dank der bei flexiblen Wechselkursen herrschenden freien Konvertibilität die Leistungsfähigkeit der Devisen-Terminmärkte hinsichtlich längerer Fristen erhöht werde. Im übrigen sorge bei freier Konvertierbarkeit die Zinsarbitrage dafür, daß sich die Kassa- und die Terminnotierungen lediglich um die intervalutarische Zinsdifferenz unterscheiden. Vgl. *Sohmen,* E.: Wechselkurs und Währungsordnung, a.a.O., S. 84 ff., 111 ff.

[32] Näheres vgl. *Sohmen,* E.: Wechselkurs und Währungsordnung, a.a.O., S. 252.

[33] Vgl. IMF (Hg.): Annual Report ... 1976, a.a.O., S. 9.

[34] So z. B. *Weber,* Ad.: Geld — Banken — Börsen, a.a.O., S. 82. — *Küng.* E.: Zahlungsbilanzpolitik, a.a.O., S. 541. — *Lieftinck,* P.: Floaten oder Nichtfloaten, in: Fin. u. Entw. 10. Jg. (1973), H. 4, Hamburg, S. 29. — SVR (Hg.): Konjunktur im Umbruch — Risiken und Chancen — (JG 1970/71), Stuttgart und Mainz 1971, Ziff. 312.

keit im Falle beweglicher Paritäten spricht. Denn zur Ausschaltung des Kursrisikos des Kreditgebers lauten internationale Schuldverschreibungen ohnehin üblicherweise auf Gläubigerwährung. Was das Kursrisiko des Schuldners betrifft, so mußte im Bretton-Woods-System ebenfalls mit stärkeren Kursveränderungen gerechnet werden. Abgesehen davon erzielt der Schuldner im Falle einer Abwertung seiner Währung für die von ihm auf den kreditfinanzierten Anlagen hergestellten und exportierten Güter einen entsprechend höheren Erlös in Inlandsvaluta[35]. Wegen der Möglichkeit eines zwischenzeitlichen Erlasses von Konvertibilitätsbeschränkungen muß ferner gesehen werden, daß neben dem Kurswagnis auch noch ein Risiko bezüglich des Retransfers der Zinsen und Tilgung besteht. Dieses Risiko ist bei flexiblen Wechselkursen zweifellos beträchtlich geringer als im Bretton-Woods-System.

Im übrigen ist *Sohmen* der Furcht vor einer Beeinträchtigung der internationalen Kapitalbewegungen mit der These entgegengetreten, daß es bei flexiblen Wechselkursen zu einer Ausweitung des internationalen Kapitalverkehrs im Vergleich zum Bretton-Woods-System kommen werde. *Sohmen*[36] begründet die von ihm vorhergesagte Förderung des internationalen Kapitalverkehrs damit, daß bei flexiblen Wechselkursen weitgehend freie Konvertierbarkeit herrsche, was mit einer beträchtlichen Risikominderung für die Gläubiger verbunden sei. Gleichzeitig ist mit einer erhöhten Leistungsfähigkeit der Devisenterminmärkte zu rechnen, was zur Folge habe, daß die Swapsätze auf die zwischenstaatliche Zinsdifferenz beschränkt bleiben. Aufgrund der gleichen Überlegungen könne auch erwartet werden, daß im Falle flexibler Wechselkurse Terminmärkte für längere Fristen entstehen, als es bisher üblich ist. Wenngleich noch keine endgültigen Schlüsse gezogen werden können, so scheinen die nach Übergang zum Floating eingetretenen Entwicklungen die Auffassung von *Sohmen* eher zu bestätigen.

Schließlich ist darauf hinzuweisen, daß im Falle Kanadas[37] und anderer Länder[38] keine hemmenden Auswirkungen der Kursbeweglich-

---

[35] Vgl. *Hahn*, L. A.: Monetäre Integration — Illusion oder Realität?, a.a.O., S. 118. — *Halm*, G. N.: Feste oder flexible Wechselkurse?, a.a.O., S. 43. — *Küng*, E.: Die Selbstregulierung der Zahlungsbilanz, a.a.O., S. 141.

[36] Vgl. *Sohmen*, E.: Kapitalbewegungen und Währungsordnung, a.a.O., S. 83.

[37] Während Kanada vor dem Übergang zur Kursflexibilität ein schwaches Defizit im langfristigen Kapitalverkehr mit dem Ausland aufwies, entstand danach ein kräftiger und bleibender Überschuß. Vgl. *Sohmen*, E.: Wechselkurs und Währungsordnung, a.a.O., S. 217, 252.

[38] Vgl. *Sohmen*, E.: Wechselkurs und Währungsordnung, a.a.O., S. 217. — *Ders.*: Kapitalbewegungen und Währungsordnung, a.a.O., S. 80. — *Funck*, R.: Die Funktion der Kapitalbewegungen in alternativen Wechselkurssyste-

keit auf die langfristigen Kapitaltransaktionen mit dem Ausland beobachtet werden konnten. Vielmehr ergeben sich Anhaltspunkte, die für eine Förderung des internationalen Kapitalverkehrs sprechen. Dies gilt insbesondere auch für die nach 1973 international gemachten Erfahrungen.

Insgesamt gesehen braucht also kaum befürchtet werden zu müssen, daß die Gültigkeit flexibler Wechselkurse für den Welthandel oder für die internationalen Kapitalbewegungen mit einer Schlechterstellung gegenüber dem Bretton-Woods-System verbunden ist. Infolge sprunghafter Paritätsverschiebungen und verbreiteter Devisenkontrollen dürfte das Bretton-Woods-System die Entfaltung der internationalen Wirtschaftsbeziehungen sogar mehr behindert haben, als prinzipiell frei bewegliche Paritäten dies vermögen. Die Tatsache, daß flexible Wechselkurse den langfristigen internationalen Kapitalverkehr eher fördern als hemmen dürften, kommt im übrigen auch den Bedürfnissen der Entwicklungsländer[39] entgegen.

2. Gefahr des Mißbrauchs der vergrößerten wirtschaftspolitischen Autonomie

Ein weiterer Vorbehalt gegen flexible Wechselkurse gründet sich auf die Besorgnis, daß die Länder in stärkerem Ausmaß ihre binnenwirtschaftspolitischen Ziele verfolgen könnten, als es mit der Aufrechterhaltung funktionsfähiger internationaler Währungsbeziehungen vereinbar ist. Ebenso wird befürchtet, daß kompetitive Abwertungen unvermeidlich werden, wenn die im ursprünglichen IWF-Abkommen völkerrechtlich verankerten Hemmnisse gegen einen solchen Mißbrauch der Wechselkurspolitik nicht mehr bestehen. Diesbezüglich wird regelmäßig auf die in den 1930er Jahren mit beweglichen Paritäten gemachten Erfahrungen hingewiesen, welche auf überaus deutliche Weise gezeigt haben, wie schädlich sich währungspolitisches Einzelgängertum sowohl für die Weltwirtschaft als auch für die einzelnen Länder selbst auswirkt.

Selbst von den Fürsprechern flexibler Wechselkurse wird unumwunden zugegeben[40], daß das im Extremfall gänzliche Fehlen des Druckes dahinschmelzender Währungsreserven zum Nachlassen im Widerstand gegen die verschiedenen inländischen Inflationsursachen ermuntern

---

men, in: *Schneider*, E. (Hg.): Weltwirtschaftliche Probleme der Gegenwart (Schr. d. V. f. Socpol Bd. 35 NF), Berlin 1965, S. 194.

[39] Vgl. *Hoffmann*, W. G.: Goldpreiserhöhung und internationale Liquidität, in: Jb. Soz. wiss. Bd. 17 (1966), Göttingen, S. 367.

[40] Vgl. *Sohmen*, E.: International Monetary Problems and the Foreign Exchanges, Princeton 1963, S. 8. — *Haberler*, G.: Die Internationale Währungsordnung, a.a.O., S. 63. — Vgl. auch *Stützel*, W.: Währung in weltoffener Wirtschaft, a.a.O., S. 128 ff., 218 ff.

muß. Würde es infolgedessen in einzelnen Ländern zu einer erheblich über dem internationalen Durchschnitt liegenden Inlandsinflation kommen, so müßte dies infolge von Kapitalflucht unweigerlich eine über die Kaufkraftverschiebungen hinausgehende Verstärkung des Kursverfalls der betreffenden Währungen nach sich ziehen. Diese Entwicklung würde durch die Währungsspekulation noch zusätzlich beschleunigt werden, abgesehen davon, daß mit dem Ingangkommen eines Abwertungswettlaufes gerechnet werden müßte. Inwieweit von derart verursachten überakzentuierten Kursausschlägen eine freiwillige Rückkehr zu monetärer Disziplin hervorgerufen wird und ob dieser Effekt so frühzeitig zum Tragen kommt, daß ein Zusammenbruch des internationalen Zahlungsverkehrs vermieden wird, ist eine einstweilen noch offene Frage.

Um der Gefahr von vornherein entgegenzuwirken, daß es zu einer allmählichen Zersetzung der internationalen Währungsbeziehungen kommt, weil irgendwelche Länder den bei flexiblen Wechselkursen erweiterten wirtschaftspolitischen Autonomiespielraum generell überschreiten, ist empfohlen[41] worden, im Falle destabilisierender Spekulationserscheinungen, Interventionen am Devisenmarkt zuzulassen. Eine solche Regelung ist jedoch nicht unbedenklich. Denn es kann dann nicht mehr ausgeschlossen werden, daß die einzelstaatlichen Währungsausgleichsfonds auch dazu mißbraucht werden, im Wege versteckter Devisenmarkteingriffe fortgesetzte gegenseitige Kursunterbietungen herbeizuführen. Als Abhilfe hiergegen hat *Meade* angeregt, auf den IWF ein exklusives Interventionsrecht und eine internationale Kontrollbefugnis über das Devisenmarktverhalten der Mitgliedsländer einzuräumen. Im Zusammenhang mit der Analyse seines Vorschlages wird jedoch dargelegt[42] werden, daß es bislang eines praktikablen und zugleich überzeugenden Konzepts zur Realisierung des Vorschlags von *Meade* ermangelt. Ein anderer Ausweg, der in letzter Zeit vom IWF verfolgt wird, besteht darin, zur Vermeidung eines Gegeneinander-Operierens der einzelnen Zentralnotenbanken international verbindliche Verhaltensweisen für die Devisenmarktinterventionen zu vereinbaren und deren Befolgung durch den IWF zu überwachen. Hierfür brauchbare Regeln zu finden und diese verläßlich zu praktizieren, stellt eine vorläufig noch ungelöste Schwierigkeit dar. Im Zusammenhang mit den Vorschlägen, welche eine begrenzte Wechselkursflexibilität empfehlen, wird hierzu noch näher Stellung zu nehmen sein.

---

[41] Vgl. *Meade*, J. E.: a.a.O., S. 370 ff. — *Küng*, E.: Die Versorgung der Weltwirtschaft mit Währungsreserven, a.a.O., S. 33 f. — *Wallich*, H. C.: Die Aussichten für die Weltwährungsreform, in: Kreditwesen 27. Jg. (1974 I), Frankfurt/M., S. 24.

[42] Siehe unten S. 155 f.

3. Gefahr einer nationalen sowie einer globalen Inflationsbeschleunigung

Flexible Wechselkurse vermögen keine totale Abschirmung gegen im Ausland stattfindende Inflationsprozesse zu gewähren[43]. So kann der Übertragungsmechanismus des sog. internationalen Preiszusammenhangs immer dann in Aktion treten, wenn die Kursentwicklung vom Verlauf der beiderseitigen Kaufkraftparitäten abweicht. Das wird in gewissem Umfang allein schon aufgrund des Stattfindens von internationalem Kapitalverkehr der Fall sein. Unabhängig davon ist bei flexiblen Wechselkursen der Effekt des internationalen Preiszusammenhangs bei all denjenigen Importgütern zu gewärtigen, deren Auslandspreise sich schneller erhöhen, als es der Abwertungsrate der ausländischen Währung entspricht. Insbesondere Preissteigerungen beträchtlichen Ausmaßes, wie sie sich in der Vergangenheit beim Rohöl und anderen Rohstoffen ergeben haben, können durch flexible Wechselkurse allenfalls in geringem Grade abgeschwächt werden. Im übrigen verhält es sich so, daß die Wirksamkeit des internationalen Preiszusammenhangs von der im In- und Ausland herrschenden Konstellation bezüglich der Preiselastizitäten beeinflußt wird. Schließlich wird die Intensität, in welcher der grenzüberschreitende Preismechanismus inländische Inflationserscheinungen entfachen kann, in erheblicher Weise von der inländischen Liquiditätspolitik abhängen. Dagegen ist ein Inflationsimport im Wege des sog. Liquiditätsmechanismus so lange ausgeschlossen, wie sich die heimische Notenbank vom Devisenmarkt fernhält. Im Unterschied hierzu erscheint bei frei schwankenden Wechselkursen eine gewisse Wirksamkeit des sog. Einkommensmechanismus der Inflationsübertragung unter bestimmten Voraussetzungen zumindest denkmöglich. Insgesamt gesehen sind die mit beweglichen Pari-

---

[43] Vgl. *Sohmen,* E.: Wechselkurs und Währungsordnung, a.a.O., S. 134 f., 222 ff. — *Stützel,* W.: Ist die schleichende Inflation durch monetäre Maßnahmen zu beeinflussen?, in: Beihefte der Kjpol, H. 7, Berlin 1960, S. 10 ff. — *Fels,* G.: Der internationale Preiszusammenhang, Köln, Berlin, Bonn, München 1969, S. 19 ff. — *Rose,* K. u. *Bender,* D.: Flexible Wechselkurse und Inflationsimport, in: JNSt Bd. 187 (1972/73), Stuttgart, S. 485 ff., 505 f. — *Westphal,* U.: Die importierte Inflation bei festen und flexiblen Wechselkursen (Kieler Studien Nr. 87 NF), Tübingen 1968, S. 59 ff. — *Küng,* E.: Außenwirtschaftliche Absicherung gegen die importierte Inflation, in: Außenwirtschaft 27. Jg. (1972), Zürich und St. Gallen, S. 400 ff. — *Kruse,* A.: Außenwirtschaft, a.a.O., S. 267. — *Lipfert,* H.: Wechselkursflexibilität und außenwirtschaftliche Absicherung, in: *Gutowski,* A. u. a. (Hg.): Währungsstabilität in einer integrierten Welt, Stuttgart, Berlin, Köln, Mainz 1974, S. 154 ff. — *Teschner,* M.: Außenwirtschaftliche Absicherung durch flexible Wechselkurse, in: Kjpol 15. Jg. (1969), Berlin, S. 13. — *Lutz,* F. A. u. *Sohmen,* E.: a.a.O., S. 169 ff. — SVR (Hg.): JG 1966/67, a.a.O., Ziff. 206 ff., 243 ff. — SVR (Hg.): JG 1967/68, a.a.O., Ziff. 429 ff. — SVR (Hg.): JG 1974/75, a.a.O., Ziff. 427 f. — *Deutsche Bundesbank* (Hg.): Geschäftsbericht ... 1974, a.a.O., S. 60, 64.

täten verbundenen Möglichkeiten, sich gegen eine inflatorische Ansteckung aus dem Ausland abzukapseln, jedoch ungleich wirkungsvoller als diejenigen, welche im Falle von temporären Fixkursen bestehen.

Angesichts der währungspolitischen Erfahrungen der 1930er Jahre ist immer wieder die Befürchtung geäußert worden, daß eine Praktizierung flexibler Wechselkurse die internationalen Inflationserscheinungen verstärken werde. Denn es sei fraglich, ob die möglichen Abwehrwirkungen gegen einen Inflationsimport überhaupt nennenswert zum Zuge kommen werden, weil bewegliche Paritäten übermäßigen wirtschaftspolitischen Autonomiebestrebungen Vorschub leisten. Diesbezüglich kann mit Recht darauf verwiesen werden, daß der Forderung nach einem mittelfristigen Budgetausgleich schon bei stufenflexiblen Paritäten in immer unzulänglicherer Weise entsprochen worden ist. Ebenso ist es eine Tatsache, daß in den zurückliegenden Jahren in vielen Ländern dem Druck, von einer engen Produktivitätsorientierung der Lohnpolitik abzugehen, oftmals nur noch mit großer Mühe erfolgreich Widerstand geleistet werden konnte. Der Einwand, daß die fiskal- und lohnpolitische Disziplin noch weiter nachlassen müsse, sobald nicht mehr die Pflicht zur Verteidigung fester Paritäten besteht und auch die Gefahr einer Erschöpfung der Währungsreserven nicht mehr gegeben ist, entbehrt daher keineswegs der Grundlage.

Geht man einmal davon aus, daß die Praktizierung beweglicher Paritäten tatsächlich eine beträchtliche Lockerung der monetären Disziplin nach sich zieht, so wäre zweifellos ein kumulativer Inflationsprozeß zu gewärtigen. Weil die Abwertung der Währung eines Landes mit einer international überdurchschnittlich hohen Inflationsrate mit einer entsprechenden Verteuerung der Importgüter verbunden ist, kommt es dann zu einer Verstärkung des inländischen Preisauftriebs. Dieser bietet dann Anlaß zu entsprechenden Lohnsteigerungen, wodurch die Inlandsinflation noch zusätzlich beschleunigt wird. Die daraus resultierenden außenwirtschaftlichen Defizite führen unvermeidlich zu einer abermaligen Abwertung, wodurch man in die nächste Runde dieses Teufelskreises[44] gelangt.

Dem Einwand, daß bewegliche Wechselkurse geeignet sind, die Widerstände gegen die inländischen Inflationskräfte zu untergraben, ist zweifellos zuzustimmen. Dennoch spricht mehreres dagegen, daß eine Weltwährungsordnung mit flexiblen Paritäten unweigerlich in einem stärkeren Maße inflationsanfällig sein muß, als es das Bretton-Woods-System gewesen ist. So kann zunächst darauf verwiesen werden, daß frei bewegliche Paritäten der nationalen Wirtschaftspolitik die

---

[44] Vgl. BIZ (Hg.): 46. Jahresbericht, a.a.O., S. 7, 30 f. — *Veit*, O.: Internationale Inflation, in: Kreditwesen 29. Jg. (1976 I), Frankfurt/M., S. 529.

Chance eröffnen, sich in erheblich größerem Ausmaß gegen die importierte Inflation zu schützen, als dies im Bretton-Woods-System möglich ist. Ebenso entfällt bei flexiblen Wechselkursen jeglicher Zwang, sich wegen der vermeintlichen Pflicht zur Verteidigung unrealistischer Fixkurse an die Inflation in der restlichen Welt anpassen zu müssen. Das bedeutet zugleich, daß jedes Land die Folgen der von ihm zugelassenen Geldentwertung nahezu vollständig selbst tragen muß, was einer allzu unbesorgten Expansion des inländischen Geldumlaufs entgegenwirken dürfte. Sollte es dennoch in einem Land zu einer beträchtlichen Erhöhung des inländischen Kaufkraftverfalls im Vergleich zur übrigen Welt kommen, so kann, anders als im Bretton-Woods-System, bei flexiblen Wechselkursen jederzeit mit Hilfe der Zinspolitik eine wirksame Inflationsverlangsamung eingeleitet werden. Wird hiervon Gebrauch gemacht, so wird — ebenfalls im Unterschied zum System von Bretton Woods — dadurch außerdem einem weiteren destabilisierenden Engagement der Währungsspekulation unverzüglich der Boden entzogen.

In diesem Zusammenhang stellt sich im übrigen auch die Frage, ob ein längerfristig fallender Wechselkurs nicht ein mindestens ebenso guter Hemmschuh gegen eine zu großzügige nationale Geldschöpfung zu sein vermag wie eine schwindende Währungsreserve. Die bisherigen Antworten hierauf sind kontrovers[45]. Ob eine anhaltende Verschlechterung des Wechselkurses die wirtschaftspolitischen Entscheidungsträger beziehungsweise die Öffentlichkeit eher alarmiert als rasch dahinschmelzende Währungsreserven, kann allein mit Hilfe wirtschaftstheoretischer Mittel wohl auch kaum gültig entschieden werden. Die diesbezüglich in der Praxis gemachten Erfahrungen gestatten noch keine eindeutigen Rückschlüsse. Die für 1976/77 in Großbritannien vereinbarten restriktiven Lohnabkommen und die Tatsache, daß seit Übergang zum Floating viele Länder Devisenkredite zur Vermeidung einer stärkeren Abwertung aufgenommen haben, wertet *Emminger*[46] als ein Indiz dafür, daß der Anpassungsdruck eines sinkenden Wechsel-

---

[45] Während z. B. *Halm* und *Amonn* von einer anhaltend einseitigen Wechselkursentwicklung eine mindestens ebenbürtige Bremswirkung wie von einem fortgesetzten Reservenschwund erwarten, wird von *Aschinger* die entgegengesetze Ansicht vertreten. Vgl. *Halm*, G. N.: Feste oder flexible Wechselkurse?, a.a.O., S. 37. — *Amonn*, A.: Aufwertung und Abwertung oder freie Wechselkursbildung, in: *v. Beckerath*, E. u. a. (Hg.): Wirtschaftsfragen der freien Welt, Frankfurt/M. 1957, S. 577. — *Aschinger*, F. E.: Das Währungssystem des Westens, a.a.O., S. 329.

Im Zusammenhang mit dieser Frage sollte nicht unbeachtet bleiben, daß ein Anpassungsmaßnahmen auslösender Reservenschwund im Bretton-Woods-System dank der zahlreichen Kreditfazilitäten ziemlich lange hinausgezögert werden kann.

[46] Vgl. *Emminger*, O.: Auf dem Wege zu einem . . ., a.a.O., S. 819 f.

kurses möglicherweise größer als derjenige ist, welcher von einer abnehmenden Währungsreserve ausgeht.

Die Frage, ob flexible Wechselkurse aufgrund systeminhärenter Gegebenheiten zu einer im Vergleich zu Bretton-Woods-Bedingungen höheren Weltinflationsrate führen, ist insgesamt gesehen somit a priori offen. Weil die Inflation bei beweglichen Kursen generell ein nationales Phänomen ist[47], kommt es im Hinblick auf die globalen Inflationstendenzen entscheidend darauf an, ob die Länder, die einen ins Gewicht fallenden Anteil an den Weltwirtschaftsbeziehungen haben, der von der Entschärfung des Reservenproblems ausgehenden Versuchung erliegen, die monetäre Disziplin zu lockern, oder ob sie diese im Falle von Abwertungstendenzen verschärfen, um die Stabilisierungschancen frei beweglicher Wechselkurse zu nutzen.

Sucht man nach empirischen Belegen, ob ein Regime flexibler Wechselkurse im Vergleich zum Bretton-Woods-System zu einem Mehr oder zu einem Weniger an globaler beziehungsweise nationaler Inflation führt, so steht man vor der Tatsache, daß es in den bisher rund vier Jahren seit dem Übergang zum Floating zu sehr unterschiedlichen Entwicklungen gekommen ist. So ist es nach 1973 in einer Reihe von Ländern (z. B. Deutschland[48], Schweiz, USA) gelungen, entgegen dem sich im Ausland zunächst noch beschleunigenden Inflationstempo die inländische Geldentwertung immer mehr zu verlangsamen. Eine geradezu umgekehrte Entwicklung war beispielsweise in Großbritannien, Frankreich und Italien zu verzeichnen. Es kann daher auch kaum verwundern, daß die Stimmen, welche den stabilitätspolitischen Wert flexibler Wechselkurse mit Skepsis beurteilen, vorzugsweise aus diesen Ländern kommen. Schließlich verdient es Interesse, daß der kanadische Großhandelspreisindex zwischen 1950 und 1961 per Saldo nicht angestiegen ist, während in den USA gleichzeitig eine Erhöhung von etwa 15 % zu verzeichnen[49] war.

Fragt man nach den Ursachen der nach 1973 beobachteten national höchst unterschiedlichen Geldwertentwicklung, so stößt man zunächst auf den Umstand, daß die Wechselkurse der Währungen der genannten Länder in sehr unterschiedlicher Weise dem Ideal des Gleich-

---

[47] Vgl. hierzu auch *Claassen*, E.-M.: Weltinflation bei flexiblen Wechselkursen, in: KuK 10. Jg. (1977), Berlin, S. 20 f.

[48] Während die Geldentwertung in der Bundesrepublik Deutschland vor der Wechselkursfreigabe knapp unter dem Durchschnitt der übrigen Industrieländer lag, blieb seitdem der Kaufkraftverfall der D-Mark deutlich hinter dem internationalen Inflationstempo zurück. Vgl. *Deutsche Bundesbank* (Hg.): Geschäftsbericht ... 1974, a.a.O., S. 58. — *Scharrer*, H.-E.: Erfahrungen mit dem Floating, in: Wirtschaftsdienst 55. Jg. (1975), Hamburg, S. 247.

[49] Vgl. *Schworm*, K.: Wechselkursflexibilität in Kanada — ein gelungenes Experiment?, in: Kreditwesen 22. Jg. (1969 I), Frankfurt/M., S. 33.

gewichtskurses nahegekommen sind. Dabei verhält es sich so, daß nach der sprunghaften Ölverteuerung es die stabilitätspolitisch erfolgreichen Länder zugelassen haben, daß sich die Parität ihrer Währungen schon bald auf einem Niveau einspielte, bei dem die Devisenmarkt-Interventionen[50] per Saldo weitgehend ausgeglichen waren. Demgegenüber wurde die Abwertungstendenz des Pfund, des Franc und der Lira permanent und in großem Ausmaß mit interventionspolitischen Mitteln gebremst. Symptomatisch hierfür sind die wiederholten kräftigen Aufnahmen von Devisenkrediten seitens der betreffenden Notenbanken.

Eine weitere plausible Erklärung für die seit dem Übergang zum Floating beobachtete stark divergierende nationale Kaufkraftentwicklung könnte darin liegen, daß der Mechanismus des internationalen Preiszusammenhangs infolge einer verschiedenartigen Elastizitätenkonstellation in den einzelnen Ländern entsprechend unterschiedliche Auswirkungen gezeitigt hat. So weist *Siebert* darauf hin, daß bei flexiblen Wechselkursen und elastischer Importnachfrage eine im Vergleich zum Inland höhere Auslandsinflation zu einer permanenten Aufwertung der heimischen Währung und damit zu einer immer weiterreichenden Inflationsabschirmung führt[51]. Ebenso sei es unter bestimmten Elastizitätsbedingungen möglich, daß sich eine inländische Inflationstendenz infolge einer Praktizierung beweglicher Paritäten fortgesetzt weiter verstärkt. Und zwar sei dies dann möglich, wenn ein Land mit überdurchschnittlich hoher Inlandsinflation eine vergleichsweise unelastische Importnachfrage aufweist, während die Nachfrage des Auslands nach Inlandsgütern hoch elastisch ist[52]. Ungeachtet der bekannten praktischen Schwierigkeiten, die einer hinlänglich genauen Ermittlung der maßgeblichen Elastizitätskoeffizienten im Wege stehen, wäre es generell verfehlt, davon auszugehen, daß im Falle des faktischen Gegebenseins der zuletzt beschriebenen Elastizitätskonstellation eine zunehmende destabilisierende Entwicklung unvermeidlich wäre. Nicht nur theoretische Einsichten, sondern auch die Erfahrungen der genannten stabilitätsorientierten Länder zeigen, daß der verhängnisvolle Kreislauf von Inflationsbeschleunigung, zunehmender Zahlungsbilanzpassivierung, erneuter Abwertung, abermaliger Inflationsverschärfung und schließlich spekulativ verstärktem weiteren Kursverfall mit Hilfe einer kontraktiven Geldpolitik wirksam durchbrochen werden kann. So wurde von der vergrößerten wirtschaftspolitischen Gestaltungsfreiheit, welche durch die Gültigkeit fluktuierender Paritäten entstanden war,

---

[50] Die USA nehmen seit 1973 so gut wie keine Devisenmarkt-Interventionen vor.

[51] Vgl. *Siebert,* H.: Flexible Wechselkurse und importierte Inflation, in: Wirtschaftsdienst 57. Jg. (1977), Hamburg, S. 95.

[52] Vgl. daselbst, S. 96.

sowohl in Deutschland als auch in der Schweiz wie auch in den USA schon bald in kontraktiver Weise Gebrauch gemacht. Dagegen wurde der dazugewonnene Autonomiespielraum von den anderen genanten Ländern zunächst zu einer weiteren binnenwirtschaftlichen Expansion genutzt. Unter Berücksichtigung dieser Fakten erscheint die beobachtete unterschiedliche Geldwertentwicklung nach 1973 kaum noch widersprüchlich. Sie ist ganz im Gegenteil vielmehr dazu angetan, das eingangs dieses Abschnitts dargelegte deduktive Ergebnis zu unterstreichen, wonach flexible Wechselkurse zwar einen weitreichenden, jedoch keineswegs einen automatischen Schutz gegen die importierte Inflation gewähren können. Die zur Nutzung dieser Chance gleichzeitig erforderliche monetäre Disziplin im Inland vermögen bewegliche Paritäten natürlich nicht zu ersetzen.

4. Gefahr hektischer Kursschwankungen

Im Vorausgegangenen hat sich bereits abgezeichnet, daß außer im Falle politisch motivierter Kapitalflucht nur dann stärkere Wechselkursfluktuationen zu erwarten sind, wenn ein Land die Handhabung des wirtschaftspolitischen Instrumentariums rigoros auf seine binnenwirtschaftlichen Zielsetzungen ausrichtet. In einem solchen Fall wird sich dann die Parität für längere Zeit nur noch in einer Richtung verändern. Im Zuge damit kann es nicht ausbleiben, daß sich eine solch einseitige Kurstendenz noch zusätzlich durch spekulative Aktivitäten verstärkt. Wegen der Rückwirkungen einer übertriebenen Wechselkursentwicklung auf den internationalen Handel kann jedoch erwartet werden, daß es früher oder später von selbst zu einer Wechselkurskorrektur kommt[53], was mit Hilfe der Zinspolitik wirksam eingeleitet und unterstützt werden kann. Dagegen erscheinen umfangreiche Devisenmarktinterventionen als Mittel gegen spekulativ übertriebene Wechselkursausschläge wegen der damit verbundenen Mißbrauchsgefahr als zweischneidig.

---

[53] Daß es auch in der Realität zu diesem Kursumschwung kommt, bevor die Entwicklung ins Uferlose verläuft, zeigt auf eindrucksvolle Weise Bild 2 (S. 204). Nachdem der DM-Wert des Dollars nach Beginn des Floating sich in etwa auf einem neuen Niveau stabilisiert zu haben schien, kam es im Oktober 1973 zum Nahostkrieg und im Gefolge davon zu einer sprunghaften Verdreifachung des Ölpreises. Da die Öllieferungen ganz überwiegend vertragsgemäß in Dollar zu zahlen sind und die USA seinerzeit noch relativ wenig ihres Ölverbrauchs importieren mußten, setzte alsbald eine spekulative Dollarhausse ein. Wie Bild 2 deutlich zeigt, schlug die Kursentwicklung schon nach 2 Monaten wieder weitgehend von alleine um. Denn es kann der gleichen Darstellung entnommen werden, daß so gut wie keine zinspolitische Gegensteuerung erfolgt ist. Ebenso hat die Bundesbank im Vergleich zu Bretton-Woods-Verhältnissen nur relativ geringfügig in Form von Devisenmarktoperationen gegengesteuert, was an den Reserveänderungen abgelesen werden kann.

Gelingt zwischen den Haupthandelsländern eine gewisse fortlaufende Abstimmung in der Wirtschaftspolitik (wobei die Grenzen für eine Verfolgung der spezifisch nationalen Erfordernisse erheblich weiter als im Bretton-Woods-System gezogen sind), so werden sich die Paritätsschwankungen in verhältnismäßig engen Grenzen halten. Dies wird gleichzeitig um so mehr der Fall sein, je gleichartiger die stabilitätspolitischen Zielvorstellungen in diesen Ländern sind. Das gleiche gilt, je weiter die einzelstaatliche Wirtschaftspolitik international abgestimmt wird. Im übrigen wird die Währungsspekulation immer dann einen glättenden Einfluß auf die Kursschwankungen ausüben, solange die Länder darauf verzichten, ein übersteigertes Maß an autonomer wirtschaftspolitischer Gestaltungsfreiheit für sich in Anspruch zu nehmen, wobei es maßgeblich auf die Handhabung der Zinspolitik ankommt.

Im übrigen zeigen die in der Realität gemachten Beobachtungen, daß flexible Paritäten keineswegs mit unkontrollierbaren Kursbewegungen verbunden sein müssen. Sowohl nach 1951[54] als auch nach dem erneuten Übergang zu beweglichen Wechselkursen im Jahre 1970[55] hat der Kurs des kanadischen Dollar nach einer lediglich wenige Monate umfassenden Übergangsphase nur noch ziemlich geringfügige Schwankungen aufgewiesen. Außerdem vermitteln die bisherigen Erfahrungen mit floatenden Wechselkursen bereits wertvolle Einsichten zur Frage der Schwankungsweite und zur Frage der ungleichgewichtsverstärkenden Währungsspekulation. Denn trotz der Zwangsläufigkeit eines anfänglichen Kursentzerrungseffekts und trotz starker zwischenstaatlicher Inflationsratenunterschiede sowie trotz der außergewöhnlichen externen Störungseinflüsse in Gestalt des Emporschnellens der Öl- und Rohstoffpreise sind die Kursschwankungen in den zurückliegenden mehr als vier Jahren dennoch erstaunlich schwach ausgefallen. Dazu kommt, daß seit dem Abklingen der Auswirkungen der Ölverteuerung eine erhebliche Abschwächung der Wechselkursfluktuationen zu beobachten ist.

5. Gefahr einer inadäquaten Wirtschaftspolitik

Damit die Weltwährungsbeziehungen auf der Basis flexibler Wechselkurse auch langfristig störungsfrei verlaufen, darf der vergleichsweise große Spielraum an wirtschaftspolitischer Autonomie die Länder

[54] Die Schwankungsweite betrug in Kanada während rund 10 Jahren weniger als 2 % p. a.; vgl. *Sohmen,* E.: Wechselkurs und Währungsordnung, a.a.O., S. 252. — Vgl. auch DIW-Arbeitsgruppe: a.a.O., S. 92. — *Pohlmann,* W.-R.: a.a.O., S. 45 f.

[55] Näheres bei *Sohmen,* E.: Wechselkurs und Währungsordnung, a.a.O., S. 260.

nicht zu völliger Sorglosigkeit bezüglich der außenwirtschaftlichen Rückwirkungen der eigenen Wirtschaftspolitik verleiten. Sollen länger andauernde einseitige Kursveränderungstendenzen und damit stärkere Paritätsschwankungen vermieden werden, so bedarf es trotz der unverzüglichen und hohen Wirksamkeit des Wechselkurs-Mechanismus stets flankierender kredit- und fiskalpolitischer Maßnahmen. Eine solche Flankierung ist auch deshalb geboten, damit die gleichgewichtsfördernden Wirkungen der Währungsspekulation voll zur Entfaltung kommen.

Neben den zahlreichen positiven Erfahrungen, welche das kanadische Experiment und die bisherige Praxis der floatenden Paritäten ergeben haben, ist auch deutlich geworden, welche Gefahren von der hohen Zinsreagibilität frei schwankender Wechselkurse ausgehen, wenn von dem kreditpolitischen Instrumentarium ein systemwidriger Gebrauch gemacht wird. So ist in Kanada nach allgemein vertretenem Urteil[56] ab etwa Mitte 1960 eine Wirtschaftspolitik betrieben worden, welche im Hinblick auf das Bestehen beweglicher Wechselkurse zweifellos als eindeutig fehlerhaft gelten muß. Dies hatte schließlich zur Folge, daß Kanada 1962 wieder zu den im Bretton-Woods-Abkommen vereinbarten Prinzipien Zuflucht nahm, welche dann 1970 allerdings erneut aufgegeben wurden.

Ob das warnende Beispiel der in Kanada 1960/61 begangenen Fehler und die zwischenzeitlichen Erkenntnisfortschritte der Währungstheorie künftig ein verläßlicher Hemmschuh gegen eine sachwidrige nationale Wirtschaftspolitik zu sein vermögen, erscheint aus heutiger Sicht nur schwer beurteilbar. Denn die derzeit bestehenden beträchtlichen internationalen Ungleichgewichte, das weiterhin schnelle Wachstum der Auslandsverschuldung vieler Länder sowie die international erheblich divergierenden ordnungspolitischen Vorstellungen können nur zu leicht solche wirtschaftspolitischen Verhaltensweisen hervorrufen, welche im Hinblick auf eine Weltwährungsordnung mit flexiblen Wechselkursen als inadäquat bezeichnet werden müssen.

---

[56] Vgl. *Haberler,* G.: Money in the International Economy, a.a.O., S. 161 f. — *Sohmen,* E.: Wechselkurs und Währungsordnung, a.a.O., S. 255 f., 261. — *Marsh,* D. B.: Kanadas Erfahrungen mit beweglichen Wechselkursen, in: Ordo Bd. 19 (1968), Düsseldorf und München, S. 395. — *Meyer,* Willi: Flexible Wechselkurse und Konjunkturempfindlichkeit: Die wirtschaftspolitischen Erfahrungen Kanadas, in: JNSt 186. Bd. (1971/72), Stuttgart, S. 537, 542. — *Pohlmann,* W.-R.: a.a.O., S. 120. — DIW-Arbeitsgruppe: a.a.O., S. 93.

III. Die Beurteilung des Konzepts flexibler Wechselkurse

Die Praktizierung eines hohen Maßes an Wechselkursflexibilität erscheint als die unumgängliche marktwirtschaftliche Konsequenz der in den zurückliegenden Jahrzehnten eingetretenen Veränderungen in der Rangfolge der wirtschaftspolitischen Ziele sowie in den wirtschaftlichen und außerökonomischen Rahmenbedingungen. Angesichts der zahllosen Notbehelfe zur Aufrechterhaltung des Bretton-Woods-Systems erweist sich eine internationale Währungsordnung mit weitgehend frei beweglichen Wechselkursen außerdem als ein Konzept der vergleichsweise großen Einfachheit und Klarheit. Sowohl das Anpassungsproblem als auch die Liquiditätsfrage können in weitgehender Weise gemeinsam gelöst werden. Dazu kommt, daß die Währungsspekulation grundsätzlich kursglättend wirkt, solange die auch bei flexiblen Wechselkursen bestehenden Grenzen für eine autonome Handhabung der Wirtschaftspolitik respektiert werden. Diese Grenzen sind jedoch erheblich weiter als im Bretton-Woods-System gezogen.

Ein weiterer Vorzug gegenüber den unter Bretton-Woods-Bedingungen herrschenden Verhältnissen besteht darin, daß bei im wesentlichen freier Kursbildung der Zinspolitik ein sehr hohes Maß an konjunkturpolitischer Effizienz zu eigen ist. Daß dann auch das Übel der internationalen Inflationsübertragung in ganz erheblicher Weise abgeschwächt werden kann, ist als ein weiteres Positivum zu werten. Ebenso ist hervorzuheben, daß der Wunsch nach einer weiteren Liberalisierung der weltwirtschaftlichen Beziehungen und der Primat einer vorrangig an Inlandserfordernissen orientierten Wirtschaftspolitik in einem Regime hochgradig flexibler Wechselkurse harmonische Ziele darstellen. Die damit verbundenen vorteilhaften Wirkungen für die globale wirtschaftliche Wohlfahrt stellen einen weiteren bedeutenden Vorzug gegenüber dem Bretton-Woods-System dar. Hiervon dürften zugleich wirksamere Impulse auf den ökonomischen Aufbau der wenig industrialisierten Länder ausgehen, als von letztlich doch nur begrenzt möglichen Geschenken an internationaler Liquidität bestenfalls erwartet werden könnte.

Gegen eine internationale Währungsordnung, bei welcher die Kursbildung fast ausschließlich den Marktkräften überlassen bleibt, ist aus ökonomischer Sicht letztlich nur ein stichhaltiges Bedenken vorzubringen. Dabei handelt es sich um die Befürchtung, daß es angesichts der international unterschiedlichen Auffassung über die Rangfolge der wirtschaftspolitischen Ziele dazu kommen könnte, daß die Länder den Bogen hinsichtlich des möglichen Maßes an wirtschaftspolitischer Autonomie überspannen könnten. Die Frage, ob ein fortgesetzter Kursverfall die Länder nicht mindestens ebensogut vor einer rücksichtslosen

Handhabung des wirtschaftspolitischen Instrumentariums zu bewahren vermag, wie ein vermittels von Beistandskrediten immer wieder verlangsambarer Rückgang der Währungsreserven, ist bislang noch nicht hinreichend geklärt.

Trotz der zahlreichen Vorzüge flexibler Paritäten unterliegt auch seit der Einführung des Floating die Entfaltung der Marktkräfte an den Devisenmärkten noch vielerorts weitreichenden Beschränkungen. Dies wäre relativ wenig besorgniserregend, wenn es sich hierbei allein um eine Folge der Absicht handeln würde, den Auflösungsprozeß der teilweise beträchtlichen Verzerrungen, welche das Bretton-Woods-System und die Ölpreiserhöhung im internationalen Kursgefüge hinterlassen haben, zeitlich so zu strecken, daß sich die friktionellen Schäden in einem erträglichen Maß halten. Es ist jedoch offensichtlich, daß in den zurückliegenden Jahren oftmals vorrangig das Motiv im Spiele war, die Auswirkungen einer nicht genügend großen monetären Disziplin übertünchen zu wollen. Wegen der weiterhin hohen weltweiten Arbeitslosigkeit und der damit verbundenen Gefahr kompetitiver Abwertungen scheint im übrigen bei den Wirtschaftspolitikern kein allzu großes Vertrauen in ihre eigenen wiederholten Beteuerungen zu bestehen, wonach künftig eine multilaterale Abstimmung der Wirtschaftspolitik schon deshalb immer weiter intensiviert werden würde, weil dies im Interesse aller Länder liege. Im Hinblick auf die vom IWF postulierten Grundsätze einer gesteuerten Kursflexibilität („managed floating") muß sogar befürchtet werden, daß in der Praxis per Saldo die Schattenseiten überwiegen werden. Abgesehen von den Bedenken gegen eine politisch determinierte Wechselkursbeeinflussung dürfte es nämlich kaum gelingen, bei den jeweils sich einstellenden Kursfluktuationen die reversiblen Erscheinungen gegenüber solchen abzugrenzen, die in strukturellen Veränderungen ihre Ursache haben. Die hohen gesamtwirtschaftlichen Kosten, die mit Interventionen gegen die langfristige Kurstendenz verbunden sind und die ganz überwiegend positiven Erfahrungen, welche trotz verschiedener widriger weltwirtschaftlicher Umstände bisher im Zusammenhang mit dem Floating gesammelt werden konnten, sollten daher im Laufe der Zeit immer mehr der Bereitschaft Auftrieb geben, ein sehr hohes Maß an Wechselkursflexibilität zuzulassen. Daß die Bereitschaft allerdings schon in absehbarer Zeit so weit gehen wird, generell auf das Instrument der Wechselkurspolitik zugunsten eines Wechselkursautomatismus zu verzichten, erscheint jedoch als ziemlich ausgeschlossen.

H. Vorschläge für einen Ausbau des Bretton-Woods-Systems

Neben den beiden „radikalen“ Plänen zur Neugestaltung der internationalen Währungsbeziehungen, nämlich der Empfehlung einer Rückkehr zu den Prinzipien der klassischen Goldwährung beziehungsweise dem Ratschlag, nahezu frei schwankende Wechselkurse zu praktizieren, sind seit Ende der 1950er Jahre auch eine große Anzahl von „evolutionären“ Reformvorschlägen unterbreitet worden. Derartige Konzepte beschränken sich in der Regel darauf, die mangelhafte Funktionsfähigkeit des Bretton-Woods-Systems zu verbessern. Außerdem sind sie zumeist dadurch gekennzeichnet, daß nur bestimmte und nicht sämtliche Fehlentwicklungen im internationalen Geldwesen behoben werden sollen.

Die im Verlauf des allmählichen Zusammenbruchs des Bretton-Woods-Systems gemachten Erfahrungen zwingen zu der Einsicht, daß bei der Neugestaltung der Weltwährungsbeziehungen vorrangig jener währungstheoretischen Erkenntnis Genüge zu tun ist, welche besagt, daß jedwede währungspolitische Kompromißlösung zwischen einer zahlungsbilanzkonformen und einer konjunkturorientierten Wirtschaftspolitik in hohem Maße der Gefahr ausgesetzt ist, störungsanfällig zu sein und längerfristig unbefriedigend zu funktionieren. Wie die im Januar 1976 beschlossene und voraussichtlich Anfang 1978 in Kraft tretende zweite Statutenrevision erkennen läßt, herrscht bei den Trägern der internationalen Währungspolitik jedoch der Wille vor, an einer Reihe von typischen Kompromiß-Elementen des ursprünglichen IWF-Abkommens formell oder faktisch festzuhalten. Dies ist zweifellos auch darauf zurückzuführen, daß es beträchtliche nationale Auffassungsunterschiede im Hinblick darauf gibt, welchen beiden der drei Ziele der freien Konvertierbarkeit, der Wahrung gleichbleibender Kursrelationen und eines großen binnenwirtschaftspolitischen Spielraums künftig möglichst unverfälscht Geltung verschafft werden sollte. Daneben läßt das währungspolitische Verhalten mancher Länder darauf schließen, daß in der Praxis vielfach noch beträchtliche Widerstände gegen tiefgreifende Reformmaßnahmen bestehen.

Viele der in der Vergangenheit unterbreiteten Pläne, welche das Bretton-Woods-System in abgeänderter Form beibehalten wollen, können infolge der in der Realität mittlerweile eingetretenen Wandlungen nicht mehr als eine maßgerechte Lösung der heute insgesamt zu meisternden Aufgaben angesehen werden. Gleichwohl spielen die grundlegenden Ideen dieser Pläne — wenngleich oftmals in zeitgemäßer Ausgestaltung — auch in der gegenwärtigen Diskussion eine wichtige Rolle. Es kann daher an dieser Stelle nicht darauf verzichtet werden, sich im Lichte der inzwischen gesammelten währungspolitischen Erfahrungen mit den spezifischen Stärken und Schwächen einiger derjenigen Reformkonzepte zu befassen, welche eine graduelle Modifikation des IWF-Abkommens anstreben.

Der Mehrzahl der „evolutionären" Reformempfehlungen ist die Vorstellung gemeinsam, daß von einer längerfristig unzureichenden Versorgung der Weltwirtschaft mit internationalen Zahlungsmitteln ausgegangen werden muß. Bei allen Varianten von Reformansätzen dieses Genres geht es grundsätzlich darum, die Länder mit aktiver Zahlungsbilanz auf irgendeinem Wege dazu zu verpflichten, den Volkswirtschaften mit passiver Zahlungsbilanz die zur Defizitfinanzierung erforderlichen Mittel zur Verfügung zu stellen. Neben diesem Hauptziel sind derartige Pläne in der Regel noch mit weiteren Neugestaltungsvorschlägen verknüpft. Dies gilt auch für den zweiten Typus von „evolutionären" Reformempfehlungen, welche dadurch gekennzeichnet sind, primär die Anpassungsfähigkeit des Bretton-Woods-Systems verbessern zu wollen.

I. Vorschläge zur Lösung der Liquiditätsfrage

Weil bei völlig frei schwankenden Wechselkursen keine kursglättenden Devisenmarktinterventionen der Notenbanken erfolgen, gehen alle Vorschläge für eine „angemessene" Bereitstellung von internationalen Zahlungsmitteln davon aus, daß die Paritäten auch in Zukunft in irgendeiner Weise in engen oder weiten Grenzen manipuliert sein werden. In diesem Fall ist der Spielraum an nationaler wirtschaftspolitischer Autonomie, über den die Länder mit passiver Zahlungsbilanz verfügen, von der konkreten Regelung der Liquiditätsfrage abhängig.

Was eine Lösung des sogenannten Liquiditätsproblems in der Praxis erschwert, ist der Umstand, daß von den chronischen Defizitländern das bisherige Reservenwachstum als zu gering[1] angesehen wird, wäh-

[1] Die Ansicht, daß in der Vergangenheit die Schaffung von international verwendbaren Zahlungsmitteln hinter dem Bedarf zurückgeblieben ist, wird vor allem vom IWF vertreten. Hinsichtlich der dafür maßgeblichen Motive vgl. *Machlup*, F.: Die Pläne zur Reform des internationalen Geldwesens ..., a.a.O., S. 39. — *Harrod*, R. F.: World Reserves, in: *Bochud*, F. (Hg.): Fundamentale Fragen künftiger Währungspolitik, Basel und Tübingen 1965, S. 124. — *Küng*, E.: Die Versorgung der Weltwirtschaft mit Währungsreserven, a.a.O., S. 39.

rend von den Ländern mit einer permanent aktiven Zahlungsbilanz der Standpunkt vertreten wird, daß der vorhandene Bestand an internationalen Zahlungsmitteln bereits übermäßig[2] groß sei. Dagegen besteht in der Praxis weitgehende Übereinstimmung darin, daß sich die Schöpfung von zusätzlicher Liquidität künftig auf eine Weise vollziehen soll, welche vom menschlichen Willen bewußt gesteuert werden kann.

Die Vorschläge zur Lösung der Liquiditätsfrage lassen sich in drei Kategorien einteilen. Die erste Gruppe bilden solche Pläne, die eine beträchtliche Ausweitung der internationalen Liquidität zum Gegenstand haben. Mit diesem Ziel ist nicht nur ein Ausbau des Netzes verfügbarer Kreditfazilitäten vorgeschlagen worden, sondern auch eine Zentralisierung der internationalen Liquidität und der Reservenschöpfung sowie eine Erhöhung der Zahl der Reservewährungen. Bei der zweiten Art von Ansätzen zur Überwindung des sogenannten Liquiditätsproblems handelt es sich um Konzepte, die eine Anhebung des offiziellen Goldpreises befürworten, jedoch keine gleichzeitige Rückkehr zum klassischen Goldstandard anstreben. Ein dritter Lösungsansatz zielt darauf ab, die Versorgung mit amtlichen Reserven auf die Basis eines abstrakten Reservemediums zu stellen, wozu in Gestalt der Einführung der Sonderziehungsrechte bereits ein erster Schritt getan wurde.

1. Vorschläge zur Ausweitung der Kreditierungsmöglichkeiten von Defiziten

Vorschläge, welche auf eine Erweiterung des Kreditpotentials für Zahlungsbilanzzwecke abzielen, sind bereits seit Ende der 1950er Jahre unterbreitet worden. Ihnen allen liegt die Auffassung zugrunde, daß durch eine reichliche leihweise Bereitstellung von Währungsreserven die internationalen Ungleichgewichte abgebaut und künftig weitgehend vermieden werden könnten. Außerdem versprechen sich die Befürworter solcher Pläne von einer weiteren Erhöhung der internationalen Liquidität eine abschreckende Wirkung auf eine etwaige ungleichgewichtsverstärkende Währungsspekulation. Dies führte zu der Forderung, den nationalen Währungsbehörden so viele internationale Zahlungsmittel zur Verfügung zu stellen, daß sie im Falle aufkommender

---

[2] Dem Standpunkt von der Existenz eines globalen Reservenmangels sind in besonderem Maße L. A. *Hahn* und *Rueff* entgegengetreten. Die sog. globale Knappheit an internationaler Liquidität sei faktisch nichts anderes als ein Devisenmangel bestimmter chronischer Defizitländer. *Rueff* qualifiziert alle Pläne zur Ausweitung des Gesamt-Quantums an internationaler Liquidität als ‚Bewässerungsprojekte während der Sintflut' (*Rueff,* J.: Die Währungssünden der westlichen Welt, a.a.O., S. 150).

Vgl. im einzelnen *Hahn,* L. A.: Ein Traktat über Währungsreform, a.a.O., S. 4, 111 f. — *Rueff,* J.: Die Währungssünden der westlichen Welt, a.a.O., S. 127, 148 ff.

Währungsspekulation den Wechselkurs ihrer Währung so lange verteidigen können, bis die Spekulationswelle wieder abgeebbt ist. Außerdem wird von den Anhängern einer kontinuierlichen Erweiterung der Kreditfazilitäten auf die vergleichsweise einfache Realisierungsmöglichkeit dieser Reformmethode hingewiesen. Denn die Durchführung derartiger Pläne erfordert keine Revision des IWF-Abkommens, weil dieses im Hinblick auf eine Ausweitung des Volumens an Beistandskrediten eine „extensive ..." Auslegung „geradezu anbietet"[3].

a) Erweiterung der herkömmlichen Beistandskredite

Von den verschiedenen Vorschlägen für einen Ausbau der bi- und multilateralen Zahlungsbilanzkredite sollen nur diejenigen gestreift werden, die wegen ihrer grundsätzlichen Funktionsweise ein verbreitetes Echo gefunden haben. Diese Beschränkung erscheint auch deshalb vertretbar, weil als Folge der Einführung der Sonderziehungsrechte die Absicht der Liquiditätsausweitung mittlerweile in abgewandelter Form verfolgt wird.

aa) Die Pläne

Der Vorschlag von *Zolotas*[4] sieht vor, daß der IWF im Bedarfsfall bei den Mitgliedsländern mit aktiver Zahlungsbilanz im Rahmen einer vorab vereinbarten Kreditlinie goldgesicherte Anleihen aufnehmen kann. Auf diese Weise wird ein Teil der Reserven der Überschußländer reaktiviert, der sonst für Zahlungsbilanzzwecke stillgelegt geblieben wäre. Damit wird die Absicht verfolgt, dasjenige Kreditpotential des IWF zu vergrößern, welches dieser zur Abwehr der Währungsspekulation zur Verfügung stellen kann.

Demgegenüber empfahl *Jacobsson*[5], bei aufkommender Währungsspekulation schon frühzeitig vom Instrument der sogenannten Knapperklärung[6] Gebrauch zu machen. Die zur Abwehr einer Spekulationswelle notwendigen Zahlungsmittel werden ebenfalls im Rahmen vor-

---

[3] *Mertens de Wilmars*, J.: a.a.O., S. 49.

[4] Vgl. *Machlup*, F.: Die Pläne zur Reform des internationalen Geldwesens, a.a.O., S. 21, Fn. 1. — *Stobbe*, A.: Neuere Vorschläge zur Reform ..., a.a.O., S. 251 f. — *Veit*, O.: Golddevisenstandard ..., a.a.O., S. 230 f. — *Hexner*, E. P.: a.a.O., S. 210. — *Tichy*, G.: a.a.O., S. 187.

[5] Näheres vgl. *Jacobsson*, P.: Some Monetary Problems — International and National, London 1958. — *Machlup*, F.: Die Pläne zur Reform des internationalen Geldwesens, a.a.O., S. 21, Fn. 3, S. 22. — *Stobbe*, A.: Neuere Vorschläge zur Reform ..., a.a.O., S. 249 f.

[6] Art. VII IWF-Abkommen. Die Knapperklärung hat zur Folge, daß die Defizitländer dazu berechtigt sind, gegenüber dem Emissionsland der für ‚knapp' erklärten Währung Zahlungsverkehrskontrollen zu praktizieren. Von diesem satzungsmäßigen Instrument ist jedoch niemals Gebrauch gemacht worden.

sorglich abgeschlossener Beistandsabkommen zwischen dem IWF und seinen Mitgliedern bereitgestellt. Dabei soll ein gewisses Mitspracherecht der Gläubigerländer bei der Kreditgewährung gewährleistet bleiben.

Schließlich haben die Anregungen, welche *Bernstein*[7] zur Lösung des Liquiditätsproblems unterbreitet hat, große Beachtung gefunden. Seine Ideen können im übrigen als Vorläufer der später verwirklichten Sonderziehungsrechte gelten. Sein Vorschlag basiert darauf, die Länder mit aktiver Zahlungsbilanz zu verpflichten, einen Teil ihrer Überschußreserven dem IWF gegen goldgesicherte Schuldscheine zur Verfügung zu stellen. Diese Mittel sollen die Defizitländer bei spekulativen Devisenabflüssen gewissermaßen automatisch in Anspruch nehmen können. Im übrigen plädierte *Bernstein* dafür, die über die sogenannte Goldtranche hinausgehenden Kredittranchen beim IWF künftig ebenfalls bedingungslos zur Verfügung zu stellen.

bb) Beurteilung einer Ausdehnung der Kreditfazilitäten im Rahmen des Bretton-Woods-Systems

Für eine Beurteilung der von *Zolotas, Jacobsson, Bernstein* und mit geringfügigen Abweichungen auch von anderen Autoren vorgeschlagenen Therapie ist es vor allem ausschlaggebend, daß derartige Pläne auf eine bloße Ausweitung der im Kreditwege erlangbaren Devisenreserven beschränkt sind. Einen Beitrag zur Lösung des Anpassungsproblems und damit zur Erhöhung der wirtschaftspolitischen Disziplin der Welthandelsländer leisten diese Vorschläge dagegen nicht. Deshalb könnte im Realisierungsfalle von solchen Konzepten auch keine Überwindung der spezifischen Schwächen des Bretton-Woods-Systems erwartet werden.

Nach den bisher gemachten Erfahrungen kann ein Beistandskredit, der gewissermaßen automatisch in Anspruch genommen zu werden vermag, die Empfängerländer nur unzureichend dazu veranlassen, den dank derartiger Zahlungsbilanzhilfen gewonnenen Zeit- und Handlungsspielraum zu energischen Anpassungsmaßnahmen zu nutzen. Außerdem haben die Währungskrisen des letzten Jahrzehnts jedesmal den Beweis erbracht, daß unter Bretton-Woods-Bedingungen eine von hartnäckigen Defiziten in der Leistungsbilanz hervorgerufene Währungsspekulation auch dann nicht unter Kontrolle gebracht werden

---

[7] Vgl. *Bernstein,* E. M.: The Adaquacy of United States Gold Reserves, in: AER Vol. 51 (1961), PaP, Menasha, S. 445 f. — *Machlup,* F.: Die Pläne zur Reform des internationalen Geldwesens, a.a.O., S. 21, Fn. 2, S. 22. — *Issing,* O.: Leitwährung und internationale Währungsordnung, a.a.O., S. 252. — *Triffin,* R.: After the Gold Exchange Standard?, a.a.O., S. 195. — *Stobbe,* A.: Neuere Vorschläge zur Reform ..., a.a.O., S. 250 f.

kann, wenn dem in Schwierigkeiten befindlichen Land noch so reichlich bemessene Kreditlinien zur Verfügung stehen. Außerdem ist zu befürchten, daß eine Erweiterung und Erleichterung des Zugriffs auf Stützungskredite zur Folge hat, daß die zur Aufrechterhaltung fester Kursrelationen unumgängliche Kooperation zwischen den Währungsbehörden eher untergraben denn gefördert wird. Das Ergebnis von alledem wäre unweigerlich eine Verstärkung der internationalen monetären Ungleichgewichte, der internationalen Inflationserscheinungen sowie Fehlallokationen weltweiten Ausmaßes.

b) Zentralisierung der Währungsreserven und der Reservenschöpfung

Reformvorschläge, die eine bloße Ausweitung der Rückgriffsmöglichkeiten auf Devisenkredite bezwecken, können auf die Dauer keine störungsfreie Versorgung mit internationaler Liquidität gewährleisten. Diese Tatsache führte zur Rückbesinnung auf schon früher gemachte Vorschläge, die Fähigkeit zur Schöpfung von internationaler Liquidität in Analogie zu den Verhältnissen im einzelstaatlichen Geldwesen auf eine einzige übernationale Institution zu übertragen. Derartige Lösungen laufen darauf hinaus, dem IWF näherungsweise die Funktion einer Weltzentralbank zu übertragen, was allerdings dessen bisherigen Charakter in erheblicher Weise verändern würde.

Die zentrale Steuerung der Versorgung mit internationaler Liquidität soll dann generell dergestalt erfolgen, daß eine übernationale monetäre Institution durch den Erwerb von Forderungen oder von anderen Aktiva Sichtverbindlichkeiten schafft, welche von den nationalen Währungsbehörden als Mittel der Reservenhaltung akzeptiert werden. Auf diese Weise soll erreicht werden, daß die Verfügbarkeit von international verwendbaren Zahlungsmitteln weitgehend von Zufallseinflüssen frei gemacht wird. Unter den Währungsplänen dieser Kategorie sind die Vorschläge von *Keynes* und von *Triffin* die bekanntesten.

aa) Der *Keynes*-Plan

Ein Rückblick auf den *Keynes*-Plan von 1943 ist an dieser Stelle deshalb unerläßlich, weil er das Urmodell aller derjenigen Konzepte darstellt, welche das internationale Geldwesen von einer globalen Zentralbehörde aus regulieren wollen. Da über den von *Keynes*[8] unterbreiteten Vorschlag und seine Beurteilung ein umfangreiches Schrifttum[9] exi-

[8] Hinsichtlich Einzelheiten vgl. *Keynes*, J. M.: The International Clearing Union, in: *Harris*, S. E. (Hg.): The New Economics, 5. Aufl., New York 1952, S. 360 ff.

[9] z. B. *Machlup*, F.: Die Pläne zur Reform des internationalen Geldwesens, a.a.O., S. 28 ff. — *Triffin*, R.: Wegweiser vom Währungswirrwarr . . ., a.a.O.,

stiert, können die folgenden Ausführungen auf das Grundsätzliche beschränkt werden.

α) Das Konzept des Keynes-Plans

Das besondere Merkmal des *Keynes*-Plans besteht in der Schaffung einer internationalen Clearing-Union. Diese wird von einer internationalen Behörde getragen, welche die aus dem internationalen Leistungsaustausch der Mitgliedsländer resultierenden Forderungen und Verbindlichkeiten gegeneinander aufrechnet. Die Mitgliedsländer verpflichten sich im voraus, zum Ausgleich von Aktivsalden im gegenseitigen Außenwirtschaftsverkehr auf die Forderung der Übertragung einer entsprechenden Goldmenge zu verzichten und stattdessen Gutschriften auf ihrem Konto bei der gemeinsamen Clearing-Instanz zu akzeptieren. Für das als Recheneinheit und als Mittel des internen Spitzenausgleichs geschaffene künstliche internationale Buchgeld wurde die Bezeichnung „Bancor" gewählt. Die Einheit des nicht obligatorisch in Gold konvertierbaren und nur im Verkehr unter Zentralnotenbanken verwendbaren Bancor ist als ein bestimmtes Goldquantum definiert. Ferner werden prinzipiell feste Wechselkurse unterstellt. Bei einem langanhaltenden Zahlungsbilanzungleichgewicht kann das betreffende Land jedoch die Parität seiner Währung ändern.

Bancor-Guthaben können von der globalen Clearingbehörde nicht selbständig geschöpft werden. Sie entstehen allein durch Zahlungsbilanzdefizite der beteiligten Länder. Weist ein Land ein Defizit im internationalen Leistungsaustausch auf, so wird seiner Zentralnotenbank von der Clearinginstanz automatisch ein auf Bancor lautender Überziehungskredit eingeräumt. Die maximale Verschuldungshöhe jedes Teilnehmerlandes ist schon im voraus auf drei Viertel des nationalen Außenhandelsvolumens beschränkt. Diese Grenze kann im Bedarfsfall nach unten oder oben revidiert werden. Auf das von der Zentralinstanz eingeräumte Bancor-Guthaben kann das Defizitland bedingungslos zurückgreifen, um seine Verpflichtungen gegenüber den Überschußländern zu finanzieren. Die multilaterale Clearingzentrale nimmt somit keinen Einfluß auf die Wirtschaftspolitik der beteiligten Länder. Ebenso unterläßt sie es, auf eine internationale Abstimmung der einzelstaatlichen Wirtschaftspolitik hinzuwirken.

S. 115 ff. — *Halm*, G. N.: Probleme der Leitwährung, in: SchmJb 82. Jg. (1962 II), Berlin, S. 666, 673. — *Issing*, O.: Leitwährung und internationale Währungsordnung, a.a.O., S. 273 ff. — *Jarchow*, H.-J.: Die gegenwärtige währungspolitische Situation ..., a.a.O., S. 157. — *Veit*, O.: Grundriß ..., a.a.O., S. 721.

β) Die Beurteilung des Keynes-Plans

Zunächst muß gesehen werden, daß die zur Realisierung des *Keynes*-Plans notwendige Übertragung von nationalen Souveränitätsrechten auf eine globale Clearing-Institution einstweilen außerhalb des Bereichs des politisch Möglichen liegt. Abgesehen davon weist eine nach *Keyness*chen Vorstellungen konzipierte Weltwährungsordnung auch eine Reihe ökonomischer Unzulänglichkeiten auf. Insbesondere ist hervorzuheben, daß der *Keynes*-Plan keinerlei Vorkehrungen vorsieht, die einen verläßlichen Schutz dagegen bieten, daß die theoretisch unbegrenzte Kreditschöpfungsfähigkeit der Clearing-Behörde zu einer globalen Inflationsbegünstigung führt. Ferner ist eingewandt[10] worden, daß die Schaffung von Bancor nicht ausschließe, daß die Notenbanken auch weiterhin Devisenguthaben zum Zwecke des Zahlungsbilanzausgleichs unterhalten würden. Außerdem ist zu bemängeln, daß die automatische Kreditierung von Zahlungsbilanzdefiziten die Gefahr eines Liquiditätsengpasses nur solange bannen kann, wie sich die Überschußländer an die bedingungslose Annahmepflicht von Bancor-Gutschriften und die Zusicherung halten, auf die Begleichung von Forderungen im Wege von Goldübertragungen verzichten zu wollen. Auf längere Sicht ist eine solche Verhaltensweise jedoch nur wenig wahrscheinlich. Denn im Laufe der Zeit muß es zu irreversiblen Ungleichgewichten[11] kommen, weil die Defizitländer sich solange der erforderlichen Anpassungsmaßnahmen zu enthalten vermögen, wie sie auf eine weitere automatische Kreditierung ihrer Passivsalden vertrauen können.

bb) Der *Triffin*-Plan

Findet neben dem Währungsgold zugleich auch nationales Geld als Mittel der amtlichen Reservenhaltung Verwendung, so sind die Weltwährungsbeziehungen auf lange Sicht dazu verurteilt, entweder an einer Vertrauenskrise gegenüber der Reservewährung oder aber daran zu zerbrechen, daß es als Folge einer Vorbeugung gegen einen solchen Zusammenbruch zu einem globalen Liquiditätsmangel kommt. Auf das Bestehen dieses Dilemmas ist schon frühzeitig von *Triffin*[12] mit Nachdruck hingewiesen worden. Ferner leitete *Triffin* aus dieser Erkenntnis die Forderung[13] ab, daß die internationale Liquiditätsversorgung un-

[10] Vgl. *Triffin,* R.: Gold and the Dollar Crisis ..., a.a.O., S. 102.

[11] Diese Befürchtung wird auch durch die seinerzeitige Entwicklung der EZU gestützt. Infolge der weitgehend automatischen Defizitkreditierung sind seinerzeit chronische Gläubiger- und Schuldnerpositionen entstanden. Vgl. hierzu *Kruse,* A.: Außenwirtschaft, a.a.O., S. 264. — *Dürr,* E.: a.a.O., S. 81.

[12] Vor allem in *Triffin,* R.: Gold and the Dollar Crisis ..., a.a.O., S. 8 ff., 63, 67 f., 87 f. — *Ders.:* Europe and the Money Muddle, New Haven and London 1957, S. 297 f.

[13] Daselbst, S. 70 f., 89.

verzüglich auf eine neue Grundlage gestellt werden müsse, wenn eine Wiederholung des in den Jahren 1930/31 erfolgten Zusammenbruchs des internationalen Geldwesens vermieden werden solle. Bei der Suche nach einem Abhilfevorschlag hat *Triffin* den Gedanken einer kontrollierten Reservenschöpfung durch eine supranationale Emissionsinstanz aufgegriffen und weiterentwickelt. Das von *Triffin*[14] vorgeschlagene Konzept, das eine Umwandlung des IWF in eine zentralbankähnliche internationale Währungsbehörde vorsieht, ist vermutlich derjenige Reformplan, welcher sowohl in der Wissenschaft als auch in der Währungspraxis am meisten diskutiert worden ist.

α) Das Konzept des Triffin-Plans

Im Unterschied zum *Keynes*-Plan schwebt es *Triffin* vor, daß der Aufgabenbereich der monetären Zentralinstitution nicht auf die passive Gewährung von Zahlungsbilanzkrediten beschränkt bleiben soll. Analog den Verhältnissen innerhalb einer Volkswirtschaft soll die supranationale Geldbehörde mit der Fähigkeit zur Emission marktgängiger Schuldtitel ausgestattet sein. Im Zusammenhang hiermit soll es dem IWF neuer Prägung gestattet sein, im Wege von Offenmarktoperationen auf den Kreditmärkten der Mitgliedsländer aktive Reservenschöpfungspolitik zu betreiben[15]. Um die beim *Keynes*-Plan gegebene Gefahr einer globalen inflatorischen Entwicklung auszuschließen, ist eine Begrenzung des jährlichen Wachstums der internationalen Liquidität auf 3 - 5 %[16] vorgesehen[17].

Die Realisierung des *Triffin*-Plans läuft auf eine Umwandlung des IWF in eine zentrale Emissionsbank für international verwendbare Zahlungsmittel hinaus. Der Übergang zu der von *Triffin* vorgeschlagenen internationalen Währungsordnung soll dadurch erfolgen, daß alle Mitgliedsländer zunächst einen Teil ihrer Gold- und Devisenreserven auf den im *Triffin*schen Sinne umgestalteten IWF übertragen. Im

---

[14] Bezüglich der Einzelheiten vgl. *Triffin*, R.: Gold and the Dollar Crisis ..., a.a.O., S. 87 ff. — *Ders.:* Wegweiser vom Währungswirrwarr, a.a.O., S. 238 ff., 257 ff., 304 ff. — *Ders.:* Die Währungsordnung des XX. Jahrhunderts, a.a.O., S. 161 ff. — *Donner*, O.: Der derzeitige Stand der Diskussion über eine Reform des internationalen Währungssystems, in: *Schneider*, E. (Hrsg.): Internationale Währungsprobleme, Tübingen 1966, S. 83 f.

[15] Vgl. *Triffin*, R.: Gold and the Dollar Crisis ..., a.a.O., S. 11, 117.

[16] Die genaue Höhe des jährlichen Wachstums der internationalen Liquidität dürfte möglicherweise von untergeordneter Bedeutung sein. Nach den Auffassungen der sog. monetaristischen Schule ist die Konstanz der monetären Expansionsrate wichtiger für die Aufrechterhaltung des ökonomischen Gleichgewichts als ihre präzise Höhe. Vgl. hierzu *Pauly*, P.: Monetarismus versus Fiskalismus — Theorie und empirische Evidenz, in: Wirtschaftsdienst 54. Jg. (1974), Hamburg, S. 375.

[17] Vgl. *Triffin*, R.: Gold and the Dollar Crisis ..., a.a.O., S. 11, 103.

Gegenzug räumt der IWF neuer Art den nationalen Zentralnotenbanken ein entsprechend hohes goldgarantiertes (kursgarantiertes) und verzinsliches Guthaben in einer abstrakten Reserveeinheit ein[18]. Die IWF-Guthaben können wie Gold jederzeit zum Zahlungsbilanzausgleich verwendet werden, da alle Mitglieder zur Annahme verpflichtet sind. Um sein Konzept in Gang zu setzen, hielt *Triffin* aus damaliger Sicht eine obligatorische Zusammenlegung von 20 Prozent aller nationalen Währungsreserven für ausreichend[19]. Durch sukzessive Anhebung dieses Anteils könnten dann nach und nach die Reservewährungen und sogar das Gold aus den internationalen Währungsbeziehungen eliminiert und durch Sichtguthaben beim modifizierten IWF ersetzt werden. Die von der internationalen Währungsbehörde im Zuge damit erworbenen Dollar- und Sterling-Sichtverbindlichkeiten würden dann in langfristig fällige Schulden der USA beziehungsweise Großbritanniens umgewandelt werden. Die Tilgung könne nach Maßgabe einer späteren Aktivierung der Zahlungsbilanz dieser Länder sowie im Zusammenhang mit der zentralisierten Liquiditätsschöpfung durch allmählichen Umtausch in IWF-Guthaben erfolgen[20].

Ferner schwebt es *Triffin* vor, daß der laufende Zahlungsbilanzausgleich im Wege von Umbuchungen der beim reformierten IWF unterhaltenen Guthaben erfolgt. Reicht die Reservenposition eines Landes zur Abdeckung seiner außenwirtschaftlichen Defizite nicht aus, so erhält es vom IWF einen Kredit zur Verfügung gestellt. Das Wachstum der insgesamt gewährten Kredite ist jedoch durch die schon beschriebene Regelung der jährlichen Liquiditätsvermehrung begrenzt. Übersteigen die IWF-Guthaben eines Landes denjenigen Teil seiner Reserven, welcher obligatorisch beim IWF zu unterhalten ist, so soll es zulässig sein, eine Goldkonversion[21] dieses Überschusses zu verlangen.

β) Die Beurteilung des Triffin-Plans

Von den Befürwortern des *Triffin*-Planes werden neben der für möglich gehaltenen praktischen Realisierbarkeit[22] im wesentlichen zwei[23] Vorzüge hervorgehoben. Der eine bezieht sich darauf, daß die Währungsreserven in einem internationalen Zahlungsmittel und nicht in nationalen Währungen gehalten werden. Die für das Bretton-Woods-

---

[18] Vgl. *Triffin,* R.: Gold and the Dollar Crisis ..., a.a.O., S. 10, 102 f.

[19] Vgl. daselbst, S. 10, 107 ff., 113 ff.

[20] Vgl. daselbst, S. 12, 106, 110 f.

[21] Vgl. daselbst, S. 10, 106.

[22] Vgl. daselbst, S. 101.

[23] Näheres bei *Triffin,* R.: After the Gold Exchange Standard?, a.a.O., S. 196 f. — Vgl. auch *Machlup,* F.: Die Pläne zur Reform des internationalen Geldwesens, a.a.O., S. 27, Fn. 2.

System typische Gefahr einer Vertrauenskrise und eines spekulativen Runs gegen die Reservewährung[24] sei dadurch wirksam ausgeschlossen. Dem muß jedoch entgegengehalten werden, daß die These von der Unmöglichkeit einer Vertrauenskrise zumindest so lange nicht stichhaltig ist, wie den Überschußländern zugestanden wird, diejenigen beim IWF bestehenden Guthaben in Gold konvertieren zu können, welche über den satzungsmäßigen Pflichtteil hinausgehen.

Das zweite Positivum des *Triffin*-Plans wird vielfach darin erblickt, daß die gefährliche Abhängigkeit der Reservenversorgung vom Wachstum der monetären Goldbestände und von der Entwicklung der amerikanischen Zahlungsbilanz beendet[25] wird. Stattdessen sei es möglich, durch eine kontrollierte Kreditgewährung an die Mitgliedsländer und durch den flexiblen Einsatz des Mittels der Offenmarktpolitik eine rationale Liquiditätssteuerung entsprechend den weltwirtschaftlichen Erfordernissen zu betreiben. Dieser Optimismus muß jedoch einstweilen als verfrüht gelten, weil die Verwirklichung einer rationalen globalen Liquiditätspolitik vor der Tatsache steht, daß eine objektive Bezifferung des Reservenbedarfs bisher nicht hinreichend genau möglich ist. Eine Steuerung der internationalen Liquidität, welche die Forderung nach Gewährleistung eines globalen wirtschaftlichen Gleichgewichts erfüllt, kann daher vorläufig nur zufällig erreicht werden.

Daneben muß es aufgrund weiterer möglicher Einwände als zweifelhaft gelten, daß eine nach Vorbild des *Triffin*-Plans gestaltete Weltwährungsordnung die Forderung nach langfristiger Stabilität zu erfüllen vermag. Und zwar kann trotz der satzungsmäßigen Festlegung eines Spielraums für die zulässige jährliche Reservenschöpfung keineswegs die Gefahr ausgeschlossen werden, daß internationale Inflationsprozesse ausgelöst werden. Die Überschußländer sind nämlich faktisch gezwungen, den Mitgliedern mit passiver Zahlungsbilanz jederzeit Kredit einzuräumen[26]. Denn eine etwaige Koppelung der Kreditgewährung an die Pflicht, die zur Rückkehr zum Zahlungsbilanzgleichgewicht notwendigen wirtschaftspolitischen Maßnahmen ergreifen zu müssen, kann nicht von den Gläubigerländern, sondern allein vom IWF neuer Art gefordert werden. Eine weitgehend automatische Finanzierung von Zahlungsbilanzdefiziten und die dadurch mögliche Verzögerung von Maßnahmen zur Ungleichgewichtsbehebung muß sich aber unvermeid-

---

[24] Vgl. *Triffin*, R.: Gold and the Dollar Crisis ..., a.a.O., S. 12.

[25] Daselbst, S. 12, 110 f.

[26] Näheres vgl. *Lutz*, F. A.: Bemerkungen zum Problem der internationalen Währungsordnung, in: Ordo 13. Bd. (1962), Düsseldorf und München, S. 117 f. — *Ders.:* Das Problem des internationalen wirtschaftlichen Gleichgewichts, a.a.O., S. 56. — *Hahn*, L. A.: Ein Traktat über Währungsreform, a.a.O., S. 111.

lich inflationsfördernd auswirken. Würde die Weltwährungsordnung im Sinne des *Triffin*-Plans gestaltet werden, so ergibt sich eine weitere globale Inflationsgefahr daraus, daß sich ein Überschußland nur dann einer zwangsweisen Kreditgewähr entziehen kann, wenn es eine Inlandsinflation herbeiführt, die über dem Durchschnitt seiner Haupthandelspartner liegt.

Neben der faktisch weitgehend automatischen Kreditgewährung an Defizitländer steht einer befriedigenden Lösung der Anpassungsfrage ein weiteres Hemmnis entgegen. Dieses hängt damit zusammen, daß die Entscheidungen über die jährliche Änderung des Bestands an Währungsreserven einem internationalen Gremium übertragen sind. Erfahrungsgemäß[27] bietet ein solches Procedere weder die Gewähr für rasche Anpassungen noch für eine zuverlässige Vermeidung einer inflatorisch wirkenden Liquiditätspolitik. Wegen der Dauer und der Kompliziertheit von internationalen Mehrheitsentscheidungen muß insbesondere die Frage, ob der *Triffin*-Plan einen störungsfrei arbeitenden Anpassungsmechanismus zu gewährleisten vermag, mit großer Skepsis beurteilt werden.

Insgesamt gesehen ist anzuerkennen, daß der *Triffin*-Plan hinsichtlich der Aufgabe einer rationalen Steuerung der internationalen Liquidität eine gedanklich attraktive Lösung anbietet. Ob allerdings die verschiedenen, dazu notwendigen Voraussetzungen in der Praxis sämtlich bestehen oder geschaffen werden können, vermag durchaus angezweifelt zu werden. Es ist daher auch kaum zu erwarten, daß es gelingt, der im Bretton-Woods-System bestehenden institutionellen Begünstigung weltweiter Inflation ein wirksames Ende zu setzen. Andererseits kann der *Triffin*-Plan für sich in Anspruch nehmen, daß durch die Zentralisierung eines beträchtlichen Teils der nationalen Währungsreserven und die sukzessive Umwandlung von amtlichen Devisenguthaben in internationales Buchgeld die Regelung der Dollarfrage einer geschlossenen, wenn auch gerade bezüglich der späteren Tilgung der amerikanischen Auslandsschulden gewiß nicht unumstrittenen Lösung zugeführt wird. Im übrigen vermag das von *Triffin* präsentierte Konzept eine befriedigende Überbrückung kurzfristig vorübergehender Zahlungsbilanzdefizite zu gewährleisten. Für eine dauerhafte Wahrung störungsfreier Weltwährungsbeziehungen ist jedoch vor allem die zuverlässige Beherrschung der allfälligen strukturell bedingten Ungleichgewichte im internationalen Zahlungsverkehr von ausschlaggebender Bedeutung. Gerade im Hinblick auf diesen entscheidenden Punkt gibt der Vorschlag von *Triffin* jedoch zu ökonomisch begründeten Beden-

[27] Vgl. *Rueff*, J.: Die Währungssünden der westlichen Welt, a.a.O., S. 92. — *Haberler*, G.: Einige Bemerkungen ..., a.a.O., S. 67.

ken prinzipieller Art Anlaß. Denn er beinhaltet keinen frühzeitig in Gang kommenden und faktisch wirksamen Zwang zum Zahlungsbilanzausgleich. Der Hauptmangel des ursprünglichen Bretton-Woods-Standards, nämlich das Auftreten starker und langandauernder Zahlungsbilanzungleichgewichte sowie das Bestehen einer asymmetrischen Verteilung der Anpassungslasten zuungunsten der Überschußländer kann somit im Wege einer Verwirklichung des *Triffin*-Plans zumindest nicht in grundlegender Weise behoben werden.

cc) Weitere Vorschläge für eine Zentralisierung der internationalen Liquiditätsschöpfung

Im Laufe der Zeit ist eine Reihe von Varianten des Vorschlags, den IWF in Richtung einer globalen monetären Zentralinstanz auszubauen, hervorgebracht worden. Die vom Grundsätzlichen her wichtigsten Typen sollen im folgenden hinsichtlich ihrer Besonderheiten kurz diskutiert werden.

α) Das besondere Charakteristikum des sogenannten *Stamp*-Plans[28] besteht in der Empfehlung, die zentrale Schöpfung von internationalen Zahlungsmitteln mit der Entwicklungshilfe zu koppeln. Dieser 1961 unterbreitete Vorschlag nimmt die Grundelemente des später im Zusammenhang mit der Emission von neuen Sonderziehungsrechten angeregten sogenannten Link bereits vorweg.

β) Ferner sind verschiedene Pläne einer internationalen Warenreservewährung entwickelt worden[29]. Bei dieser Form eines Ausbaus des IWF zu einer monetären Zentralinstanz werden die emittierten Schuldtitel zum Erwerb von Rohstoffen verwendet. Davon verspricht man sich einerseits eine Abschwächung der Einnahmeschwankungen der rohstofferzeugenden Entwicklungsländer. Zweitens sollen auf diesem Wege die politischen Schwierigkeiten umgangen werden, die mit dem geldpolitischen Souveränitätsverzicht im Zuge einer globalen Poolung der Währungsreserven verbunden sind. Aus zahlreichen Gründen[30] muß es jedoch als ausgeschlossen gelten, daß in der Praxis auf

---

[28] Näheres zum STAMP-Plan und seiner Beurteilung vgl. *Machlup,* F.: Die Pläne zur Reform des internationalen Geldwesens, a.a.O., S. 35 f. — *Issing,* O.: Sonderziehungsrechte als Instrument der Entwicklungshilfe?, a.a.O., S. 254. — *Johnson,* H. G.: Beiträge zur Geldtheorie und Geldpolitik, a.a.O., S. 320 f. — *Stobbe,* A.: Neuere Vorschläge zur Reform ..., a.a.O., S. 253.

[29] Näheres hierzu vgl. *Harrod,* R. F.: Möglichkeiten zur Erhöhung der internationalen Liquidität, in: Außenwirtschaft 16. Jg. (1961); Zürich und St. Gallen, S. 171. — *Johnson,* H. G.: Beiträge zur Geldtheorie und Geldpolitik, a.a.O., S. 324 ff.

[30] Im einzelnen beschrieben bei *Johnson,* H. G.: Beiträge zur Geldtheorie und Geldpolitik, a.a.O., S. 329 ff.

diese Weise eine funktionsfähige internationale Währungsordnung geschaffen werden kann.

γ) Daneben ist *Meade*[31] mit dem Vorschlag hervorgetreten, den IWF zu einem globalen Währungsausgleichsfonds auszubauen. Dies soll auf dem Wege geschehen, daß die Mitgliedsländer ihre sämtlichen Währungsreserven auf den IWF übertragen. Die Zentralnotenbanken erhalten im Gegenzug eine äquivalente Menge von Goldzertifikaten. Diese vom IWF ausgegebenen Titel verkörpern das einzige weltweit existierende Reservemittel. Außerdem besteht noch ein weiterer Unterschied zu den anderen Plänen, welche auf eine Zentralisierung des internationalen Geldwesens gerichtet sind. Und zwar unterstellt *Meade* flexible Wechselkurse, deren kurzfristige Schwankungen durch Devisenmarkt-Interventionen des diesbezüglich legitimierten IWF geglättet werden. Als Folge davon genießen die einzelnen Länder den Vorzug einer sehr weitreichenden wirtschaftspolitischen Autonomie, während der IWF die alleinige Herrschaft über die globale Versorgung mit internationaler Liquidität besitzt. Dadurch wird im *Meade*schen Konzept, anders als in einem ähnlichen Vorschlag von *Jöhr*[32], ein Gegeneinander-Intervenieren[33] der verschiedenen nationalen Währungsbehörden wirksam unterbunden.

Der entscheidende Mangel des von *Meade* unterbreiteten Vorschlags bezieht sich auf dasjenige Teilmerkmal, das prinzipiell dem gegenwärtig vom IWF angestrebten „managed floating" entspricht. Und zwar handelt es sich um den Einwand, daß es völlig ausgeschlossen ist, daß das mit der Durchführung der Interventionsaktivitäten des Zentralfonds beauftragte Gremium im voraus erkennen kann, ob eine aktuelle Wechselkursveränderung eine vorübergehende Schwankung oder die Einleitung einer langfristig sinnvollen Paritätsverschiebung darstellt[34].

---

[31] Vgl. *Meade*, J. E.: Die Zukunft des internationalen Handels- und Zahlungsverkehrs, a.a.O., S. 370 ff. — *Frowen*, S. F.: Wechselkursflexibilität und das Weltwährungssystem, in: KuK 2. Jg. (1969), Berlin, S. 381.

[32] Vgl. *Jöhr*, W. A.: Zwei Vorschläge zur Neugestaltung der internationalen Währungsordnung, in: Außenwirtschaft 27. Jg. (1972), Zürich und St. Gallen, S. 158 ff.

[33] Beim Vorhandensein einzelstaatlicher Währungsausgleichsfonds muß schon deshalb von einem Gegeneinander-Intervenieren ausgegangen werden, weil die wirtschaftliche Zukunftsentwicklung von den einzelnen Ländern stets unterschiedlich eingeschätzt wird.

Ferner besteht die Gefahr eines Mißbrauchs der nationalen Währungsausgleichsfonds zu konjunkturpolitischen Zwecken. Die Erfahrungen aus den frühen 1930er Jahren belegen dies auf anschauliche Weise. Vgl. *Veit*, O.: Grundriß ..., a.a.O., S. 135 ff. — *Kruse*, A.: Außenwirtschaft, a.a.O., S. 216 f. — *Issing*, O.: Leitwährung und internationale Währungsordnung, a.a.O., S. 308.

[34] Vgl. *Küng*, E.: Zahlungsbilanzpolitik, a.a.O., S. 555 ff. — *Richebächer*, K.: a.a.O., S. 58.

Allein wegen der Gefahr, daß ökonomisch notwendige Paritätsanpassungen vereitelt werden können, muß eine Realisierung des *Meade*-Plans als bedenklich angesehen werden. Diese Auffassung wird noch dadurch untermauert, daß bei einer Fehleinschätzung der Kursentwicklung dank der internationalen Reservenzusammenlegung ein erheblich größeres Mittelvolumen zur Verteidigung eines unrealistisch gewordenen Wechselkurses als im Bretton-Woods-System eingesetzt werden könnte.

δ) Eine besondere Variante der Idee einer zentralgesteuerten Versorgung mit internationaler Liquidität stammt von *Issing*[35]. Dieser erörtert die Möglichkeit, das Konzept einer zentralbankähnlichen globalen Währungsbehörde mit der Regelung zu verbinden, daß in allen Mitgliedsländern der nationale Geldumlauf in einem gesetzlich festgelegten Verhältnis zur Änderung des nationalen Reservenbestandes gesteuert wird. *Issing* räumt selbst ein, daß die Realisierungsabsicht eines derartigen Vorschlages den gleichen praktischen Widerständen wie eine Wiedereinführung der klassischen Goldwährung ausgesetzt ist. Außerdem muß gesehen werden, daß dieses Konzept eine so weitreichende internationale Bereitschaft zur Wahrung stabiler Preise voraussetzt, wie sie gegenwärtig nicht vorhanden ist.

dd) Die Tauglichkeit einer monetären Zentralinstanz für die Lösung der gegenwärtigen Weltwährungsfragen

Die Anhänger einer globalen Zentralisierung der Steuerung der internationalen Liquidität können darauf hinweisen, daß als Folge der sogenannten Allgemeinen Kreditvereinbarungen[36] und der Sonderziehungsrechte bereits eine gewisse Erweiterung des ursprünglichen Aufgabenbereichs des IWF in Richtung desjenigen einer supranationalen Zentralnotenbank[37] eingetreten ist. Es ist jedoch anzuzweifeln, daß die vom Bretton-Woods-System hinterlassenen Probleme schon in absehbarer Zeit im Wege einer Zentralisierung des internationalen Geldwesens überwunden werden können. Dieses Urteil ist allein schon eine Konsequenz der diversen Einwände, welche sich bei der Erörterung der vorstehend behandelten Pläne ergeben haben. Diesbezüglich sind die unbefriedigende Lösung der Anpassungsfrage sowie die vorläufige

---

[35] Vgl. *Issing*, O.: Leitwährung und internationale Währungsordnung, a.a.O., S. 337 ff., 340 f., 346 f. — Ders.: Zentrale Versorgung mit internationaler Liquidität, Sonderziehungsrechte und Inflation, in: Ordo 22. Bd. (1971), Düsseldorf und München, S. 280 ff.

[36] Vgl. oben S. 62, Fn. 36.

[37] Vgl. hierzu auch *Veit*, O.: Golddevisenstandard ..., a.a.O., S. 240. — *Holzheu*, F.: Entwickelte sich der Internationale Währungsfonds in Richtung auf eine Zentralbank? Theoretische Aspekte der Sonderziehungsrechte, in: JNSt 186. Bd. (1971/72), Stuttgart, S. 141 ff., 148.

Nicht-Existenz eines verläßlichen Maßstabs für den Bedarf an internationaler Liquidität besonders gravierend.

Die etwaige Schaffung einer zentralbankähnlichen internationalen Währungsbehörde wirft auch verschiedene Fragen von übergeordneter Natur auf. So ergibt sich aus den Aussagen der Theorie vom sogenannten optimalen Währungsraum[38], daß die Errichtung einer Weltzentralbank unter den weltwirtschaftlichen Bedingungen der Gegenwart und der absehbaren Zukunft als nicht ratsam erscheint.

Außerdem ist es utopisch, von einer Konzentration der internationalen Geldpolitik einen ungestörten Ablauf des zwischenstaatlichen Zahlungsverkehrs zu erwarten, solange die übrigen wirtschaftspolitischen Maßnahmen unter dem Vorzeichen nationaler Eigenständigkeit ergriffen werden können. Die Erfahrungen mit der in Angriff genommenen währungspolitischen Integration im Rahmen der EWG dokumentieren dies auf schlagende Weise. Außerdem widerspricht eine supranationale Liquiditätspolitik der allseits an die künftige Weltwährungsordnung gestellten Forderung nach weitgehender einzelstaatlicher Autonomie in der Konjunkturpolitik. Schließlich muß gesehen werden, daß die mit einer Internationalisierung von geldpolitischen Hoheitsrechten verbundene Souveränitätsbeschränkung vorläufig nicht politisch durchsetzbar ist.

c) *Multi-Devisen-Standard*

Die Pläne zur Überwindung der im Bretton-Woods-System bestehenden langfristigen Instabilität der Liquiditätsversorgung sind nicht auf die Vorschläge zugunsten einer Ausweitung der Kreditfazilitäten oder der Errichtung einer globalen Zentralinstanz zur Steuerung der Versorgung mit Währungsreserven beschränkt geblieben. Ein dritter Typus ist durch die Absicht gekennzeichnet, das sogenannte Liquiditätsproblem durch eine Erhöhung der Anzahl der Reservewährungen in den Griff zu bekommen. Die Idee einer solchen Verbreiterung der Liquiditätsbasis des Bretton-Woods-Systems ist zuerst von *Lutz*[39] und von *Posthuma*[40] als Folge der Erfahrungen mit den sogenannten Swap-

---

[38] Wegen der Einzelheiten vgl. z. B. *Mundell,* R. A.: A Theory of Optimal Currency Areas, in: AER Vol. 51 (1961), Menasha, S. 657 ff. — *McKinnon,* R. I.: Optimum Currency Areas, in: AER Vol. 53 (1963), Menasha, S. 717 ff. — *Giersch,* H.: On the Desirable Degree of Flexibility of Exchange Rates, in: WWA Bd. 109 (1973), Tübingen, S. 191 ff.

[39] Näheres vgl. *Lutz,* F. A.: Das Problem des internationalen wirtschaftlichen Gleichgewichts, a.a.O., S. 49 ff., 57 ff. — Ders.: Das Problem der internationalen Liquidität und das System der mehrfachen Reservewährungen, in: *Hunold,* A. (Hg.): Inflation und Weltwährungsordnung, Zürich und Stuttgart 1963, S. 84 ff.

[40] Näheres vgl. *Posthuma,* S.: Wandlungen im internationalen Währungssystem, a.a.O., S. 17 ff.

Vereinbarungen[41] angeregt worden. Mit der Verwirklichung eines Multi-Devisen-Standards sollen zugleich die politischen Komplikationen umgangen werden, welche mit der vom *Triffin*-Plan angeregten weltweiten Zusammenlegung der nationalen Währungsreserven verbunden sind. Weil manches[42] darauf hindeutet, daß seit Anfang der 1970er Jahre von einigen Ländern eine Reservenpolitik betrieben wird, welche dem Entstehen eines Multi-Devisen-Standards tendenziell Vorschub leistet, ist die Behandlung seiner Wirkungen auch von aktuellem Interesse.

Eine Besonderheit des multiplen Reservewährungsstandards besteht darin, daß sich ein derartiges Konzept nicht durch internationale Beschlußfassung realisieren läßt. Eine solche Weltwährungsordnung kann nur dadurch entstehen, daß sie sich allmählich von selbst entwickelt. Dies ist dadurch bedingt, daß eine Währung mehrere nur schwer realisierbare Merkmale aufweisen muß, damit fremde Zentralnotenbanken bereit sind, sie als Mittel der Reservenhaltung zu verwenden. Und zwar werden die Zentralnotenbanken für etwaige spätere Interventionszwecke bevorzugt solche Währungen aufbewahren, deren Wertbeständigkeit und deren allseitige Annahmebereitschaft als jederzeit gegeben angesehen werden kann. Dies setzt voraus, daß die betreffende Währung im internationalen Handels- und Zahlungsverkehr als Transaktionswährung (Recheneinheit) besonders weit verbreitet ist. Ferner hat ihre Konvertierbarkeit zum bestehenden Wechselkurs[43] auch langfristig als zweifelsfrei zu gelten (Wertaufbewahrungstauglichkeit). Außerdem muß das Reservewährungsland über einen leistungsfähigen

---

[41] Swap-Vereinbarungen werden stets zwischen zwei verschiedenen Zentralnotenbanken für eine bestimmte Dauer abgeschlossen. Diese gewähren einander für den Eventualfall einer spekulativen Störung eine jeweils gleichgroße Kreditlinie in eigener Währung, welche bei Bedarf unverzüglich in Anspruch genommen werden kann. Näheres vgl. *Spanner,* R.: a.a.O., S. 1584. — *Kruse,* A.: Außenwirtschaft, a.a.O., S. 321. — *Veit,* O.: Grundriß ..., a.a.O., S. 628, 717, 804. — *Liskar,* B.: Internationale Finanzmärkte, in: Staatslexikon 6. Aufl., Bd. 10, Freiburg i. Br. 1970, Sp. 393.

[42] Die von *Boeck* und *Gehrmann* angestellten Untersuchungen enthalten deutliche Hinweise darauf, daß in den letzten Jahren verschiedene Zentralnotenbanken vermehrt dazu übergegangen sein müssen, ihre Devisenreserven nicht mehr allein in Dollar, sondern auch in anderen Valuten zu unterhalten. Das verfügbare statistische Material gestattet jedoch keine präzisen Rückschlüsse hinsichtlich des tatsächlichen Ausmaßes. Näheres vgl. *Boeck,* K. u. *Gehrmann,* D.: Die DM als internationale Reservewährung, Hamburg 1974, S. 11, 15 ff., 20 f., 25 f. — Dies.: Probleme einer zunehmenden Diversifizierung der Währungsreserven, in: *Giersch,* H. (Hg.): Zur Neuordnung des internationalen Währungssystems, Berlin 1973, S. 100 f. — Vgl. auch *Bartel,* K.: Die stabilitätspolitische Problematik des Multi-Reservenstandards, in: *Giersch,* H. (Hg.): Das Inflationsproblem heute — Stabilisierung oder Anpassung, Berlin 1974, S. 32.

[43] Vgl. *Triffin,* R.: Gold and the Dollar Crisis, a.a.O., S. 67.

Kreditmarkt[44] (Anlage von Devisenreserven bzw. Aufnahme von kurzfristigen Zahlungsbilanzausgleichskrediten) und eine leistungsfähige Volkswirtschaft[45] verfügen. Weil die Tauglichkeit einer Währung als Devisenreserve ebenfalls vom Vertrauen in die Wirtschafts- und Währungspolitik des Reservewährungslandes abhängt, werden schließlich auch politische Erwägungen[46] bei der Entscheidung über die Reservehaltung in Form ausländischer Zahlungsmittel eine bedeutende Rolle spielen.

Den besonderen Vorzug eines multiplen Devisen-Standards erblickt *Lutz* darin, daß auf diese Weise die Anfälligkeit des Bretton-Woods-Systems für Vertrauensstörungen ganz erheblich gemildert werden könnte. Dies deshalb, weil pari passu mit dem Austausch eines Teils der in Dollar oder Sterling unterhaltenen Währungsreserven gegen Guthaben in anderer harter Währung sich das Ausmaß der „Golddeckung" der Devisenkomponente erheblich verbessern würde[47]. Außerdem weise ein Multi-Devisen-Standard einen gravierenden ökonomischen Vorteil gegenüber dem *Triffin*-Plan auf. Dieser Vorzug bezieht sich darauf, daß hinter dem künstlichen Reservemedium, welches von der *Triffin*schen Weltzentralbank emittiert wird, auch eine Reihe schwacher Valuten verberge. Dagegen bleibe in einem multiplen Reservewährungsstandard die Zusammensetzung der nationalen Währungsreserven und damit die Bereitschaft zur Kreditierung fremder Zahlungsbilanzdefizite den einzelnen Ländern selbst überlassen[48]. Gleichzeitig werde das künftige Wachstum der internationalen Liquidität in starkem Maße von der Entwicklung der Zahlungsbilanz der USA unabhängig gemacht. Schließlich weist *Lutz* darauf hin, daß sich der Multi-Devisen-Standard-Vorschlag dadurch auszeichnet, daß seine Realisierung weder die Schaffung einer neuartigen internationalen Währungsbehörde noch eine Ausweitung der IWF-Funktionen voraussetzt[49].

---

[44] Vgl. *Luckenbach,* H. u. a.: a.a.O., S. 420. — *Svindland,* E.: a.a.O., S. 335.

[45] Vgl. *Aschinger,* F. E.: Das Währungssystem des Westens, a.a.O., S. 146.

[46] Vgl. *Issing,* O.: Leitwährung und internationale Währungsordnung, a.a.O., S. 189.

[47] Vgl. *Lutz,* F. A.: Das Problem des internationalen wirtschaftlichen Gleichgewichts, a.a.O., S. 51. — Ders.: Bemerkungen zum Problem der internationalen Währungsordnung, a.a.O., S. 117. — Ders.: Das Problem der internationalen Liquidität ..., a.a.O., S. 96.

[48] Vgl. *Lutz,* F. A.: Bemerkungen zum Problem der internationalen Währungsordnung, a.a.O., S. 117. — Ders.: Das Problem des internationalen wirtschaftlichen Gleichgewichts, a.a.O., S. 57. — Ders.: Das Problem der internationalen Liquidität ..., a.a.O., S. 96.

[49] Vgl. *Lutz,* F. A.: Das Problem der internationalen Liquidität ..., a.a.O., S. 96.

Gegen das Konzept multipler Reservewährungen lassen sich jedoch auch schwerwiegende Einwände ins Feld führen. So moniert *Machlup*[50] zu Recht, daß nach den Erfahrungen, die mit dem währungspolitischen Bimetallismus gesammelt worden sind, es bei festen Wechselkursen und mehr als einem Reservemedium immer dann unvermeidlich zu überstürzten Bemühungen kommt, die nationalen Währungsreserven umzuschichten, wenn sich ein Wandel in der allgemeinen Einschätzung der einzelnen Reservemittel vollzieht. Dieser Einwand muß im Hinblick auf einen Multi-Devisen-Standard schon deshalb sehr ernst genommen werden, weil als Folge einer vorwiegend konjunkturorientierten Wirtschaftspolitik der Fall einer veränderten Bonitätseinstufung der verschiedenen Reservewährungen recht häufig eintreten wird. Ein weiterer Einwand besteht darin, daß eine fortwährende Umschichtung der Währungsreserven mit erheblichen volkswirtschaftlichen Kosten[51] verbunden ist. Weiterhin müßte es infolge ständig wiederkehrender spekulativer Geldverlagerungen zu einer permanenten Störung des internationalen Zahlungsverkehrs kommen. Diese Schwachstelle ist auch von *Lutz* gesehen worden. Er ist jedoch der Ansicht, daß etwaige spekulative Störungen durch eine enge Kooperation der Notenbanken wirksam unter Kontrolle gehalten werden könnten[52]. Diesem Optimismus ist aus Sicht des heutigen währungspolitischen Erfahrungsschatzes jedoch große Skepsis entgegenzubringen. Es muß sogar befürchtet werden, daß unter den gegenwärtigen Verhältnissen (Volumen des Euro-Geldmarktes, enger Verbund der nationalen Kreditmärkte) bereits geringfügige Zinssatzänderungen zwischen den verschiedenen Reservewährungen dazu ausreichen, um einen Prozeß erheblicher Reservenumschichtungen in Gang zu setzen.

Gegen die Zweckmäßigkeit eines Multi-Devisen-Standards spricht noch ein weiteres Argument, welches bisher offenbar übersehen wurde. Und zwar darf bei einem Urteil über den Multi-Devisen-Standard nicht außer Acht gelassen werden, daß die Unterhaltung offizieller Devisenreserven zur Folge hat, daß die drei geldmengenabhängigen Zahlungsbilanz-Ausgleichsmechanismen im jeweiligen Reservewährungsland unwirksam bleiben. Das bedeutet, daß sich die Selbstregelungsfähigkeit der internationalen Währungsordnung in dem Maße immer weiter ver-

---

[50] Vgl. *Machlup*, F.: Plans for Reform of the International Monetary System, Princeton 1964, S. 28. — Vgl. auch *Triffin*, R.: Wegweiser vom Währungswirrwarr, a.a.O., S. 225.

[51] Näheres vgl. *Boeck*, K. u. *Gehrmann*, D.: Reservewährung wider Willen, in: Wirtschaftsdienst 53. Jg. (1973), Hamburg, S. 590. — Dies.: DM: Reservewährung wider Willen, a.a.O., S. 39 ff. — *Issing*, O.: Leitwährung und internationale Währungsordnung, a.a.O., S. 264 ff.

[52] Vgl. *Lutz*, F. A.: Das Problem der internationalen Liquidität ..., a.a.O., S. 95.

mindert, wie der Kreis derjenigen Länder zunimmt, deren Valuten als Mittel der offiziellen Reservenhaltung Verwendung finden. Dies ist vor allem schon deshalb bedenklich, weil jede Einschränkung der Wirksamkeit des Anpassungsmechanismus mit einer Erhöhung der Gefahr verbunden ist, daß es längerfristig zu Beschränkungen des internationalen Handels- und Zahlungsverkehrs kommt.

Die Aufgabe einer von Zufallseinflüssen freien Schöpfung von Währungsreserven wird durch einen Multi-Devisen-Standard ebenfalls nicht gelöst. Je mehr Valuten zu Reservewährungen werden, desto schwieriger wird es, die Entwicklung des Bestands an international verwendbaren Zahlungsmitteln zu beherrschen. Mit der Gefahr einer unkontrollierten Ausweitung der internationalen Liquidität wächst zugleich auch die Gefahr einer Verstärkung der internationalen Inflationstendenzen.

Faßt man die hier erörterten Aspekte zusammen, so ist hervorzuheben, daß der Vorschlag, das Bretton-Woods-System sich zu einem Multi-Devisen-Standard entwickeln zu lassen, einseitig auf die Schaffung zusätzlicher internationaler Liquidität konzentriert ist. Die Aufgabe einer gleichgewichtskonformen Dosierung der Reservenversorgung kann jedoch so nicht gelöst werden. Das gleiche gilt hinsichtlich einer Vermeidung derjenigen langfristigen Störungen, welche mit der Verwendung von nationalem Geld als internationales Zahlungsmittel verbunden sind. Herrschen stufenflexible Wechselkurse, so muß anstelle einer Verbesserung des Anpassungsmechanismus vielmehr der entgegengesetzte Effekt erwartet werden. Zwar erscheint im Falle floatender Paritäten die Anpassungsfrage in einem wesentlich günstigeren Licht. Bei Abwägung aller übrigen Konsequenzen eines Multi-Devisen-Standards muß jedoch auch dann der Auffassung[53] zugestimmt werden, daß der Entwicklung, mehrere Valuten bei der amtlichen Devisenhaltung zu verwenden, schon frühzeitig Einhalt geboten werden sollte.

d) Zusammenfassende Auswertung der Vorschläge für eine Ausweitung der Möglichkeiten zur Kreditierung von Zahlungsbilanzdefiziten

Eine Erweiterung der Beistandskredit-Fazilitäten verspricht ebensowenig eine Überwindung der prinzipiellen Schwächen des Bretton-Woods-System wie eine Zentralisierung der Währungsreserven oder ein Übergang zu einem Multi-Devisen-Standard. Dies liegt vor allem daran, daß diese Pläne vorrangig auf eine bloße Vermehrung der in-

[53] So z. B. *Deutsche Bundesbank* (Hg.): Geschäftsbericht ... 1972, a.a.O., S. 41. — *Boeck*, K. u. *Gehrmann*, D.: Die DM als internationale Reservewährung, a.a.O., S. 65 f.

ternationalen Liquidität ausgerichtet sind und nichts zur Lösung des Anpassungsproblems beitragen. Die Behebung von Ungleichgewichtssituationen würde somit anstelle von zuverlässig wirkenden faktischen Anpassungszwängen auch weiterhin davon abhängen, inwieweit die Länder die nicht erzwingbaren IWF-Regeln eines nationalen währungspolitischen Wohlverhaltens befolgen.

Ferner ist einzuwenden, daß die letzten zwei Jahrzehnte zur Genüge deutlich gemacht haben, daß die Beschränkung auf eine fortgesetzte Ausweitung der internationalen Liquidität einen sicheren Weg darstellt, den Zustand der internationalen Währungsbeziehungen immer weiter zu zerrütten. Denn es ist damit zu rechnen, daß die vorrangig auf das Stabilitätsziel ausgerichteten Länder in dem Maße danach trachten werden, sich dem Zwang zum unentgeltlichen Realtransfer zu entziehen, wie es den Defizitländern erleichtert wird, der Notwendigkeit zur Aktivierung ihrer Zahlungsbilanz auszuweichen. Ferner kann eine noch so großzügig bemessene Aufstockung des verfügbaren Volumens an Beistandskrediten nicht verhindern, daß es immer wieder zu abrupten Wechselkurskorrekturen kommt, denen stets eine massive Währungsspekulation vorausgeht. Durch eine Vermehrung und Erleichterung der Rückgriffsmöglichkeiten auf kreditäre Währungsreserven kann auch nicht das Ziel erreicht werden, die globalen Inflationstendenzen wirksam einzudämmen. Ebenso müßte die Gefahr zunehmen, daß zur Behebung von außenwirtschaftlichen Ungleichgewichten schließlich zu Beschränkungen des Handels- und Zahlungsverkehrs Zuflucht genommen wird. Das Erfordernis, daß eine befriedigende Lösung der Liquiditätsfrage eine weitreichende Verbesserung der Anpassungsmechanismen voraussetzt, vermag weder mit Hilfe immer weiterer Kreditfazilitäten noch durch die Schaffung einer Weltzentralbank mit automatischer Defizitkreditierung noch durch die Praktizierung eines Multi-Devisen-Standards umgangen zu werden.

2. Anhebung des offiziellen Goldpreises

Eine schlagartige Heraufsetzung[54] des offiziellen Goldpreises um ein Mehrfaches würde mit einer entsprechenden Erhöhung des Nennwertes

---

[54] Eine besondere Stellung in der Goldpreisdiskussion nimmt der Gedanke *Machlups* ein, den offiziellen Goldpreis jährlich um einen sehr geringen Prozentsatz zu senken. Dadurch könne möglicherweise eine Enthortung der privaten Goldbestände zugunsten des Währungsgoldes erreicht werden. Außerdem könne eine solche Verfahrensweise auch im Detail öffentlich ausdiskutiert werden, ohne daß dadurch eine weltweite Goldspekulation ausgelöst würde; näheres vgl. *Machlup*, F.: Die Pläne zur Reform des internationalen Geldwesens, a.a.O., S. 48 f. — Zu den in der Praxis mit der Befolgung dieses Vorschlags verbundenen unerwünschten Effekten vgl. *Kasten*, H.: Der Funktionswandel des Goldes, a.a.O., S. 106. — W. T.: Goldpolitik im Zwielicht, in: Kreditwesen 26. Jg. (1973 II), Frankfurt/M., S. 784.

der Währungsgoldbestände einhergehen. Eine solche Maßnahme stellt einen weiteren, in verschiedenen Varianten angeregten Lösungsansatz zur Meisterung des Liquiditätsproblems dar. Die diesbezüglichen Pläne beziehen sich zum einen auf eine isolierte Goldpreiserhöhung. Ferner ist angeregt worden, den Preis für das Währungsgold parallel zum Bedarf an internationaler Liquidität gleitend zu erhöhen. Der dritte Vorschlag, die Goldpreisanhebung mit einer gleichzeitigen Rückkehr zu den Prinzipien des klassischen Gold-Standards zu verbinden, ist oben bereits erörtert worden. Während der Plan einer simultanen Rekonstitution der Goldwährung zugleich eine grundlegende Verbesserung der Selbstregelungsfähigkeit der internationalen Währungsordnung bezweckt, faßt die Empfehlung einer bloßen Goldpreiserhöhung allein das Ziel einer Sicherung der künftigen Versorgung mit internationaler Liquidität ins Auge.

a) Der Vorschlag einer isolierten Goldpreiserhöhung

Die Idee, das Liquiditätsproblem unter Beibehaltung der Bretton-Woods-Prinzipien durch eine massive Heraufsetzung des Währungsgoldpreises zu lösen, ist am nachdrücklichsten von *Harrod*[55] propagiert worden. Die Notwendigkeit zu einer beträchtlichen Ausweitung der internationalen Liquidität wird von ihm zum einen damit begründet, daß eine kontraktive Geldpolitik wegen der beträchtlichen Preisstarrheit nach unten heute nur noch sehr langsam Wirksamkeit entfalten könne. Im übrigen müsse davon ausgegangen werden, daß der Zwang zu einer prompten wirtschaftspolitischen Reaktion auf ein Zahlungsbilanzungleichgewicht gegenwärtig weitgehend als unerwünscht gilt[56].

Eine Auseinandersetzung mit den Konsequenzen des *Harrod*-Plans ist auch im Hinblick auf die gegenwärtige internationale Währungspolitik von Bedeutung. Denn eine Erhöhung des offiziellen Goldpreises würde es gestatten, die seit 1968 bestehende faktische Immobilisierung des Währungsgoldes zu überwinden. Seit der enormen Hausse der Öl- und Rohstoffpreise besteht ein größeres internationales Interesse denn je, die monetären Goldreserven zu Zwecken des Zahlungsbilanzausgleichs zu reaktivieren. Der im Rahmen der zweiten Statutenrevision Anfang 1976 gefaßte Beschluß, den offiziellen Goldpreis und das Goldhandelsverbot der Zentralnotenbanken aufzuheben und den Notenban-

---

[55] Im einzelnen vgl. *Harrod*, R. F.: Alternative Methods for Increasing International Liquidity, Brüssel 1961, S. 10 ff., 24 ff. — Ders.: The Dollar Problem and the Gold Question, in: *Harris*, S. E. (Hg.): The Dollar in Crisis, New York 1961, S. 42 ff., 61. — Ders.: Möglichkeiten zur Erhöhung der internationalen Liquidität, a.a.O., S. 162 ff. — Ders.: World Reserves, a.a.O., S. 121 ff. — Vgl. auch *Machlup*, F.: Die Pläne zur Reform des internationalen Geldwesens, a.a.O., S. 45, Fn. 1.

[56] Vgl. *Harrod*, R. F.: World Reserves, a.a.O., S. 124.

ken die Bewertung ihres Goldvorrates freizustellen, ist ganz überwiegend auf die genannten Gegebenheiten zurückzuführen.

Den wesentlichen Vorzug seines Vorschlages erblickt *Harrod* darin, daß eine Goldpreiserhöhung der beste und einfachste Weg[57] sei, mit einem Schlag die seinem Urteil nach unvermeidlich notwendige Vermehrung der Weltwährungsreserven herbeizuführen. Außerdem werde das Wachstum der Goldreserven stets zu gering sein, wenn die Kaufkraft eines Goldquantums infolge eines stabilen Goldpreises[58] immer weiter abnimmt. Ferner verweist *Harrod* darauf, daß die durch einen Federstrich vollziehbare massive Goldpreiserhöhung eine weitgehende Entschuldung der USA ermögliche. Dies sei schon deshalb zu begrüßen, weil angesichts der Höhe der amerikanischen Auslandsschulden eine realwirtschaftliche Tilgung längerfristig so hohe Leistungsbilanzüberschüsse erfordere, daß befürchtet werden müsse, daß andere Länder sich dazu veranlaßt sehen könnten, Handelsrestriktionen zu ergreifen[59].

Die von *Harrod* vorgeschlagene isolierte Goldpreiserhöhung ist sogleich auf heftige Ablehnung[60] gestoßen. Der Haupteinwand bezieht sich darauf, daß ein solcher Schritt an den grundsätzlichen Mängeln des Bretton-Woods-Systems nichts ändert, weil der Anpassungsmechanismus nicht verbessert wird. Aufgrund der seit Anfang der 1960er Jahre gesammelten währungspolitischen Erfahrungen ist dem *Harrod*-Konzept ebenso wie den anderen auf eine Erhöhung des Kreditpotentials gerichteten Plänen entgegenzuhalten, daß eine bloße Erhöhung der internationalen Liquidität den Zwang zur zwischenstaatlichen Koordination der Wirtschaftspolitik untergräbt und dadurch eine Vergrößerung der außenwirtschaftlichen Ungleichgewichte fördert. Ferner muß sich eine sprunghafte Höherbewertung der amtlichen Goldbestände in inflatorischen Rückwirkungen weltweiten Ausmaßes niederschlagen. Die zu einer Vermeidung dessen erforderlichen zusätzlichen Regelungen lassen sowohl der *Harrod*-Plan als auch der jüngste IWF-Beschluß vermissen.

Ein weiterer schwerwiegender Einwand ergibt sich daraus, daß ohne eine Verbesserung des dem Bretton-Woods-System immanenten An-

---

[57] Vgl. *Harrod,* R. F.: Möglichkeiten zur Erhöhung der internationalen Liquidität, a.a.O., S. 163. — Ders.: World Reserves, a.a.O., S. 130.

[58] Vgl. *Harrod,* R. F.: World Reserves, a.a.O., S. 121. — Ders.: The Dollar Problem ..., a.a.O., S. 61.

[59] Vgl. *Harrod,* R. F.: World Reserves, a.a.O., S. 127. — *Shannon,* I.: The Challenge of the International Monetary System, a.a.O., S. 628.

[60] Vgl. hierzu z. B. *Hahn,* L. A.: Ein Traktat über Währungsreform, a.a.O., S. 17, 131. — *Issing,* O.: Leitwährung und internationale Währungsordnung, a.a.O., S. 289 f. — *Emminger,* O.: Reservewährung und Reform des internationalen Währungssystems, a.a.O., S. 635. — *Kasten,* H.: Der Funktionswandel des Goldes, a.a.O., S. 96 ff., 106.

passungsmechanismus eine Goldpreiserhöhung keine einmalige Maßnahme[61] bleiben könnte. Denn im Zuge einer Fortsetzung des internationalen Preisanstiegs und einer Verstärkung der Zahlungsbilanzungleichgewichte kann es nicht ausbleiben, daß es in Erwartung weiterer Goldpreiserhöhungen zu spekulativen Aktivitäten des Publikums kommt. Die Folge davon wäre eine massive Zunahme der privaten Goldhortung zu Lasten der Reservenversorgung, so daß schließlich auch aus diesem Grunde eine immer wiederkehrende Heraufsetzung des Goldpreises unabwendbar wird.

Ferner ist am *Harrod*-Plan zu bemängeln, daß keine befriedigende Antwort darauf möglich ist, wie hoch die empfohlene Goldpreisanhebung ausfallen sollte. Dies hängt zum einen mit dem schon erörterten Umstand zusammen, daß der Bedarf an internationaler Liquidität nicht annähernd genau beziffert werden kann. Außerdem läßt es sich im voraus nicht verläßlich abschätzen, welchen Zufluß von Währungsgold der neue Goldpreis auslösen wird und ob damit der Zusatzbedarf der Zentralnotenbanken langfristig gedeckt werden kann. Abgesehen davon hat *Issing*[62] den Nachweis erbracht, daß es ohne eine Rückkehr zum Anpassungsmechanismus des klassischen Goldstandards keinen Goldpreis geben kann, der länger als nur kurzfristig eine „angemessene" Versorgung mit Währungsreserven zu gewährleisten vermag.

Aufgrund der international ungleichmäßigen Verteilung des Währungsgoldes stellt sich ebenso wie bei einer Wiedereinführung der klassischen Goldwährung die Frage, wer nach der Goldpreisanhebung in den Genuß des nominalen Zuwachses an internationaler Liquidität kommen soll. *Harrod* will diese Aufgabe dadurch lösen, indem der Aufwertungsgewinn derart auf alle Mitgliedsländer verteilt wird, daß jedes von ihnen über den gleichen prozentualen Goldanteil innerhalb seiner Währungsreserven verfügt[63]. Die politische Realisierungschancen dieser Vorgehensweise dürften indes als aussichtslos zu veranschlagen sein. Ebenso erscheint es ausgeschlossen, daß eine der von *Cuthbertson*[64] in fünf Varianten gemachten Anregungen, wie eine Goldpreiserhöhung mit einer Neuverteilung der Goldreserven gekoppelt werden könnte, politisch akzeptabel ist.

Im Einklang mit den Einwänden gegen die anderen, auf eine bloße Ausweitung der internationalen Liquidität konzentrierten Reformkon-

[61] Vgl. hierzu *Hahn,* L. A.: Ein Traktat über Währungsreform, a.a.O., S. 131. — *Issing,* O.: Leitwährung und internationale Währungsordnung, a.a.O., S. 290. — Ders.: Einige neuere Aspekte ..., a.a.O., S. 201 f. — *Pfleiderer,* O.: Die Zukunft der internationalen Währungsordnung, a.a.O., S. 45.

[62] Vgl. *Issing,* O.: Einige neuere Aspekte ..., a.a.O., S. 198 ff., 205.

[63] Vgl. *Harrod,* R. F.: World Reserves, a.a.O., S. 124 f.

[64] Vgl. *Cuthbertson,* J. R.: Goldpreiserhöhung ..., a.a.O., S. 288 f.

zepte muß sich die Kritik am *Harrod*-Plan vor allem daran entzünden, daß dieser nicht zu einer Verbesserung des Anpassungsmechanismus beiträgt. Vielmehr beläßt er es hinsichtlich der Grundsatzalternative einer konjunktur- oder einer zahlungsbilanzorientierten Wirtschaftspolitik bei der hergebrachten Kompromißregelung des IWF-Abkommens, welche auch bei noch so reichlicher Reservenversorgung stets störungsanfällig bleiben wird. Von den oben herausgearbeiteten Aufgaben, die im Rahmen einer Neugestaltung der Weltwährungsordnung zu lösen sind, wird durch eine isolierte Goldpreiserhöhung keine einzige befriedigend gelöst. Außerdem wäre eine Realisierung des *Harrod*-Konzepts mit dem Effekt verbunden, daß in Gestalt permanenter Goldspekulationen eine weitere Störungsquelle für die internationalen Währungsbeziehungen gewärtigt werden müßte.

b) Der Vorschlag einer rational gesteuerten permanenten Goldpreiserhöhung

Die im klassischen Goldstandard gegebene weitgehende Unabhängigkeit der Reservenversorgung vom jeweils aktuellen Bedarf an internationaler Liquidität legt es nahe, nach einem Ausweg aus dieser Situation zu suchen. Diesbezüglich kam der Gedanke auf, die Schwankungen des quantitativen Wachstums der Goldreserven durch regelmäßige adäquate Änderungen des Goldpreises auszugleichen. Obwohl diese Anregung schon vor längerem[65] zum Ausdruck gebracht worden ist, führte sie erst mit einiger Verzögerung zu einem speziellen Reformvorschlag. Dieser wurde 1968 von *Spreen*[66] unterbreitet.

Der von *Spreen* entwickelte Vorschlag zielt auf die Schaffung eines modifizierten Goldstandards ab, weil seiner Ansicht nach eine Rückkehr[67] zur traditionellen Goldwährung nicht in Betracht kommt. Eine der von *Spreen* vorgeschlagenen Abweichungen von der klassischen Goldwährung besteht darin, daß die im Bretton-Woods-System existierende Institutionalisierung von Stützungskreditfazilitäten zwischen den Zentralnotenbanken mit der Maßgabe übernommen werden soll[68], daß diese Zahlungsbilanzhilfen künftig goldgarantiert sind. Die im übrigen

---

[65] Vgl. *Friedman,* M.: Echter und unechter Goldstandard, a.a.O., S. 137, 139. — *Hahn,* L. A.: Ein Traktat über Währungsreform, a.a.O., S. 118, 123. — *Rueff,* J.: Die Währungssünden der westlichen Welt, a.a.O., S. 103 f.

[66] Vgl. *Spreen,* E.: Die garantierte kontinuierliche Goldpreiserhöhung, a.a.O., S. 214 ff. — Ders.: Niveau- und Struktursteuerung der internationalen Liquiditätsversorgung im System kontinuierlicher Goldpreisänderungen, in: Jb. Sozwiss. Bd. 20 (1969), Göttingen, S. 178 ff.

[67] Vgl. *Spreen,* E.: Die garantierte kontinuierliche Goldpreiserhöhung ..., a.a.O., S. 218.

[68] Vgl. daselbst, S. 214, 218, 221.

verzinslichen Beistandskredite dienen dem Zweck, einen einzelstaatlichen kurzfristigen Reservenengpaß zu überbrücken.

Ferner schwebt es *Spreen* vor, daß der Preis des Goldes kontinuierlich in einem bereits im voraus garantierten Ausmaß ansteigt. Die so geregelte Veränderung des Goldpreises soll gleitend erfolgen und auf Jahresbasis geringer sein als die niedrigste Verzinsung von Geldmarktanlagen[69]. Dadurch soll die private Goldspekulation uninteressant gemacht werden, um einen größtmöglichen Zufluß neuen Goldes in die Währungsreserven sicherzustellen. Von einer allmählichen Goldpreiserhöhung verspricht sich *Spreen* ferner, daß auf diese Weise die inflatorischen Gefahren[70] gebannt sind, welche die sprunghafte Goldpreisanhebung im Zuge einer Wiedereinführung der klassischen Goldwährung in sich birgt.

Spreen erblickt den wesentlichen Vorzug des von ihm vorgeschlagenen Wegs allerdings darin, daß dieser eine ökonomisch sinnvolle Versorgung der Weltwirtschaft mit internationaler Liquidität gestattet[71]. Der Ansicht, daß ein fortlaufend steigender Goldpreis eine gewisse Stütze gegen einen Rückgang der Goldproduktion darstellt, vermag durchaus beigepflichtet zu werden. Hieraus lassen sich jedoch keinerlei zuverlässigen Schlüsse auf die langfristige Angemessenheit der Versorgung mit Währungsgold ableiten. Außerdem bleibt es im *Spreen*schen Vorschlag völlig offen, nach welchem Modus sich die Entscheidungsfindung über die ex ante festzulegende Goldpreiserhöhung vollziehen soll.

Überprüft man die Empfehlung *Spreens* darauf hin, ob sie die behauptete Lösung des Liquiditätsproblems zu bewirken vermag, so ist zunächst einzuwenden, daß auch dieses Konzept vor dem bekannten Hindernis steht, daß der künftige Reservenbedarf a priori nicht hinreichend genau bestimmt werden kann. Dazu kommt, daß ein befriedigendes Funktionieren seines Vorschlags eine verläßliche Vorhersage der Goldproduktion, der sowjetischen Goldverkaufspolitik sowie der privaten und der gewerblichen Goldnachfrage voraussetzt. Weil unterstellt ist, daß zwischen den Zentralnotenbanken Zahlungsbilanzkredit-Abkommen bestehen, müßte ebenfalls stets im voraus bekannt sein, in welchem Maße von dieser Möglichkeit der Reservenschöpfung in der nächsten Periode Gebrauch gemacht werden wird und inwieweit Rückzahlungen stattfinden werden. Angesichts all dieser Sachverhalte muß

---

[69] Vgl. *Spreen,* E.: Die garantierte kontinuierliche Goldpreiserhöhung ..., a.a.O., S. 214, 218 ff. — Ders.: Niveau- und Struktursteuerung ..., a.a.O., S. 183.

[70] Vgl. *Spreen,* E.: Die garantierte kontinuierliche Goldpreiserhöhung ..., a.a.O., S. 223.

[71] Vgl. daselbst, S. 219, 224.

es als utopisch erscheinen, in der Praxis auf der Basis des *Spreen*-Konzepts eine angemessene Versorgung mit internationalen Zahlungsmitteln erreichen zu wollen.

In bezug auf die Lösung des Anpassungsproblems bleibt ebenfalls eine Reihe von Fragen offen. So bleibt *Spreen* eine Antwort darauf schuldig, wie es gewährleistet werden soll, daß von der Institution des Zahlungsbilanzkredits allein für kurzfristig vorübergehende Zahlungsbilanzungleichgewichte Gebrauch gemacht werden wird. Ebenso wird keine Stellung dazu bezogen, wie das Ausmaß der leihweise erlangbaren Währungsreserven wirksam begrenzt werden soll. Von welcher praktischen Wichtigkeit eine zuverlässige Lösung gerade dieser Frage ist, belegen die Erfahrungen mit dem Bretton-Woods-System auf eindringliche Weise.

Im Hinblick auf die von den Zahlungsbilanzkrediten ausgehenden Gefährdungen vertritt *Spreen* die Auffassung, daß durch eine genügend hohe Verzinsung[72] derselben ein starker Anreiz zu einer zahlungsbilanzorientierten Verhaltensweise ausgehe. Dabei schwebt ihm jedoch offenbar eine Verzinsung vor, die unterhalb des Marktzinses liegt. Dies geht zumindest daraus hervor, daß er den Vorzug der Existenz von Zahlungsbilanzkrediten darin erblickt, daß auf diese Weise der strenge Anpassungszwang aufgelockert[73] würde, wie er für die klassische Goldwährung typisch ist. Ein Zins unterhalb der Marktkonditionen hat jedoch zur Folge, daß der Zins-Kredit-Mechanismus erst mit entsprechender Verspätung in Gang kommen kann. Weil außerdem die Güterpreise nach unten hin weitgehend unbeweglich sind, müßte die Rückkehr zum Zahlungsbilanzgleichgewicht vor allem im Wege von entsprechend stärkeren Einkommens- und Beschäftigungsschwankungen vollzogen werden, was in der Realität auf keinen Fall politisch akzeptiert werden wird.

Ein weiterer Mangel des Vorschlages von *Spreen* bezieht sich darauf, daß aufgrund der nur allmählichen Goldpreisanhebung die gegenwärtig vorhandenen Goldreserven noch viele Jahre für Zwecke des Zahlungsbilanzausgleichs inaktiviert bleiben müßten. Ferner legt sich *Spreen* nicht darauf fest, welches Wechselkursregime am zweckmäßigsten im Zusammenhang mit seinem Vorschlag realisiert werden soll. Anders als *Hahn*[74], welcher einen flexiblen Goldpreis als Bestandteil eines Fixkursstandards betrachtet, hebt *Spreen* hervor, daß sein Vorschlag mit

---

[72] Vgl. *Spreen*, E.: Die garantierte kontinuierliche Goldpreiserhöhung ..., a.a.O., S. 226 f. — Ders.: Niveau- und Struktursteuerung ..., a.a.O., S. 183 f.

[73] Vgl. *Spreen*, E.: Die garantierte kontinuierliche Goldpreiserhöhung ..., a.a.O., S. 226.

[74] Vgl. *Hahn*, L. A.: Ein Traktat über Währungsreform, a.a.O., S. 118, 123.

festen[75] Paritäten ebenso wie mit stufenflexiblen[76] oder auf sonstige[77] Weise in ihrer Beweglichkeit begrenzten Wechselkursen vereinbar sei. Entscheidend ist jedoch, daß der Weg einer im voraus garantierten, mäßig bemessenen und kontinuierlich sich vollziehenden Goldpreiserhöhung in einem Gold-Kredit-Standard weder eine befriedigende Lösung des Liquiditätsproblems noch des Anpassungsproblems verspricht.

3. Die Sonderziehungsrechte

Neben der Möglichkeit, sich die Lösung des Reservenproblems auf der Basis von Gold oder nationalen Währungen vorzustellen, ist auch der Fall denkbar, die internationale Währungsordnung auf ein künstliches Reservemittel zu gründen, das durch den menschlichen Willen geschaffen werden kann. Zugunsten eines solchen Konzepts kann eine Reihe von Argumenten ins Feld geführt werden. So kann die Forderung, daß die künftigen Währungsreserven vollsynthetischer Natur sein sollten, zum ersten darauf gestützt werden, daß dann die hohen Beschaffungs- und Aufbewahrungskosten des Währungsgoldes und seine in hohem Maße bedarfsunabhängige Vermehrung entfallen. Ebenso ließe sich durch die Einführung eines künstlichen Reservemediums die Problematik des fortgesetzten Anstiegs der kurzfristigen Verschuldung der Reservewährungsländer aus der Welt schaffen. Ferner kann darauf verwiesen werden, daß auch die im Rahmen der Kredittranchen oder der sonstigen Kreditfazilitäten geborgten internationalen Zahlungsmittel auf die Dauer keine störungsfreie Versorgung der Weltwirtschaft mit Währungsreserven zu gewährleisten vermögen.

Der Gedanke, ein Reservemedium zu schaffen, das es gestattet, das Volumen an internationaler Liquidität allein durch bewußte Entscheidungen nach Maßgabe des globalen Bedarfs an Währungsreserven zu regulieren, ist bereits bei *Keynes* erkennbar. Sein Vorschlag, den Zahlungsbilanzausgleich mit Hilfe eines künstlichen internationalen Buchgeldes (Bancor) im Rahmen einer globalen Clearing-Union[78] abzuwickeln, dient auch dem Ziel, die Versorgung der Weltwirtschaft mit internationalen Zahlungsmitteln von Einflußgrößen unabhängig zu machen, die aus monetärer Sicht weitgehend dem Zufall unterworfen sind.

---

[75] Vgl. *Spreen*, E.: Die garantierte kontinuierliche Goldpreiserhöhung ..., a.a.O., S. 222.

[76] Dies ergibt sich mittelbar daraus, daß *Spreen* Betrachtungen über die Folgen einer Abwertung anstellt. Vgl. *Spreen*, E.: Die garantierte kontinuierliche Goldpreiserhöhung ..., a.a.O., S. 226.

[77] Vgl. *Spreen*, E.: Die garantierte kontinuierliche Goldpreiserhöhung ..., a.a.O., S. 215. — Ders.: Niveau- und Struktursteuerung ..., a.a.O., S. 199 ff.

[78] Siehe oben S. 148.

Die Idee der Schaffung eines künstlichen Reservemittels lebte erneut auf, nachdem *Triffin* darauf aufmerksam gemacht hatte, daß in einem Gold-Reservewährungs-Standard langfristig ein Mangel an Währungsreserven unausweichlich wird, wenn eine Vertrauenskrise gegenüber der Reservewährung vermieden werden soll. Der von *Triffins* Erkenntnis ausgelöste Wunsch, die Versorgung mit internationaler Liquidität auf eine neue Grundlage zu stellen, hat zugleich die Frage aufgeworfen, wie diese Absicht durch die Schaffung einer synthetischen Reserveeinheit zwecks Ergänzung der herkömmlichen Reservearten realisiert werden könnte. Der erste in diese Richtung gehende konkrete Reformvorschlag ist wohl von *Bernstein*[79] unterbreitet worden. Seine Anregungen können als der eigentliche Vorläufer des Konzepts der Sonderziehungsrechte angesehen werden.

Dem von *Bernstein* schon Anfang der 1960er Jahre entwickelte Plan liegt die Vorstellung zugrunde, die Versorgung mit Währungsreserven künftig dadurch vor Zufallsentwicklungen zu bewahren, daß ein abstraktes Reservemedium geschaffen wird, das sowohl nach Ausmaß als auch bezüglich seines Entstehungszeitpunktes allein nach Maßgabe des menschlichen Willens handhabbar ist. Als Lösungsweg empfahl er, das Volumen der automatisch in Anspruch nehmbaren Rückgriffsmöglichkeiten auf international verwendbare Zahlungsmittel über die sogenannte Goldtranche hinaus zu erweitern. Zwecks technischer Durchführung regte *Bernstein* die Errichtung eines gesonderten Nebenfonds beim IWF und die Schaffung einer „Collective Reserve Unit“ (CRU) an. Dieses künstliche Buchgeld könne dann von Zeit zu Zeit entsprechend dem wachsenden Bedarf an internationalen Zahlungsmitteln in Ergänzung zum Währungsgold und zu den Devisenguthaben durch Beschluß der Mitgliedsländer geschaffen werden.

Der Gedanke, die Liquiditätsfrage durch Schaffung eines internationalen künstlichen Buchgeldes zu lösen, hat in der Weltwährungsdiskussion seit Mitte der 1960er Jahre eine ständig zunehmende Rolle gespielt. Nach mehrjährigen Vorberatungen im Kreise der Länder des sogenannten Zehner-Clubs[80], bei denen der Wunsch der chronischen Defizitländer nach einer Ausweitung der bedingungslos erlangbaren Währungsreserven im Vordergrund stand, entstand schließlich das Son-

---

[79] Vgl. *Bernstein*, E. M.: a.a.O., S. 445 f.

[80] Wiederholte Währungsspekulationen veranlaßten den IWF Anfang 1962 dazu, ein ergänzendes Potential an Beistandskrediten zu schaffen. Zu diesem Zweck schloß er auf der Basis des Art. VII, 2 i seiner Satzungen mit den zehn wichtigsten Welthandelsnationen die sog. „Allgemeine Kreditvereinbarungen“ ab. Bei diesen üblicherweise als Zehnerclub bezeichneten Ländern handelt es sich um die USA, Kanada, Großbritannien, Frankreich, Deutschland, Holland, Belgien, Italien, Schweden und Japan. Dazu kommt die Schweiz als assoziiertes Mitglied.

derziehungsrechtskonzept. Die einzelnen Regelungen bezüglich der Sonderziehungsrechte wurden 1968 von der Vollversammlung des IWF beschlossen und nach Ratifizierung durch die Parlamente der Mitgliedsländer im Sommer 1969 als sogenannte Ergänzungsbestimmungen[81] in das Bretton-Woods-Abkommen aufgenommen. Eine erste — offiziell als versuchsweise deklarierte — Aktivierung von Sonderziehungsrechten im Gegenwert von 9,5 Mrd. US-Dollar wurde noch im Jahre 1969 beschlossen. Die Zuweisung an die Mitgliedsländer erfolgte in drei Raten zwischen 1970 und 1972.

a) *Die Sonderziehungsrechts-Grundsätze*

Obwohl es sich bei den Sonderziehungsrechten nicht mehr um einen Reformvorschlag, sondern um einen bereits realisierten Plan handelt, verdient dieser auch im Rahmen der vorliegenden Arbeit Aufmerksamkeit. Denn am Beispiel der Sonderziehungsrechte offenbart sich die besondere Problematik eines jeden künstlichen internationalen Zahlungsmittels. Darüber hinaus ist es von Interesse, welchen Beitrag die Sonderziehungsrechte zur Beseitigung der Instabilität der Reservenversorgung zu leisten vermögen. Denn diese Aufgabe ist eines der währungspolitischen Hauptanliegen der Gegenwart. Die Auseinandersetzung mit den Sonderziehungsrechten ist in dieser Arbeit auch deshalb geboten, weil nach den Vorstellungen des sogenannten Zwanziger-Ausschusses und auch des sogenannten Interimsausschusses die Sonderziehungsrechte anstelle des Goldes und der Devisenreserven schrittweise in die Rolle eines Hauptreservemediums hineinwachsen sollen.

aa) Die Zielsetzung der Sonderziehungsrechte

Das grundlegende Ziel, das mit der Schaffung des Instruments der Sonderziehungsrechte verfolgt wird, besteht darin, die Bereitstellung von internationaler Liquidität von den Schwankungen der Zunahme des Währungsgoldes und denjenigen der Zahlungsbilanzentwicklung der USA frei zu machen. Dies kommt deutlich in der Bestimmung zum Ausdruck, wonach die SZR die bisherigen Reservearten in der Weise ergänzen sollen, daß das weltwirtschaftliche Gleichgewicht[82] gewahrt bleibt. Gleichzeitig wurde seinerzeit die Schaffung der Sonderziehungsrechte als vorsorgliche Maßnahme gegen eine etwaige globale Reservenknappheit verstanden. Dabei dachte man in erster Linie daran, einen Rückgang des Bestands an internationaler Liquidität kompensieren zu können, welcher die Folge der allseits für notwendig erachteten Aktivierung der Zahlungsbilanz der USA ist.

---

[81] Art. XXI ff. sowie die Anhänge F - I des IWF-Abkommens.

[82] Vgl. Art. XXIV, 1 a IWF-Abk.

Auf weitere Sicht besteht außerdem die Absicht, die Gold- und Devisenreserven nach und nach[83] durch entsprechende SZR-Mengen zu ersetzen. Der Beschluß, durch welchen die Einheit eines Sonderziehungsrechts mittlerweile das Gold und den US-Dollar in ihren Eigenschaften als Recheneinheit und Definitionsmaßstab der Paritäten abgelöst hat, ist bereits der erste Schritt in dieser Richtung. Im übrigen verbirgt sich hinter dem Vorhaben, die Sonderziehungsrechte sukzessiv zum zentralen Reservemedium zu machen, offensichtlich auch noch ein Fernziel. Denn in dem Ausmaß, wie der Anteil der Sonderziehungsrechte an den weltweit vorhandenen Währungsreserven zunimmt, würde sich gleichzeitig der IWF allmählich zu einer monetären Globalinstanz mit zentralbankähnlichem Charakter entwickeln. Schließlich besteht verbreitet die Neigung, die Emission von Sonderziehungsrechten auch für Zwecke der Entwicklungshilfe-Finanzierung nutzbar zu machen.

bb) Konstitutive Merkmale der Sonderziehungsrechte

Während die Bestandsänderungen bei den Gold- und Devisenreserven von den wechselvollen Entwicklungen am Goldmarkt und der Wirtschaftspolitik des Reservewährungslandes abhängen, verdanken die Sonderziehungsrechte ihr Entstehen einem internationalen Beschluß. Dieser ist dergestalt zu fassen, daß der jährlich zur Verteilung gelangende Betrag für eine fünfjährige Periode im voraus festgelegt wird. Bedingung ist jedoch, daß mindestens 85 % der Stimmen derjenigen Länder, die am Zuteilungsverfahren teilnehmen wollen[84], für den jeweiligen Zuteilungsbeschluß votieren. Beim Eintritt unerwarteter Entwicklungen[85] kann auch innerhalb einer Zuteilungsperiode über eine weitere Schaffung von Sonderziehungsrechten befunden werden. Ferner enthalten die Ergänzungsbestimmungen zum IWF-Abkommen einen Maßstab für die Dimensionierung von Veränderungen des Bestandes an Sonderziehungsrechten. Dieser besteht in Gestalt der für eine praktische Handhabung ziemlich vagen Formel vom „langfristigen weltweiten Bedarf nach Ergänzung der bestehenden Währungsreserven ...“, worunter dasjenige Quantum verstanden wird, bei dem ge-

---

[83] Vgl. BIZ (Hg.): 45. Jahresbericht, a.a.O., S. 34. — *Emminger,* O.: Die Neuordnung des internationalen Währungssystems, a.a.O., S. 12. — *Gupta,* D.: Die ersten vier Jahre der SZR, in: Fin. u. Entw. 11. Jg. (1974), H. 2, Hamburg, S. 6. — *Deutsche Bundesbank* (Hg.): Monatsberichte ... 1977, Nr. 8, a.a.O., S. 25.

[84] Vgl. Art. XXIV, 2 a, 4 d IWF-Abk. Da sowohl die USA als auch die Gesamtheit der sechs Gründerstaaten der EWG einen Stimmenanteil von mehr als 15 % auf sich vereinigen, verfügen diese beiden Wirtschaftsräume dank der 85 %-Klausel jeweils über eine Sperrminorität bei der Beschlußfassung über neue Sonderziehungsrechte.

[85] Vgl. Art. XXIV, 3 IWF-Abk.

währleistet ist, „... daß wirtschaftliche Stagnation und Deflation in der Welt ebenso vermieden werden wie Übernachfrage und Inflation“[86]. Die länderweise Zuteilung neugeschaffener SZR erfolgt nach Maßgabe des herkömmlichen Quotenschlüssels durch Gutschrift auf einem eigens zu diesem Zwecke eingerichteten Sonderkonto beim IWF. Für die Gutschrift ist keinerlei ökonomische Gegenleistung seitens der Mitgliedsländer zu erbringen.

Die Sonderziehungsrechte können neben den herkömmlichen Ziehungsrechten beim IWF in Anspruch genommen werden. Sie sind allerdings nicht unmittelbar zur Finanzierung von Zahlungsbilanzdefiziten im Wege von Devisenmarktinterventionen verwendbar. Auch gegenüber Privaten können Sonderziehungsrechte nicht verwendet werden. Sie gewähren jedoch einen Anspruch auf Eintausch in äquivalente Beträge an konvertiblen Währungen. Dieses Recht kann gegenüber den Zentralnotenbanken derjenigen Mitgliedsländer ausgeübt werden, welche zuvor vom IWF aufgrund der Stärke ihrer Reservenbestände oder des Ausmaßes der Aktivität ihrer Zahlungsbilanz zur Abgabe eigener und fremder Valuten gegen Sonderziehungsrechte „designiert“[87] worden sind.

Anders als der Rückgriff auf die gewöhnlichen Ziehungsrechte erhöht die Annahme neu zugeteilter Sonderziehungsrechte die Schulden des betreffenden Landes nicht. Ein weiterer Unterschied besteht darin, daß es sich bei den Sonderziehungsrechten um dauerhaft existierende internationale Liquidität handelt, während die im Rahmen der üblichen Kredittranchen ausgeliehenen Währungsreserven bei ihrer Ablösung wieder verschwinden. Im Gegensatz zu den Gold- und den regulären Devisenreserven, welche von den Ländern erst durch realwirtschaftliche Leistungen an das Ausland erworben werden müssen, erfolgt die Zuteilung neugeschaffener Sonderziehungsrechte gratis. Dagegen ist derjenige Bestand an Sonderziehungsrechten eines Landes, welcher über das vom IWF zugeteilte Quantum hinausgeht, stets durch außenwirtschaftliche Überschüsse erlangt worden.

Um zu verhindern, daß die Mitgliedsländer die ihnen kostenlos überlassenen Sonderziehungsrechte als ein bloßes Mittel zur realwirtschaftlichen Inanspruchnahme anderer Volkswirtschaften handhaben, wurden sogenannte „Rekonstitutionsregeln“[88] festgelegt. Die diesbezüglichen Vorschriften besagen, daß fünf Jahre nach der Erstemission und ab dann zu Ende eines jeden Quartals die einzelnen Zentralnotenbanken über mindestens 30 % des ihnen inzwischen insgesamt zugeteil-

[86] Art. XXIV, 1 a IWF-Abk.

[87] Art. XXV, 2 a, 5 IWF-Abk.

[88] Im einzelnen: Art. XXV, 6 in Verbindung mit Anhang G IWF-Abkommen.

ten SZR-Fundus verfügen müssen. Das erfordert unter Umständen einen rechtzeitigen Rückerwerb von Sonderziehungsrechten im Austausch gegen eigene Gold- oder Devisenreserven. Die Rekonstitutionspflicht bedeutet somit, daß die einem Land zugeteilten Sonderziehungsrechte bis zur Höhe von 70 % den Charakter „eigener" Reserven haben, während sie darüber hinaus als Darlehen anzusehen sind[89].

Im Gegensatz zu den herkömmlichen Kredittranchen sind mit der Verwendung der Sonderziehungsrechte für die Mitgliedsländer keinerlei wirtschaftspolitische Auflagen verbunden. Es wird jedoch „erwartet"[90], daß die Zentralnotenbanken nur dann gegen eine Hingabe von Sonderziehungsrechten ausländische Zahlungsmittel erwerben, wenn dies für die zur Wahrung fester Kursrelationen erforderlichen Devisenmarktinterventionen unabdingbar notwendig ist. Ferner bestand ursprünglich die Vorschrift, daß die gratis zugeteilten Sonderziehungsrechte nicht dazu verwendet werden dürfen, um eine Änderung der Zusammensetzung der nationalen Währungsreserven vorzunehmen. Diese Bestimmung ist jedoch im Rahmen der 1976 beschlossenen Änderung des IWF-Abkommens aufgehoben worden[91]. Mißachtet ein Teilnehmerland wiederholt die SZR-Regelungen, so kann es in der Ausübung der mit den Sonderziehungsrechten verbundenen Ansprüche beschränkt oder sogar von weiteren SZR-Zuteilungen ausgeschlossen werden[92]. Auch besteht die Möglichkeit, daß ein solches Land vom IWF zur Annahme zusätzlicher Sonderziehungsrechte designiert werden kann.

Die Sicherung der jederzeitigen Verwendbarkeit der Sonderziehungsrechte als Mittel zum Zahlungsbilanzausgleich wird durch mehrere Bestimmungen angestrebt. Als Hauptstütze zur Erreichung dieses Ziels dient die Vorschrift, daß die Zentralnotenbanken zur Annahme der ihnen angedienten Sonderziehungsrechte verpflichtet sind. Allerdings ist der Annahmezwang eines einzelnen Landes auf das Doppelte seiner kumulativen Nettozuteilung begrenzt[93]. Zum Zwecke der Wert-

---

[89] Diese Eigenart der Sonderziehungsrechte ist die Folge eines Kompromisses zwischen den Forderungen der Defizit- und der Überschußländer. Während die Länder mit anhaltenden außenwirtschaftlichen Defiziten die Schaffung eines Zahlungsbilanz-Ausgleichsmittels ohne jede Rückzahlungsverpflichtung anstrebten, legten die Überschußländer verständlicherweise großen Wert darauf, die Sonderziehungsrechte mit Kreditcharakter auszustatten. Die Höhe des Grenzwertes von 70 %, der die Rekonstitutionspflicht auslöst, gilt jeweils für eine Fünfjahresperiode und soll dann überprüft und gegebenenfalls geändert werden.

[90] Art. XXV, 3 a IWF-Abk.

[91] Vgl. *Deutsche Bundesbank* (Hg.): Monatsberichte ... 1977, Nr. 8, a.a.O., S. 25.

[92] Vgl. Art. XXIX, 2 IWF-Abk.

[93] Im einzelnen: Art. XXV, 4 IWF-Abk.

sicherung war die Sonderziehungsrechtseinheit ursprünglich als ein Goldquantum[94] definiert und mit einer Goldgarantie ausgestattet. Seit Mitte 1974 wird der Wert eines Sonderziehungsrechts jedoch täglich nach einem gewichteten Bündel[95] der 16 wichtigsten Welthandelswährungen ermittelt.

Dem Zweck, die Unterhaltung von SZR-Guthaben für die Zentralnotenbanken attraktiv zu machen, dient die Vorschrift, daß die Zentralnotenbanken einen in Sonderziehungsrechten zu transferierenden Aktiv- beziehungsweise Passivzins zu entrichten haben. Bemessungsgrundlage ist dabei derjenige nationale Bestand an Sonderziehungsrechten, der den jeweiligen kumulativen Zuteilungsbetrag über- oder unterschreitet[96]. Ebenso soll die Attraktivität der Sonderziehungsrechte durch die bereits genannte Bestimmung gefördert werden, wonach Zuwiderhandlungen gegen die SZR-Vorschriften notfalls mit dem Ausschluß von der SZR-Verwendung geahndet werden können.

Die Mitgliedsländer sind nicht gezwungen, sich an den Transaktionen mit Sonderziehungsrechten zu beteiligen. Diese Freiheit wird im Schrifttum verbreitet als Herausoptierungsrecht (opting-out)[97] bezeichnet. Macht ein Staat von dieser Möglichkeit Gebrauch, so wirkt er an der einer Zuteilung vorausgehenden Beschlußfassung nicht mit. In der zugehörigen Fünfjahresperiode ist die Zentralnotenbank des betreffenden Landes nicht verpflichtet, ihr angebotene Sonderziehungsrechte in Inlandsgeld oder in Devisen zu konvertieren[98].

b) *Beurteilung der Sonderziehungsrechte*

Bei Inkrafttreten der Ergänzungsbestimmungen zum IWF-Abkommen sind vielfach hohe Erwartungen in die währungspolitischen Chancen gesetzt worden, welche eine durch internationalen Beschluß herbeigeführte Beeinflussung der Reservenversorgung bietet. Demgegenüber hat es in der Wissenschaft von vornherein nicht an Stellungnah-

---

[94] 1 SZR = 0,888671 g Feingold, Art. XXI, 2 IWF-Abk.

[95] Näheres vgl. *Cutler,* D. S. u. *Gupta,* D.: SZR: Bewertung und Zinssatz, in: Fin. u. Entw. 11. Jg. (1974), H. 4, Hamburg, S. 18. — *Bienert,* K.: Neue Regeln für Sonderziehungsrechte, a.a.O., S. 202 f. — IMF (Hg.): Annual Report ... 1974, a.a.O., S. 51.

[96] Art. XXVI, 3 IWF-Abk. Der ursprünglich auf 1,5 % bemessene Zinssatz ist seit Mitte 1974 auf eine Mindesthöhe von 5 % festgelegt worden. Näheres bei *Bienert,* K.: Neue Regeln für Sonderziehungsrechte, a.a.O., S. 202. — SVR (Hg.): JG 1974/75, a.a.O., Ziff. 25.

[97] Vgl. *Lipfert,* H.: Einführung in die Währungspolitik, a.a.O., S. 244. — *Meyer,* F. W.: Von der Herrschaft über die Versorgung mit Währungsreserven zu weltweiter Geldwertstabilität?, a.a.O., S. 435. — *Scharrer,* H.-E.: Das internationale Währungssystem zwischen Liquiditätsschöpfung und Wechselkursflexibilität, a.a.O., S. 277.

[98] Art. XXIV, 2 e IWF-Abk.

men gefehlt, in denen erhebliche Bedenken gegen die praktischen Auswirkungen des Sonderziehungsrechtskonzepts geltend gemacht werden. Ein Beurteilungsversuch der Sonderziehungsrechte zum gegenwärtigen Zeitpunkt muß der Tatsache Rechnung tragen, daß die probeweise Aktivierung dieses neuartigen Reservemediums und die bis heute beobachteten Ergebnisse einen zu kurzen Zeitraum betreffen, um empirisch gesicherte Aussagen zuzulassen.

aa) Erhoffte Vorzüge

α) Stabilisierung der Versorgung mit internationaler Liquidität

Von den Verfechtern der Sonderziehungsrechte wird vor allem darauf verwiesen, daß es sich bei deren Einführung um einen behutsamen Reformschritt handle, welcher der Gefahr einer weltweiten Deflation entgegenwirke. Dieser Effekt werde unter anderem dadurch begünstigt, daß die Sonderziehungsrechte dauerhaften Bestand haben, während die Devisenreserven oder die Kreditfazilitäten durch eine aktive Zahlungsbilanz des Reservewährungslandes beziehungsweise durch Rückzahlung wieder verschwinden können. Ferner wird geltend gemacht, daß die im Wege von Sonderziehungsrechten in Umlauf kommende internationale Liquidität nach Maßgabe der währungspolitischen Erfordernisse dosierbar sei. Ob es deshalb künftig gelingt, die Bestände der bisherigen Reservearten stets so zu ergänzen, daß stärkere weltwirtschaftliche Ungleichgewichte vermieden werden können, erscheint jedoch schon deshalb fraglich, weil eine hinreichend verläßliche Vorausermittlung des mit der Wahrung eines weltwirtschaftlichen Gleichgewichts korrespondierenden Reservenbedarfs bislang nicht möglich ist.

Allerdings können die Sonderziehungsrechte unbestreitbar den Vorzug für sich in Anspruch nehmen, daß ihre Entstehung, Bevorratung und Handhabung nur einen minimalen Aufwand an Produktionsfaktoren erfordern. Die Sonderziehungsrechte tragen ferner dazu bei, die mit der Existenz der Devisenreserven verbundenen Nachteile einzudämmen. Würde die Ausweitung der internationalen Liquidität fortan allein durch die Emission neuer Sonderziehungsrechte getragen werden, so wären künftig auch die Reservewährungsländer genau wie die übrigen Staaten dazu gezwungen, ihre Defizite mit Hilfe ihrer Reserveaktiva und nicht mehr durch eine immer weitergehende Auslandsverschuldung zu finanzieren.

β) Lösung der Gold- und der Dollarfrage

Die Anhänger des SZR-Konzepts versprechen sich von einer kontinuierlichen Neuschöpfung dieses Reservemittels ferner eine allmähliche Eliminierung des Goldes aus den internationalen Währungsbeziehungen. Ebenso wird der Anspruch erhoben, daß eine elegante Lösung des Dollarproblems möglich sei. Letzteres könne dadurch erreicht werden, daß die Länder satzungsmäßig dazu verpflichtet werden, ihre über den kurzfristigen Interventionsbedarf hinausgehenden Dollarguthaben unverzüglich beim IWF in Sonderziehungsrechte umzutauschen. Der IWF wiederum könne dann die so erhaltenen Dollarbeträge in langfristig laufenden Titeln des US-Schatzamtes anlegen. Die Vereinigten Staaten sollen verpflichtet sein, diese Verbindlichkeiten schrittweise gegen eine Abgabe von Sonderziehungsrechten einzulösen, sobald sie aufgrund einer Aktivierung ihrer Zahlungsbilanz oder als Folge einer Neuzuteilung in den Besitz von SZR-Guthaben gelangen[99]. Die Realisierbarkeit dieser Konstruktion hängt jedoch genau wie die Lösung der Goldfrage davon ab, ob die Zentralnotenbanken der Aufstockung ihrer Sonderziehungsrechtsbestände den Vorzug gegenüber einer Unterhaltung von Devisenreserven oder Goldvorräten geben werden. Dieser Frage wird im Zusammenhang mit den Bedenken gegen die Sonderziehungsrechte noch nachzugehen sein.

γ) Förderung der Entwicklungsländer

Schließlich wird häufig zugunsten der Sonderziehungsrechte ins Feld geführt, daß im Wege des sogenannten Link die Entwicklungsländer auf erheblich unkompliziertere Weise gefördert werden könnten, als dies im Zusammenhang mit einer Goldpreiserhöhung möglich wäre. Unabhängig von der Ungewißheit einer politischen Durchsetzbarkeit dieses Vorhabens muß jedoch gesehen werden, daß dieses Ziel nicht währungspolitischer Natur ist. Seine Verwirklichung würde dennoch unweigerlich erhebliche Rückwirkungen auf das internationale Geldwesen entfalten.

bb) Die Schwächen des Sonderziehungsrechts-Konzepts

Daß die aufgrund der Einführung der Sonderziehungsrechte vielfach erwarteten Vorteile nutzbar gemacht werden können, setzt zunächst einmal voraus, daß die verschiedenen Sonderziehungsrechtsbestimmungen von allen Mitgliedsländern des IWF verläßlich eingehalten werden. Wegen der Nichterzwingbarkeit der im IWF-Abkommen enthaltenen Regelungen muß es allerdings als ungerechtfertigter Optimismus erscheinen, wenn man annimmt, daß auch in schwierigen Situationen ein allseits satzungsgerechtes Verhalten erwartet werden könne. Unabhängig davon sind jedoch auch solche Einwände gegen die Sonderziehungsrechte zu erheben, welche in ihren konstruktiven Merkmalen begründet sind.

---

[99] Vgl. *Boeck,* K.: a.a.O., S. 345. — *Teschner,* M.: Die Rolle der Sonderziehungsrechte . . ., a.a.O., S. 63.

α) Die Unmöglichkeit einer bedarfsgerechten Regulierung der internationalen Liquidität

Das Hauptargument, das zugunsten der Schaffung eines synthetischen Reservemediums ins Feld geführt wird, bezieht sich auf die Hoffnung, fortan die Schöpfung von internationaler Liquidität am Bedarf nach weiteren Währungsreserven orientieren zu können. Dem steht jedoch zunächst schon im Wege, daß eine befriedigende Berechnungsmethode für denjenigen Bedarf an Währungsreserven, welcher einen weltweiten Saldenausgleich gewährleistet, nicht nur nicht existiert, sondern wohl auch kaum so schnell zur Verfügung stehen wird. Diese grundsätzliche Schwierigkeit hat man bei den Sonderziehungsrechten dadurch zu umgehen versucht, daß als Ersatz für den fehlenden quantitativen Maßstab die satzungsmäßige Forderung erhoben wird, den Emissionsbeschluß mit einer Stimmenmehrheit von mindestens 85 % fassen zu müssen.

Der Umstand, daß das Ausmaß des Entstehens neuer Sonderziehungsrechte vom Zustandekommen der vorgenannten Stimmenmajorität abhängt, birgt unabhängig vom geltenden Stimmrechtsschlüssel die Gefahr in sich, daß die Emission von Sonderziehungsrechten zum Zankapfel der gegenläufigen Interessen von Defizit- und Überschußländern wird. Daß dies einer „rationalen" Bemessung der Schöpfung zusätzlicher Währungsreserven nur abträglich sein kann, bedarf keiner näheren Begründung. So hat schon die erstmalige Aktivierung von Sonderziehungsrechten gezeigt, daß sowohl bei der Entscheidung über die Ausgabe als solche sowie über deren Höhe der Gesichtspunkt der ökonomischen Rationalität von politischen Einflüssen total in den Hintergrund gedrängt worden ist. Gleichzeitig mußte die für die Zukunft wenig verheißungsvolle Erfahrung gemacht werden, daß bereits dieser erste Schöpfungsakt von Sonderziehungsrechten, welcher unmittelbar nach Inkrafttreten der betreffenden Bestimmung erfolgt ist, als ein eklatanter Satzungsverstoß gelten muß.

Art. XXIV, 1 b IWF-Abkommen nennt die Voraussetzungen, welche im Falle der ersten Zuteilung von Sonderziehungsrechten gegeben sein müssen.

So wird von dieser Vorschrift gefordert, daß bei der Erstemission „... nach gemeinsamer Beurteilung ein weltweiter Bedarf nach Ergänzung der Währungsreserven besteht ...". Diese Bedingung ist für den Zeitraum 1970 - 1972 schon bei der Beschlußfassung (Ende 1969) erkennbar nicht gegeben gewesen. Denn es war zuvor schon beschlossen worden, daß mit Wirkung des Beginns des Jahres 1970 die herkömmlichen Ziehungsrechte beim IWF um $ 7,6 Mrd. erhöht werden. Ferner ist infolge der starken Passivierung der amerikanischen Zahlungsbilanz ab 1970 die Devisenkomponente der internationalen Liquidität derart sprunghaft[100] gestiegen, daß die Emission von

---

[100] Vgl. hierzu auch Bild 1, oben S. 59.

Sonderziehungsrechten im Hinblick auf den Grundsatz, sowohl Inflation als auch Deflation vermeiden zu wollen, völlig fehl am Platze war.

Ferner fordert die genannte Bestimmung, daß vor der Erstbegebung der Sonderziehungsrechte „... ein besseres Gleichgewicht der Zahlungsbilanzen erreicht ...“ sein muß. Genau das Gegenteil war jedoch damals der Fall. Abgesehen davon ist *Meyer*[101] darin zuzustimmen, daß diese Vorschrift widersinnig ist, weil bei einer Verringerung der einzelstaatlichen Zahlungsbilanzungleichgewichte auch der Bedarf an Währungsreserven sinkt.

Schließlich verlangt die oben zitierte Vorschrift, „... daß ein besseres Funktionieren des Anpassungsprozesses in der Zukunft wahrscheinlich ist ...“, bevor vom Instrument der Sonderziehungsrechte erstmals Gebrauch gemacht werden darf. Auch hiergegen ist seinerzeit offensichtlich verstoßen worden. Denn die gleichzeitige und fortlaufend beabsichtigte Erweiterung der verschiedenen Kreditfazilitäten wird sich zweifellos in einer weiteren Hemmung der Anpassungsbereitschaft der Defizitländer auswirken.

Abgesehen von dem bereits bei der Erstemission der Sonderziehungsrechte begangenen Satzungsverstoß ist noch ein weiteres Bedenken dagegen zu erheben, daß mit Hilfe der Sonderziehungsrechte eine bedarfsgerechte Regulierung der internationalen Liquidität erreicht werden könne. Und zwar muß befürchtet[102] werden, daß der Entscheidungsprozeß einer Instanz, an der weit über 100 Nationen beteiligt sind, viel zu schwerfällig ist, um eine quantitativ und zeitlich richtige Steuerung der internationalen Liquidität zu gewährleisten.

Eine ökonomisch sinnvolle Bemessung der Aktivierungen von Sonderziehungsrechten scheitert jedoch nicht allein an der mangelnden Möglichkeit einer objektiven Bestimmung des Bedarfs an internationaler Liquidität und den vorgenannten „konstruktiven“ Gegebenheiten dieses künstlichen Reservemediums. Die mit Hilfe der Sonderziehungsrechte beabsichtigte wirksame Kontrolle der internationalen Liquidität muß auch noch aus einem weiteren Grunde als utopisch erscheinen. Denn solange neben den Sonderziehungsrechten noch weitere Reservemittel bestehen, kann dieses liquiditätspolitische Reformziel schon deshalb kaum erreicht werden, weil das Wachstum der übrigen Reservearten, das innerhalb einer fünfjährigen Zukunftsperiode eintreten wird, nicht annähernd genau vorausschätzbar ist. Weil außerhalb der Sonderziehungsrechte weitere Reservemedien existieren[103], sind die

---

[101] Vgl. *Meyer*, F. W.: Sonderziehungsrechte für Sonderinteressen, a.a.O., S. 95.

[102] Vgl. *Küng*, E.: Die neuen „Sonderziehungsrechte“ ..., a.a.O., S. 179. — *Lipfert*, H.: Einführung in die Währungspolitik, a.a.O., S. 249.

[103] Daß neben den Sonderziehungsrechten auch weiterhin noch andere Arten offizieller Reserven existieren werden, ist auch institutionell bedingt. Denn die Sonderziehungsrechte ersetzen den Dollar weder in seiner Rolle als Haupttransaktionswährung bei der Finanzierung des Welthandels, noch können sie unmittelbar zur Intervention an den Devisenmärkten eingesetzt werden.

nationalen Währungsbehörden außerdem jederzeit in der Lage, die Liquiditätspolitik des IWF zu unterlaufen. Dies könnte vor allem im Wege der zahlreichen Formen von Kreditgewährung der Zentralnotenbanken untereinander geschehen[104].

Das Ziel, künftig das Quantum der verfügbaren internationalen Liquidität derart zu regulieren, daß sowohl deflatorische als auch inflatorische Entwicklungen vermieden werden, erfordert es, daß der Bestand an Währungsreserven nicht nur vermehrbar, sondern gegebenenfalls auch reduzierbar ist. Im Einklang hiermit ist im Art. XXIV, 2 a des IWF-Abkommens die Möglichkeit zur Einziehung bestehender Sonderziehungsrechte verankert worden. Es sind allerdings Zweifel daran laut geworden[105], daß es de facto durchsetzbar ist, bereits erfolgte Zuteilunden von Sonderziehungsrechten wieder rückgängig[106] zu machen. Ferner gibt es zu großer Skepsis Anlaß, daß es in Kreisen der angewandten Währungspolitik trotz des exorbitanten Wachstums der Devisenreserven seit 1970[107] nicht einmal der Erörterung für Wert befunden worden zu sein scheint, einen Teil der „versuchsweise“ emittierten Sonderziehungsrechte wieder zu annullieren. Dieser Umstand kann nur zusätzlich dazu angetan sein, die pessimistische Ansicht zu unterstützen, daß in der Praxis mit Hilfe der Sonderziehungsrechte die globale Menge an internationalen Zahlungsmitteln nur in der expansiven Richtung beeinflußt werden kann.

Faßt man die hier erörterten Aspekte zusammen, so muß es aus währungstheoretischer Perspektive als ausgeschlossen gelten, daß mit Hilfe der Sonderziehungsrechte eine bedarfsgerechte Regulierung der Reservenversorgung verwirklicht werden kann. Diese Einsicht findet in der Währungspraxis nur selten[108] offene Zustimmung. Sollte das Pro-

---

[104] Vgl. *Emminger,* O.: Die Neuordnung des internationalen Währungssystems, a.a.O., S. 13.

[105] Vgl. *Küng,* E.: Die Versorgung der Weltwirtschaft mit Währungsreserven, a.a.O., S. 20. — Ders.: Die neuen „Sonderziehungsrechte“ ..., a.a.O., S. 176. — *Meyer,* F. W.: Von der Herrschaft über die Versorgung mit Währungsreserven zu weltweiter Geldwertstabilität?, a.a.O., S. 437.

[106] *Küng* verweist darauf, daß die Absicht einer Einziehung von Sonderziehungsrechten deshalb scheitern muß, weil sich die Länder auf den Standpunkt stellen können, daß sie bei Erhalt der Sonderziehungsrechte darauf hätten vertrauen können, diese bis zu 70 % ohne Ersatzpflicht verwenden zu dürfen. Ebenso ist F. W. *Meyer* darin zuzustimmen, daß angesichts der Vielzahl der Länder mit einem akuten Reservenmangel zu befürchten ist, daß die notwendige Sperrminorität von 15 % der Stimmen gegen eine SZR-Einziehung stets und mühelos zustandekommen wird.

[107] Vgl. oben Bild 1 auf S. 59.

[108] Nach Ansicht der Deutschen Bundesbank wäre es „eine arge Selbsttäuschung“, wenn man von den Sonderziehungsrechten eine „bessere Kontrolle der internationalen Liquidität erwarte“. Siehe *Deutsche Bundesbank* (Hg.): Geschäftsbericht ... 1972, a.a.O., S. 41.

jekt des sogenannten Link verwirklicht werden, so ist zu befürchten, daß davon weitere Wirkungen ausgehen werden, die einer währungspolitisch „rationalen" Dimensionierung der internationalen Liquidität zuwiderlaufen.

β) Begünstigung weltweiter Inflation

Weil die Menge neuer Sonderziehungsrechte auf politischem Wege ausgehandelt und nach einem starren, den sich verschiebenden Zahlungsbilanzerfordernissen der einzelnen Länder in keiner Weise Rechnung tragenden Quotenschlüssel verteilt wird, besteht die Gefahr, daß SZR-Emissionen stets überreichlich dosiert werden. Auch erscheint es als wenig wahrscheinlich, daß die Vorschrift, wonach Zuteilungsbeschlüsse über neue Sonderziehungsrechte einen Mehrheitswillen von mindestens 85 % der beteiligten Stimmrechte voraussetzen, eine wirksame Garantie gegen eine inflatorisch wirkende Schöpfung dieses künstlichen Reservemediums sein könnte. Bezeichnend hierfür ist die Tatsache, daß sich schon bei der erstmaligen Aktivierung von Sonderziehungsrechten kein Stimmenanteil von 15 % gegen diese Maßnahme zusammenbringen ließ. Dies ist deshalb aufschlußreich, weil gleichzeitig eine beträchtliche Quotenerhöhung stattfand und die Zahlungsbilanz der USA auf ein neues Rekorddefizit zusteuerte. Daher ist wohl auch künftig damit zu rechnen, daß die Überschußländer aus Furcht vor Handelsrestriktionen seitens der Defizitländer kaum einen ins Gewicht fallenden Einfluß gegen eine reichliche Zuteilung neuer Sonderziehungsrechte geltend machen werden[109].

Die Besorgnis, daß von den Sonderziehungsrechten eine Verstärkung der globalen Inflationstendenzen ausgeht, erscheint auch noch in weiterer Hinsicht als begründet. Zwar trifft es zu, daß die bloße Erstgutschrift[110] von Sonderziehungsrechten als solche noch nicht zu einer Aufblähung des Geldumlaufs in den Mitgliedsländern führt. Es ist jedoch aller Erfahrung nach davon auszugehen, daß die Defizitländer durch die regelmäßige und unentgeltliche Zuteilung von internationaler Liquidität, welche ohne zahlungsbilanzpolitische Auflagen zur Verfügung gestellt wird, dazu verführt werden, auf die sonst zur Rückkehr zum Zahlungsbilanzgleichgewicht notwendigen restriktiven Maßnahmen nunmehr gänzlich zu verzichten. Wie F. W. *Meyer*[111] hervorhebt, ist

---

[109] Vgl. *Meyer,* F. W.: Sonderziehungsrechte für Sonderinteressen, a.a.O., S. 117. — Ders.: Von der Herrschaft über die Versorgung mit Währungsreserven zu weltweiter Geldwertstabilität?, a.a.O., S. 439.

[110] Vgl. *Neumann,* M. J. M.: Special Drawing Rights and Inflation, in: WWA Bd. 109 (1973), Tübingen, S. 238.

[111] Vgl. *Meyer,* F. W.: Sonderziehungsrechte für Sonderinteressen, a.a.O., S. 101 f., 116. — Ders.: Von der Herrschaft über die Versorgung mit Währungsreserven zu weltweiter Geldwertstabilität?, a.a.O., S. 440 ff.

diese Verhaltensweise auch deshalb zu erwarten, weil eine umgehende Verwendung der Sonderziehungsrechte zur Defizitfinanzierung bei den Beratungen über den nächsten Aktivierungsbeschluß als Beweismittel für die Notwendigkeit weiterer und höherer Zuteilungen geltend gemacht werden kann.

Geben die Defizitländer der Versuchung nach, dank der Sonderziehungsrechte der fortgesetzten Passivität ihrer Zahlungsbilanzen nicht zu begegnen oder womöglich eine noch weitergehende Passivierung zuzulassen, so werden dadurch nicht nur in diesen Ländern die Inflationstendenzen verstärkt. Denn nutzen diese Länder stets die nicht zu rekonstituierenden 70 % ihrer Sonderziehungsrechte aus, so führt dies auch in den Überschußländern zur Auslösung inflatorischer Impulse, sobald sich letztere im Zustand der Vollbeschäftigung[112] befinden. Die Möglichkeit, bis zu 70 % der neu zugeteilten Sonderziehungsrechte dazu benutzen zu können, um ohne jede reale Rückerstattungspflicht von anderen Ländern Güter zu beziehen, wird vor allem im Falle einer Verwirklichung des sogenannten Link zu einer Verstärkung[113] des weltweiten Inflationstempos führen.

Weiterhin muß gesehen werden, daß die satzungsmäßige Limitierung der nationalen Annahmepflicht von Sonderziehungsrechten auf das Doppelte der Quote keineswegs die Wirkung hat, den Inflationsimport der Überschußländer zu begrenzen. Weil die Sonderziehungsrechte zum Erwerb von konvertiblen Währungen berechtigen, vermögen die Defizitländer für den Gegenwert ihrer Sonderziehungsrechte ohne weiteres ein anderes Land realwirtschaftlich in Anspruch zu nehmen als dasjenige, bei dessen Zentralnotenbank sie ihre Sonderziehungsrechte konvertiert haben[114]. Deshalb können dank der Existenz von Sonderziehungsrechten sogar solchen Ländern unentgeltlich Güter entzogen werden, die sich aufgrund einer sogenannten Herausoptierungserklärung am Verkehr mit Sonderziehungsrechten gar nicht beteiligen[115].

Sieht man von der Möglichkeit protektionistischer Eingriffe in den Außenwirtschaftsverkehr ab, so stehen einem Überschußland lediglich

---

[112] Vgl. *Aschinger,* F. E.: Das Währungssystem des Westens, a.a.O., S. 261. — *Küng,* E.: Die neuen „Sonderziehungsrechte“ ..., a.a.O., S. 170. — Ders.: Die Versorgung der Weltwirtschaft mit Währungsreserven, a.a.O., S. 53.

[113] *Görgens* ist der Ansicht, daß die inflatorischen Auswirkungen des Link bei den derzeitig diskutierten Größenordnungen nur wenig ins Gewicht fallen würden. Vgl. *Görgens,* E.: a.a.O., S. 53.

[114] Vgl. *Meyer,* F. W.: Sonderziehungsrechte für Sonderinteressen, a.a.O., S. 103 f. — *Schläger,* G.: Die internationale Buchgeldschöpfung, Frankfurt/M. 1971, S. 135 f.

[115] Vgl. *Meyer,* F. W.: Von der Herrschaft über die Versorgung mit Währungsreserven zu weltweiter Geldwertstabilität?, a.a.O., S. 435 f. — Ders.: Sonderziehungsrechte für Sonderinteressen, a.a.O., S. 107.

zwei Wege offen, wenn es sich dagegen schützen will, daß ihm mittels der Sonderziehungsrechte fortgesetzt Teile seines Sozialprodukts entzogen werden. Die erste Alternative wäre die Begünstigung einer permanenten Aufwertung der eigenen Währung. Dieser Ausweg steht jedoch im Widerspruch zum Ziel langfristig konstanter Kursrelationen und würde außerdem unausweichlich einen ständigen Anreiz zur Währungsspekulation bieten. Die andere Möglichkeit, einer fortgesetzten kostenlosen güterwirtschaftlichen Inanspruchnahme auszuweichen, besteht darin, durch eine expansive Binnenwirtschaftspolitik eine Beschleunigung der Inlandsinflation herbeizuführen. Geschieht dies mit besonderem Nachdruck, so wird diese Verhaltensweise zugleich noch damit „belohnt" werden, nun seinerseits bei anderen Ländern einen Gratisbezug realwirtschaftlicher Leistungen vornehmen zu können.

γ) Verstärkung der weltwirtschaftlichen Ungleichgewichte

Bei der Erörterung der inflatorischen Auswirkungen der Sonderziehungsrechte hat sich bereits abgezeichnet, daß dieses neuartige Reservemittel wohl kaum dem satzungsmäßigen Anspruch zu genügen vermag, die Weltwirtschaft vor Deflation und Inflation zu bewahren. Ferner wirken die Sonderziehungsrechte dem Reformziel eines symmetrisch arbeitenden Anpassungsmechanismus unmittelbar entgegen. Weil die Sonderziehungsrechte an die Erstempfänger unentgeltlich verteilt werden und ein Land auch im Falle unzureichender Zahlungsbilanzausgleichsbemühungen an weiteren SZR-Zuteilungen teilnehmen kann, ist der Anpassungszwang noch einseitiger auf die Überschußländer verschoben, als dies schon im Bretton-Woods-System der Fall war. Dies wird vor allem dadurch unterstrichen, daß weder die Begrenzung des Annahmezwanges noch die Möglichkeit des sogenannten Herausoptierens faktisch daran etwas zu ändern vermag.

Die Verstärkungswirkung der Sonderziehungsrechte auf die außenwirtschaftlichen Ungleichgewichte der Welthandelsländer widerspricht nicht allein dem Ziel einer weltwirtschaftlich sinnvollen Liquiditätssteuerung. Außerdem erschwert sie die Lösung der Aufgabe einer Verbesserung der Anpassungsfähigkeit. Diese Einsicht kann sich nicht nur auf die vorstehend erörterten Überlegungen, sondern auch auf die Erfahrungen[116] im Zusammenhang mit der EZU stützen. Daß die nachträglich in Kraft gesetzte Anhebung der Verzinsung der Sonderziehungsrechte mit einer ins Gewicht fallenden Verstärkung des Anpassungszwanges verbunden ist, kann nicht erwartet werden. Denn das Greifen des Zins-Kredit-Mechanismus bleibt trotz dieser Zinserhöhung auch

[116] Näheres bei *Küng*, E.: Die neuen „Sonderziehungsrechte" ..., a.a.O., S. 165. — *Kruse*, A.: Außenwirtschaft, a.a.O., S. 264. — *Veit*, O.: Grundriß ..., a.a.O., S. 800.

weiterhin verzögert. Auch bleibt die Tatsache, daß der überwiegende Teil der Sonderziehungsrechte einen unentgeltlichen Zugriff auf das Sozialprodukt anderer Länder gestattet, von dieser Maßnahme unberührt.

δ) Mangelhafte Vertrauenswürdigkeit der Sonderziehungsrechte

Jedes Nebeneinander verschiedener Reservearten birgt neben dem quantitativen auch ein qualitatives Liquiditätsproblem in sich. Denn es kann der Fall eintreten, daß die verschiedenen Reservemittel von den Zentralnotenbanken in unterschiedlicher Weise bevorzugt werden. Der Grund hierfür hängt damit zusammen, daß jedes Reserveaktivum bestimmter Eigenschaften bedarf, um seitens der Währungsbehörden als Mittel der Reservenhaltung Verwendung zu finden. Neben einer einfachen Handhabung ist es erforderlich, daß ein Reservemedium im Hinblick auf seine Wertbeständigkeit und seine jederzeitige Verwendungsfähigkeit zum Zahlungsbilanzausgleich vertrauenswürdig ist. Es ist daher danach zu fragen, ob die Sonderziehungsrechte Aussicht haben, von den nationalen Währungsbehörden als eine attraktive Alternative zum Gold oder zu den Devisenguthaben empfunden zu werden. Erst wenn dies bejaht werden kann, sind störungsfreie Weltwährungsbeziehungen (Vermeidung des Inkrafttretens des sog. Gresham'schen Gesetzes) erreichbar. Das gleiche gilt im Hinblick auf die Verwirklichung des Zieles, die Sonderziehungsrechte allmählich zum Hauptgegenstand der amtlichen Reservenhaltung zu machen.

Die Ergänzungsstatuten zum IWF-Abkommen enthalten eine Reihe von Bestimmungen, welche den Sonderziehungsrechten den notwendigen Vertrauensschutz verleihen sollen. Hierzu zählt an erster Stelle die Vorschrift, daß die teilnehmenden Zentralnotenbanken verpflichtet sind, ihnen angebotene Sonderziehungsrechte bis zum Doppelten ihrer kumulativen Zuteilung anzunehmen. Sind die Sonderziehungsrechte erst einmal zum Hauptreservemedium geworden, so kann wegen der zu erwartenden überreichlichen Schöpfung und wegen des Umstands, daß eine Inanspruchnahme der SZR unterhalb von 70 % der Zuteilung keinerlei Anpassungszwang auslöst, nicht ausgeschlossen werden, daß die Überschußländer eines Tages die Annahmepflicht zu ignorieren beginnen werden, zumal die Einhaltung dieser Bestimmung vom IWF nicht erzwungen werden kann. Die Tatsache, daß der sogenannte Interimsausschuß vorgeschlagen hat, die besagte 70-Prozent-Grenze gänzlich[117] abzuschaffen und im Rahmen der 1976 vereinbarten Satzungsänderung die für einen solchen Beschluß erforderliche Majorität von 85 % auf

---

[117] Vgl. *Deutsche Bundesbank* (Hg.): Übersetzung der Presseverlautbarung des Interimsausschusses ..., a.a.O., S. 4.

70 % herabgesetzt[118] wurde, ist zusätzlich geeignet, das Mißtrauen in die jederzeitige Annahmebereitschaft der potentiellen Überschußländer wachzuhalten.

Weiterhin soll die Attraktivität der Sonderziehungsrechte dadurch gefördert werden, daß der IWF die sogenannte Designation dergestalt vornimmt, daß alle Länder einen möglichst gleichgroßen Anteil an Sonderziehungsrechten innerhalb ihrer Gesamtreserven aufweisen. Dem gleichen Zweck diente ursprünglich die nun entfallende Vorschrift, welche es den Zentralnotenbanken untersagt, dieses Reservemedium zum Zwecke einer Umschichtung ihrer Währungsreserven abzugeben. Abgesehen davon dürfte der Nachweis, daß einer bestimmten Sonderziehungsrechts-Transaktion das satzungswidrige Motiv eines Reservenaustausches zugrunde liegt, nicht immer einfach zu führen sein[119]. Ferner müßte der im Falle einer Nichtbefolgung der SZR-Bestimmungen mögliche Ausschluß von der Verwendung der Sonderziehungsrechte im Zweifel eine ziemlich stumpfe Waffe bleiben. Denn sie richtet sich in erster Linie gegen die chronischen Überschußländer, welche — außer im Falle unvorhersehbarer Ereignisse — ohnehin nicht so schnell in die Verlegenheit kommen dürften, auf ihre Guthaben an Sonderziehungsrechten Rückgriff nehmen zu müssen.

Weil die Sonderziehungsrechte durch keinerlei Aktiva gedeckt sind, sollte ursprünglich deren Goldwertgarantie eine genügend große Anziehungskraft dieses Reservemediums gewährleisten. Als Konsequenz der Beseitigung des offiziellen Goldpreises ist die SZR-Einheit jedoch mittlerweile als Gegenwert des gewichteten Querschnitts der 16 Haupthandelswährungen definiert worden. Auf diese Weise soll zugleich eine weitgehende Wertstabilität der Sonderziehungsrechtsguthaben für den Fall erreicht werden, daß die Parität einer dieser Währungen verändert wird. Um die Unterhaltung von SZR-Guthaben zusätzlich schmackhaft zu machen, wurden im Jahre 1974 die Zinsen angehoben, welche die Zentralnotenbanken zugunsten der übrigen Länder zu entrichten haben, wenn sie einen SZR-Bestand aufweisen, der geringer als die ihnen zugeteilte Menge ist.

Es existieren somit mehrere Anhaltspunkte, die es als zweifelhaft erscheinen lassen, daß die satzungsmäßigen Vorschriften dazu ausreichen, den Sonderziehungsrechten dasjenige Maß an Vertrauen und Anziehungskraft zu verleihen, das notwendig ist, um alle Zentralnoten-

---

[118] Vgl. *Deutsche Bundesbank* (Hg.): Monatsberichte ... 1977, Nr. 8, a.a.O., S. 25.

[119] *Boeck* und *Gehrmann* glauben Anzeichen dafür erkennen zu können, daß es in der Vergangenheit zu SZR-Abgaben zum Zwecke der Reservenumschichtung gekommen ist. Vgl. *Boeck*, K. u. *Gehrmann*, D.: Die DM als internationale Reservewährung, a.a.O., S. 34.

banken dazu zu bestimmen, dieses künstliche Reservemittel als gleichwertige oder gar als bevorzugte Reserveart anzusehen. Dies gilt um so mehr[120], wenn die unter der Bezeichnung „link" geforderte Verknüpfung der SZR-Emission mit der Entwicklungshilfe doch noch verwirklicht werden sollte. Ebenso kann es als äußerst unwahrscheinlich gelten, daß die Währungsbehörden bei dem derzeitigen SZR-Konzept den unwiderstehlichen Anreiz verspüren, ihre Gold- und Devisenvorräte allmählich durch entsprechende SZR-Guthaben zu ersetzen. Sollte es zu der zu erwartenden großzügigen Bemessung der Sonderziehungsrechts-Emissionen kommen, ist vielmehr das Gegenteil zu befürchten. Denn die Überschußländer würden es dann eines Tages unweigerlich ablehnen, immer weitere Gütermengen gegen ein Reserve-Aktivum herzugeben, das nicht nur unzureichend vertrauenswürdig ist, sondern mit dessen Annahme zugleich die Übernahme der Hauptanpassungslast für die Rückkehr zum internationalen Gleichgewicht verbunden ist.

cc) Der Beitrag der Sonderziehungsrechte zur Behebung der Mängel des Bretton-Woods-Systems

Die Einführung der Sonderziehungsrechte ist ohne Zweifel die erste weitreichende Modifizierung der internationalen Währungsordnung nach dem zweiten Weltkrieg gewesen. Der Effekt einer rationalen Liquiditätskontrolle, welcher als Folge einer bewußten Reservenschöpfung denkbar wäre, kann mit Hilfe der Sonderziehungsrechte aufgrund der sie kennzeichnenden Merkmale jedoch nicht herbeigeführt werden. Denn die praktische Dosierung von SZR-Zuteilungen unterliegt nur in untergeordneter Weise ökonomischen Maßstäben. Dagegen wird die faktische Bemessung primär von den verschiedenartigen Bedarfsschätzungen geprägt, welche sich auf der Basis der einzelnen nationalen Interessen ergeben. Welche dieser abweichenden Vorstellungen schließlich für die Höhe einer Emission maßgeblich ist, unterliegt im wesentlichen politischen Einflüssen. Eine Verwirklichung des sogenannten Link würde unweigerlich eine weitere Politisicrung der Schöpfung neuer Sonderziehungsrechte nach sich ziehen. Ferner kann mit Hilfe der Sonderziehungsrechte die internationale Liquidität derzeit auch deshalb nicht beherrscht werden, weil die Notenbanken einstweilen in großem Ausmaß noch andere Reservemittel unterhalten, auf deren Bestandsänderungen nahezu kein währungspolitischer Einfluß besteht.

Wie die erstmalige Aktivierung von Sonderziehungsrechten im Einklang mit den währungstheoretisch begründeten Befürchtungen gezeigt hat, führen die im Spiel befindlichen außerökonomischen Einflüsse zu

[120] Vgl. *Voigt*, F. u. *Grunwald*, J.-G.: Möglichkeiten und Grenzen währungspolitischer Stabilisierung in Entwicklungsländern (Diskussionspapier Nr. 19 des Institut für das Spar-, Giro- und Kreditwesen), Bonn 1976, S. 17 f.

einer überreichlichen Schaffung dieses Reservemittels. Diese Gegebenheit und die anderen beschriebenen Eigenarten der Sonderziehungsrechte müssen zwangsläufig das Vertrauen in die langfristige Aufrechterhaltbarkeit ihrer nicht erzwingbaren Annahmepflicht mindern. Es erscheint daher auch ausgeschlossen, daß die satzungsmäßigen Bestimmungen, welche die Attraktivität der Sonderziehungsrechte für die Zentralnotenbanken gewährleisten sollen, ausreichen können, um das Gold zu demonetisieren und die Rolle der Devisenreserven auf ein Minimum zurückzudrängen. Im Hinblick auf die Devisenreserven kommt noch hinzu, daß die Sonderziehungsrechte den Dollar in seiner Eigenschaft als Interventionsinstrument nicht ersetzen. Die regelmäßige Überdosierung der SZR-Emissionen untergräbt nicht nur die Vertrauenswürdigkeit dieses internationalen Buchgeldes, sondern fördert außerdem eine globale Beschleunigung des Geldwertverfalls.

Eine Lösung der Aufgabe einer weltwirtschaftlich angemessenen Verteilung der internationalen Liquidität können die Sonderziehungsrechte ebenfalls nicht gewährleisten. Dies ist zum einen die Folge davon, daß sie den Ländern nicht entsprechend ihrem Bedarf zugewiesen werden, sondern schematisch nach einem Quotenschlüssel, welcher den seit 1945 eingetretenen weltwirtschaftlichen Verschiebungen kaum Rechnung trägt. Ein weiteres Manko besteht darin, daß die Sonderziehungsrechte den Defizitländern ohne jede Verpflichtung hinsichtlich einer Rückkehr zum Zahlungsbilanzgleichgewicht zur Verfügung stehen. Dies ist deshalb mißlich, weil neben den währungstheoretischen Einsichten auch die Erfahrungen mit dem Bretton-Woods-System belegen, daß eine immer weitere Vermehrung der internationalen Liquidität keinen Ersatz für Anpassungsmaßnahmen zu bieten vermag. Die Gefahr eines langfristigen Zusammenbruchs der Weltwährungsordnung infolge einer Vertrauenskrise gegenüber einer Reservekomponente kann daher durch das Sonderziehungsrechtskonzept keineswegs gebannt werden.

4. Die Lösungsaussichten der Liquiditätsfrage in einem abgeänderten Bretton-Woods-System

Die zahlreichen Pläne, welche die internationalen Währungsprobleme der Gegenwart durch eine Ausweitung der internationalen Liquidität lösen wollen, basieren alle auf der gleichen Grundannahme. Diese besteht darin, daß eine durch Reservenknappheit bedingte kontraktive Wirtschaftspolitik stets eine gewisse Einschränkung der binnenwirtschaftspolitischen Autonomie mit sich bringt. Daraus wurde seit der Bretton-Woods-Konferenz von 1944 bis in die jüngste Zeit hinein immer wieder die Forderung abgeleitet, durch eine reichliche Versorgung mit internationalen Zahlungsmitteln einen vergrößerten zeitlichen Anpassungsspielraum zu gewinnen. Dieser sollte groß genug sein, um die zur Förderung des Zahlungsbilanzausgleichs ergriffenen wirtschaftspolitischen Interventionen so behutsam anzuwenden, daß die Erreichung der binnenwirtschaftspolitischen Ziele nur geringfügig beeinträchtigt wird.

Die vorgeschlagene Verlängerung der Anpassungsfrist könnte durchaus als etwas Begrüßenswertes empfunden werden, wenn gewährleistet wäre, daß diese verläßlich zu einer Behebung des bestehenden Zahlungsbilanzdefizits genutzt wird. Die unter Bretton-Woods-Bedingungen in rund drei Jahrzehnten gemachten Beobachtungen lehren jedoch, daß ein derart gewonnener Zeit- und Handlungsspielraum regelmäßig weitgehend ungenutzt zu verstreichen pflegt, weil sich die Zentralnotenbanken und die Regierungen dem Zwang zur Wahrung monetärer Disziplin entziehen können.

Bleibt die Anpassungsfrage von einer Lösung ausgenommen, so muß eine fortgesetzte Vermehrung der internationalen Zahlungsmittel unausweichlich zur Ursache einer immer weitergehenden Verstärkung der internationalen Ungleichgewichte werden. Hand in Hand damit würde eine beständige Wiederkehr des Rufs nach zusätzlichen Währungsreserven gehen. Eine Festlegung der potentiellen Überschußländer auf eine automatische Kreditierung ihrer Aktivsalden im internationalen Leistungsaustausch würde es zwar theoretisch gestatten, jedes auftretende Zahlungsbilanzdefizit mühelos finanzieren zu können. In der Praxis dürften die Überschußländer bei einem Andauern der unentgeltlichen realwirtschaftlichen Inanspruchnahme jedoch früher oder später ihre Satzungstreue aufkündigen, zumal diese nicht wirksam erzwungen werden kann. Abgesehen davon zeitigt jede Form von automatischer Defizitfinanzierung zwangsläufig eine globale Inflationsbeschleunigung, wenn nicht gewährleistet ist, daß die Empfängerländer unverzüglich und energisch kontraktiv wirkende binnenwirtschaftspolitische Maßnahmen ergreifen.

Eine weitere Schwäche jedes Vorschlags, die Mängel des Bretton-Woods-Systems durch eine großzügige Bereitstellung von internationaler Liquidität beheben zu wollen, besteht darin, daß derartige Pläne unweigerlich daran kranken müssen, daß der mit einer Wahrung des weltwirtschaftlichen Gleichgewichts korrespondierende Zukunftsbedarf an Währungsreserven nicht mit ausreichender Genauigkeit beziffert werden kann. Schwerer wiegt jedoch, daß eine Weltwährungsreform, welche sich auf die Ermöglichung einer immer weiteren Schaffung von Währungsreserven beschränkt, bestenfalls nur eine vorübergehende Entschärfung der internationalen Währungsprobleme der Gegenwart zu bewerkstelligen vermag. Das bedeutet zugleich, daß das vorrangige Interesse der Reformbemühungen nicht den Möglichkeiten einer zusätzlichen Schöpfung von internationaler Liquidität, sondern einer zuverlässigen Vermeidung von länger andauernden Zahlungsbilanzungleichgewichten gelten muß.

II. Vorschläge zur Erhöhung der Wirksamkeit des Anpassungsprozesses

Die vorangegangene Erörterung der verschiedenen Vorschläge für die künftige Versorgung mit Währungsreserven kann keinen Zweifel daran hinterlassen, daß die erforderliche Unterbindung der chronischen Zahlungsbilanz-Ungleichgewichte nicht durch eine fortlaufende Vermehrung der Währungsreserven erreicht werden kann. Neben der Lösung der Liquiditätsfrage ist daher vorrangig darauf hinzuwirken, daß künftig ein ausreichend starker Zwang zur Beseitigung von Zahlungsbilanzungleichgewichten zur Entfaltung kommt. Die Herstellung eines wirksamen Anpassungsmechanismus dient nicht nur dem Zweck, die internationalen Gleichgewichtsstörungen auf ein tolerierbares Maß zu beschränken, sondern sie ist auch für die Lösung der Liquiditätsfrage von fundamentaler Bedeutung. Denn das Ausmaß des Bedarfs an monetären Reserven hängt unmittelbar davon ab, wie rasch und wie zuverlässig die jeweilige Weltwährungsordnung einen Ausgleich von Zahlungsbilanzstörungen zu gewährleisten vermag.

Das Ziel einer prompten Wiederherstellung des Zahlungsbilanzgleichgewichts kann auf verschiedenen ordnungspolitischen Wegen angestrebt werden. Die Methode des zwangsweisen Zahlungsbilanzausgleichs mit Hilfe von Zahlungsverkehrskontrollen ist nicht nur mit schädlichen Auswirkungen auf den globalen wirtschaftlichen Wohlstand verbunden, sondern auch im Hinblick auf die langfristige Tauglichkeit[121] zum Zahlungsbilanzausgleich in vieler Beziehung fragwürdig. Unabhängig davon existieren auch keine diesbezüglichen Reformpläne. Ein anderer Lösungsansatz kann darin bestehen, die Überwindung von außenwirtschaftlichen Ungleichgewichten einem Automatismus zu überantworten, welchem sich die Länder faktisch nicht entziehen können. Eine internationale Währungsordnung, welcher eine zuverlässige Selbstregelungsfähigkeit innewohnt, ist sowohl auf der Basis unverbrüchlich fester Wechselkurse als auch auf der Grundlage völlig frei beweglicher Paritäten denkbar. Beide Alternativen eines automatisch herbeigeführten Zahlungsbilanzausgleichs wurden bereits behandelt.

---

[121] Vgl. *Willgerodt,* H.: Handelsschranken im Dienste der Währungspolitik, Düsseldorf und München 1962, S. 197 ff., 323 ff. — *Küng,* E.: Zahlungsbilanzpolitik, a.a.O., S. 679, 797 f. — *Rose,* K.: a.a.O., S. 403 ff.

Schließlich kann der Weg beschritten werden, auf der Grundlage eines internationalen Abkommens Anpassungsregeln zu vereinbaren, welche die beteiligten Länder freiwillig befolgen wollen. Insbesondere die Reformbestrebungen des IWF sind darauf ausgerichtet, die Verbesserung des Anpassungsmechanismus durch eine Vertiefung der währungspolitischen Kooperation der Zentralnotenbanken herbeizuführen.

1. Verbesserung des Anpassungsmechanismus im Wege international vereinbarter Verhaltensweisen

Die Absicht, künftig größere Zahlungsbilanz-Ungleichgewichte durch eine Intensivierung der internationalen Kooperation in der Wirtschafts- und Währungspolitik zu vermeiden, fußt auf der gleichzeitigen Ablehnung einer Wiederbelebung des Goldstandards wie auch der Einführung einer interventionsfreien Wechselkursbildung. Ziel der Idee einer Vertiefung der zwischenstaatlichen wirtschaftspolitischen Abstimmung ist es, zu vermeiden, daß sich die Wirkungen der zahlungsbilanzpolitischen Maßnahmen der verschiedenen Länder gegenseitig aufheben.

Die internationale Zusammenarbeit der Zentralnotenbanken ist bisher auf die Überwindung von Liquiditätsengpässen beschränkt geblieben. Diesbezüglich sei an die Kooperation auf den Devisenmärkten zur Abwehr der Währungsspekulation und die Bereitstellung von temporären Beistandskrediten im Falle von Zahlungsbilanzschwierigkeiten erinnert. Da diese Maßnahmen jedoch eine befriedigende Ungleichgewichtsbeseitigung nicht herbeizuführen vermögen, ist verschiedentlich angeregt worden, künftig eine weitgehende internationale Abstimmung der Wirtschaftspolitik der Haupthandelsländer anzustreben. Eine besondere Variante dieses Reformansatzes, welcher vor allem in IWF-Kreisen erörtert wird, bildet das Bestreben, das Kriterium des sogenannten fundamentalen Ungleichgewichts durch die Vereinbarung eines objektiven Indikators für die Vornahme von Paritätsänderungen zu ersetzen. Durch eine solche Regelbindung des Anpassungsprozesses soll nicht nur einer langfristigen künstlichen Aufrechterhaltung verzerrter Wechselkurse vorgebeugt werden, sondern auch ein symmetrisches Ergreifen der Anpassungsmaßnahmen angestrebt werden.

a) Regelbindung der Wechselkurskorrekturen

Weil es sich als nachteilig erwiesen hat, daß eine Wechselkurskorrektur erst im Falle eines nicht näher präzisierten „fundamentalen“ Ungleichgewichts zwar zulässig, jedoch nicht zwingend durchzuführen ist, tauchte der Gedanke auf, diese „Kann“-Bestimmung des IWF-Abkommens in Richtung einer „Muß“-Vorschrift abzuändern. Ihre strikte Einhaltung soll der Überwachung durch den IWF unterstellt werden, welcher außerdem befugt sein soll, nach vorheriger internationaler Konsultation gegen solche Mitgliedsländer Sanktionen zu ergreifen, welche der vereinbarten Anpassungsregel zuwiderhandeln. Als Maßstab für die künftige satzungsmäßige Pflicht zur Vornahme von Wechselkursanpassungen wird vor allem die Entwicklung des nationalen Bestands an Währungsreserven[122] erörtert. Daß dieser Indikator in der Lage ist, frühzeitig und zuverlässig außenwirtschaftliche Ungleichgewichte anzuzeigen, ist jedoch zweifelhaft. Denn es stehen den Ländern zahlreiche Wege offen, die Höhe und die Veränderungen ihres ausgewiesenen Reservenfundus künstlich zu beeinflussen[123]. Hinzu kommt, daß der Reservenbestand in erheblichem Maße von internationalen Zinsdifferenzen beeinflußt wird, welche durch die abweichende Konjunkturlage in den verschiedenen Ländern bedingt sind. Infolgedessen ist auch die Vereinbarung eines Schwellenwertes, ab dem die Länder zur Änderung des Wechselkurses ihrer Valuta verpflichtet sein sollen, ein äußerst problematisches Unterfangen. Ebenso ist es bisher ungelöst, in welchem Ausmaß die Parität zu korrigieren ist, wenn sich die Reserven eines Landes über das vereinbarte Maß hinaus verändern. Unabhängig davon ist zu Recht eingewandt worden, daß die Beschränkung auf einen einzigen Kennwert abgelehnt werden muß, weil ein bestimmter Parameter aufgrund der zwischenstaatlichen Unterschiede in der Wirtschaftsstruktur[124] (z. B. Industrieländer auf der einen und Agrarländer auf der anderen Seite) nicht für alle Währungen die gleiche Aussagekraft besitzen kann.

Neben der Entwicklung des Bestands an Währungsreserven sind auch noch andere Variablen als Indikator für die Notwendigkeit von Wechselkursanpassungen diskutiert worden[125]. Diese sind aufgrund ihrer Einseitigkeit und ihrer Verzerrungsmöglichkeiten jedoch ebenfalls für

---

[122] Näheres vgl. *Lieftinck*, P.: a.a.O., S. 29. — *Scharrer*, H.-E.: Das internationale Währungssystem zwischen Liquiditätsschöpfung und Wechselkursflexibilität, a.a.O., S. 287. — *Wallich*, H. C.: Das amerikanische Konzept, in: Kreditwesen 26. Jg. (1973 I), Frankfurt/M., S. 25. — *Willms*, M.: Mehr Stabilität durch mehr Flexibilität, in: Wirtschaftsdienst 51. Jg. (1971), Hamburg, S. 584.

[123] So kann die Zentralnotenbank eines Defizitlandes durch eine Ausweitung und Inanspruchnahme der Swap-Vereinbarungen sowie durch Kreditaufnahme am Euro-Dollarmarkt einen Reservenabfluß kompensieren. Als Musterbeispiel hierfür kann es gelten, daß die Währungsreserven Frankreichs im Jahre 1974 zugenommen haben, obwohl infolge der Ölpreiserhöhung ein sprunghaft vergrößertes Defizit im internationalen Leistungsaustausch finanziert werden mußte. Vgl. *Jetter*, K.: Stärken und Schwächen des Franc, in: Frankfurter Allgemeine Zeitung Nr. 18/1976 (22. 1. 1976), S. 11.

[124] Vgl. *Svinland*, E.: a.a.O., S. 347.

[125] Beispielhaft sei auf den Vorschlag hingewiesen, die laufende Entwicklung des Abstandes zwischen dem Kassakurs und der Bandbegrenzung als Beurteilungsmaßstab zu verwenden. Vgl. auch *Underwood*, T. G.: Analysis of Proposals of Using Objective Indicators as a Guide to Exchange Rate

Zwecke der praktischen Währungspolitik untauglich[126]. Die Empfehlung[127], die zwangsläufige Unzulänglichkeit eines eindimensionalen Indikators dadurch zu vermeiden, daß man die gesamtwirtschaftliche Situation eines Landes zur Grundlage von Entscheidungen über seinen Wechselkurs macht, ist zwar vom Grundsätzlichen her richtig, verspricht jedoch ebenfalls nicht zu einem praktikablen Handwerkszeug zu verhelfen. Denn neben den Aussagemängeln der verschiedenen Einzelindikatoren wäre man dann zusätzlich noch vor die Schwierigkeit gestellt, dieselben im Rahmen einer Gesamtbeurteilung gewichten zu müssen, wofür es kaum eine objektive Richtschnur geben dürfte.

Außer dem Definitionsproblem eines klaren Indikators für die zwingende Vornahme von Wechselkursanpassungen ist ferner die Aufgabe zu lösen, wie es gewährleistet werden kann, daß sich die Länder verbindlich an die vereinbarten Anpassungsregeln halten. Andernfalls kann nämlich nicht erwartet werden, daß auftretende Zahlungsbilanz-Ungleichgewichte rascher und wirksamer als in der Vergangenheit abgebaut werden können. Denn die währungspolitischen Erfahrungen seit Ende des zweiten Weltkrieges lehren, daß eine vertragliche Pflicht zum Zahlungsbilanzausgleich die Funktionsfähigkeit des internationalen Zahlungsverkehrs nicht gewährleisten kann, wenn der IWF keine Möglichkeit hat, anhaltende außenwirtschaftliche Ungleichgewichte einzelner Länder zu verhindern. Die Frage auf welche Weise der IWF im Falle der Nichtvornahme der von ihm geforderten Wechselkursänderung einen abgestuften Druck auf das betreffende Land ausüben soll, ist in der Wissenschaft noch weitgehend[128] offen. Auch die vom Zwanzigerausschuß angeregte Verfahrensweise dürfte aus verschiedenen Gründen politisch kaum durchsetzbar sein. Dieses Gremium hat vorgeschlagen, dem IWF die Kompetenz zu übertragen, rasch wirksame Sanktionen[129] gegen ein sich satzungswidrig verhaltendes Mitgliedsland ergreifen zu dürfen. Ein weiterer Mangel des Indikatorkonzepts

---

Changes, in: IMF (Hg.): IMF Staff Papers, March 1973, Washington, S. 100 ff. — *Scharrer,* H. E.: Das internationale Währungssystem zwischen Liquiditätsschöpfung und Wechselkursflexibilität, a.a.O., S. 287.

[126] Vgl. *Scharrer,* H.-E.: Konturen eines reformierten Bretton-Woods-Systems, in: Wirtschaftsdienst 52. Jg. (1972), Hamburg, S. 522.

[127] So z. B. *Aschinger,* F.: Die Währungsreform auf Abwegen, a.a.O., S. 16. — BIZ (Hg.): 44. Jahresbericht, a.a.O., S. 34.

[128] Näheres bei *Kath,* D.: Der internationale Inflationsmechanismus und die Reform des Weltwährungssystems, in: KuK 8. Jg. (1975), Berlin, S. 40. — *Wallich,* H. C.: Das amerikanische Konzept, a.a.O., S. 25.

[129] Im Zusammenhang hiermit kann darauf verwiesen werden, daß die USA, welche bei Änderungen des IWF-Abkommens aufgrund ihrer Quote über ein Vetorecht verfügen, bereits zu erkennen gegeben haben, daß sie ein Kontrollrecht des IWF über die Wechselkurspolitik der Mitgliedsländer ablehnen. Vgl. o. V.: Reform des Währungssystems weiter umstritten, a.a.O., S. 11.

ist schließlich darin zu erblicken, daß stets mit dem Aufkommen von ungleichgewichtsverstärkenden Währungsspekulationen gerechnet werden muß, weil dem Publikum die Regelung bekannt ist, wann die jeweilige Zentralnotenbank eine Wechselkurskorrektur vornehmen soll.

b) *Freiwillige Abstimmung der nationalen Wirtschaftspolitik der Haupthandelsländer*

Neben dem Konzept, die Funktionsfähigkeit der internationalen Währungsordnung durch die Kodifizierung eines zwingenden Indikators für Wechselkursberichtigungen zu verbessern, wird auch die Möglichkeit erörtert, das gleiche Ziel im Wege einer Vertiefung der freiwilligen internationalen Koordination der Wirtschaftspolitik der Haupthandelsländer anzustreben. Dadurch soll in erster Linie eine präventive Einschränkung des Ausmaßes und der Dauer von Zahlungsbilanz-Ungleichgewichten bewirkt werden.

Eine Vertiefung der Abstimmung der nationalen Wirtschaftspolitik zwischen den weltwirtschaftlich wichtigsten Ländern steht jedoch vor einer größeren Anzahl von Schwierigkeiten. So verlangt eine solche Kooperation von den beteiligten Staaten eine weitreichende freiwillige Selbstbeschränkung in ihrer wirtschaftspolitischen Autonomie, wenn stets eine rasche und zuverlässige Bereinigung von Zahlungsbilanzstörungen gewährleistet sein soll. Wie schwer so etwas in der Praxis zu erreichen ist, zeigen die Bemühungen im Zusammenhang mit der angestrebten Währungsunion zwischen den EG-Ländern. Die Tatsache, daß es sich dabei um eine vergleichsweise geringe Anzahl von Ländern mit einer relativ geringen strukturellen Heterogenität handelt, vermag bereits eine Vorstellung darüber zu vermitteln, um wieviel schwieriger es sein muß, die maßgeblichen Mitgliedsländer des IWF schon in absehbarer Zeit auf eine aus zahlungsbilanzpolitischer Sicht genügend weitreichende Harmonisierung ihrer nationalen Wirtschaftspolitik festzulegen. Diesbezüglich muß insbesondere gesehen werden, daß unter den IWF-Mitgliedern erheblich größere Divergenzen in den stabilitätspolitischen Vorstellungen der Defizit- und Überschußländer bestehen als im wesentlich kleineren EG-Rahmen. Dazu kommen die beträchtlichen nationalen Unterschiede bezüglich der Fähigkeit, die inländische Geldentwertung in engen Grenzen zu halten. Allein schon diese Gegebenheiten verweisen die Absicht, die bei festen Paritäten bestehenden Anpassungsschwierigkeiten im Wege einer internationalen Abstimmung der einzelstaatlichen Wirtschaftspolitik lösen zu wollen, einstweilen in den Bereich der Utopie.

Ferner setzt eine zwischenstaatliche Kooperation, welche im Hinblick auf den internationalen Zahlungsbilanzausgleich effizient sein soll, die Einbeziehung sehr vieler wirtschaftspolitischer Teilbereiche voraus. Im Hinblick hierauf dürfte vor allem eine internationale Harmonisierung der einzelstaatlichen Struktur- und Regionalpolitik in absehbarer Zeit noch nicht erreichbar sein. Denn gerade diesbezüglich bestehen vorläufig noch erhebliche einzelstaatliche Interessenunterschiede. Eine multinationale Koordination der Wirtschaftspolitik wird weiterhin dadurch erschwert, daß der Konjunkturverlauf in den einzelnen Ländern stets mehr oder weniger stark voneinander abweicht. Auch gibt es beträchtliche zwischenstaatliche Unterschiede bezüglich des zur Verfügung stehenden konjunkturpolitischen Instrumentariums. Ein weiteres Hemmnis für eine internationale wirtschaftspolitische Kooperation, welche unter dem Aspekt des Zahlungsbilanzausgleichs wirkungsvoll sein soll, kann ferner darin erblickt werden, daß in der Praxis die Zuverlässigkeit von Konjunkturprognosen noch keineswegs vollauf befriedigend ist.

c) Die Beurteilung des Konzepts international vereinbarter Anpassungsvorgänge

So wünschenswert eine Intensivierung der internationalen monetären Kooperation ist, so kann es dennoch als sicher gelten, daß diese in absehbarer Zeit nicht in einem Ausmaß realisierbar sein wird, um darauf eine funktionsfähige internationale Währungsordnung mit festen oder stufenflexiblen Paritäten zu errichten. Das hängt damit zusammen, daß auf der Grundlage stabiler Kursrelationen jegliche internationale Abstimmung der Wirtschafts- und Währungspolitik unvermeidlich zu Konfliktsituationen hinsichtlich der binnen- und außenwirtschaftlichen Zielrichtung eines Landes führt. Weil auf alle Fälle das satzungsmäßig verankerte Grundrecht der Mitgliedsländer auf eine vorrangig binnenwirtschaftlich orientierte Wirtschaftspolitik respektiert werden müßte, würde selbst ein dem IWF übertragenes abgestuftes Sanktionsrecht nur einen schwachen Anpassungsdruck erzeugen können. Abgesehen davon erscheint es zweifelhaft, ob eine solche Kompetenzausweitung des IWF überhaupt in absehbarer Zeit politisch durchsetzbar ist. Hinzu kommt, daß es keinen befriedigenden Indikator für ein sich anbahnendes „fundamentales" Zahlungsbilanz-Ungleichgewicht gibt. Ebensowenig besteht im konkreten Fall die Möglichkeit, die am besten geeignete Anpassungsmaßnahme, deren günstigsten Einsatzzeitpunkt und die zweckmäßigste Dosierung zuverlässig zu bestimmen, ganz abgesehen von der normativen Problematik, die damit verbunden ist. Insgesamt gesehen müssen daher beide Varianten des Vorschlags, die gegenwärtigen Weltwährungsprobleme im Wege international vereinbarter Anpassungsmaßnahmen zu überwinden, als nicht praktikabel und ineffizient angesehen werden. Ohne das Bestehen eines zuverlässig zur Geltung kommenden faktischen Zwanges, in einer bestimmten Situation wirksame Maßnahmen zum Zahlungsbilanzausgleich in die Wege leiten zu müssen, ist aber jede internationale Währungsordnung im hohen Maße krisenanfällig.

2. Vorschläge für eine vergrößerte Beweglichkeit der Wechselkurse

Die Preise und Einkommen werden auch künftig durch ein hohes Maß an Starrheit nach unten gekennzeichnet sein. Ebenso muß davon ausgegangen werden, daß die einzelnen Länder in der Wirtschaftspolitik anstelle einer Unterwerfung unter das Diktat der Zahlungsbilanz weiterhin lieber ihre eigenen Wege gehen wollen. Weil daher der Versuch einer außenwirtschaftlichen Anpassung im Wege der Beeinflussung der Binnennachfrage weitgehend wirkungslos bleiben muß, konzentriert sich die Aufmerksamkeit auf den Ausweg, die erforderliche Angleichung des inländischen Preisniveaus an dasjenige des Auslands in stärkerem Maße als bisher durch den Wechselkurs-Mechanismus vollziehen zu lassen.

Bereits seit den 1950er Jahren ist im akademischen Bereich wiederholt die Auffassung vertreten worden, daß die heutigen Verhältnisse ein hohes Maß an Wechselkursflexibilität verlangen. Die Diskussion über eine entsprechende Umgestaltung der internationalen Währungsordnung ist jedoch erst erheblich später auf breiter Front entfacht worden, nachdem 27 Wirtschaftswissenschaftler mit einer diesbezüglichen Empfehlung[130] Anfang 1966 an die Öffentlichkeit getreten waren. Ihr Plädoyer zugunsten einer größeren Kursbeweglichkeit fußt vor allem darauf, daß gelegentliche schubweise Wechselkurskorrekturen unter den in der Praxis bestehenden Gegebenheiten keine störungsfreie Anpassung an die internationalen Veränderungen im wirtschaftlichen und außerökonomischen Bereich gestatten würden. Zudem läßt sich darauf verweisen, daß stufenflexible Paritäten ein Zahlungsbilanzgleichgewicht bestenfalls nur temporär — und auch das nur zufällig — zu gewährleisten vermögen. Wenn aber gegenwärtig und künftig ohnehin von Zeit zu Zeit Wechselkursanpassungen unvermeidlich sind, so kann

[130] Hinsichtlich der deutschen Übersetzung siehe *Bauer,* W. u. a.: Vorschlag für eine Reform der internationalen Währungsordnung (Erklärung von 27 Wirtschaftswissenschaftlern vom Febr. 1966), in: Ordo 17. Bd. (1966), Düsseldorf und München, S. 9 ff.

Zu den Mitunterzeichnern gehörten u. a.: M. *Friedman,* H. *Giersch,* G. *Haberler,* L. A. *Hahn,* G. *Halm,* H. G. *Johnson,* F. A. *Lutz,* F. *Machlup,* J. E. *Meade,* F. W. *Meyer,* E. *Sohmen,* J. *Tinbergen.*

durchaus gefragt werden, ob dies nicht besser kontinuierlich geschehen solle, anstatt abrupt und verspätet und als Folge davon mit erhöhten wirtschaftlichen Reibungsverlusten.

Weil viele Länder nach wie vor zögern, zu einer nahezu interventionsfreien Wechselkursbildung überzugehen, sind in den letzten Jahren zunehmend Überlegungen angestellt worden, wie das Bretton-Woods-System durch die Einführung einer größeren Kurselastizität reformiert werden könnte. Diesbezüglich sind bereits eine größere Anzahl von Vorschlägen erörtert worden. Diese unterscheiden sich primär im Grad der angestrebten Wechselkursflexibilität. Das Spektrum der verschiedenen Konzepte reicht von einer bloßen Erweiterung der Bandbreiten bis zu einer weitgehenden Annäherung an den Extremfall total frei beweglicher Paritäten. Einige Vorschläge sind dadurch gekennzeichnet, daß sie als Mittelweg eine regelgebundene Kursflexibilität empfehlen. Dabei wird im wesentlichen darauf abgezielt, künftig ein hohes Maß an Wechselkursflexibilität zugleich mit der Absicht zu verwirklichen, den Währungsbehörden die Möglichkeit in die Hand zu geben, spekulationsbedingte Abweichungen vom Gleichgewichtskurs korrigieren zu können.

Von einer vergrößerten, aber limitierten Kursbeweglichkeit wird generell erhofft, die Vorteile flexibler Wechselkurse weitgehend erschließen und die mit ihnen verbundenen potentiellen Gefahren weitgehend einschränken zu können. Dabei soll die institutionelle Beschränkung der Kursbeweglichkeit vor allem dazu dienen, einem etwaigen Mißbrauch des Zuwachses an binnenwirtschaftspolitischer Autonomie einen verläßlichen Riegel vorzuschieben. Gleichzeitig wird hierin eine Vorbeugemaßnahme gegen die Gefahr eines Abwertungswettlaufes erblickt.

Die vergrößerte Flexibilität der Paritäten soll aber auch eine bessere Abschirmung gegen eine Übertragung von Inflation und zyklischen Schwankungen, eine erhebliche Reduzierung des Liquiditätsbedarfs und einen größeren Spielraum für die Verfolgung der binnenwirtschaftspolitischen Ziele gewährleisten. Ebenso wird angestrebt, daß eine künftige Wiederholung der im Bretton-Woods-System alter Prägung sich unter Krisenbedingungen vollziehenden sprunghaften Wechselkursanpassungen weitgehend vermeidbar wird. Ferner soll durch eine Ausweitung des Wirkungsbereichs des Wechselkurs-Mechanismus zugleich die Grundlage für eine weitere Liberalisierung der internationalen Wirtschaftsbeziehungen gelegt werden. Ferner wird die Erwartung gehegt, daß das Konzept einer vergrößerten, aber kontrollierten Wechselkursflexibilität nicht von vornherein als politisch undurchführbar verworfen wird.

Der Wunsch nach einer Vergrößerung der Beweglichkeit der Wechselkurse nimmt seit etwa 1972 auch in der Reformdiskussion auf IWF-Ebene einen breiten Raum ein. Kennzeichnend hierfür ist die Haltung des sogenannten Zwanziger-Ausschusses. Dieser plädiert ziemlich verschwommen dafür, künftig „stabile, aber anpassungsfähige“[131] Paritäten anzuwenden. Allerdings bestehen bislang keine konkreten Vorschriften über die spätere praktische Ausgestaltung dieser Formel. Nach Maßgabe der voraussichtlich Anfang 1978 Rechtskraft erlangenden Neufassung von Art. IV, 4 IWF-Abkommen kann jedoch künftig mit mindestens 85 % der Fondsstimmrechte beschlossen werden, eine Wechselkursordnung „auf der Basis stabiler, aber anpassungsfähiger Paritäten“[132] einzuführen. Diejenigen Vorschläge einer begrenzten Wechselkursflexibilität, welche in der Wissenschaft ein verbreitetes Interesse gefunden haben, sollen im folgenden auf ihre praktische Tauglichkeit hin analysiert werden.

a) Erweiterung der Bandbreiten

Das gegenwärtig praktizierte Floaten zahlreicher Wechselkurse wird zweifellos auf vorläufig noch unabsehbare Zeit fortbestehen. Dennoch ist es nicht auszuschließen[133], daß unter Zugrundelegung einer beträchtlich größeren Bandbreite als bisher eines Tages wieder die herkömmlichen stufenflexiblen Wechselkurse zur Anwendung gelangen könnten. Angesichts der mit dem Bretton-Woods-System gesammelten Erfahrungen und der auch künftig in der Realität anzutreffenden Verhältnisse (z. B. Preis- und Einkommensstarrheit nach unten, Vorliebe für eine konjunkturorientierte Wirtschaftspolitik) kann jedoch mit an Sicherheit grenzender Wahrscheinlichkeit davon ausgegangen werden, daß eine solche Lösung den internationalen Zahlungsverkehr bestenfalls kurzfristig störungsfrei halten könnte.

---

[131] Vgl. z. B. *Issing,* O.: Reform des internationalen Währungssystems — das Ende einer Illusion?, a.a.O., S. 317. — *Emminger,* O.: Die Neuordnung des internationalen Währungssystems, a.a.O., S. 12. — *Boeck,* K.: a.a.O., S. 344. — *Deutsche Bundesbank* (Hg.): Geschäftsbericht ... 1972, a.a.O., S. 41.

[132] o. V.: Artikel IV — Verpflichtungen hinsichtlich der Wechselkursregelungen (Abdruck des Textes des neugefaßten Art. IV IWF-Abk.), in: Fin. u. Entw. 13. Jg. (1976), H. 2, Hamburg, S. 10.

[133] Auf der internationalen Währungskonferenz von Anfang September 1975 setzte sich Frankreich für schubweise modifizierbare Festkurse mit einer Schwankungsweite von ± 5 % ein; vgl. o. V.: Unverminderte Gegensätze in der Wechselkursfrage, in: Frankfurter Allgemeine Zeitung Nr. 204/75 (4. 9. 1975), S. 9.

Unabhängig davon halten *Halm* und *Wallich* eine Rückkehr zur Stufenflexibilität für keineswegs ausgeschlossen. Vgl. *Halm,* G. N.: Reforming the Par-Value System, in: WWA Bd. 109 (1973), Tübingen, S. 181. — *Wallich,* H. C.: Die Aussichten für die Weltwährungsreform, a.a.O., S. 24.

Für den Vorschlag einer Bandbreitenerweiterung spricht, daß die Ausgleichswirkungen des Wechselkurs-Mechanismus um so effizienter sein werden, je weiter die Grenzen für seine Entfaltung abgesteckt werden. Um die zahlreichen, dem Bretton-Woods-System eigentümlichen Mängel weitgehend auszuschalten, müßten künftig die Interventionspunkte allerdings zumindest so weit auseinanderliegen, daß Kursbewegungen, die allein durch zwischenstaatliche Konjunkturphasenunterschiede und Zinsdifferenzen bedingt[134] sind, ohne Devisenmarktinterventionen aufgefangen werden können. Vergegenwärtigt man sich jedoch die beträchtlichen Divergenzen, welche neuerdings bei den nationalen Preissteigerungsraten bestehen, so muß der Vorschlag einer Bandbreitenerweiterung allein schon deshalb als utopisch erscheinen. Abgesehen davon bestehen bei der Bestimmung der in währungspolitischer Hinsicht günstigsten Bandbreite noch zahlreiche weitere[135] sachliche Schwierigkeiten.

Damit auf die Dauer die mit einer Bandbreitenerweiterung angestrebten Wirkungen erzielt werden können, muß jederzeit eine unverzügliche Anpassung der inländischen Nachfrage an die Veränderungen der Zahlungsbilanz gewährleistet sein. Bei realistischer Betrachtungsweise muß jedoch davon ausgegangen werden, daß die Länder auch weiterhin diesem Erfordernis im Zweifel stets ausweichen werden. Denn es spricht nichts dafür, daß die Länder im Falle eines Konflikts zwischen binnen- und außenwirtschaftspolitischen Notwendigkeiten künftig den letzteren den Vorrang geben würden. Als Folge davon — aber auch wegen der Möglichkeit, gebotene Anpassungsmaßnahmen verzögern zu können — werden früher oder später unvermeidlich anhaltende Interventionen erforderlich, um die Parität selbst innerhalb einer wie auch immer erweiterten Bandbreite halten zu können. Damit aber würde man sich unversehens wieder vor all die für das Bretton-Woods-System typischen Schwierigkeiten gestellt sehen, welche man mit dem hier erörterten Reformvorschlag ausräumen möchte.

---

[134] Vgl. *Gutowski*, A.: Stabilisierungschancen ..., a.a.O., S. 429.

[135] Hierzu zählt zunächst die Schwierigkeit einer verläßlichen Abschätzung künftiger internationaler Preisniveau- und Zinsunterschiede. Ferner ist die Bereitschaft, das Wirken des Wechselkurs-Mechanismus durch binnenwirtschaftliche Anpassungsmaßnahmen zu unterstützen, in den einzelnen Ländern recht verschiedenartig ausgeprägt. Ebenso gibt es erhebliche Unterschiede in der Fähigkeit und in der Bereitschaft, durch Devisenmarktinterventionen auf die Kursentwicklung Einfluß zu nehmen. Es besteht keinerlei Möglichkeit, diesen Zusammenhängen objektive Größen zuzuordnen, welche eine brauchbare Bestimmung der am zweckmäßigsten zu wählenden Bandbreite ermöglichen. Vgl. *Halm*, G. N.: Die Vergrößerung der Bandbreite für Devisenkursschwankungen, Berlin 1965, S. 67 f. — *Timm*, H.: a.a.O., S. 146. — *Giersch*, H.: On the Desirable Degree ..., a.a.O., S. 195 ff.

b) Freie Wechselkursbildung innerhalb eines gleitenden Bandes

Der Gedanke eines nicht nur erweiterten, sondern zugleich auch flexiblen Kursbandes zielt darauf ab, bei einem länger anhaltenden außenwirtschaftlichen Ungleichgewicht die Verschiebung der Interventionsgrenzen schon frühzeitig und geschmeidig in Gang zu setzen. Aus der Beweglichkeit des Bandes resultiert zum einen eine zusätzliche Verbesserung der Anpassungsfähigkeit. Außerdem können auf diese Weise die sprunghaften Paritätsveränderungen durch gleichförmigere Wechselkursadjustierungen abgelöst werden. Dadurch wird zugleich dem Auftreten ungleichgewichtsverstärkender Währungsspekulation entgegengewirkt. Des weiteren sollen derartige Wechselkursmodalitäten dazu beitragen, das Phänomen der Entscheidungs- und Wirkungsverzögerungen in der Wirtschaftspolitik elastisch aufzufangen.

Im Hinblick auf die Auslösung der Bandbewegungen ist außer dem Weg einer selbsttätigen Formelsteuerung auch das Konzept einer periodischen Beschlußfassung empfohlen worden. Während zur Kennzeichnung der ersten Art von Bandflexibilität gewöhnlich die Bezeichnung „Crawling Peg", „Gliding Parity" oder „Self-Adjusting Peg" aus dem Angelsächsischen entlehnt wird, gehört der Vorschlag der sogenannten „mittelfristig garantierten Paritätsveränderung" der letztgenannten Kategorie an.

aa) Formelgesteuerte Paritätsanpassungen

Der Vorschlag eines selbsttätig gleitenden Kursbandes ist erstmals Mitte der 1960er Jahre[136] unterbreitet worden. Mittlerweile gibt es in der Literatur eine Vielfalt von Vorschlägen für die am zweckmäßigsten zu wählende Anpassungsformel. Die einzelnen Anregungen lassen sich zwei verschiedenen Kategorien zuordnen. Der erste Typus von Formelsteuerung ist dadurch gekennzeichnet, daß die Auslösung einer Bandbewegung an ganz bestimmte Entwicklungen des Reservenbestandes gekoppelt ist. Die andere Gruppe von Vorschlägen hat die Empfehlung gemeinsam, als Bandmitte den Durchschnitt der Kassakursnotierungen einer bestimmten Vergangenheitsperiode zu verwenden. Eine Variante hiervon bildet der Plan, wonach die Bandbewegung in Gang kommt, wenn der Kassakurs die Bandbreite erreicht.

---

[136] Vgl. z. B. *Black*, J.: A Proposal for the Reform of Exchange Rates, in: EJ Bd. 76 (1966), London, S. 288 ff. — *Williamson*, J.: The Crawling Peg, Princeton 1965, S. 3 ff. — *Fellner*, W.: On Limited Exchange-Rate Flexibility, in; *Fellner*, W., *Machlup*, F. u. *Triffin*, R. (Hg.): Maintaining and Restoring Ballance in International Payments, Princeton 1966, S. 111 ff.

α) Erhoffte Vorzüge des Crawling-Peg-Konzepts

Die vorteilhaften Auswirkungen, welche von einer Formelsteuerung der Bandbewegungen erwartet werden, können pauschal mit dem Ziel einer weitgehenden Nutzbarmachung der Vorzüge flexibler Wechselkurse umschrieben werden. Durch die Wahl der Breite des Kursbandes hat man es in der Hand, die kurzfristigen Wechselkursschwankungen auf das als tolerierbar erachtete Maß zu reduzieren. Gleichzeitig werden durch die Limitierung der Schwankungsweite diejenigen Bestrebungen gezähmt, welche auf eine übermäßige nationale Orientierung der einzelstaatlichen Wirtschaftspolitik gerichtet sind. Abgesehen davon bietet das Crawling-Peg-Konzept die Chance, die binnenwirtschaftspolitischen Anpassungsmaßnahmen behutsam zu ergreifen, weil ein vergrößerter Teil der Adjustierung vom Wechselkursmechanismus bewirkt wird. Im übrigen dürfte man bei entsprechender Bandelastizität sich nicht so schnell vor die Tatsache gestellt sehen, daß die auf das Inland gerichtete Wirtschaftspolitik durch außenwirtschaftliche Reaktionen unterlaufen wird.

Weiterhin zeichnet sich der Vorschlag des Crawling Peg dadurch aus, daß anstelle verzögerter und daher abrupter Paritätssprünge größeren Ausmaßes sich die Anpassung der Wechselkurse an die wirtschaftlichen und die außerökonomischen Datenänderungen kontinuierlich vollziehen würde. Dadurch ist bei gleicher Bandbreite die Vermeidung einer ungleichgewichtsverstärkenden Wirkung der Währungsspekulation um so eher zu verhindern, je rascher das Reaktionsvermögen der gewählten Anpassungsformel ist.

Formelgesteuerte Paritätsanpassungen bieten außerdem den Vorzug, daß die schwierige Dosierung schubweise vorgenommener Wechselkursänderungen samt der damit verbundenen politischen Problematik entfällt. Gegenüber dem Modell der sogenannten mittelfristig garantierten Paritätsveränderung hebt sich das Crawling-Peg-Konzept dadurch positiv ab, daß nicht fortwährend über die Paritätsänderungsrate befunden[137] zu werden braucht.

β) Die Bedenken gegen das Konzept des Crawling Peg

Im Falle einer Formelsteuerung der Paritätsanpassungen ist den Regierungen je nach der Definition des Regelkriteriums das Instrument der Wechselkurspolitik mehr oder weniger weitreichend entzogen. Daher wird es schwierig sein, eine politisch und ökonomisch akzeptable Lösung zwischen den beiden Polen der Automatik und des Eingriffs zu

---

[137] Vgl. *Küng*, E.: Außenwirtschaftliche Absicherung gegen die importierte Inflation, a.a.O., S. 398.

finden. Zahlreiche Autoren[138] halten es sogar für sehr zweifelhaft, daß der Plan einer automatischen Formelflexibilität der Wechselkurse politisch durchsetzbar ist. Im übrigen steht der IWF jeglicher Form von formelgesteuerten Paritätsanpassungen bisher völlig ablehnend gegenüber.

Aus ökonomischer Sicht kann der Idee des sogenannten Crawling Peg entgegengehalten werden, daß keine der bisher vorgeschriebenen Anpassungsformeln vollauf zu überzeugen vermag. Hierauf wird unter dem folgenden Punkt noch näher eingegangen werden. Weiterhin wird an formelflexiblen Wechselkursen bemängelt[139], daß es sich hierbei stets um eine konstatierende Anpassung an Vergangenheitsdaten handle. So prinzipiell richtig dieser Einwand ist, so muß jedoch auch gesehen werden, daß sich im Falle des Crawling Peg die Anpassungsvorgänge aufgrund ihrer Selbsttätigkeit erheblich schneller und wirksamer als im Bretton-Woods-System vollziehen würden. Voraussetzung hierfür ist es allerdings, daß die vereinbarte Anpassungsregelung von den Ländern stets eingehalten wird. Hierfür gibt es im Zweifel jedoch keine wirksame Gewähr.

γ) Die praktische Tauglichkeit von Anpassungsformeln

Eine schwer zu lösende Vorbedingung für die Praktizierung des Crawling-Peg-Vorschlages besteht in der Definition eines objektiven Indikators, welcher die automatischen Wechselkursanpassungen auslösen soll. Daher sollen die diesbezüglichen Schwierigkeiten im folgenden näher untersucht werden.

Eine der beiden Kategorien vorgeschlagener Anpassungsformeln ist dadurch gekennzeichnet, daß die Entwicklung des nationalen Bestands an Währungsreserven als Richtschnur für die Auslösungen von Paritätsverschiebungen dient. Und zwar soll bei einer Unter- oder Überschreitung eines bestimmten Grenzbestandes an internationaler Liquidität so lange eine pro Zeiteinheit festgelegte Paritätsveränderung erfolgen, bis die Reservenhöhe wieder im Toleranzbereich liegt. Ein solches Prozedere krankt jedoch zunächst daran, daß der Bestand an Währungsreserven in sehr unterschiedlicher Weise statistisch dargestellt werden kann[140]. Insbesondere ist es ausgeschlossen, das Volumen an Devisenkrediten einigermaßen zutreffend zu erfassen, das eine Zentralnotenbank bei anderen Währungsbehörden (Vereinbarung zusätzlicher

---

[138] Vgl. z. B. *Halm*, G. N.: Reforming the Par-Value System, a.a.O., S. 182 f. — *Aschinger*, F.: Wandlungen des Internationalen Währungssystems ..., a.a.O., S. 292. — *Scharrer*, H.-E.: Erfahrungen mit dem Floating, a.a.O., S. 522.

[139] Vgl. SVR (Hg.): Im Sog des Booms (JG 1969/70), Stuttgart und Mainz 1970, Ziff. 290.

[140] Vgl. SVR (Hg.): JG 1969/70, a.a.O., Ziff. 289.

Swap-Fazilitäten) oder am Euro-Dollar-Markt künftig noch zu erschließen vermag. Will eine Zentralnotenbank die Auslösung eines Anpassungssignals vermeiden oder verzögern, so steht ihr ferner die Möglichkeit[141] offen, einen Teil der im Geschäftsbankensektor vorhandenen Devisen an sich zu ziehen oder im umgekehrten Fall einen Teil ihrer eigenen Reserven in das Geschäftsbanken-System zu schleusen.

Ein Abstellen auf die vergangene Wechselkursentwicklung ist ebenfalls kein unbedenkliches Verfahren zur Auslösung der Bandbewegungen. Insbesondere muß es als unzweckmäßig gelten, wenn das Band erst dann zu gleiten beginnt, wenn der Kassakurs die Bandbegrenzung bereits erreicht hat. Denn um das Auftreten einer ungleichgewichtsverstärkenden Wirkung der Währungsspekulation bestmöglich zu vermeiden, sollte die Bandfluktuation schon frühzeitig auf die laufende Entwicklung der Parität reagieren. Auf diese Weise würde nämlich die Möglichkeit eingeschränkt, daß der Kassakurs einen der Interventionspunkte erreicht.

Hinsichtlich des Ziels einer weitgehenden Unanfälligkeit gegen spekulationsbedingte Störungen muß das Konzept eines Mittelkurses, dessen Mobilität vom Durchschnitt der Kassakurse einer unmittelbar zurückliegenden Referenzperiode abhängt, sich den anderen bekannten Anpassungsformeln als überlegen erweisen. Denn bei dieser Variante des Crawling Peg beginnt sich das Band schon vor dem Erreichen der Bandbegrenzungen der tatsächlichen Kursentwicklungstendenz anzupassen. Im übrigen besteht die Möglichkeit, durch die Wahl der Anzahl der Vergangenheitsnotierungen, welche der Mittelwertbildung zugrunde liegen, von vornherein den für richtig gehaltenen Flexibilitätsgrad der Bandbewegungen gezielt herzustellen.

Die Festlegung der Anzahl derjenigen Kassakursnotierungen, nach welchen sich die Entwicklung des Mittelkurses richten soll, muß ebenso wie die Dimensionierung der Bandbreite einer Reihe von komplexen Sachverhalten Rechnung tragen. Je kürzer die Referenzperiode ist, desto mehr nähert man sich dem Fall flexibler Wechselkurse. Im gleichen Maß werden allerdings auch die Aussichten auf die politische Realisierbarkeit abnehmen. Außerdem ist zu vermeiden, daß kurzfristige Kursschwankungen zu übereilten binnenwirtschaftspolitischen Anpassungsmaßnahmen führen können. Aus ökonomischer Sicht kann dieser Forderung nicht nur im Hinblick auf die täglichen Zufallsentwicklungen am Devisenmarkt bedenkenlos stattgegeben werden, sondern auch bezüglich der saisonal bedingten Paritätsbewegungen. Dabei ist jedoch zu berücksichtigen, daß sich die Saisoneinflüsse in den einzelnen Ländern mit unterschiedlicher Intensität im Wechselkurs niederschlagen.

---

141 Vgl. SVR (Hg.): JG 1969/70, a.a.O., Ziff. 289.

Diesem Umstand läßt sich jedoch auf einfache Weise Rechnung tragen. Denn es ist nicht erforderlich, daß für jedes Land die gleiche Bandbreite und die gleiche Anzahl von Notierungen für die Mittelkursbildung festgelegt[142] werden.

Im folgenden soll versucht werden, am Beispiel der Parität zwischen der Deutschen Mark und dem US-Dollar einen Hinweis darauf zu gewinnen, zu welchen Ergebnissen das Konzept des Crawling Peg im Hinblick auf die in der Praxis anzutreffenden Gegebenheiten führen könnte. Dazu soll überprüft werden, ob es größere Schwierigkeiten bereitet hätte, die seit Beginn des Floating tatsächlich eingetretene Kursentwicklung im Rahmen einer fiktiven formelgesteuerten Wechselkursmarge zu halten. Um die Saisoneffekte weitgehend auszuschalten, wurden für die Bestimmung des Mittelkurses die Kassanotierungen der jeweils 200 letzten Börsentage herangezogen. Ferner wurde beiderseits des Mittelkurses eine Bandbreite von ± 5 % angenommen, weil eine solche Schwankungsweite im Bereich des politisch Realisierbaren liegen könnte.

Die seit Übergang zum Floating eingetretenen Frankfurter Kassanotierungen für den Dollar können Bild 2 (S. 204) entnommen werden. Um zu aussagekräftigen Ergebnissen zu kommen, wurden die Veränderungen der deutschen Währungsreserven und die Zinsdifferenz zwischen Frankfurt und New York für Kredite mit einer Laufzeit von bis zu drei Monaten ebenfalls dargestellt. Die Größe und die Richtung der Reservenbestandsveränderungen sind ein Indiz dafür, ob, wie stark und in welcher Richtung der tatsächliche Wechselkurs durch Devisenmarktinterventionen beeinflußt worden ist. Der bei den kurzfristigen Ausleihungen zwischen Dollar und Mark bestehende Zinsunterschied liefert Anhaltspunkte dafür, inwieweit Veränderungen des Wechselkurses eine Folge der Zinsarbitrage waren und daher durch eine graduelle Selbstbeschränkung der geldpolitischen Autonomie vermeidbar gewesen wären.

Bei der Auswertung des Bildes 2 soll die Entwicklung des Jahres 1973 (Wechselkursfreigabe im März 1973) und der ersten Hälfte des Jahres 1974 ausgeklammert werden, weil in diesem Zeitraum außergewöhnliche Verhältnisse vorgelegen haben. Diese bestanden zunächst in Gestalt eines Entzerrungsprozesses des Paritätsgefüges. Ferner muß davon ausgegangen werden, daß in der ersten Phase nach Freigabe der Wechselkursbildung in starkem Maße spekulative Geldanlagen in der Bundesrepublik aufgelöst und wieder ins Ausland transferiert wurden. Im Anschluß daran wurde ab Oktober 1973 das Devisenmarktgeschehen durch den Ausbruch der sogenannten Ölkrise geprägt. Um so bemer-

---

[142] Vgl. *Gutowski,* A.: Chancen für die Stabilität ..., a.a.O., S. 22.

Bild 2

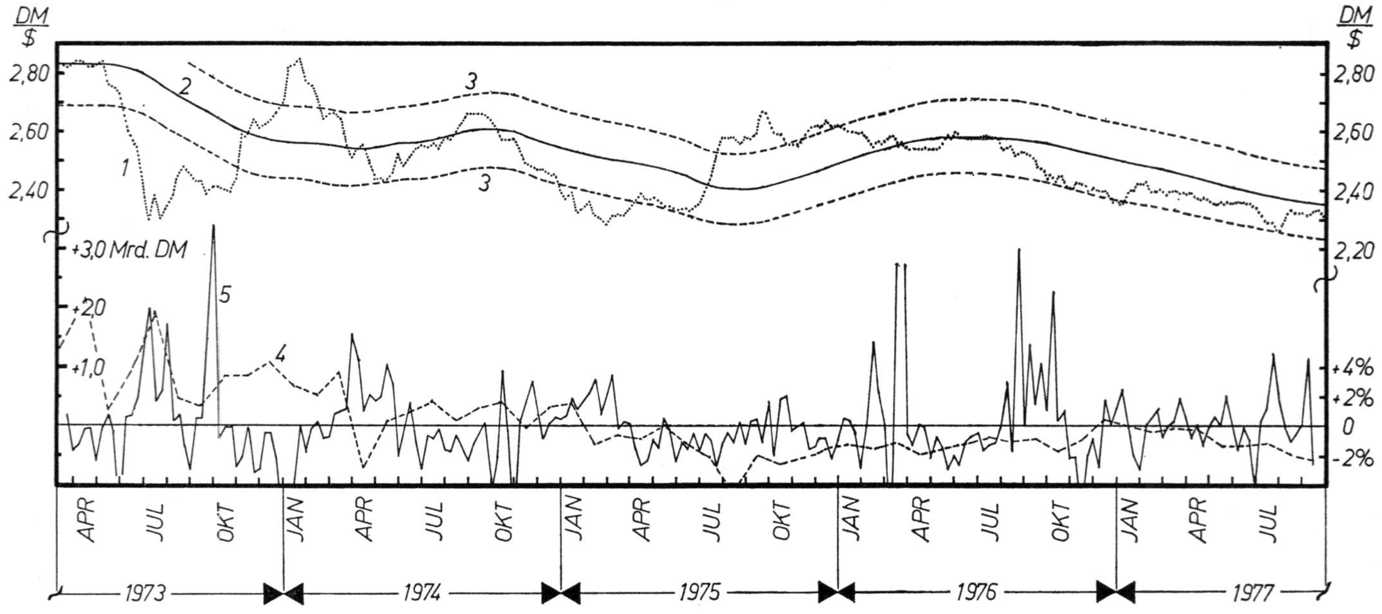

Erläuterungen:

1 DM-Dollar-Kassakurs
2 Kassakursdurchschnitt der letzten 200 Notierungen
3 Fiktive Bandgrenze (± 5 %)
4 Differenz des Drei-Monats-Zins: DM ./. Dollar
5 Bestandsveränderungen der deutschen Währungsreserven

Quellen:

Devisenkurse: Laufende Nummern der Frankfurter Allgemeinen Zeitung.

Währungsreserven: Deutsche Bundesbank (Hg.): Auszüge aus Presseartikeln; laufende Nummern.

Zinsen: Deutsche Bundesbank (Hg.): Monatsberichte der Deutschen Bundesbank, laufende Nummern.

kenswerter ist es, daß schon ab Anfang Februar 1974 sich die DM-Notierungen des Dollars für ein knappes Jahr innerhalb der hypothetischen Grenzen bewegten, welche im Rahmen der vorstehend definierten Formelflexibilität bestanden hätten. Der Abbildung ist ferner zu entnehmen, daß sich während dieser Periode die Devisenmarktinterventionen der Bundesbank per Saldo in etwa kompensiert haben. Das bedeutet, daß von der Bundesbank während dieses Zeitraums ganz überwiegend nur zum Zweck der Glättung der kurzfristigen Zufallsschwankungen der Parität interveniert wurde. Daß die ab Januar 1974 zu beobachtende Aufwertungstendenz der Mark ab Mai 1974 von einer Abwertungsphase abgelöst wurde, dürfte entscheidend darauf zurückzuführen sein, daß kurz zuvor ein beträchtlicher Zinsvorteil zugunsten des Dollars entstanden war. Auch die darauffolgende Entwicklung dokumentiert auf deutliche Weise die hohe Zinsreagibilität der Kursentwicklung.

Nach knapp einjähriger Bewegung (Febr. 1974 - Dez. 1974) der Parität innerhalb der fiktiven Bandgrenzen kam es dann etwa ein Vierteljahr lang zu einem geringfügigen Ausscheren des Kassakurses aus dem hier unterstellten Kursband. Dem Verlauf der übrigen aufgezeichneten Daten ist jedoch zu entnehmen, daß die Bundesbank während dieser Zeit nur sehr behutsam mit interventions- und zinspolitischen Mitteln auf den Außenwert der Mark eingewirkt hat. Angesichts des hohen Maßes an wechselkurspolitischer Zurückhaltung erscheint es daher statthaft, die Ansicht zu vertreten, daß die Parität — wäre es darauf angekommen — zwischen Dezember 1974 und März 1975 innerhalb des hypothetischen Kursbandes hätte gehalten werden können, ohne daß dadurch sogleich ernsthafte Komplikationen oder gar eine Währungskrise heraufbeschworen worden wären.

Dieser Standpunkt läßt sich auch im Hinblick auf die Überschreitung der unterstellten oberen Bandbegrenzung in der zweiten Jahreshälfte 1975 einnehmen. Denn der steile Kursanstieg des Dollars im Juli 1975 hat offensichtlich seine Ursache in der vorhergehenden forcierten Senkung der kurzfristigen Zinsen[143] seitens der Bundesbank. Da es in der Wirklichkeit keine Interventionsgrenze gab, sah sich die Bundesbank in der Lage, den Zinsabstand zum Dollar auf dasjenige Maß zu vergrößern, welches notwendig war, um den Außenwert der Mark auf diejenige Höhe herabzuschleusen, die dem Zentralbankrat im Hinblick

---

[143] Hier bestätigt sich nebenbei, daß im Falle flexibler Wechselkurse die Zinspolitik eine hohe konjunkturpolitische Wirksamkeit aufweist. Die Senkung des Inlandszinses zum Zwecke der Konjunkturbelebung führt pari passu zu einer Abwertung des Wechselkurses der heimischen Währung. Dadurch wird der Export angeregt und die Einfuhr gehemmt. Dieser Effekt fördert ebenfalls die Rezessionsüberwindung.

auf eine beschleunigte Überwindung der konjunkturellen Rezession in Deutschland als erstrebenswert erschien. Hätte dagegen das von uns angenommene Kursband tatsächlich bestanden, so wäre der konjunkturpolitisch nutzbare Zinsspielraum entsprechend geringer gewesen. Um die Parität innerhalb der dann existierenden Interventionsgrenzen zu halten, wäre die Bundesbank lediglich dazu gezwungen gewesen, von der Zinspolitik einen behutsameren Gebrauch zu machen, als sie dies unter den tatsächlich herrschenden Verhältnissen (Floating) zu tun brauchte. Ein Reserven- oder Spekulationsproblem hätte es dann nicht geben können. Dafür wäre allerdings auch die konjunkturpolitische Durchschlagskraft der Zinspolitik geringer als unter der tatsächlichen Bedingung des Floating ausgefallen.

Nach etwa sechsmonatiger Bewegung des DM-Dollar-Kassakurses entlang der fiktiven oberen Bandbegrenzung und gleichzeitig nur geringfügiger und per Saldo ausgeglichener Interventionsaktivität der Bundesbank ist der Kassakurs im Dezember 1975 wieder in die hypothetischen Kursgrenzen zurückgekehrt. Seitdem (derzeit knapp zwei Jahre) bewegen sich die täglichen DM-Notierungen für den US-Dollar innerhalb des hier unterstellten elastischen Kursbandes. Diese relativ lange Dauer verdient deshalb besondere Beachtung, weil in diesem Zeitraum dreimal kumulative Spekulationswellen beträchtlichen Ausmaßes das Devisenmarktgeschehen belastet haben.

Die Ursachen der beiden im Februar/März 1976 sowie im August bis Oktober 1976 beobachteten Währungsspekulationen sind im Bestehen des Europäischen Währungsverbundes zu suchen. Dieser beinhaltet für die Mark und die Währungen einiger westeuropäischer Länder, auf welche etwa ein Drittel des deutschen Außenhandels entfällt, die Verpflichtung, bei gleichzeitig floatender Parität gegenüber dem Dollar untereinander feste Kursrelationen innerhalb einer 2,25 % betragenden Bandbreite zu stützen. Es ist offensichtlich, daß dieser Spielraum allein schon im Hinblick auf die derzeit ungewöhnlich hohen Inflationsratenunterschiede zwischen den Mitgliedsländern der sogenannten Europäischen Währungsschlange viel zu eng bemessen ist. Daher müssen schon nach kurzer Gültigkeitsdauer erneute Kurskorrekturen unvermeidlich werden. Da notwendig gewordene Paritätsanpassungen — wie seinerzeit im Bretton-Woods-System — auch innerhalb des Europäischen Währungsverbunds nicht schon frühzeitig vorgenommen zu werden pflegen, muß der Vertrauensschwund in die Parität einzelner „Schlangen"-Währungen nach einiger Zeit immer wieder ein solches Maß erreichen, daß es zum Auftritt ungleichgewichtsverstärkender Spekulation kommt. Daß eine solche Fixkurs-Union, wie sie in Gestalt des Europäischen Währungsverbundes besteht, den Integrationsfortschritt eher behindert als fördert, dürfte aufgrund der mit dem Bretton-Woods-System gemachten Erfahrungen als sicher gelten. Es ist hier jedoch nicht der Ort, auf diese Frage näher einzugehen.

Die dritte spekulative Attacke, die ebenfalls nicht zu einem Ausbrechen des Kassakurses aus unserem fiktiven gleitenden Kursband geführt hätte, ereignete sich im Spätsommer 1977. Ihre Ursache lag im Bestreben der USA, aus konjunkturpolitischen Gründen eine Abwertung des Dollar künstlich herbeizuführen. Es verdient hervorgehoben zu werden, daß es anders als in den 1930er Jahren nicht sogleich zu einem Wettlauf kompetitiver Abwertungen gekommen ist. Vielmehr ist es gelungen, den wechselkurspolitischen Alleingang der USA durch gemeinsame Aktionen der währungspolitisch wichtigsten Länder zum Stillstand zu bringen. Ob dieser Erfolg von Dauer sein wird, kann gegenwärtig noch nicht beurteilt werden.

Resümiert man die vorstehend diskutierten Zusammenhänge, so ist festzuhalten, daß aus währungstheoretischer Sicht keine der erörterten Formeln für eine automatische Bandsteuerung zu überzeugen vermag. Dieses negative Urteil trifft auf die Methode, bei welcher der Mittelkurs aus den Kassanotierungen einer hinreichend langen Vergangenheitsperiode ermittelt wird, noch am wenigsten zu. Eine etwaige Anwendung dieser Art von formelgesteuerter Kursflexibilität hätte in der jüngsten Vergangenheit trotz widriger weltwirtschaftlicher „Umweltbedingungen“ zumindest im Hinblick auf die Tauschrelation von Dollar und Mark keine unlösbaren monetären Probleme aufgeworfen. Es darf hierbei jedoch nicht übersehen werden, daß sich unsere Analyse nur auf einen äußerst kurzen Zeitraum und nur auf eine einzige Parität bezieht. Andererseits kann geltend gemacht werden, daß es sich bei den zwei hier betrachteten Valuten gerade um die beiden Hauptexponenten der vorangegangenen jahrelangen Währungskrisen handelt. Nicht zuletzt deshalb erscheint die Ansicht vertretbar zu sein, daß die hier offenbarten Verhältnisse keinerlei Hinweise enthalten, die gegen die empirische Richtigkeit der auf währungstheoretischem Wege deduzierten Folgerung sprechen, wonach das Prinzip der automatischen Formelflexibilität demjenigen der Stufenflexibilität in der Praxis deutlich überlegen sein wird. Bei dieser Beurteilung darf jedoch nicht übersehen werden, daß im Falle der satzungsmäßigen Anwendung eines flexiblen Kursbandes mit entsprechend angepaßten Verhaltensweisen der Akteure auf den Devisenmärkten gerechnet werden muß. Daher besitzt das empirische Material, welches die Zeit seit dem Übergang zum Floating erbracht hat, nur bedingte Aussagekraft im Hinblick auf die praktische Robustheit des Crawling-Peg-Konzepts.

bb) Mittelfristig garantierte Paritätsveränderungen

Das Konzept des Crawling Peg ist durch einen Regelmechanismus gekennzeichnet, der auf Vergangenheitsdaten basiert. Im Unterschied hierzu hat *Lipfert*[144] schon im Jahre 1962 die Idee einer Ex-Ante-Steuerung der Bandverschiebung angeregt. Seine Grundidee und seine daran geknüpften Vorstellungen für eine realisierungsfähige Form sind dann im folgenden vom deutschen „Sachverständigenrat zur Begutachtung der gesamtwirtschaftlichen Entwicklung" aufgegriffen worden. Dieses Gremium[145] hat nicht nur die praktische Nutzbarmachung eines solchen Wechselkursregimes in großer Ausführlichkeit erörtert, sondern ist außerdem in Gestalt des Plans der sogenannten „mittelfristig garantierten Paritätsveränderung" mit einem konkreten Lösungsvorschlag hervorgetreten.

Das Konzept der mittelfristig garantierten Paritätsveränderung kann wie folgt charakterisiert werden[146]. Durch eine Bandbreitenerweiterung und die Möglichkeit zur Vornahme von allmählichen Bandbewegungen wird ein höherer Grad an Wechselkurselastizität herbeigeführt, als er im Bretton-Woods-System bestanden hat. Das quantitative Ausmaß der Bandverschiebung wird von den Zentralnotenbanken für eine mehrjährige Zukunftsperiode im voraus unwiderruflich fixiert und bekanntgegeben. Bei der Festlegung der künftigen Bandverlagerung kann jedes Land einen speziellen Satz wählen, welcher dann in kurzen Intervallen und kleineren Schritten vollzogen wird. Damit die Festlegungsperiode im Zeitablauf nicht schrumpfen kann, wird diese sukzessive fortgeschrieben.

α) Die erhofften Vorzüge

Neben den positiven Wirkungen, welche mit Hilfe des Plans einer automatischen Formelflexibilität angestrebt werden, soll das Konzept der mittelfristig garantierten Paritätsveränderung noch zusätzliche Vorzüge eröffnen. So wird die spezifische Stärke dieses Vorschlags in der Möglichkeit erblickt, anstelle konstatierender Anpassungen eine vorausschauende Wechselkurspolitik betreiben zu können. Außerdem wird geltend gemacht, daß die politische Realisierbarkeit dieses Wechselkursregimes vergleichsweise hoch einzuschätzen ist, da die Verschiebungen im Paritätsgefüge nicht von einem Automatismus abhängen, sondern von den Entscheidungen wirtschaftspolitischer Subjekte.

---

[144] Vgl. *Lipfert*, H.: Limitierte Stufenflexibilität, in: Volkswirt 16. Jg. (1962), Frankfurt/M., S. 486 ff.

[145] Vgl. SVR (Hg.): JG 1966/67, a.a.O., Ziff. 268 - 274. — Ders.: JG 1967/68, a.a.O., Ziff. 410 - 428. — Ders.: Mut zur Stabilisierung (JG 1973/74), Stuttgart und Mainz 1974, Ziff. 421 und 426.

[146] Vgl. SVR (Hg.): JG 1966/67, a.a.O., Ziff. 268.

Dadurch, daß die maximalen Wechselkursverschiebungen im voraus bekannt sind, wird weiterhin bewirkt, daß das einzelwirtschaftliche Währungsrisiko nicht nur begrenzt, sondern auch rechenhaft ist[147]. Die Gefahr, daß von der Devisenspekulation ungleichgewichtsverstärkende Wirkungen ausgehen, ist stark reduziert, weil sich die Paritätsveränderungen nicht mehr abrupt, sondern vorhersehbar und gleitend vollziehen. Schließlich wird besonders hervorgehoben, daß die Befolgung des Konzepts der mittelfristig garantierten Paritätsveränderung eine wirksame Stabilitätspolitik gestatte. Denn durch die Festsetzung der jährlichen Aufwertungsrate werde zugleich das Ausmaß vorgegeben, um welches die inländische Kaufkraftminderung hinter der durchschnittlichen internationalen Geldentwertung zurückbleiben könne, ohne daß man sich sogleich dem Zwang zu einer Anpassungsinflation aussetzt[148].

β) Die Bedenken gegen das Konzept der mittelfristig garantierten Paritätsveränderungen

Gegen eine mehrjährige Vorwegfestlegung des Spielraums, innerhalb dessen der Wechselkursmechanismus seine Wirksamkeit zu entfalten vermag, können schwerwiegende Einwände erhoben werden. Weil Prognoseirrtümer eher die Regel als die Ausnahme sind, kann die Gefahr nicht von der Hand gewiesen werden, daß es in der Praxis früher oder später zu erheblichen Störungen des internationalen Geldwesens kommt. Der denkbare Hinweis, derartige Schwierigkeiten mit Hilfe eines hinreichend breiten Kursbandes elastisch auffangen zu können, vermag an diesem pessimistischen Urteil nichts zu ändern. Denn die Bandbreite hat primär die Aufgabe zu erfüllen, diejenigen Rückwirkungen auf den Devisenmarkt aufzufangen, welche vom Konjunkturzyklus ausgehen. Allein hierfür wäre in den letzten Jahren eine so große Bandmarge benötigt worden, daß es durchaus fraglich erscheint, ob diese als noch politisch durchsetzbar gelten kann.

Daß die Festlegung der künftigen Änderungsraten des Wechselkurses weitgehend an der erwarteten Preisentwicklung im In- und Ausland ausgerichtet werden soll[149], muß ebenfalls Bedenken hervorrufen. Denn die praktische Gültigkeit der Kaufkraftparitätentheorie setzt zumindest voraus, daß sich die Kapitalverkehrstransaktionen stets zu Null

---

[147] Vgl. *Lipfert,* H.: Wechselkursflexibilität und außenwirtschaftliche Absicherung, a.a.O., S. 163 f.

[148] Vgl. *Gutowski,* A.: Chancen für die Stabilität ..., a.a.O., S. 16. — Ders.: Stabilisierungschancen ..., a.a.O., S. 429.

[149] Dies ergibt sich implizit aus der Beschreibung des hier erörterten Konzepts durch den Sachverständigenrat Vgl. hierzu SVR (Hg.): JG 1966/67, a.a.O., Ziff. 268 ff.

saldieren. Abgesehen davon ignoriert diese Theorie, daß als Ursache des internationalen Leistungsaustauschs heutzutage der Preis in vielen Fällen nur eine untergeordnete Rolle spielt.

In Anerkennung der Tatsache, daß das Angebot und die Nachfrage am Devisenmarkt nicht nur dem internationalen Güteraustausch entstammen, wird von den Anhängern des sogenannten mittelfristig garantierten Paritätsanstiegs folgerichtig gefordert, daß eine Zinspolitik zu betreiben sei, die den Effekt hat, daß sich die zwischenstaatliche Zinsdifferenz und die vorangekündigte Änderungsrate des Wechselkurses gegenseitig kompensieren[150]. Eine Befolgung dieses Postulats kann jedoch nicht ausschließen, daß eines Tages dennoch die schon vom Bretton-Woods-System her bekannten Schwierigkeiten erneut heraufbeschworen werden.

Erweist sich nämlich die Antizipation der Inflationsraten als irrtümlich, so muß die nationale Wirtschaftspolitik sehr rasch zum Gefangenen der von ihr selbst gegebenen Kursgarantien werden. Außerdem wird unter dem folgenden Punkt der empirische Nachweis erbracht, daß selbst aus einer richtigen Prognose der Preisentwicklung im In- und Ausland keine auch nur halbwegs verläßlichen Rückschlüsse auf das Verhalten des Wechselkurses gezogen werden können. Erfolgt jedoch eine Kursgarantie, die sich im Nachhinein als unrealistisch erweist, so steht man vor dem Dilemma, eine Zinspolitik betreiben zu müssen, welche aller Wahrscheinlichkeit nach konjunkturwidrig[151] ist, weil die Wahrung der als unwiderruflich abgegebenen Kursgarantie die Einhaltung einer gewissen Zinsdifferenz zum Ausland verlangt. Ist man dann jedoch zu einer solch starren Zinspolitik nicht bereit, so werden unverzüglich kursverändernde internationale Kapitalbewegungen ausgelöst. Dabei könnte sich, je nach Stärke der seinerzeitigen Fehleinschätzung, der vorhandene Kursspielraum sehr schnell als zu eng und der verfügbare Bestand an Währungsreserven als zu gering erweisen. Käme es infolgedessen zu einem Übergewicht der spekulativen Transaktionen mit destabilisierender Wirkung, so würde davon zugleich die Gefahr ausgehen, daß es beispielsweise in Form des Erlasses einer Zinsausgleichssteuer[152] für Ausländer zu einer Deliberalisierung des internationalen Kapitalverkehrs kommt.

---

150 Vgl. SVR (Hg.): JG 1966/67, a.a.O., Ziff. 269. — *Giersch*, H.: On the Desirable Degree ..., a.a.O., S. 198.

151 Näheres bei *Küng*, E.: Außenwirtschaftliche Absicherung gegen die importierte Inflation, a.a.O., S. 396. — *Dürr*, E.: a.a.O., S. 72. — *Gutowski*, A.: Chancen für die Stabilität ..., a.a.O., S. 16. — *Willecke*, F. U.: Zur Wechselkurspolitik des mittelfristig garantierten Paritätsanstiegs, in: Jb. Soz. wiss. Bd. 19 (1968); Göttingen, S. 247.

152 Vgl. *Küng*, E.: Außenwirtschaftliche Absicherung gegen die importierte Inflation, a.a.O., S. 395.

γ) Die praktische Tauglichkeit der Richtschnur für die Festlegung der mittelfristig garantierten Paritätsveränderung

Die Anhänger des Vorschlags der mittelfristig garantierten Paritätsveränderung versprechen sich von einer Praktizierung dieses Konzepts vor allem, daß die inländische Inflationsrate um den garantierten Aufwertungssatz unter den Durchschnitt der internationalen Geldentwertung heruntergedrückt werden kann. Es ist daher der Frage nachzugehen, inwieweit sich in der Realität die zwischenstaatlichen Kaufkraftunterschiede in der tatsächlichen Entwicklung der Wechselkurse widerspiegeln.

Damit man brauchbare empirische Aufschlüsse hinsichtlich der vorstehend skizzierten Fragestellung erhält, soll die Entwicklung einiger Wechselkurse im Zeitraum von 1949 bis in die Gegenwart verfolgt werden. Daneben sollen die Inflationsratenunterschiede zwischen den jeweils zugehörigen Ländern betrachtet werden. Dabei wird so verfahren werden, daß der tatsächliche Wechselkurs mit derjenigen fiktiven Entwicklung verglichen wird, welche sich ergäbe, wenn man unterstellt, daß die Paritätsveränderungen allein von der Verschiebung der zwischenstaatlichen Preisniveaus bestimmt werden. Ferner soll zu Untersuchungszwecken angenommen werden, daß die Paritäten, welche unmittelbar nach der Wechselkurs-Bereinigung von Anfang 1961 Gültigkeit besaßen, dem temporären Gleichgewichtskurs entsprochen haben. Diese Prämisse kann zumindest für die hier primär untersuchte Entwicklung des Außenwerts der Deutschen Mark als zutreffend gelten. Denn wie aus Bild 3 entnommen werden kann, waren nach diesem Datum die Veränderungen des Reservenbestands der Bundesbank etwa fünf Jahre lang per Saldo ausgeglichen.

Vergleicht man einmal den tatsächlichen Verlauf der Wechselkurse mit der gleichzeitigen Veränderung der im oben beschriebenen Sinne fiktiven Kaufkraftparitäten, so treten teilweise recht bemerkenswerte Ergebnisse zutage. So ist aus Bild 3 ersichtlich, daß die Dollar-Mark-Kaufkraftparität nach 1949 während rund 15 Jahren tendenziell zugunsten des Dollars angestiegen ist. Anstelle einer äquivalenten Abwertung der Mark gegenüber dem Dollar fällt in diese Zeit jedoch eine Aufwertung der deutschen Valuta in Höhe von rund 5 Prozent. Aufgrund der faktischen Entwicklung an den Devisenmärkten und der deutschen Zahlungsbilanz kann diese Paritätskorrektur ohne Zweifel als eine unumgängliche und auch richtige Maßnahme gelten, obwohl dies durch das Inflationsgefälle zwischen den USA und Deutschland nicht erklärbar ist. Weiterhin verdient es Aufmerksamkeit, daß zwischen beiden vorgenannten Währungen Mitte 1974 wieder die gleiche

Kaufkraftparität bestanden hat wie 1949. Demgegenüber haben im gleichen Zeitraum die Marktkräfte eine Abwertung des Dollars gegenüber der Mark von über 65 Prozent erzwungen (vgl. Bild 3). Schließlich ist der graphischen Darstellung zu entnehmen, daß sich die hypothetische Kaufkraftparität und der faktische Wechselkurs nur in sechs der siebenundzwanzig beobachteten Jahre in der gleichen Richtung verändert haben. Dagegen war die Entwicklungstendenz beider Kurvenzüge in der übrigen Zeit eindeutig gegenläufig.

Der allenfalls nur äußerst lockere Zusammenhang zwischen dem deutsch-amerikanischen Inflationsratengefälle und der Verschiebung des D-Mark-Kurses des US-Dollars hat zahlreiche plausible Ursachen. Stichpunktartig sei nur darauf verwiesen, daß sich die nationalen Preisindizes vor allem auf Konsumgüter beziehen, während sich die deutsche Ausfuhr in hohem Maße aus Investitionsgütern zusammensetzt. Ebenso spielt eine Rolle, daß das Dollarangebot am deutschen Devisenmarkt nur zu einem untergeordneten Anteil aus dem Export deutscher Güter in die USA[153] stammt. Ein mehrfach so großer Anteil des Dollarangebots dürfte mit Sicherheit eine Folgeerscheinung der güterwirtschaftlichen Transaktionen deutscher Wirtschaftssubjekte mit der übrigen Welt sein. Ferner entfällt ein beträchtlicher Teil der Devisenmarktaktivitäten auf reine Finanztransaktionen. Unter diesen wiederum spielen sogenannte Eurodollargeschäfte eine große Rolle, welche jedoch mit der Entwicklung der Preise in den USA in keiner unmittelbaren Beziehung stehen.

Weil der US-Dollar im internationalen Zahlungsverkehr die ganz überwiegend verwendete Transaktionswährung ist, ist davon auszugehen, daß bezüglich der Dollarparität besondere Verhältnisse vorliegen. Deshalb soll beispielhaft auch noch die Entwicklung anderer intervalutarischer Tauschverhältnisse verfolgt werden. Die dabei gemachten Beobachtungen ergeben ein uneinheitliches Bild. So ist im Falle des deutschen Wechselkurses für das britische Pfund (Bild 4) und für den französichen Franc (Bild 5) eine durchaus vorhandene tendenzielle Übereinstimmung zwischen dem tatsächlichen Wechselkursverlauf und der zwischenstaatlichen Inflationsratendifferenz zu beobachten. Hierfür können möglicherweise die vergleichsweise geringe Intensität des deutschen Kapitalverkehrs, der in diesen Währungen abgewickelt wird, und die relativ großen zyklischen Gemeinsamkeiten der hier beteiligten Länder als ursächlich gelten.

---

[153] 1974 entfielen 7,5 % der deutschen Ausfuhren und 7,8 % der deutschen Importe auf den Güteraustausch mit den USA. Errechnet nach: *Deutsche Bundesbank* (Hg.): Monatsberichte der Deutschen Bundesbank 27. Jg., Nr. 12, Frankfurt/M. 1975, S. 69*.

Bild 3

Wechselkurs und Kaufkraftparität zwischen DM und US-Dollar

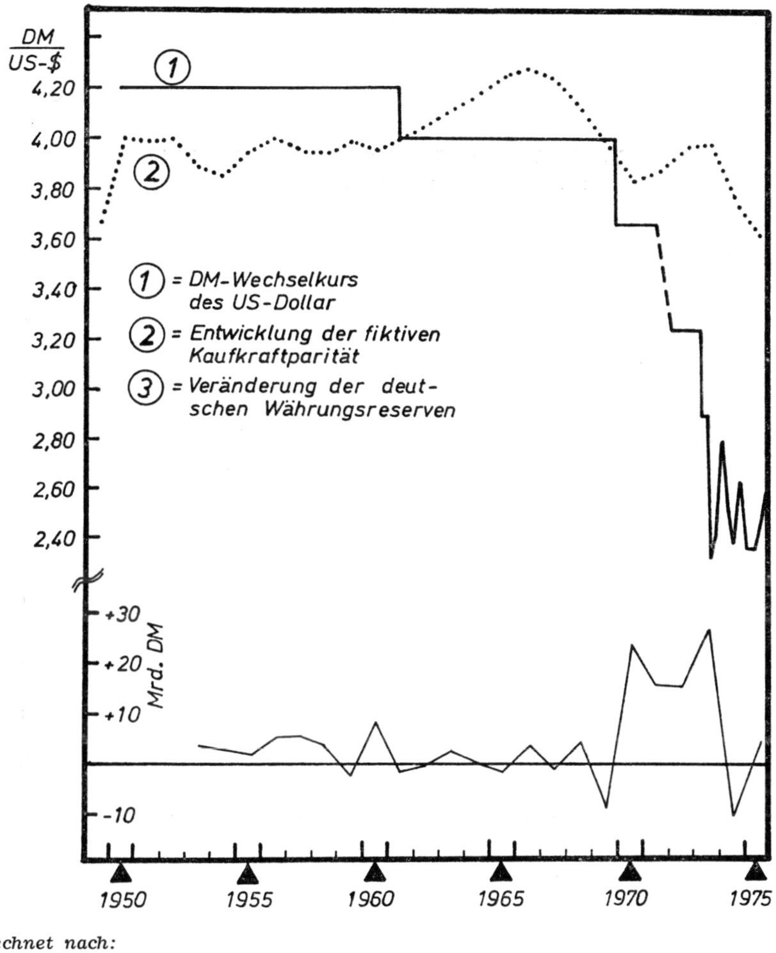

Errechnet nach:

Statistisches Bundesamt (Hg.): Statistisches Jahrbuch für die Bundesrepublik Deutschland; Wiesbaden; Jahrgänge 1954 - 1975.

Statistisches Bundesamt (Hg.): Preise und Preisindices im Ausland, Fachserie M, Reihe 9; Wiesbaden; Jg. 1975.

Deutsche Bundesbank (Hg.): Statistische Beihefte zu den Monatsberichten Jg. 1976, Reihe 3, Heft 7; Frankfurt/M.; Tab. 1 und 18.

Am Beispiel der Parität zwischen der Mark und dem Schweizer Franken (Bild 6) offenbaren sich wiederum beträchtliche Abweichungen zwischen dem faktischen Wechselkurs und den beiderseitigen Kaufkraftverschiebungen. Die Entwicklung des Tauschverhältnisses zwischen dem US-Dollar und der kanadischen Valuta (Bild 7) ist augenscheinlich ebenfalls nur bedingt eine Folge des unterschiedlichen Geldwertverfalls in beiden Ländern. Schließlich ist darauf hinzuweisen, daß die seit Übergang zum Floating international beobachteten Wechselkursverschiebungen keineswegs eine offensichtliche Korrelation mit der jeweiligen Entwicklung der Inflationsraten erkennen lassen[154].

Bild 4

Wechselkurs und fiktive Kaufkraftparität zwischen DM und britischem Pfund

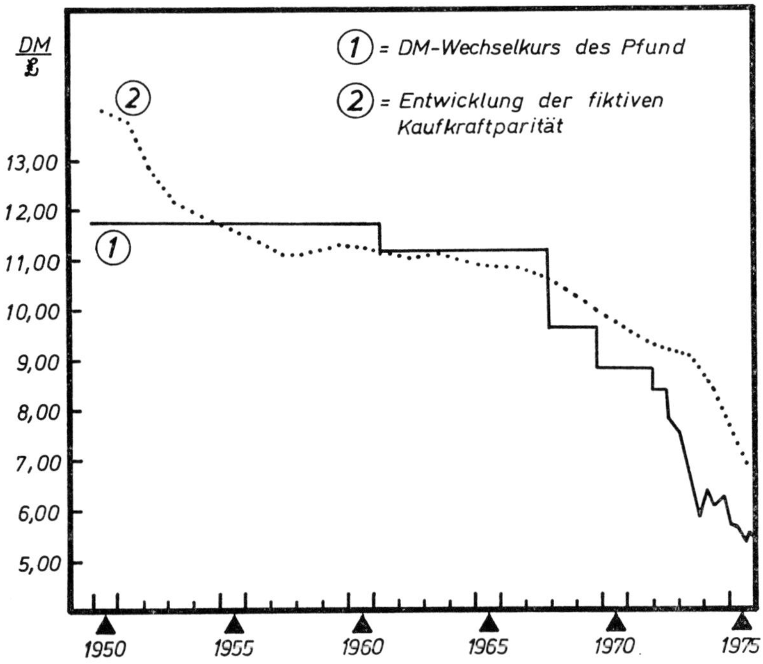

Errechnet nach:

Statistisches Bundesamt (Hg.): Statistisches Jahrbuch für die Bundesrepublik Deutschland; Wiesbaden; Jg. 1954 - 1975.

Statistisches Bundesamt (Hg.): Preise und Preisindices im Ausland, Fachserie M, Reihe 9, Wiesbaden; Jg. 1975.

Deutsche Bundesbank (Hg.): Statistische Beihefte zu den Monatsberichten Jg. 1975, Reihe 3, Heft 10; Frankfurt/M.; Tab. 19a und 19b.

Die vorstehend erörterten Gegebenheiten belegen auf eindrucksvolle Weise, daß die faktische Kursentwicklung von zahlreichen, in ihrem Saldoeffekt nicht hinreichend genau vorhersagbaren Einwirkungskräf-

[154] Vgl. BIZ (Hg.): 46. Jahresbericht, a.a.O., S. 106 ff.

Bild 5

Wechselkurs und fiktive Kaufkraftparität zwischen DM und französischem Franc

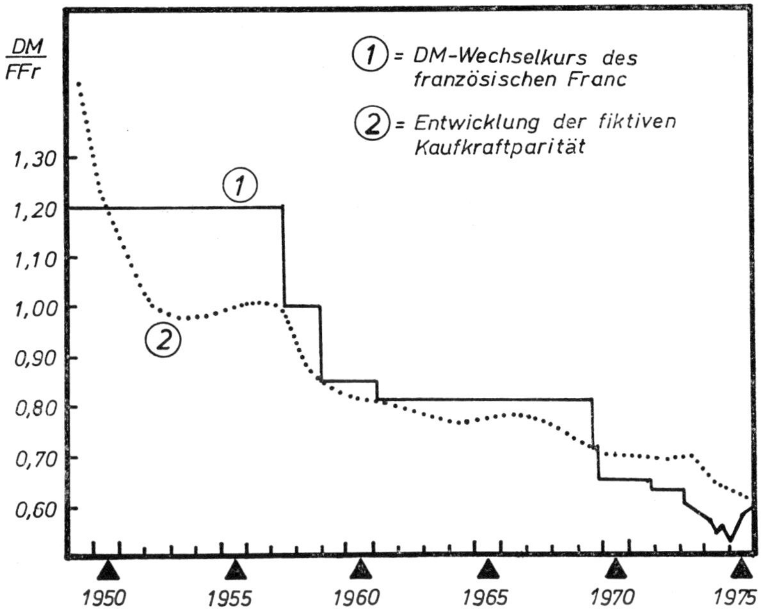

Errechnet nach:

Statistisches Bundesamt (Hg.): Statistisches Jahrbuch für die Bundesrepublik Deutschland; Wiesbaden; Jahrgänge 1954 - 1975.

Statistisches Bundesamt (Hg.): Preise und Preisindices im Ausland, Fachserie M, Reihe 9; Wiesbaden; Jg. 1975.

Deutsche Bundesbank (Hg.): Statistische Beihefte zu den Monatsberichten Jg. 1975, Reihe 3; Heft 10; Frankfurt/M.; Tab. 19a und 19b.

ten geprägt wird. Eine mehrjährige, zwingend zu befolgende Vorausfestlegung der Wechselkursveränderung nach Maßgabe des erwarteten Kaufkraftgefälles birgt daher enorme Risiken in sich. Dieser Tatsache wird auch kaum dadurch erfolgreich ausgewichen werden können, daß die für eine mittelfristige Zukunftsperiode als verbindlich erklärte Kursveränderung gegenüber einem Währungsbündel (etwa der Einheit eines Sonderziehungsrechts) definiert wird. Ebenso hat sich die Erwartung als fragwürdig erwiesen, daß in der Praxis beständig eine Zinspolitik durchgehalten werden kann, welche die Wechselkurseffekte der internationalen Kapitalbewegungen neutralisiert, soweit sie sich nicht im vorher abgesteckten Rahmen halten. Diese Zweifel gelten vor allem auch im Hinblick auf den Fall von Prognoseirrtümern, deren Auftreten wegen der zahlreichen, im Spiel befindlichen Imponderabilien ein hohes Maß an Wahrscheinlichkeit besitzt. Im übrigen zeigt die Stärke der oftmals lang andauernden Divergenzen zwischen den Preisniveauverschiebungen und der Parität, daß es einer wohl kaum realisierbaren Größe der Bandbreite bedarf, wenn bei einer Anwendung des Konzepts der mittelfristig garantierten Paritätsveränderungen monetäre Störungen weitgehend vermieden werden sollen.

Bild 6

Wechselkurs und fiktive Kaufkraftparität zwischen DM und Schweizer Franken

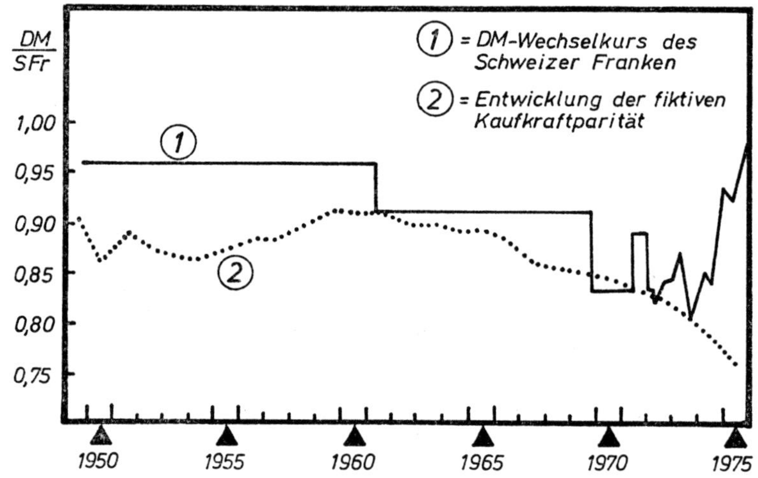

Errechnet nach: Wie Bild 4.

3. Die Lösungsaussichten der Anpassungsfrage

Allein schon in der Gestalt der Inflexibilität von Preisen und Einkommen nach unten und des heute als unverzichtbar geltenden Anspruchs auf nationale Autonomie in der Wirtschaftspolitik sind der Wirksamkeit der Anpassungsmechanismen einer Festkursordnung in der heutigen Zeit schwerwiegende Hemmnisse in den Weg gelegt. Dagegen vermag der Wechselkurs-Mechanismus ein störungsfreies Nebeneinander von länderweisen Unterschieden bei den Preis- und Zinselastizitäten, im Produktivitätsfortschritt sowie hinsichtlich der wirtschaftspolitischen Präferenzen weitgehend zu gewährleisten. Trotz dieses einschneidenden Vorzugs stößt eine eingriffsfreie Entfaltung des Wechselkurs-Mechanismus ganz überwiegend auf politische Ablehnung.

Bild 7

Wechselkurs und fiktive Kaufkraftparität zwischen kanadischem Dollar und US-Dollar

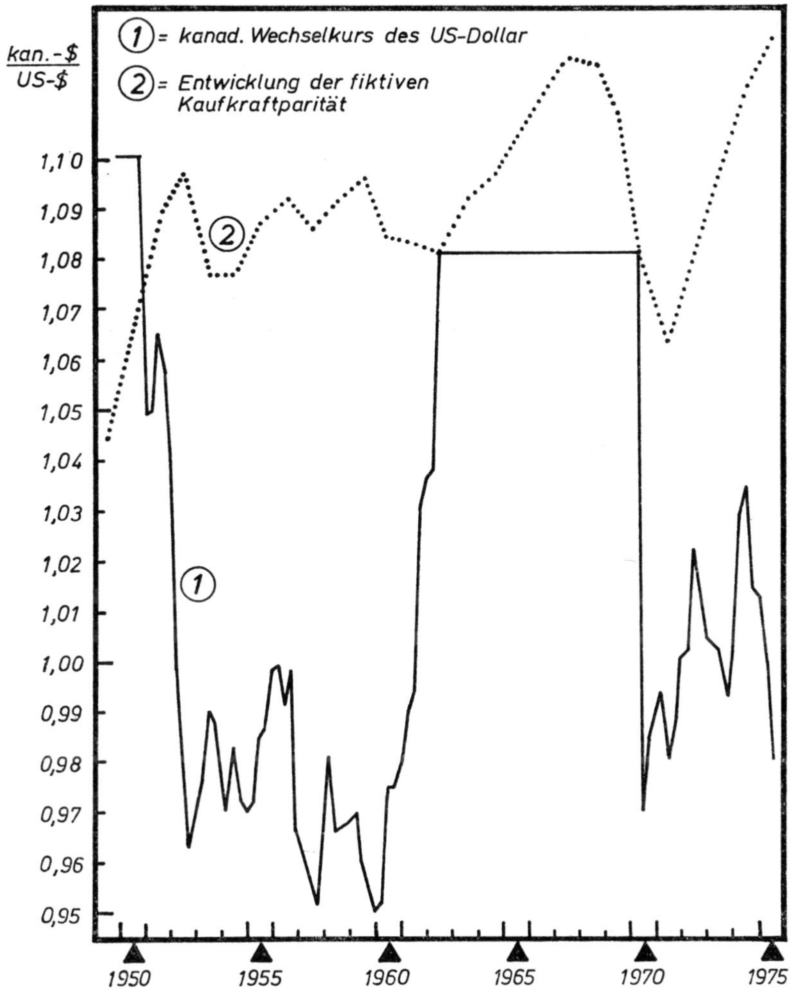

Errechnet nach: Wie Bild 4.

Deutsche Bundesbank (Hg.): Monatsberichte der Deutschen Bundesbank; Frankfurt/M.; Jg. 1973 - 1975.

DIW-Arbeitsgruppe: Feste und flexible Wechselkurse; a.a.O.; S. 98.

Weil die Vereinbarung einer dauerhaften Praktizierung uneingeschränkt flexibler Wechselkurse nicht erreichbar ist, wird nach Möglichkeiten gesucht, den Spielraum des Wechselkurs-Mechanismus gegenüber demjenigen, welcher im Bretton-Woods-System alter Prägung besteht, zu vergrößern. Eine Befolgung des Vorschlags, die Kooperation unter den Zentralnotenbanken weiter zu intensivieren, könnte dieser Gefahr in erheblichem Maße entgegenwirken. Eine Institutionalisierung von Regeln für die internationale währungspolitische Zusammenarbeit wirft jedoch zahlreiche noch ungelöste und wohl kaum jemals befriedigend lösbare Schwierigkeiten auf.

Ein anderer Ausweg zur Verbesserung der Anpassungsfähigkeit des Bretton-Woods-Systems besteht darin, eine größere, jedoch limitierte Kursflexibilität herbeizuführen. Aufgrund der seit 1971 eingetretenen Entwicklung hat ein derartiger Reformschritt mittlerweile auch in der Währungspraxis zunehmend Anhänger gefunden. Solche Lösungen sind jedoch unvermeidlich mit der Kehrseite behaftet, keine Befreiung vom Problem einer angemessenen Versorgung mit internationaler Liquidität bewirken zu können. Auch die übrigen Mängel des Prinzips einer im konkreten Falle in irgendeiner Weise begrenzten Kursflexibilität unterscheiden sich lediglich graduell von den Unzulänglichkeiten des Bretton-Woods-Systems.

I. Zusammenfassende Schlußbetrachtung

Widerstandsfähige internationale Währungsbeziehungen sind eine unabdingbare Voraussetzung für die Verbesserung des wirtschaftlichen Wohlstands in allen Ländern. Die Neuregelung der Rahmenbedingungen für das internationale Geldwesen kann daher als das weltwirtschaftliche Hauptanliegen der Gegenwart gelten. Eine vorrangig an währungspolitischen Grundsätzen orientierte Umgestaltung der internationalen Geldverfassung wird dadurch erschwert, daß man es mit einer Aufgabe zu tun hat, welche nicht allein komplexen ökonomischen Zusammenhängen Rechnung tragen muß, sondern welche darüber hinaus auch auf das engste mit den divergierenden politischen Interessen und den abweichenden ordnungspolitischen Vorstellungen der einzelnen Länder verflochten ist.

Die Hauptursache, welche zu einer Neugestaltung der Weltwährungsbeziehungen zwingt, ist in der zu geringen Selbstregelungsfähigkeit der seit dem zweiten Weltkrieg praktizierten internationalen Währungsordnung zu erblicken. Infolge des seinerzeit vereinbarten Kompromisses zwischen den beiden Grundsatzalternativen einer zahlungsbilanzkonformen oder einer konjunkturorientierten Wirtschaftspolitik hängt es seit 1945 vorrangig von der freiwilligen Befolgung der vom IWF-Abkommen vorgesehenen Verhaltensweisen ab, ob Störungen des zwischenstaatlichen Geldwesens vermieden werden können oder nicht. Für die Zukunft ist daher ein währungspolitisches Konzept zu fordern, dem — anders als bisher — ein vorwiegend automatisch wirkender Anpassungsprozeß zu eigen ist. Das Erfordernis eines einschneidenden weltwirtschaftlichen Strukturwandels, welches durch das Emporschnellen des Ölpreises bedingt ist und welches auch künftig als Folge der im Rohstoffbereich sich abzeichnenden Entwicklungen in Rechnung gestellt werden muß, unterstreicht zusätzlich, daß ohne eine beträchtliche Verbesserung der Selbstregelungsfähigkeit des internationalen Zahlungsverkehrs jeglichem Reformbemühen der praktische Erfolg versagt bleiben muß.

Die Einsicht, daß ein wirksamer Ausgleich der allfälligen Ungleichgewichte im internationalen Zahlungsverkehr künftig weitgehend selbsttätig zustande kommen und nicht mehr vorrangig von der Anpassungsbereitschaft der einzelnen Länder abhängen sollte, führt zu dem Vorschlag, entweder zu einer der klassischen Goldwährung entsprechenden internationalen Geldverfassung zurückzukehren, oder aber eine Weltwährungsordnung mit weitgehend interventionsfreier Wechselkursbildung zu verwirklichen. Diese beiden Grundsatz-Konzepte sind jedoch vorläufig politisch nicht durchsetzbar. Außerdem ergeben sich Einwände aus wirtschaftswissenschaftlicher Sicht. So ist dem Plan einer Wiedereinführung der Prinzipien des klassischen Goldstandards entgegenzuhalten, daß die weitgehende Starrheit der Einkommen und Preise nach unten ein charakteristisches Merkmal für das heutige und künftige Wirtschaftsgeschehen darstellt. Eine weitere, einstweilen unumstößliche Gegebenheit, welche die Funktionsfähigkeit einer jeden Fixkursordnung weitgehend lähmt, besteht darin, daß in aller Welt einer konjunkturorientierten Geldmengenregulierung eindeutig der Vorrang gegenüber einer zahlungsbilanzkonformen Steuerung des Geldumlaufs gegeben wird.

Der Vorzug frei schwankender Wechselkurse, daß kein anderes währungspolitisches Konzept einen größeren wirtschaftspolitischen Autonomiespielraum gewährt, ist zugleich der Ausgangspunkt für eine mit ökonomischen Argumenten verfochtene Ablehnung dieses Weges. Von den derartig begründeten Vorbehalten kann allein die Befürchtung nicht widerlegt werden, daß die Länder von der bei uneingeschränkter Kursbeweglichkeit realtiv großen wirtschaftspolitischen Dispositionsfreiheit vor allem im Falle schwerwiegender Beschäftigungsprobleme einen zu unbekümmerten Gebrauch machen könnten. Ob die wirtschaftspolitischen Entscheidungsträger bei Gültigkeit weitgehend fester oder bei Gültigkeit weitgehend freier Paritäten weniger stark zu einer inflatorisch wirkenden Wirtschaftspolitik verleitet werden, kann allein mit wirtschaftswissenschaftlichen Mitteln nicht gültig beurteilt werden. Die bisher gemachten Beobachtungen reichen ebenfalls nicht aus, um diese Frage zu entscheiden.

Dagegen deuten die seit der Einstellung der Stützung fester Paritäten gesammelten Erfahrungen darauf hin, daß bei fluktuierenden Wechselkursen es eine restriktive Wirtschaftspolitik ermöglicht, sich von der Auslandsinflation erfolgreich abzusetzen. Dem in der währungspolitischen Praxis verbreiteten Einwand, daß dieser Effekt keineswegs sicher eintritt, ist entgegenzuhalten, daß die Leistungsfähigkeit schwankender Wechselkurse in den meisten Ländern bislang nur stark eingeschränkt zur Wirkung kommen konnte. Dies hängt damit zusammen, daß vielfach versucht wurde und wird, die in Anpassung der Parität an den Gleichgewichtskurs sich einstellende Abwertungstendenz im wesentlichen mittels fortgesetzter Zahlungsbilanzkredite zeitlich zu strecken, während es an einer gleichzeitigen Flankierung durch energische inländische Stabilitätsanstrengungen weitgehend mangelt. Setzt sich dann beim Publikum die Ansicht durch, daß es zur Konservierung des herrschenden Kursniveaus künftig zunehmender Devisenmarktinterventionen bedarf, so kann es auch beim gesteuerten Floating nicht ausbleiben, daß die Währungsspekulation „destabilisierende" Wirkung entfaltet. Nach der Verwirklichung des vom IWF angestrebten „managed floating" ist daher damit zu rechnen, daß es erneut zu großen internationalen Ungleichgewichten kommt. Denn die Entscheidung der ohnehin nicht sofort mit Sicherheit zu beurteilenden Frage, ob auftretende Devisenmarktungleichgewichte zufälligen, reversiblen oder bleibenden Charakter haben, ist dann einer Instanz übertragen, die vorrangig vielfältigen politischen Interessen und divergierenden wirtschaftspolitischen Prioritäten Rechnung zu tragen hat.

Trotz aller zwischenzeitlich gemachten Erfahrungen bestehen in der Praxis immer noch beträchtliche politische Widerstände gegen eine grundlegende Neugestaltung der langfristigen Ordnungsprinzipien des zwischenstaatlichen Zahlungsverkehrs. Entsprechend ist die Neigung verbreitet, den Störungen im internationalen Geldwesen durch pragmatische Korrekturen der Fondsstatuten entgegenzuwirken. Sichtbares Zeichen hierfür ist die Tatsache, daß der IWF nach wie vor an der währungspolitischen Kompromißvorstellung „fester aber anpassungsfähiger" Paritäten festhält. Hierauf ist auch das Entstehen der großen Zahl von Anregungen im wissenschaftlichen Bereich zurückzuführen, welche das Bretton-Woods-System lediglich graduell modifizieren wollen.

Die Mehrzahl der in den zurückliegenden mehr als zwei Jahrzehnten zur Abänderung des Bretton-Woods-Systems vorgeschlagenen Pläne ist schwerpunktmäßig auf eine fortgesetzte Vermehrung der internationalen Liquidität ausgerichtet. Dabei wird mehr oder weniger verdeckt darauf abgestellt, die Überschußländer auf irgendeine Weise zur weitgehend automatischen Kreditgewähr an die Defizitländer zu verpflichten. Die Verwirklichung solcher Konzepte muß zum einen unvermeidlich mit einer Verstärkung der internationalen Inflationstendenzen verbunden sein. Außerdem muß sich die Kritik daran entzünden, daß eine ständige Expansion der Beistandskredit-Fazilitäten auf die Dauer keine störungsfreien Weltwährungsbeziehungen gewährleisten kann. Denn dieses Verfahren trägt weder zu einer Verbesserung des Anpassungsmechanismus noch zu einer gleichgewichtskonformen Liquiditätssteuerung bei. Um so bedenklicher muß es stimmen, daß auch die gegenwärtige internationale Währungspolitik vorrangig auf eine immer stärkere Ausweitung der zu leichten Bedingungen erhältlichen kreditären Zahlungsbilanzhilfen ausgerichtet ist. Dies hat zugleich die Wirkung, daß die geforderte Nationalisierung der Folgen einer inflatorischen Wirtschaftspolitik auch weiterhin ein Wunschbild bleibt.

Im Zusammenhang mit der Lösung der Liquiditätsfrage wird ferner eine Demonetisierung des Goldes und eine weitgehende Eliminierung der Devisenreserven angestrebt. Als ideal wird ein synthetisches Reservemittel angesehen, dessen Volumen vom menschlichen Willen nach Maßgabe des zur Wahrung eines internationalen Gleichgewichts erforderlichen Liquiditätsbedarfs gesteuert werden kann. Es läßt sich zeigen, daß die Sonderziehungsrechte diesem Anspruch in mehrfacher Hinsicht nicht gerecht zu werden vermögen. Als Folge der verschiedenen Mängel der Sonderziehungsrechte kann es ferner als sicher gelten, daß in absehbarer Zeit weder das Gold noch die Devisenguthaben aus den Währungsreserven der Zentralnotenbanken zu verdrängen sein werden. Daran können auch die verschiedenen, in der jüngsten Vergangenheit auf IWF-Ebene gefaßten Beschlüsse nichts ändern. Dagegen erscheint es keineswegs ausgeschlossen, daß durch die tatsächliche Entwicklung wieder eine gewisse Aufwertung der monetären Rolle des Goldes veranlaßt werden könnte. Außerdem ist es im Zusammenhang mit der Goldfrage von Bedeutung, daß die derzeitige Form des Floating nach dem Willen des IWF schon bald durch eine gesteuerte Kursflexibilität ersetzt werden soll, und daß die Absicht besteht, eines Tages wieder zu einer gewissen Fixierung der Paritäten zurückzukehren, sofern dies die Fakten zulassen sollten.

Um den verschiedenen Bedenken gegen eine weitgehend freie Wechselkursbildung Rechnung zu tragen, sind mehrere Vorschläge für eine kontrollierte Kursbeweglichkeit verfaßt worden. Die Anregung, sich dabei auf eine beträchtliche Vergrößerung der Bandbreiten unter Beibehaltung des Regimes stufenflexibler Wechselkurse zu beschränken, ist deshalb zu verwerfen, weil auf diese Weise keine der zahlreichen Unzulänglichkeiten des Bretton-Woods-Systems ausgeschaltet oder auch nur spürbar vermindert werden könnte. Der Vorschlag, eine kontinuierliche Verschiebung der Bandbreite im voraus festzulegen und zu garantieren, verheißt ebenfalls keine störungsfreie Beherrschung der Anpassungsfrage. Das in der vorliegenden Arbeit ausgewertete empirische Material deutet darauf hin, daß — abgesehen von der Prognoseproblematik — die erwarteten Inflationsratenunterschiede zwischen zwei Ländern ein sehr unzuverlässiges Kriterium für die Abschätzung der künftigen Wechselkursentwicklung sind. Auch gegen das üblicherweise mit Crawling Peg bezeichnete Konzept eines selbsttätig fluktuierenden Kursbandes können verschiedene Einwände erhoben werden. Dies gilt noch am wenigsten für diejenige Variante, bei welcher sich die Schwankungen des Mittelkurses nach dem gleitenden Durchschnitt der Devisenkassakurse einer bestimmten Vergangenheitsperiode richten. Bei der in dieser Arbeit durchgeführten empirischen Überprüfung, zu welchen praktischen Ergebnissen das Konzept der Bandflexibilität in der Vergangenheit geführt hätte, hat sich trotz aller im einzelnen möglichen Vorbehalte der Weg einer selbsttätigen Formelsteuerung der Bandbewegungen gegenüber dem Vorschlag der mittelfristig garantierten Bandverschiebung als deutlich überlegen erwiesen.

Sowohl aus der Analyse der unter Bretton-Woods-Bedingungen aufgetretenen Fehlentwicklungen als auch aus der Auseinandersetzung mit den verschiedenen Kategorien von Reformplänen ist der Schluß zu ziehen, daß in allen Ländern die Bemühungen um eine bessere Erhaltung des Geldwerts verstärkt werden müssen, wenn schwerwiegende internationale monetäre Störungen auch langfristig weitgehend vermeidbar sein sollen. Eine stärkere internationale Stabilitätsorientierung ist in der Nachkriegszeit vor allem an jenem verbreiteten wirtschaftspolitischen Credo gescheitert, demzufolge antiinflatorische Maßnahmen einer Annäherung an das Ziel der Vollbeschäftigung prinzipiell entgegenwirken. Die empirische Haltbarkeit dieser Auffassung muß jedoch im Lichte der in den zurückliegenden Jahren beobachteten Entwicklung fragwürdiger als je zuvor erscheinen.

Die währungspolitischen Konsequenzen, welche sich aus dem Grundzusammenhang zwischen der nationalen Geldwertstabilität und der internationalen monetären Gleichgewichtslage ergeben, sind bei der 1976 beschlossenen Revision des IWF-Abkommens erneut in starkem Maße politischen Rücksichtnahmen untergeordnet worden. Es ist nicht auszuschließen, daß diese Nachgiebigkeit sich schon bald als verhängnisvoll erweisen wird. Denn in der jüngsten Vergangenheit sind sowohl die meisten Industrie- als auch die überwiegende Zahl der Entwicklungsländer immer weniger dazu bereit oder in der Lage gewesen, dem hohen Tempo des Geldwertverfalls energisch Einhalt zu gebieten. Als mindestens ebenso bedenklich muß es gelten, daß die Anpassungen des internationalen Geldwesens an die weltwirtschaftlichen Entwicklungen sich nach wie vor weitgehend unkontrolliert vollziehen und daß sich die seit 1970 zu beobachtende starke Vermehrung der internationalen Liquidität immer noch ungebrochen fortsetzt. Die Abhängigkeit störungsfreier Weltwährungsbeziehungen von der Praktizierung eines hohen Maßes an nationaler und internationaler monetärer Disziplin vermag nämlich von keinem der erörterten Reformvorschläge aufgehoben zu werden.

Zusammenfassung

Internationale Währungsbeziehungen, die sich durch eine geringe Störungsanfälligkeit auszeichnen, sind eine unabdingbare Voraussetzung für eine Steigerung des globalen wirtschaftlichen Wohlstands. Die Gestaltungsmöglichkeiten einer unter den Bedingungen der Gegenwart funktionsfähigen internationalen Geldverfassung werden in der Wissenschaft bereits seit den 1950er Jahren diskutiert. Der IWF läßt die Problematik einer Neuordnung des internationalen Geldwesens seit 1963 untersuchen. Auf der IWF-Konferenz auf Jamaika (Januar 1976) wurde die zweite Revision des IWF-Abkommens beschlossen, welche voraussichtlich 1978 in Kraft treten wird. Diese Satzungsänderung, mit der die bisherigen Bemühungen um eine Reform der Weltwährungsordnung abgeschlossen wurden, beschränkt sich im wesentlichen auf eine nachträgliche Legalisierung der seit etwa 1971 üblich gewordenen währungspolitischen Praktiken. Die Schwächen des Prinzips einer gesteuerten Kursflexibilität und die schon heute erkennbaren künftigen Belastungen der Weltwährungsbeziehungen zwingen daher dazu, sich auch weiterhin mit den Möglichkeiten einer grundlegenden Neugestaltung der internationalen Geldverfassung auseinanderzusetzen.

Die zentralen Ideen der zahlreichen Lösungsansätze, welche im Laufe der Zeit vorgeschlagen wurden, sind somit auch für die gegenwärtige und künftige Reformdiskussion von erheblichem Interesse. Diese Arbeit verfolgt hauptsächlich das Ziel, einen am währungspolitisch Grundlegenden orientierten Versuch zu unternehmen, die nahezu unzähligen Einzelbeiträge zum Fragenkreis künftiger internationaler Währungspolitik einer systematisierenden und kritischen Bestandsaufnahme zu unterziehen. Dabei wird so vorgegangen, daß zunächst die ökonomischen Stärken und Schwächen der verschiedenen Hauptkategorien bekannt gewordener Reformvorschläge herausgearbeitet und einander gegenübergestellt werden. Soweit dies vertretbar erscheint, wird versucht, die jeweiligen Ergebnisse im Lichte der mittlerweile gesammelten währungspolitischen Erfahrungen zu überprüfen. Als Resumé ergibt sich, daß in allen Ländern die Bemühungen um eine bessere Erhaltung des Geldwertes verstärkt werden müssen, wenn auch langfristig schwerwiegende globale Störungen weitgehend vermeidbar sein sollen. Keiner der erörterten Reformvorschläge vermag nämlich die Abhängigkeit störungsfreier Weltwährungsbeziehungen von der Praktizierung eines hohen Maßes an nationaler und internationaler monetärer Disziplin aufzuheben.

Summary

International monetary relations which are characterized by high resistance to disturbances are an essential precondition for rising worldwide economic welfare. Since the 1950's there has been academic discussion how — under present day circumstances — such an international monetary order should be constructed. The IMF started in 1963 to commission various studies concerning the problems of reshaping the international monetary order. At the conference in Kingston, Jamaica, the Second Amendment to the Articles of Agreement of the International Monetary Fund was accepted (January 1976) and it is expected to take effect in the course of 1978. This modification of the IMF statutes is a result of extended efforts to achieve a substantial reform of the international monetary order. Nevertheless the innovations have been mainly concentrated on subsequent legal recognition of monetary practices which have become common since 1971. The weaknesses of the principles for the guidance of members' exchange rate policies ("managed floating") and the presently discernible strains on future international balances of payments forces the issue of reform towards new basic principles for the international monetary relations.

The fundamental ideas of the different suggested solutions which have been offered in the course of time are therefore of substantial interest to present and future discussions of reform. This paper concentrates on the economically oriented attempt to analyse systematically and critically the great number of widespread treatises concerning the problem of future international monetary policy. The method of analysis starts by working out the various assessments for each of the several categories of suggested approaches to reform. In connection the favourable arguments for a type of reform plan are confronted with the possible objections. As far as it seems reasonable the attempt was made to verify the several results on the basis of the monetary experiences of the past years. As a general conclusion we should note that the efforts towards restoring and maintaining a high degree of domestic price stability must be increased in all countries in order to avoid as far as possible persistant and chronic disequilibrium in international payments. No single reform plan analysed is capable to neutralize the interdependence regarding the stability of global monetary relations and the degree of nationally and internationally practised monetary discipline.

Résumé

Des relations monétaires internationales stables vis à vis d'influences déséquilibrantes sont une condition indispensable pour favoriser la croissance mondiale de la prospérité économique. Les discussions scientifiques portant sur les alternatives de mise en œuvre, compte tenu des conditions actuelles, d'un tel ordre monétaire international commençait déjà dans les années de cinquante. Depuis 1963 le FMI fait d'ailleurs analyser ce problème. À la conférence du FMI à la Jamaïque (janvier 1976) était décidé la deuxième modification des articles d'aggrément du Bretton Woods. Les ordonnances de la Charta modifiée entreront en validité probablement en 1978. Cette modification des statuts, qui couronnait les efforts officiels portant sur une réforme monétaire internationale, se limitait dans son ensemble à légaliser rétrospectivement les faits et usances pratiquées depuis 1971. Les faiblesses du système du flottement dirigé (« managed floating ») et les perturbations monétaires prévoyables contraignent à poursuivre les travaux concernant les alternatives se rapportant à une réforme fondamentale de l'ordre monétaire international.

Les idées maîtres, ressortant des nombreuses solutions proposées précédemment, sont par conséquent d'importance pour les discussions présentes et à venir de réforme. Cette étude a pour but majeur d'essayer de dresser un inventaire systématique et critique des résultats scientifiques se rapportant à la question sur la politique monétaire internationale future. La méthode d'analyse, procédé selon des critères économiques, commence par la présentation et la confrontation des arguments favorables et des objections concernant les catégories différentes des conceptions proposées. Les résultats obtenues sont ensuite examinés à la lueur des expériences monétaires gagnées au cours des développements des dernières années. En résumant les conclusions, auxquelles les analyses différentes ont abouti, il apparaît que les efforts de maintien du pouvoir d'achat doivent être accentués, si l'on veut à long terme empêcher le mieux possible un retour à des déséquilibres chroniques en paiements internationaux. Aucun des projets de réforme discutés est capable de resoudre l'interdépendance résultant de la stabilité de l'ordre monétaire international et de la discipline monétaire pratiquée à l'échelle nationale et internationale.

Literaturverzeichnis

I. Monographien

Aschinger, F.: Das Währungssystem des Westens; Frankfurt/M. 1971

Bloomfield, A. I.: Monetary Policy under the International Gold Standard: 1880 - 1914; New York 1959

Boeck, K. u. *Gehrmann,* D.: Die DM als internationale Reservewährung; Hamburg 1974

Brandes, H.: Der Euro-Dollarmarkt; Wiesbaden 1968

Busschau, W. J.: Gold and International Liquidity; Johannesburg 1961

Einzig, P.: The Euro-Dollar System, 4. Aufl.; London 1970

Eucken, W.: Grundsätze der Wirtschaftspolitik, 4. Aufl.; Tübingen und Zürich 1968

Fels, G.: Der internationale Preiszusammenhang; Köln, Berlin, Bonn, München 1969

Fensch, U.: Zum Problem der internationalen Liquidität (Kieler Studien Nr. 62 NF); Tübingen 1963

Forstmann, A.: Geld und Kredit, 2. Teil; Göttingen 1952

Friedman, M.: A Program for Monetary Stability; New York 1959

Hahn, L. A.: Geld und Kredit; Frankfurt/M. 1960

— Fünfzig Jahre zwischen Inflation und Deflation; Tübingen 1963

— Ein Traktat über Währungsreform; Basel und Tübingen 1964

Halm, G. N.: Die Vergrößerung der Bandbreite für Devisenkursschwankungen; Berlin 1965

Hankel, W.: Währungspolitik; Stuttgart, Berlin, Köln, Mainz 1971

Harrod, R. F.: The Pound Sterling 1951 - 1958; Princeton 1958

— Alternative Methods für Increasing International Liquidity; Brüssel 1961

Hasse, R., *Werner,* H., *Willgerodt,* H.: Außenwirtschaftliche Absicherung zwischen Markt und Interventionismus; Frankfurt/M. 1975

Issing, O.: Leitwährung und internationale Währungsordnung; Berlin 1965

Jacobsson, P.: Some Monetary Problems — International and National; London 1958

Jarchow, H.-J.: Theoretische Studien zum Liquiditätsproblem (Kieler Studien Nr. 75 NF); Tübingen 1966

Johnson, H. G.: Beiträge zur Geldtheorie und Geldpolitik; Berlin 1969

Kasten, H.: Der Funktionswandel des Goldes; Frankfurt/M. 1970

Keynes, J. M.: Ein Traktat über Währungsreform (Titel der englischen Originalausgabe: „A Tract on Monetary Reform“; Cambridge 1923); München und Leipzig 1924

Keynes, J. M.: Vom Gelde (Titel der englischen Originalausgabe: „A Treatise on Money“; London 1930); Berlin 1955

Kruse, A.: Außenwirtschaft, 2. Aufl.; Berlin 1965

Küng, E.: Die Selbstregulierung der Zahlungsbilanz; St. Gallen 1948

— Zahlungsbilanzpolitik; Zürich und Tübingen 1959

— Die Versorgung der Weltwirtschaft mit Währungsreserven; Tübingen 1974

Lipfert, H.: Einführung in die Währungspolitik, 7. Aufl.; München 1973

Lutz, F. A.: Das Problem des internationalen wirtschaftlichen Gleichgewichts (Vorträge und Aufsätze des Walter Eucken Instituts, Bd. 9); Tübingen 1963

Machlup, F.: Die Pläne zur Reform des internationalen Geldwesens (Kieler Vorträge 23 NF); Kiel 1962

— Plans for Reform of the International Monetary System; Princeton 1964

— Der Außenwert des Dollars (Kieler Vorträge Nr. 79 NF); Tübingen 1974

Meinhold, W.: Volkswirtschaftspolitik, Teil 1 (Theoretische Grundlagen der Allgemeinen Wirtschaftspolitik), 2. Aufl.; München 1970

— Grundzüge der Allgemeinen Volkswirtschaftslehre, 4. Aufl.; München 1972

Meyer, F. W.: Der Ausgleich der Zahlungsbilanz; Jena 1938

Möller, Hans: Das Ende einer Weltwährungsordnung?; München 1972

Palyi, M.: Währungen am Scheideweg; Frankfurt/M. 1960

Pohlmann, W.-R.: Der flexible Wechselkurs als Instrument außenwirtschaftlicher Absicherung einer autonomen Wirtschaftspolitik — Dargestellt am Beispiel Kanada —; Berlin 1971

Posthuma, S.: Wandlungen im internationalen Währungssystem; Kiel 1963

Predöhl, A.: Außenwirtschaft, 2. Aufl.; Göttingen 1971

Richebächer, K.: Überforderte Wechselkurspolitik; Tübingen 1974

Rittershausen, H.: Die Zentralnotenbank; Frankfurt/M. 1962

Rohwedder, J.: Untersuchungen über Zahlungsbilanzprobleme bei Stufenflexibilität und bei freier Flexibilität der Wechselkurse (Kieler Studien Bd. 101 NF); Tübingen 1969

Rose, K.: Theorie der Außenwirtschaft, 2. Aufl.; Berlin - Frankfurt/M. 1968

Rueff, J.: Die Währungssünden der westlichen Welt (Titel der französischen Originalausgabe: „Le Péché Monétaire de l'Occident“); Frankfurt/M. 1972

Schäfer, W.: Der Euro-Dollarmarkt; Tübingen 1971

Schläger, G.: Die internationale Buchgeldschöpfung; Frankfurt/M. 1971

Schneider, E.: Zahlungsbilanz und Wechselkurs; Tübingen 1968

Seeger, M.: Die Politik der Reichsbank von 1876 - 1914 im Lichte der Spielregeln der Goldwährung; Berlin 1968

Sohmen, E.: Flexible Exchange Rates — Theory and Controversy; Chicago 1961

— International Monetary Problems and the Foreign Exchanges; Princeton 1963

— Wechselkurs und Währungsordnung; Tübingen 1973

Stucken, R.: Geld und Kredit, 2. Aufl.; Tübingen 1957

Stützel, W.: Währung in weltoffener Wirtschaft; Frankfurt/M. 1973

— Über unsere Währungsverfassung; Tübingen 1975

Triffin, R.: Europe and the Money Muddle; New Haven and London 1957

— Gold and the Dollar Crisis — The Future of Convertibility; New Haven 1960

— Wegweiser vom Währungswirrwarr; Berlin 1967

Veit, O.: Grundriß der Währungspolitik, 3. Aufl.; Frankfurt/M. 1969

Wallich, H. C.: The International Monetary System in Transition; Chicago 1972

Weber, Ad.: Weltwirtschaft, 4. Aufl.; Berlin 1950

— Geld — Banken — Börsen, 5. Aufl.; München 1955

— Geld und Kredit — Banken und Börsen, 6. Aufl.; Heidelberg 1959

Westphal, U.: Die importierte Inflation bei festen und flexiblen Wechselkursen (Kieler Studien Nr. 87 NF); Tübingen 1968

Willgerodt, H.: Handelsschranken im Dienste der Währungspolitik; Düsseldorf und München 1962

Williamson, J.: The Crawling Peg; Princeton 1965

Zottmann, A.: Theorie und Politik der Außenwirtschaft; Stuttgart und Düsseldorf 1967

II. Aufsätze in wissenschaftlichen Zeitschriften und Sammelwerken

Adebahr, H.: Der direkte internationale Preiszusammenhang — Rückblick auf eine deutsche Diskussion, in: ZWiSo 92. Jg. (1972); Berlin; S. 657 - 674

— Zunehmende Regionalisierung des Welthandels?, in: Wirtschaftsdienst 52. Jg. (1972); Hamburg; S. 460 - 465

Agarwal, J. P.: Optimal Monetary Reserves for Developing Countries, in: WWA Bd. 107 (1971 II); Tübingen; S. 76 - 91

Aghevli, B. B.: The Balance of Payments and Money Supply Under Gold Standard Regime: U. S. 1879 - 1914, in: AER Vol. 65 (1975); Menasha; S. 40 - 58

Amonn, A.: Aufwertung und Abwertung oder freie Wechselkursbildung, in: *v. Beckerath*, E. u. a. (Hg.): Wirtschaftsfragen der freien Welt; Frankfurt 1957; S. 568 - 578

v. Arx, U. R.: Zur Frage der spekulativen Geldströme bei flexiblen Wechselkursen: Das Beispiel Kanada 1950 - 1962, in: SchZfVuS 111. Jg. (1975); Bern; S. 375 - 379

Aschinger, F. E.: Der Euro-Geldmarkt und die Währungszusammenarbeit, in: Außenwirtschaft 25. Jg. (1970); Zürich und St. Gallen; S. 47 - 63

— Wandlungen des Internationalen Währungssystems, in: Außenwirtschaft 25. Jg. (1970); Zürich und St. Gallen; S. 275 - 294

— Der Eurogeldmarkt und die nationale Kreditpolitik, in: Kreditwesen 24. Jg. (1971 I); Frankfurt/M.; S. 172 - 177

— Die Zukunft des Dollars und der EWG-Währungen, in: Außenwirtschaft 27. Jg. (1972); Zürich und St. Gallen; S. 376 - 391

— Die Währungsreform auf Abwegen, in: Kreditwesen 27. Jg. (1974 I); Frankfurt/M.; S. 14 - 17

Aschinger, F. E.: Erfahrungen der Schweiz mit flexiblen Wechselkursen, in: Außenwirtschaft 30. Jg. (1975); Zürich und St. Gallen; S. 282 - 295

Bachmann, H.: Internationaler Zahlungsverkehr, in: HdSW Bd. 12; Stuttgart, Tübingen, Göttingen 1965; S. 391 - 400

Bachmann, H. u. *Aschinger,* F.: Neue Reservemittel im internationalen Zahlungsverkehr, in: Außenwirtschaft 22. Jg. (1967); Zürich und St. Gallen; S. 361 - 380

Bärtschi, W.: Zur politischen Ökonomie des Währungssystems des Westens, in: Kjpol 16. Jg. (1970); Berlin; S. 17 - 42 u. 109 - 144

Bartel, K.: Die stabilitätspolitische Problematik des Multi-Reservenstandards, in: *Giersch,* H. (Hg.): Das Inflationsproblem heute — Stabilisierung oder Anpassung; Berlin 1974; S. 28 - 43

Bauer, W. u. a.: Vorschlag für eine Reform der internationalen Währungsordnung (Erklärung von 27 Wirtschaftswissenschaftlern vom Febr. 1966), in: Ordo 17. Bd. (1966); Düsseldorf und München; S. 9 - 12

Baumol, W. J.: Speculation, Profitability and Stability, in: Rev. of Economics and Statistics Vol. 39 (1957); Boston; S. 263 - 271

Bernstein, E. M.: The Adaquacy of United States Gold Reserves, in: AER Vol. 51 (1961), PaP; Menasha; S. 439 - 446

Besters, H.: Zahlungsbilanz, in: Staatslexikon, 6. Aufl. Bd. 8; Freiburg i. Br. 1963; Sp. 929 - 936

Bienert, K.: Neue Regeln für Sonderziehungsrechte, in: WiSt 4. Jg. (1975); München; S. 201 - 203

Black, J.: A Proposal for the Reform of Exchange Rates, in: EJ Bd. 76 (1966); London; S. 288 - 295

Bochud, F. R.: Zur Problematik des Zahlungsbilanzgleichgewichts, in: WiSt 2. Jg. (1973); München; S. 1 - 8

Boeck, K.: Reformentwurf contra Sofortprogramm, in: Wirtschaftsdienst 54. Jg. (1974); Hamburg; S. 344 - 346

Boeck, K. u. *Gehrmann,* D.: Probleme einer zunehmenden Diversifizierung der Währungsreserven, in: *Giersch,* H. (Hg.): Zur Neuordnung des internationalen Währungssystems; Berlin 1973; S. 99 - 108

— DM: Reservewährung wider Willen, in: Wirtschaftsdienst 53. Jg. (1973); Hamburg; S. 589 - 592

Bosch, J.: Die Rolle des Goldes im Weltwährungssystem, in: ZWiSo 92. Jg. (1972); Berlin; S. 675 - 695

Bosshardt, A.: Weltwährungspolitik auf falschen Geleisen — Außenhandelsliberalisierung erneut gefährdet, in: Außenwirtschaft 24. Jg. (1969); Zürich und St. Gallen; S. 45 - 71

Brock, B.: Sonderziehungsrechte — das Ende einer Illusion?, in: Wirtschaftsdienst 53. Jg. (1973); Hamburg; S. 253 - 256

Buchholz, E. H.: Vorschläge zur Reform des internationalen Währungssystems, in: JNSt Bd. 182 (1968/69); Stuttgart; S. 366 - 380

Busschau, W. J.: Future Trends in Gold Production, in: Kyklos Vol. 20 (1967); Basel; S. 728 - 738

Claasen, E.-M.: Weltinflation bei flexiblen Wechselkursen, in: KuK 10. Jg. (1977); Berlin; S. 18 - 41

Clapham, R.: Die Entwicklungsländer und die Reform des internationalen Währungssystems, in: *Giersch,* H. (Hg.): Zur Neuordnung des internationalen Währungssystems; Berlin 1973; S. 156 - 170

Cuthbertson, J. R.: Goldpreiserhöhung ohne Tränen, in: Kjpol 9. Jg. (1963); Berlin; S. 285 - 295

Cutler, D. S. u. *Gupta,* D.: SZR: Bewertung und Zinssatz, in: Fin. u. Entw. 11. Jg. (1974), H. 4; Hamburg; S. 18 - 20

Delorme, H.: Clearing, in: Enz. Lex. GBB 3. Aufl., Bd. I; Frankfurt/M.; S. 301 - 302

DIW-Arbeitsgruppe: Feste oder flexible Wechselkurse: Thesen und Gegenthesen, in: Kjpol 16. Jg. (1970); Berlin; S. 73 - 108

McDonald, I. S.: Maßnahmen zur Erleichterung der gegenwärtigen wirtschaftlichen Schwierigkeiten der Mitgliedsländer, in: Fin. u. Entw. 12. Jg. (1975), H. 1; Hamburg; S. 8 - 10

— Fondstätigkeit, in: Fin. u. Entw. 12. Jg. (1975), H. 2; Hamburg; S. 2 - 4

— Internationale Währungsreform festgelegt, in: Fin. u. Entw. 13. Jg. (1976); Hamburg; S. 2 - 3 u. 39

Donner, O.: Der derzeitige Stand der Diskussion über eine Reform des internationalen Währungssystems, in: *Schneider,* E. (Hg.): Internationale Währungsprobleme; Tübingen 1966; S. 70 - 95

Dürr, E.: Innere und äußere Währungspolitik, in: *Dürr,* E. u. *Neuhauser,* G.: Währungspolitik; Konjunktur- und Beschäftigungspolitik; Stuttgart 1975; S. 3 - 86

Eekhoff, J. u. *Zahl,* J.: Außenwirtschaftliche Absicherung durch flexible Wechselkurse, in: Kjpol 15. Jg. (1969); Berlin; S. 362 - 367

Emminger, O.: Internationale Kredite, in: Staatslexikon, 6. Aufl. Bd. 4; Freiburg i. Br. 1959; Sp. 373 - 379

— Internationaler Währungsfonds, in: Staatslexikon, 6. Aufl. Bd. 4; Freiburg i. Br. 1959; Sp. 408 - 414

— Grundprobleme der internationalen Währungsordnung, in: *Schneider,* E. (Hg.): Weltwirtschaftliche Probleme der Gegenwart (Schr. d. V. f. Socpol Bd. 35 NF); Berlin 1965; S. 15 - 34

— Reservewährung und Reform des Internationalen Währungssystems, in: ZgesStw 123. Bd. (1967); Tübingen; S. 630 - 638

— Internationaler Währungsfonds, in: Enz. Lex. GBB 3. Aufl. Bd. 2; Frankfurt/M. 1967/68; S. 827 - 842

— Eine vollständige und unbegrenzte Flexibilität ist unrealistisch, in: Wirtschaftsdienst 51. Jg. (1971); Hamburg; S. 587 - 588

— Die Neuordnung des internationalen Währungssystems, in: Kreditwesen 27. Jg. (1974 I); Frankfurt/M.; S. 12 - 14

— Auf dem Wege zu einem neuen internationalen Währungssystem, in: Kreditwesen 29. Jg. (1976 II); Frankfurt/M.; S. 815 - 820 u. 855 - 859

Fellner, W.: On Limited Exchange-Rate Flexibility, in: *Fellner,* W., *Machlup,* F. u. *Triffin,* R. (Hg.): Maintaining and Restoring Ballance in International Payments; Princeton 1966; S. 111 - 122

Feuerlein, W. J.: Ist das internationale Dollarproblem gelöst?, in: Wirtschaftsdienst 54. Jg. (1974); Hamburg; S. 298 - 301

— Neue Perspektiven für den Dollar, in: Wirtschaftsdienst 55. Jg. (1975); Hamburg; S. 397 - 400

Friedman, M.: The Case for Flexible Exchange Rates, in: *Friedman*, M. (Hg.): Essays in Positive Economics; Chicago 1953; S. 157 - 203

— Echter und unechter Goldstandard, in: Ordo 13. Bd. (1962); Düsseldorf und München; S. 121 - 140

Frowen, S. F.: Wechselkursflexibilität und das Weltwährungssystem, in: KuK 2. Jg. (1969); Berlin; S. 369 - 395

Funck, R.: Zahlungsbilanz, in: HdSW Bd. 12; Stuttgart, Tübingen, Göttingen 1965; S. 376 - 385

— Die Funktion der Kapitalbewegungen in alternativen Wechselkurssystemen, in: *Schneider*, E. (Hg.): Weltwirtschaftliche Probleme der Gegenwart (Schr. d. V. f. Socpol Bd. 35 NF); Berlin 1965; S. 174 - 206

Giersch, H.: Europäische Zahlungsunion, in: Staatslexikon 6. Aufl. Bd. 3; Freiburg i. Br. 1959; Sp. 141 - 145

— Marktintegration, Wechselkurs und Standortstruktur, in: *Bochud*, F. (Hg.): Fundamentale Fragen künftiger Währungspolitik; Basel und Tübingen 1965; S. 47 - 57

— On the Desirable Degree of Flexibility of Exchange Rates, in: WWA Bd. 109 (1973); Tübingen; S. 191 - 213

Görgens, E.: Umverteilung von Sonderziehungsrechten als Instrument der Entwicklungshilfefinanzierung, in: KuK 8. Jg. (1975); Berlin; S. 47 - 61

Gold, J.: Mitgliedschaft im Fonds, in: Fin. u. Entw. 12. Jg. (1975), H. 1; Hamburg; S. 42 - 46

Grubel, H. G.: The Case for Optimum Exchange Rate Stability, in: WWA Bd. 109 (1973); Tübingen; S. 351 - 380

Grünärml, F.: Der Euro-Geldmarkt — Ein Überblick, in: WiSt 2. Jg. (1973); München und Frankfurt/M.; S. 382 - 387

Gupta, D.: Die ersten vier Jahre der SZR, in: Fin. u. Entw. 11. Jg. (1974), H. 2; Hamburg; S. 6 - 9 u. 31

Gutowski, A.: Chancen für die Stabilität bei unterschiedlichen Währungssystemen, in: Ordo 25. Bd. (1974); Düsseldorf und München; S. 11 - 30

— Stabilisierungschancen bei unterschiedlichen Währungssystemen, in: Wirtschaftsdienst 54. Jg. (1974); Hamburg; S. 428 - 432

Haberler, G.: Currency Depreciation and the Terms of Trade, in: *Lagler* u. *Messner* (Hg.): Wirtschaftliche Entwicklung und soziale Ordnung (Degenfeld-Schonburg-Festschrift); Wien 1952; S. 149 - 158

— Das Dollarproblem, in: WWA Bd. 87 (1961 II); Hamburg; S. 171 - 185

— Money in the International Economy, in: *Bochud*, F. (Hg.): Fundamentale Fragen künftiger Währungspolitik; Basel und Tübingen 1965; S. 142 - 162

— Die internationale Währungsordnung, in: Ordo Bd. 15/16 (1965); Düsseldorf und München; S. 55 - 67

— Einige Bemerkungen zur gegenwärtigen Diskussion über das internationale Währungssystem, in: Ordo 17. Bd. (1966); Düsseldorf und München; S. 57 - 73

— The Future of the International Monetary System, in: ZfN Bd. 34 (1974); Wien; S. 387 - 396

Häuser, K.: Internationale Währungsordnung und internationaler Kapitalmarkt, in: *Bruns*, G. u. *Häuser*, K. (Hg.): Internationale Währungsordnung und Kapitalmarkt; Frankfurt/M. 1972; S. 1 - 18

Hahn, L. A.: Monetäre Integration — Illusion oder Realität?, in: *Meinhold,* W. (Hg.): Internationale Währungs- und Finanzpolitik; Berlin 1961; S. 99 - 123

— Bemerkungen zum Ossola-Bericht, in: Außenwirtschaft 20. Jg. (1965); Zürich und St. Gallen; S. 199 - 210

— Die amerikanische Währungspolitik und das Bretton-Woods-System, in: *Bochud,* F. (Hg.): Fundamentale Fragen künftiger Währungspolitik; Basel und Tübingen 1965; S. 163 - 187

Halm, G. N.: Internationaler Währungsfonds, in: HdSW Bd. 5; Stuttgart, Tübingen, Göttingen 1956; S. 317 - 320

— Devalvation und Revalvation, in: HdSW Bd. 2; Stuttgart, Tübingen, Göttingen 1957; S. 577 - 582

— Probleme der Leitwährung, in: SchmJb 82. Jg. (1962 II); Berlin; S. 661 - 681

— Feste oder flexible Wechselkurse?, in: Kyklos Bd. 16 (1963); Basel; S. 28 - 46

— Reforming the Par-Value System, in: WWA Bd. 109 (1973); Tübingen; S. 171 - 190

Hankel, W.: Zahlungsbilanzhilfen an Entwicklungsländer; in: Wirtschaftsdienst 52. Jg. (1972); Hamburg; S. 304 - 308

Harrod, R. F.: Möglichkeiten zur Erhöhung der internationalen Liquidität, in: Außenwirtschaft 16. Jg. (1961); Zürich und St. Gallen; S. 155 - 172

— The Dollar Problem and the Gold Question, in: *Harris,* S. E. (Hg.): The Dollar in Crisis; New York 1961; S. 42 - 62

— World Reserves, in: *Bochud,* F. (Hg.): Fundamentale Fragen künftiger Währungspolitik; Basel und Tübingen 1965; S. 121 - 130

— International Liquidity, in: *Schneider,* E. (Hg.): Internationale Währungsprobleme; Tübingen 1966; S. 22 - 24

Heilperin, M. A.: Zurück zum Goldstandard, in: *Hunold,* A. (Hg.): Inflation und Weltwährungsordnung; Zürich und Stuttgart 1963; S. 47 - 71

— The Reasons for Raising Substantially the World Price of Gold, in: *Bochud,* F. (Hg.): Fundamentale Fragen künftiger Währungspolitik; Basel und Tübingen 1965; S. 131 - 138

Heller, H. R.: Optimal International Reserves, in: EJ Vol. 76 (1966); London; S. 296 - 311

Heuss, E.: Fiktive und wirkliche Probleme der internationalen Währungsordnung, in: Außenwirtschaft 20. Jg. (1965); Zürich und St. Gallen; S. 226 - 241

Heubes, J.: Geldschöpfung auf dem Euro-Dollarmarkt, in: WSI-Mitteilungen 27. Jg. (1974), H. 1; Köln; S. 34 - 36

— Euro-Dollarmarkt und Inflation, in: Kjpol 21. Jg. (1975); Berlin; S. 77 - 91

Hexner, E. P.: Das Problem der internationalen Liquidität und die Inanspruchnahme der finanziellen Mittel des Internationalen Währungsfonds durch die Vereinigten Staaten, in: WWA 87. Bd. (1961 II); Hamburg; S. 208 - 234

Hirsch, F.: Entwicklung und Wirkungsweise des internationalen Währungssystems seit dem zweiten Weltkrieg, in: Fin. u. Entw. 9. Jg. (1972), H. 2, Hamburg; S. 48 - 52

Hiss, D.: Zur Reform des internationalen Währungssystems, in: *Bruns,* G. u. *Häuser,* K. (Hg.): Internationale Währungsordnung, Europäische Währungspläne und Kapitalmarkt; Frankfurt/M.; S. 115 - 130

Hoffmann, W. G.: Goldpreiserhöhung und internationale Liquidität, in: Jb Sozwiss Bd. 17 (1966); Göttingen; S. 366 - 370

Holzheu, F.: Entwickelte sich der Internationale Währungsfonds in Richtung auf eine Zentralbank? Theoretische Aspekte der Sonderziehungsrechte, in: JNSt 186. Bd. (1971/72); Stuttgart; S. 139 - 148

Iklé, M.: Der Eurodollarmarkt, in: Außenwirtschaft, 25. Jg. (1970); Zürich und St. Gallen; S. 295 - 318

Issing, O.: Einige neuere Aspekte zur Frage der Goldpreiserhöhung, in: SchmJb 88. Jg. (1968 I); Berlin; S. 191 - 211

— Zentrale Versorgung mit internationaler Liquidität, Sonderziehungsrechte und Inflation, in: Ordo 22. Bd. (1971); Düsseldorf und München; S. 273 - 290

— Sonderziehungsrechte als Instrument der Entwicklungshilfe?, in: Wirtschaftsdienst 51. Jg. (1971); Hamburg; S. 253 - 257

— Reform des internationalen Währungssystems — das Ende einer Illusion?, in: Außenwirtschaft 29. Jg. (1974); Zürich und St. Gallen; S. 309 - 320

Jarchow, H.-J.: Die gegenwärtige währungspolitische Situation im Lichte der Diskussionen von Bretton-Woods, in: KuK 1. Jg. (1968); Berlin; S. 152 - 174

Jöhr, W. A.: Zwei Vorschläge zur Neugestaltung der internationalen Währungsordnung, in: Außenwirtschaft 27. Jg. (1972); Zürich und St. Gallen; S. 151 - 166

Johnson, H. G.: The Optimal Solution for the Adjustment Problem, in: *Giersch,* H. (Hg.): Zur Neuordnung des internationalen Währungssystems; Berlin 1973; S. 11 - 26

Kane, E. J.: International Liquidity: A Probabilistic Approach, in: Kyklos Bd. 28 (1965); Basel; S. 27 - 48

Kasten, H.: Zum Begriff und zur Struktur der Internationalen Liquidität, in: SchmJb 86. Jg. (1966 I); Berlin; S. 293 - 299

Kath, D.: Der internationale Inflationsmechanismus und die Reform des Weltwährungssystems, in: KuK 8. Jg. (1975); Berlin; S. 31 - 43

Kebschull, D.: Koppelung von Sonderziehungsrechten und Entwicklungshilfe, in: Wirtschaftsdienst 52. Jg. (1972); Hamburg; S. 131 - 133

Keiser, G.: Das unlösbare Golddilemma, in: Kreditwesen 26. Jg. (1973 I); Frankfurt/M.; S. 17 - 23

— Zurück zu festen Wechselkursen?, in: Kreditwesen 26. Jg. (1973 I); S. 393 - 397

— Erste Erfahrungen mit „Floating Rates“, in: Kreditwesen 28. Jg. (1975); Frankfurt/M.; S. 104 - 107

Keynes, J. M.: The International Clearing Union, in: *Harris,* S. E. (Hg.): The New Economics, 5. Aufl.; New York 1952; S. 360 - 369

McKinnon, R. I.: Optimum Currency Areas, in: AER Vol. 53 (1963); Menasha; S. 717 - 725

Kneschaurek, F.: Weltwirtschaftliche Trends und Probleme, in: Außenwirtschaft 28. Jg. (1973); Zürich und St. Gallen; S. 229 - 261

Körner, H.: Ungelöste Probleme der „außenwirtschaftlichen Absicherung", in: Jb. Sozwiss. Bd. 20 (1969); Göttingen; S. 235 - 249

— Vom Floating zum Dirigismus?, in: Wirtschaftsdienst 51. Jg. (1971); Hamburg; S. 523 - 527

Kohlhoff, H.: Goldgeränderte Sonderziehungsrechte, in: Kreditwesen 26. Jg. (1973 II); Frankfurt/M.; S. 792 - 793

Konrad, A.: Autonomie und Interdependenz bei flexiblen Wechselkursen, in: WiSt. 4. Jg. (1975); München und Frankfurt/M.; S. 312 - 317

— Entwicklungstendenzen der internationalen Liquidität, in: Wirtschaftsdienst 56. Jg. (1976); Hamburg; S. 309 - 311

Krasensky, H.: Internationaler Zahlungsverkehr, in: Staatslexikon 6. Aufl. Bd. 4; Freiburg i. Br. 1959; Sp. 414 - 417

Kraus, O.: Währungssysteme und Währungspolitik, in: *Meinhold*, W. (Hg.): Internationale Währungs- und Finanzpolitik; Berlin 1961; S. 53 - 87

— Historische Grundlagen der Währungspolitik, in: SchmJb 85. Jg. (1965 I); Berlin; S. 1 - 48

Kruse, A.: Internationaler Kredit- und Kapitalverkehr und der Ausgleich der Zahlungsbilanzen, in: *Meinhold*, W. (Hg.): Internationale Währungs- und Finanzpolitik; Berlin 1961; S. 41 - 52

Küng, E.: Braucht die Weltwirtschaft zusätzliche Liquidität?, in: Außenwirtschaft 20. Jg. (1965); Zürich und St. Gallen; S. 242 - 255

— Die neuen « Sonderziehungsrechte » des Internationalen Währungsfonds, in: WWA Bd. 101 (1968 II); Hamburg; S. 160 - 179

— Außenwirtschaftliche Absicherung gegen die importierte Inflation, in: Außenwirtschaft 27. Jg. (1972); Zürich und St. Gallen; S. 392 - 402

— Die Anpassungslasten beim Zahlungsbilanzausgleich, in: WiSt 2. Jg. (1973); München und Frankfurt/M.; S. 554 - 561

— Absicherung gegen importierte Inflation bei flexiblem Wechselkurs, in: Außenwirtschaft 31. Jg. (1976); Zürich u. St. Gallen; S. 111 - 122

Künzle, H.: Gold und Sonderziehungsrechte — ein Vergleich, in: Außenwirtschaft 24. Jg. (1969); Zürich und St. Gallen; S. 379 - 398

Kuschel, H.-D.: Notwendige Reformen der internationalen Handelsordnung, in: Wirtschaftsdienst 52. Jg. (1972); Hamburg; S. 588 - 591

Lampert, H.: Die Wirtschaftsordnung — Begriff, Funktionen und typologische Merkmale, in: WiSt 2. Jg. (1973); München und Frankfurt/M.; S. 393 - 399

Lieftinck, P.: Floaten oder Nichtfloaten, in: Fin. u. Entw. 10. Jg. (1973), H. 4; Hamburg; S. 27 - 29 u. S. 41.

Lipfert, H.: Gold im System manipulierter Währungen, in: *Arndt*, H. (Hg.): Sozialwissenschaftliche Untersuchungen; Berlin 1969; S. 217 - 245

— Limitierte Stufenflexibilität, in: KuK 3. Jg. (1970); Berlin; S. 260 - 288

— Wechselkursflexibilität und außenwirtschaftliche Absicherung, in: *Gutowski*, A. u. a. (Hg.): Währungsstabilität in einer integrierten Welt; Stuttgart, Berlin, Köln, Mainz 1974; S. 143 - 165

Liskar, B.: Internationale Finanzmärkte, in: Staatslexikon 6. Aufl. Bd. 10; Freiburg i. Br. 1970; Sp. 391 - 401

Luckenbach, H. u. a.: Internationale Währungspolitik, in: Staatslexikon 6. Aufl., Bd. 10; Freiburg i. Br. 1970; Sp. 415 - 432

Lutz, F. A.: Das Problem der internationalen Währungsordnung, in: Ordo 10. Bd. (1958); Düsseldorf und München; S. 133 - 147

— Bemerkungen zum Problem der internationalen Währungsordnung, in: Ordo 13. Bd. (1962); Düsseldorf und München; S. 107 - 120

— Das Problem der internationalen Liquidität und das System der mehrfachen Reservewährungen, in: *Hunold,* A. (Hg.): Inflation und Weltwährungsordnung; Zürich und Stuttgart 1963; S. 73 - 97

— Goldpreiserhöhung?, in: *Bochud,* F. (Hg.): Fundamentale Fragen künftiger Währungspolitik; Basel und Tübingen 1965; S. 4 - 7

— Offene und verschleierte multiple Wechselkurse, in: JNSt Bd. 184 (1970); Stuttgart; S. 425 - 432

Machlup, F.: Das Transferproblem: Thema und vier Variationen, in: Ordo 14. Bd. (1963); Düsseldorf und München; S. 139 - 167

— Internationale Liquidität, in: *Giersch,* H. (Hg.): Zur Neuordnung des internationalen Währungssystems; Berlin 1973; S. 66 - 72

Makin, J. H.: Exchange Rate Flexibility and the Demand for International Reserves, in: WWA Bd. 110 (1974); Tübingen; S. 229 - 242

Marsh, D. B.: Kanadas Erfahrungen mit beweglichen Wechselkursen, in: Ordo Bd. 19 (1968); Düsseldorf und München; S. 389 - 402

Mayrzedt, H.: Betrachtungen zur Außenwirtschaftspolitik — Währungskommentar, in: Außenwirtschaft 31. Jg. (1976); Zürich u. St. Gallen; S. 7 - 11

Meade, J. E.: Die Zukunft des internationalen Handels- und Zahlungsverkehrs, in: Kjpol 7. Jg. (1961); Berlin; S. 355 - 373

Menrad, S.: Der Eurodollarmarkt als Instrument internationaler Kreditschöpfung?, in: KuK 9. Jg. (1976); Berlin; S. 220 - 235

Mertens de Wilmars, J.: Neue Aufgaben für den Internationalen Währungsfonds, in: *Schneider,* E. (Hg.): Internationale Währungsprobleme; Tübingen 1966; S. 43 - 54

Meyer, F. W.: Devisenbewirtschaftung, in: HdSW Bd. 2; Stuttgart, Tübingen, Göttingen 1959; S. 584 - 589

— Wechselkurse, in: HdSW Bd. 11; Stuttgart, Tübingen, Göttingen 1961; S. 571 - 585

— Von der Herrschaft über die Versorgung mit Währungsreserven zu weltweiter Geldwertstabilität?, in: JNSt 184. Bd. (1970); Stuttgart; S. 433 - 445

— Sonderziehungsrechte für Sonderinteressen, in: Ordo 21. Bd. (1970); Düsseldorf und München; S. 93 - 120

— Flexible Wechselkurse und Konjunkturempfindlichkeit: die wirtschaftspolitischen Erfahrungen Kanadas, in: JNSt 186. Bd. (1971/72); Stuttgart; S. 534 - 547

Moeller, Hero: Währung, in: HdSW Bd. 11; Stuttgart, Tübingen, Göttingen 1961; S. 430 - 443

— Goldwährung, in: HdSW Bd. 4; Stuttgart, Tübingen, Göttingen 1965; S. 614 - 618

Möller, Hans: Handelspolitik zwischen Bilateralismus und Multilateralismus, in: WWA Bd. 68 (1952 I); Hamburg; S. 203 - 259

— Möglichkeiten und Grenzen, in: Kreditwesen 8. Jg. (1955); Frankfurt/M.; S. 25 - 29

Möller, Hans: Goldwährung und Währungskonvertierbarkeit, in: ZgesStw 115. Bd. (1959); Tübingen; S. 514 - 525

Mundell, R. A.: A Theory of Optimum Currency Areas, in: AER Vol. 51 (1961); Menasha; S. 657 - 665

Neumann, M. J. M.: Special Drawing Rights and Inflation, in: WWA Bd. 109 (1973); Tübingen; S. 232 - 251

Olivera, J. H. G.: A Note on the Optimal Rate of Growth of International Reserves, in: JofPE Vol. 77 (1969); Chicago; S. 245 - 248

Pahlke, J.: Spezielle Steuern als Mittel zur Beeinflussung der Handels- und Kapitalsbilanz, in: *Albers,* W. (Hg.): Besteuerung und Zahlungsbilanz (Schr. d. V. f. Socpol, Bd. 68 NF); Berlin 1972; S. 65 - 84

Paillard, G.: Kritik der Golddevisenwährung und Reformvorschläge, in: Außenwirtschaft 20. Jg. (1965); Zürich und St. Gallen; S. 256 - 266

Pauly, P.: Monetarismus versus Fiskalismus — Theorie und empirische Evidenz, in: Wirtschaftsdienst 54. Jg. (1974); Hamburg; S. 373 - 380

Pfleiderer, O.: Währungen, in: Staatslexikon 8. Bd., 6. Aufl.; Freiburg i. Br. 1963; Sp. 406 - 421

— Die Zukunft der internationalen Währungsordnung, in: Kyklos Vol. 20 (1967); Basel; S. 34 - 63

Posthuma, S.: Der allgemeine Bedarf an Währungsreserven und die Gleichgewichtsproblematik, in: *Schneider,* E. (Hg.): Internationale Währungsprobleme; Tübingen 1966; S. 25 - 42

Preeg, E. H.: Elasticity Optimism in International Trade, in: Kyklos Vol. 20 (1967); Basel; S. 460 - 467

Pütz, T.: Multilateralismus, in: HdSW Bd. 7; Stuttgart, Tübingen, Göttingen 1961; S. 467 - 469

Röper, B.: Entwicklung und Probleme des Eurodollarmarktes, in: JNSt Bd. 184 (1970); Stuttgart; S. 446 - 460

Röpke, W.: Frontlinien der Währungsdiskussion, in: Außenwirtschaft 20. Jg. (1965); Zürich und St. Gallen; S. 267 - 280

Rohwedder, J. u. *Schröder,* U.: Der Bedarf an Währungsreserven, in: WWA Bd. 105 (1970 II); Tübingen; S. 430 - 445

Rose, K.: Stabilisierungspolitik bei beweglichen Wechselkursen. Die Erfahrungen der Bundesrepublik seit dem März 1973, in: WiSt 5. Jg. (1976); München u. Frankfurt/M.; S. 258 - 263

Rose, K. u. *Bender,* D.: Flexible Wechselkurse und Inflationsimport, in: JNSt Bd. 187 (1972/73); Stuttgart; S. 481 - 506

Rueff, J.: Die Welt-Inflation ist zu überwinden, in: Kreditwesen 27. Jg. (1974 I); Frankfurt/M.; S. 20 - 22

Salin, E.: Diskussionsbeitrag, in: *Bochud,* F. (Hg.): Fundamentale Fragen künftiger Währungspolitik; Basel und Tübingen 1965; S. 8 - 10

Scharrer, H.-E.: Die große Krise im internationalen Währungssystem, in: Wirtschaftsdienst 48. Jg. (1968); Hamburg; S. 184 - 190

— Das internationale Währungssystem zwischen Liquiditätsschöpfung und Wechselkursflexibilität, in: Hamb. Jb. 15. Jg. (1970); S. 271 - 290

— Anreize und Hemmnisse für Direktinvestitionen. Ein internationaler Vergleich, in: Wirtschaftsdienst 52. Jg. (1972); Hamburg; S. 309 - 313

Scharrer, H.-E.: Konturen eines reformierten Bretton-Woods-Systems, in: Wirtschaftsdienst 52. Jg. (1972); Hamburg: S. 521 - 524

— Erfahrungen mit dem Floating, in: Wirtschaftsdienst 55. Jg. (1975); Hamburg; S. 244 - 247

Schmahl, H. J.: Die Reformbedürftigkeit der internationalen Währungsordnung, in: Hamb. Jb. 12. Jg.; Tübingen 1967; S. 215 - 236

Schüller, A.: Systeme des Zahlungsbilanzausgleichs, Weltwährungsreform und Stabilität, in: WiSt 5. Jg. (1976); München und Frankfurt/M.; S. 455 - 463

Schworm, K.: Wechselkursflexibilität in Kanada — ein gelungenes Experiment?, in: Kreditwesen 22. Jg. (1969 I); Frankfurt/M.; S. 30 - 33

Sellekaerts, W. u. B.: Balance of Payments Deficits, the Adjustment Costs and the Optimum Level of International Reserves, in: WWA Bd. 109 (1973); Tübingen; S. 1 - 18

Shannon, I.: The Challenge of the International Monetary System, in: ZgStw 123. Bd. (1967); Tübingen; S. 618 - 629

Siebert, H.: Flexible Wechselkurse und importierte Inflation, in: Wirtschaftsdienst, 57. Jg. (1977); Hamburg; S. 94 - 96

Sohmen, E.: Flexible Wechselkurse?, in: *Bochud,* F. (Hg.): Fundamentale Fragen künftiger Währungspolitik; Basel und Tübingen 1965; S. 22 - 35

— Die importierte Inflation bei festem und bei flexiblem Wechselkurs, in: JNSt Bd. 182 (1968/69); Stuttgart; S. 551 - 556

— Kapitalbewegungen und Währungsordnung, in: *Bruns,* G. u. *Häuser,* K. (Hg.): Internationale Währungsordnung und Kapitalmarkt; Frankfurt/M. 1972; S. 68 - 84

Somogyi, J.: Eurodollarmarkt und Kreditexpansion, in: *Bruns,* G. u. *Häuser,* K. (Hg.): Internationale Währungsordnung und Kapitalmarkt; Frankfurt/M. 1972; S. 19 - 50

Spanner, R.: Swap-Abkommen, in: Enz. Lex. GBB 3. Aufl. Bd. 2; Frankfurt/M. 1967/68; S. 1584

Spreen, E.: Die garantierte kontinuierliche Goldpreiserhöhung (Ein Vorschlag zur Verbesserung der Weltwährungsordnung), in: Jb. Sozwiss. 19. Bd. (1968); Göttingen; S. 214 - 230

— Niveau- und Struktursteuerung der internationalen Liquiditätsversorgung im System kontinuierlicher Goldpreisänderungen, in: Jb. Sozwiss. Bd. 20 (1969); Göttingen; S. 178 - 201

Stobbe, A.: Neuere Vorschläge zur Reform des internationalen Währungssystems, in: WWA 87. Bd. (1961 II); Tübingen; S. 238 - 270

— Kapitalbewegungen als Störungsfaktor im herrschenden Währungssystem, in: *Schneider,* E. (Hg.): Weltwirtschaftliche Probleme der Gegenwart (Schr. d. V. f. Socpol Bd. 35 NF); Berlin 1965; S. 51 - 81

Stützel, W.: Ist die schleichende Inflation durch monetäre Maßnahmen zu beeinflussen?, in: Beihefte der Konjunkturpolitik H. 7; Berlin 1960; S. 10 - 43

Svinland, E.: Internationales Geld — Ein Problem der Währungsreform, in: Kjpol 18. Jg. (1972); Berlin; S. 333 - 356

Telser, L. G.: A Theory of Speculation Relating Profitability and Stability, in: Rev. of Economics and Statistics Vol. 41 (1959); Boston; S. 295 - 301

Teschner, M.: Außenwirtschaftliche Absicherung durch flexible Wechselkurse, in: Kjpol 15. Jg. (1969); Berlin; S. 8 - 14

— Die Rolle der Sonderziehungsrechte in einem reformierten Weltwährungssystem, in: *Giersch,* H. (Hg.): Zur Neuordnung des internationalen Währungssystems; Berlin 1973; S. 58 - 65

Tichy, G.: Neuere Literatur zum Thema internationale Liquidität, in: ZfN Bd. 27 (1967); Wien und New York; S. 183 - 193

Tiedtke, J.: Alternative Interpretationen des Zahlungsbilanzausgleichs — Darstellung und wirtschaftspolitische Implikationen der einzelnen Konzepte, in: Außenwirtschaft 29. Jg. (1974); Zürich und St. Gallen; S. 58 - 78

Timm, H.: Das Wechselkursproblem, in: *Schneider,* E. (Hg.): Weltwirtschaftliche Probleme der Gegenwart (Schr. d. V. f. Socpol Bd. 35 NF); Berlin 1965; S. 107 - 173

Tinbergen, J.: Eine Randbemerkung zum Problem der internationalen Liquiditätsschöpfung, in: ZgesStw 123. Bd. (1967); Tübingen; S. 599

Trautmann, W.: Internationale Währungsbeziehungen — Nur Nostalgie?, in: Kreditwesen 28. Jg. (1975); Frankfurt/M.; S. 530 - 532

Triffin, R.: After the Gold Exchange Standard?, in: WWA Bd. 87 (1961 II); Hamburg; S. 188 - 204

— Die Währungsordnung des XX. Jahrhunderts, in: *Hunold,* A. (Hg.): Inflation und Weltwährungsordnung; Zürich und Stuttgart 1963; S. 123 - 172

Veit, O.: Golddevisenstandard und Weltwährungsreform, in: ZgesStw 118. Bd. (1962); Tübingen; S. 215 - 242

— Währungspolitik ohne Währungssystem, in: Kreditwesen 28. Jg. (1975 I); Frankfurt/M.; S. 416 - 422

— Internationale Inflation, in: Kreditwesen 29. Jg. (1976 I); Frankfurt/M.; S. 529 - 534

de Vries, M. G.: Das Weltwährungssystem im Lichte der veränderten Weltwirtschaft, in: Fin. u. Entw. 11. Jg. (1974) H. 3; Hamburg; S. 10 - 12

Wallich, H. C.: Das amerikanische Konzept, in: Kreditwesen 26. Jg. (1973 I); Frankfurt/M.; S. 23 - 26

— Die Aussichten für die Weltwährungsreform, in: Kreditwesen 27. Jg. (1974 I); Frankfurt/M.; S. 22 - 24

Walter, H.: Leitwährungssystem und Dollarstandard, in: wisu 2. Jg. (1973); Tübingen; S. 367 - 372

Weise, H.: Möglichkeiten und Grenzen des Goldes im internationalen Währungssystem, in: WWA Bd. 101 (1968 I); Hamburg; S. 203 - 252

— Gold als gewerblicher Rohstoff, Vermögensanlage und Währungsreserve, in: WWA Bd. 107 (1971 II); Tübingen; S. 319 - 368

Weiss, V.: Währungsspekulation und internationaler Kapitalmarkt, in: Kreditwesen 26. Jg. (1973 II); Frankfurt/M.; S. 849 - 852

Willecke, F. U.: Zur Wechselkurspolitik des mittelfristig garantierten Paritätsanstiegs, in: Jb. Sozwiss. Bd. 19 (1968); Göttingen; S. 231 - 255

Willgerodt, H.: Flexible Wechselkurse, Europa und die „Weltwährungskrise“, in: Kreditwesen 25. Jg. (1972 I); Frankfurt/M.; S. 13 - 16

Williams, D.: Die fünfte allgemeine Quotenrevision, in: Fin. u. Entw. 7. Jg. (1970) H. 3; Hamburg; S. 13 - 18

Williamson, J.: International Liquidity, in: EJ Vol. 83 (1973); London; S. 685 - 746

Willms, M.: Mehr Stabilität durch mehr Flexibilität, in: Wirtschaftsdienst 51. Jg. (1971); Hamburg; S. 581 - 584

Woll, A.: Wechselkursänderungen, in: Staatslexikon 6. Aufl. Bd. 11; Freiburg i. Br. 1970; Sp. 660 - 665

III. Sonstige Veröffentlichungen

Bienert, K.: Währungskrise: Über Vorteile und Nachteile des Papiergoldes, in: Wirtschaftswoche 25. Jg. (1971) H. 45; Frankfurt/M.; S. 33 - 38

BIZ (Hg.): 34. Jahresbericht; Basel 1964

— 44. Jahresbericht; Basel 1974

— 45. Jahresbericht; Basel 1975

— 46. Jahresbericht; Basel 1976

— 47. Jahresbericht; Basel 1977

Blessing, K.: Ansprache vor dem Verband der Automobilindustrie in Baden-Baden am 27. 9. 1968, in: Deutsche Bundesbank (Hg.): Auszüge aus Presseartikeln Nr. 65; Frankfurt/M. 1968; S. 1 - 5

Brestel, H.: Vor dem Ende des offiziellen Goldpreises, in: Frankfurter Allgemeine Zeitung Nr. 199/1975 (29. 8. 1975); S. 10

Deutsche Bundesbank (Hg.): Geschäftsbericht der Deutschen Bundesbank für das Jahr 1961; Frankfurt/M. 1962

— Geschäftsbericht der Deutschen Bundesbank für das Jahr 1967; Frankfurt/M. 1968

— Geschäftsbericht der Deutschen Bundesbank für das Jahr 1968; Frankfurt/M. 1969

— Geschäftsbericht der Deutschen Bundesbank für das Jahr 1972; Frankfurt/M. 1973

— Geschäftsbericht der Deutschen Bundesbank für das Jahr 1974; Frankfurt/M. 1975

— Monatsberichte der Deutschen Bundesbank, 29. Jg. (1977), Nr. 8; Frankfurt/M.

Hankel, W.: OPEC als Mephisto, in: Wirtschaftswoche 29. Jg. (1975), H. 32; Düsseldorf; S. 40 - 43

IMF (Hg.): Articles of Agreement of the International Monetary Fund; Washington o. J.

— Annual Report of the Executive Directors for the Fiscal Year ended April 30, 1953; Washington 1953

— Annual Report of the Executive Directors for the Fiscal Year ended April 30, 1968; Washington 1968

— Annual Report of the Executive Directors for the Fiscal Year Ended April 30, 1972; Washington 1972

— Annual Report of the Executive Directors for the Fiscal Year ended April 30, 1974; Washington 1974

— Annual Report of the Executive Directors for the Fiscal Year Ended April 30, 1975; Washington 1975

Jetter, K.: Stärken und Schwächen des Franc, in: Frankfurter Allgemeine Zeitung Nr. 18/1976 (22. 1. 1976); S. 11

Lipfert, H.: Limitierte Stufenflexibilität, in: Volkswirt 16. Jg. (1962); Frankfurt/M.; S. 484 - 488

Lutz, F. A. u. *Sohmen*, E.: Wie kann sich ein Land der importierten Inflation entziehen?, in: SVR (Hg.): Stabiles Geld — stetiges Wachstum (JG 1964/65); Stuttgart und Mainz 1965; S. 169 - 179

Machlup, F.: Wahrheiten über das Währungssystem, in: Frankfurter Allgemeine Zeitung Nr. 37/1969 (14. 2. 1969); S. 12

— Euro-Dollar-Markt: Die Zauberkünstler und ihre Kaninchen, in: Wirtschaftswoche 25. Jg. (1971) H. 39; Frankfurt/M.; S. 33 - 36

Mayr, A.: Skepsis über die Rolle des Goldes, in: Süddeutsche Zeitung 174/1976 (30. 7. 1976); S. 19

Recktenwald, H. C.: Wörterbuch der Wirtschaft, 7. Aufl.; Stuttgart 1975

Rueff, J.: Zurück zum Goldstandard?, in: Der Volkswirt 23. Jg. (1969) H. 52; Frankfurt/M.; S. 95 - 99

— Marshall-Plan für den Dollar, in: Wirtschaftswoche 27. Jg. (1973) H. 12; Frankfurt/M.; S. 67 - 71

SVR (Hg.): Expansion und Stabilität (JG 1966/67); Stuttgart und Mainz 1967

— Stabilität im Wachstum (JG 1967/68); Stuttgart und Mainz 1968

— Alternativen außenwirtschaftlicher Anpassung (JG 1968/69); Stuttgart und Mainz 1969

— Im Sog des Booms (JG 1969/70); Stuttgart und Mainz 1970

— Konjunktur im Umbruch — Risiken und Chancen — (JG 1970/71); Stuttgart und Mainz 1971

— Mut zur Stabilisierung (JG 1973/74); Stuttgart und Mainz 1974

— Vollbeschäftigung für Morgen (JG 1974/75); Stuttgart und Mainz 1974

Underwood, T. G.: Analysis of Proposals of Using Objective Indicators as a Guide to Exchange Rate Changes, in: IMF (Hg.): IMF Staff-Papers, March 1973; Washington; S. 100 - 117

Voigt, F. u. *Grunwald*, J.-G.: Möglichkeiten und Grenzen währungspolitischer Stabilisierung in Entwicklungsländern (Diskussionspapier Nr. 19 des Instituts für das Spar-, Giro- und Kreditwesen); Bonn 1976

Zippel, W.: Zur langfristigen Instabilität des Bretton-Woods-Systems (Diskussionspapier Nr. 30 des Instituts für das Spar-, Giro- und Kreditwesen); Bonn 1977

IV. Artikel ohne Angabe des Verfassers

Stichwort „Währung“, in: Brockhaus Enzyklopädie, 17. Aufl. Bd. 19; Wiesbaden 1974; S. 793 - 796

Stichwort „Valuta“, in: Enz. Lex. GBB, 3. Aufl., Bd. 2; Frankfurt/M. 1967/68; S. 1647 - 1848

Währungskonferenz, in: Wirtschaftswoche 29. Jg. (1975) H. 5; Düsseldorf; S. 23 - 24

Zu 61 Prozent durch Gold gedeckt, in: Frankfurter Allgemeine Zeitung Nr. 81/1975 (8. 4. 1975); S. 11

Kompromißlösungen auf der Pariser Währungskonferenz, in: Frankfurter Allgemeine Zeitung Nr. 132/1975 (11. 6. 1975); S. 11 - 12

Reform des Währungssystems weiter umstritten, in: Frankfurter Allgemeine Zeitung Nr. 134/75 (13. 6. 1975); S. 11

Unverminderte Gegensätze in der Wechselkursfrage, in: Frankfurter Allgemeine Zeitung Nr. 204/75 (4. 9. 1975); S. 9

Gold, Quoten und Wechselkurse — ein Paket, in: Frankfurter Allgemeine Zeitung Nr. 206/1975 (6. 9. 1975); S. 9

Bald „Richtpreis" für Währungsgold?, in: Frankfurter Allgemeine Zeitung Nr. 222/1975 (25. 9. 1975); S. 11

Übersetzung der Presseverlautbarung des Interimsausschusses des Gouverneursrats des IWF über das internationale Währungssystem (Kingston, 8. 1. 1976), in: *Deutsche Bundesbank* (Hg.): Auszüge aus Presseartikeln Nr. 3/1976; Frankfurt/M.; S. 3 - 4

Declaration of Rambouillet, in: *Deutsche Bundesbank* (Hg.): Auszüge aus Presseartikeln Nr. 79/1975; Frankfurt/M.; S. 1 - 3

Artikel IV — Verpflichtungen hinsichtlich der Wechselkursregelungen (Abdruck des Textes des neugefaßten Art IV IWF-Abk.), in: Fin. u. Entw. 13. Jg. (1976), H. 2; Hamburg; S. 10

Jamaica und die Demonetisierung des Goldes, in: *Deutsche Bundesbank* (Hg.): Auszüge aus Presseartikeln Nr. 59/1976; Frankfurt/M.; S. 9 - 10

Veränderungen im Fonds, in: Fin. u. Entw. 13. Jg. (1976), H. 2; Hamburg; S. 12 - 13

Italien bewertet seinen Goldschatz neu, in: Frankfurter Allgemeine Zeitung 1/1977 (3. 1. 1977); S. 9

Überwachung der Wechselkurspolitik (Abdruck des Textes des diesbezüglichen IWF-Dokuments), in: Fin. u. Entw. 14. Jg. (1977), H. 2; Hamburg; S. 4 - 5

Gold-Auktionen lösen keine Panik mehr aus, in: Handelsblatt 154/1977 (12./13. 8. 1977); Düsseldorf; S. 5

W. T.: Goldpolitik im Zwielicht, in: Kreditwesen 26. Jg. (1973 II); Frankfurt/M.; S. 783 - 875

W. T.: Inflation der internationalen Liquidität, in: Kreditwesen 28. Jg. (1975 I); Frankfurt/M.; S. 171 - 172

W. T.: Zu billige Zahlungsbilanzkredite, in: Kreditwesen 28. Jg. (1975 I); Frankfurt/M.; S. 467 - 468

V. Dissertationen

Hettlage, R.: Die Veränderungstendenzen in den Handelsbilanzen der EWG-Länder zwischen 1958 und 1967; Diss. Freiburg (Schweiz) 1969

Zippel, W.: Eine systematische wirtschaftstheoretische und empirische Analyse der ökonomischen Auswirkungen der regional begrenzten Wirtschaftsintegration; Diss. TU München 1971

VI. Statistische Quellenwerke

Deutsche Bundesbank (Hg.): Monatsberichte der Deutschen Bundesbank, Jg. 1975 und 1976; Frankfurt/M.

— Statistische Beihefte zu den Monatsberichten, Reihe 3, Jg. 1975; Frankfurt/M.

Statistisches Bundesamt (Hg.): Preise und Preisindices im Ausland, Fachserie M, Reihe 9; Wiesbaden; Jg. 1975

— Statistisches Jahrbuch für die Bundesrepublik Deutschland; Wiesbaden; Jahrgänge 1954 - 1975

United Nations (Hg.): Statistical Yearbook 1973; New York 1974

Sachverzeichnis

74. **Theorie der Devisenspekulation.** Von Dr. H. Hochgesand. 167 S. 1974. DM 68,60.

75. **Marktstrategien im Hypothekarkreditgeschäft.** Von Dr. H. Kittel. 354 S. 1974. DM 78,60

76. **Lenkungsmöglichkeiten von Geldangebots- und Kreditmarktprozessen in einer extrem auslandsabhängigen Volkswirtschaft.** Von Dr. H. Rostek. 106 S. 1975. DM 48,60.

77. **Wirkung und Wirkungsprozeß der Geldpolitik.** Von Dr. G. Dieckheuer. 304 S. 1975. DM 88,60.

78. **Bankenliquidität und Zins als Orientierungsvariable der Geldpolitik.** Von Dr. H.-H. Francke. 222 S. 1975. DM 66,60.

79. **Geldtheoretische und geldpolitische Probleme der potentialorientierten Kreditpolitik.** Von Dr. L. Stirnberg. 183 S. 1975. DM 58,60.

80. **Beiträge zur Geldtheorie und Währungspolitik.** Von Prof. Dr. H. G. Johnson. 353 S. 1976. DM 68,—.

81. **Langfristige Personalplanung im Kreditinstitut.** Von Dr. H. Benölken. 438 S. 1976. DM 78,—.

82. **Kleine deutsche Geldgeschichte des 19. und 20. Jahrhunderts.** Von Prof. Dr. B. Schultz. 294 S. 1976. DM 68,—.

83. **Finanzmärkte in der Bundesrepublik Deutschland.** Von Dr. G. Schwanewede. 264 S. 1976. DM 74,60.

84. **Das Geld-, Bank- und Versicherungswesen in Köln 1700 - 1815.** Von Dr. U. Perlitz. 399 S. 1976. DM 88,—.

85. **Stadt-Sparkasse Düsseldorf 1825 - 1972.** Von Dr. E. J. Haas. 404 S. 1976. DM 86,—.

86. **Der Fishersche Preiserwartungseffekt als Erklärungsansatz für das Gibson-Paradoxon.** Von Dr. J. R. Badura. 317 S. 1977. DM 88,—.

87. **Der Einfluß sozio-ökonomischer Faktoren auf ausgewählte Geldvermögensarten privater Haushalte in der Bundesrepublik Deutschland.** Von Dr. W. Riedel. 236 S. 1977. DM 74,60.

88. **Geld- und Kreditpolitik in einer planifizierten Wirtschaft.** Von Dr. H. Schui. 195 S. 1977. DM 76,—.

89. **Erfolgskontrolle finanzpolitischer Stabilisierungsmaßnahmen.** Von Dr. J.-G. Grunwald. XX, 452 S. 1977. DM 64,—.

90. **Geld und Vermögen in makroökonomischen Modellen.** Von Dr. D. Schoof. 157 S. 1977. DM 74,—.

91. **Anlegerschutz im Recht der Effektenkommission.** Von Dr. G. Schneiders. 153 S. 1977. DM 46,—.

92. **Raumwirtschaftliche Implikationen der Organisation der Kreditwirtschaft.** Von Dr. M. Hartmann. 297 S. 1977. DM 88,—.

93. **Kurssicherungsgeschäfte.** Von Dr. M. Backes. 141 S. 1977. DM 68,—.

94. **Refinanzierungsprobleme der Bausparkassen.** Von Dr. H. Siebert. 176 S. 1977. DM 69,60.

95. **Die Aktivastruktur deutscher Banken.** Von Dr. W. Fuhrmann. 347 S. 1978. DM 89,—.

96. **Bestimmungsgründe der Verteilung von Bodeneinkommen und ihre Beeinflussung.** Von Dr. J. Wassermann. 463 S. 1978. DM 126,—.

97. **Qualitätspolitik im Wettbewerb der Kreditinstitute.** Von Dr. H. Griesel. 209 S. 1978. DM 76,—.

49. **Untersuchungen über den Nutzen kommunaler Wirtschaftsförderungsmaßnahmen.** Von Dr. P. Eichhorn und Dr. P. Friedrich. 98 S. mit 2 Ausschlagtaf. 1970. DM 26,80.

50. **Die Struktur des Sparens in der Bundesrepublik Deutschland von 1950 bis 1967.** Von W. Kaiser und A. Zerwas. 101 S. 1970. DM 32,—.

51. **Die Beeinflussung des Wirtschaftswachstums in Deutschland von 1883 bis 1913 durch das Bankensystem.** Von Dr. E. Eistert. 189 S. 1970. DM 48,80.

52. **Die Sicherheit der Scheckeinlösung.** Von Dr. H.-Ch. Zahrnt. IV, 324 S. 1971. DM 58,60.

53. **Zinstheoretische Grundlagen der Geldpolitik.** Von Prof. Dr. M. Willms. 112 S. 1971. DM 36,60.

54. **Die Struktur der Nachfrage von Wirtschaftsunternehmen und privaten Haushalten nach finanziellem Vermögen in der Bundesrepublik Deutschland.** Von Dr. W.-A. Prautzsch. 151 S. 1971. DM 42,60.

55. **Der Einfluß paramonetärer Institutionen auf die Vermögensbildung, das Kreditangebot und die Geldpolitik.** Von Dr. U. Schirmer. 239 S. 1971. DM 66,60.

56. **Geldtheoretische und geldpolitische Probleme des Eurodollarmarktes.** Von Dr. P. Liepmann. 169 S. 1971. DM 46,60.

57. **Zur Geldtheorie Don Patinkins.** Von Dr. J. D. Jüttner. 231 S. 1971. DM 68,60.

58. **Ansätze und Möglichkeiten der Geld- und Fiskalpolitik als Finanzierungsinstrumente einer gesamtwirtschaftlichen Entwicklungspolitik, dargestellt am Beispiel Persiens.** Von Dr. M. Kiani. 147 S. 1971. DM 38,60.

59. **Akkreditiv und Grundverhältnis.** Von Dr. S. Borggrefe. 125 S. 1971. DM 29,60.

60. **Zur Vermögenssituation der privaten Haushalte in der Bundesrepublik Deutschland.** Von H.-D. Bosch. 2 Teilbände: I: Eine vergleichende sozio-ökonomische Datenanalyse für die Jahre 1960/61 und 1969. 160 S. 1973. DM 52,60. II: Ein tabellarischer Vergleich für die Jahre 1960/61 und 1969 aufgrund statistischer Erhebungen des Deutschen Sparkassen- und Giroverbandes. 212 S. 1971. DM 39,60.

61. **Zielkonforme Ausgestaltung der Mindestreservenpolitik.** Von Dr. P. Voss. 195 S. 1972. DM 46,60.

62. **Änderungen in Bankpolitik und Bankwesen als Teil der Wirtschaftsreformen der DDR.** Von Dr. Ch. Kunze. 200 S. 1972. DM 46,60.

63. **Kurzfristige zwischenstaatliche Kapitalbewegungen in der Bundesrepublik Deutschland 1960 - 70.** Von Dr. H. Priester. 217 S. 1972. DM 66,60.

64. **Die Bestandskontenreihe im System der Volkswirtschaftlichen Gesamtrechnung.** Von Dr. W. Kaiser. 198 S. 1972. DM 56,80.

65. **Die Kreditfinanzierung im Modell der flexiblen Planung.** Von Dr. A. Riemenschnitter. 109 S. 1972. DM 29,80.

66. **Leistungsänderungen im Rahmen der Zielkonzeption öffentlich-rechtlicher deutscher Sparkassen.** Von Dr. L. Bauer. 195 S. 1972. DM 46,60.

67. **Die Bedeutung des Bankensystems im wirtschaftlichen Wachstumsprozeß Syriens.** Von Dr. A. T. Said. 112 S. 1972. DM 36,60.

68. **Geldentwertung und monetäre Stabilisierungspolitik.** Von Dr. M. van den Adel. 188 S. 1973. DM 56,—.

69. **Die Zinspolitik der Sparkassen in der Bundesrepublik Deutschland unter wirtschaftspolitischen Gesichtspunkten.** Von Dr. B. Last. 135 S. 1973. DM 38,60.

70. **Probleme der Sparförderung in der OECD.** Von H. Albach, W. Krelle, J. Siebke, W. Wittmann. 192 S. 1973. DM 59,60.

71. **Der Einfluß von Geldwertrisiko und Wertsicherungsklauseln auf die Vermögensdispositionen.** Von Dr. N. Euba. 162 S. 1973. DM 42,60.

72. **Zur Theorie und Empirie der Fristigkeitsstruktur der Zinssätze.** Von Dr. H. Faßbender. 231 S. 1973. DM 78,60.

73. **Die Auswirkungen der Liquidität auf die Firmenentscheidungen.** Von Dr. H. Pehle. 139 S. 1974. DM 56,—.